CREEK STEWART

PACK DEIN PERFEKTES BUG OUT BAG

CREEK STEWART

PACK DEIN PERFEKTES BUG OUT BAG

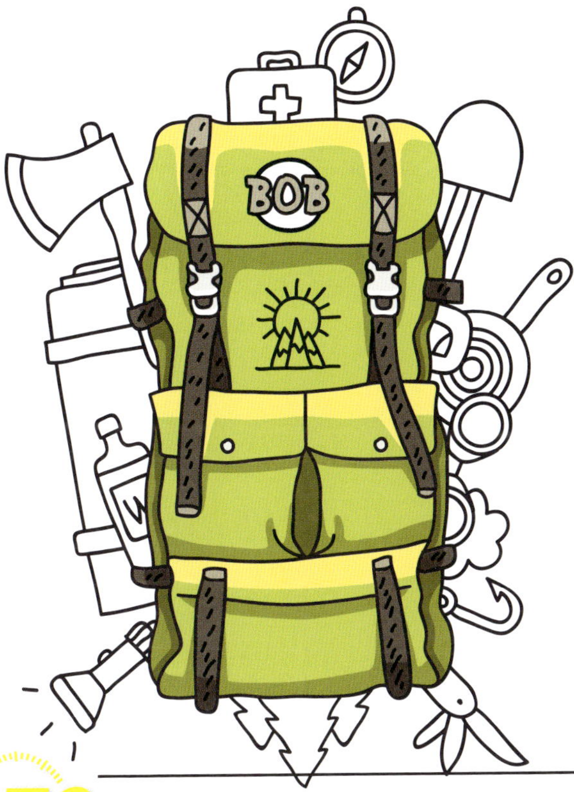

Der 72-Stunden-Survival-Rucksack

Unimedica

Impressum

Creek Stewart
Pack dein perfektes Bug Out Bag
Der 72-Stunden-Survival-Rucksack
1. deutsche Auflage 2020
ISBN: 978-3-96257-131-3

Titel der Originalausgabe:
Build The Perfect Bug Out Bag
Your 72-Hour Disaster Survival Kit

Published by Betterway Home, an imprint of F + W Media, Inc.

Übersetzung aus dem Englischen: Carla Gröppel-Wegener
Layout: Clare Finney
Satz: Narayana Verlag GmbH
Coverlayout: Marco Pendt
Coverabbildungen: Shutterstock, chekart © iStock_76893785
Alle Abbildungen im Buch sind vom Autor
außer: S. viii: Shutterstock 1361358059 John D Sirlin; S. 191: shutterstock 216019231 Paul Tessier, Banner Schwarz-gelb: shutterstock 174642941 benchart

Herausgeber:
Unimedica im Narayana Verlag GmbH, Blumenplatz 2, 79400 Kandern
Tel.: +49 7626 974 970-0
E-Mail: info@unimedica.de
www.unimedica.de

INHALT

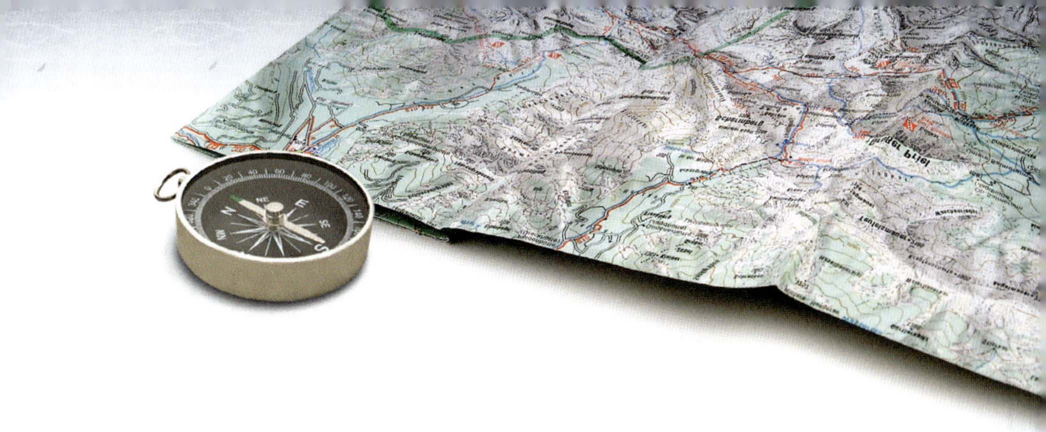

EINLEITUNG

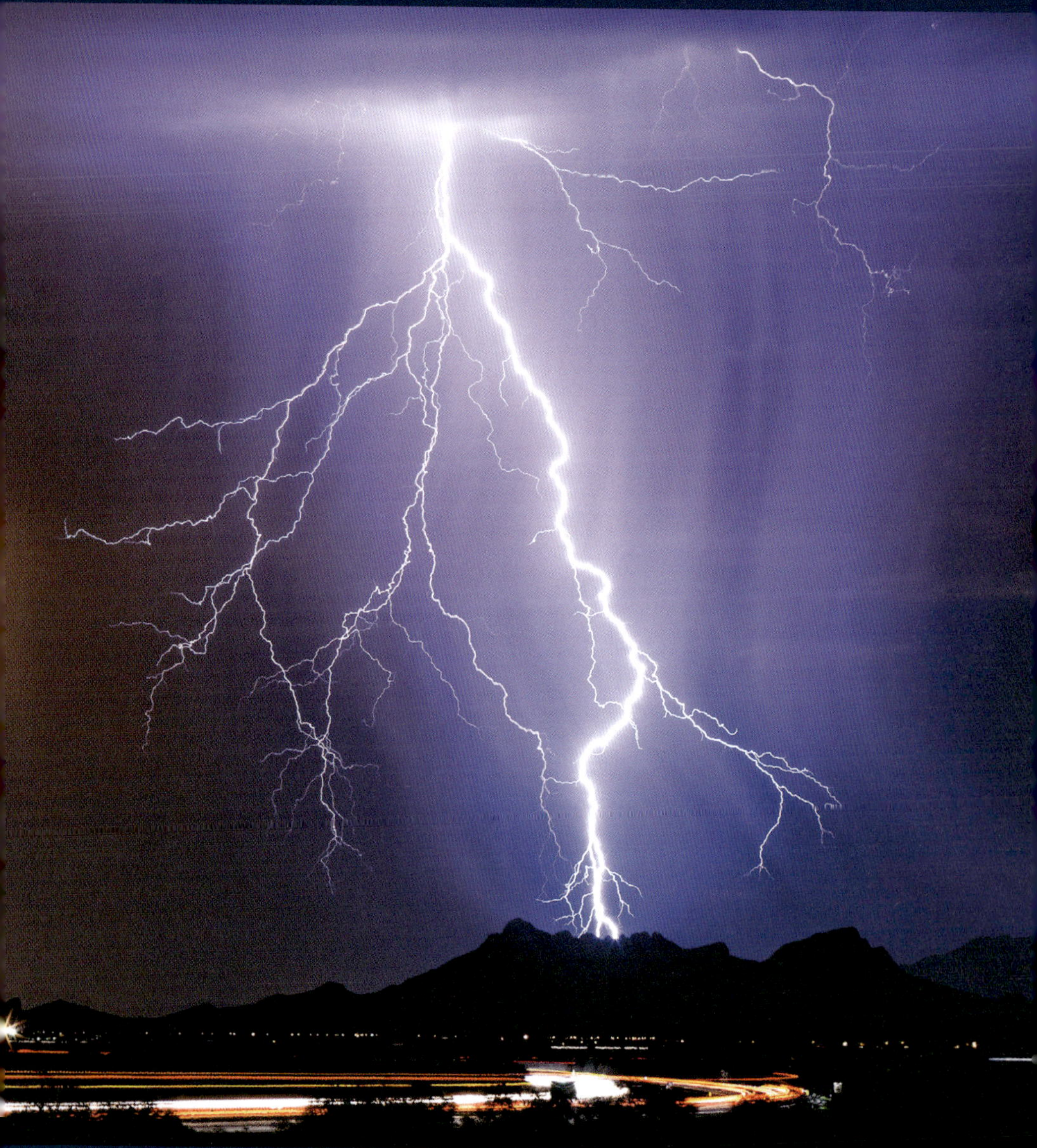

AUS DER FERNE SIND SIRENEN zu hören. Es gibt keinen Strom und das Telefon ist tot. Sie greifen zu Ihrem Handy, aber Sie bekommen kein Netz. Die Katastrophe ist da. Abwarten hilft nicht. Es ist entsetzlich still. Nur die Uhr tickt. Es ist fünf vor zwölf. Sie müssen sofort weg, sonst wird niemand überleben.

Ob es Ihnen gefällt oder nicht – Katastrophen geschehen. Und sie machen keine Unterschiede. Unser Aussehen, wo wir leben, was für ein Auto wir fahren oder wie viel Geld wir haben, spielt keine Rolle – niemand ist ausgenommen. Katastrophen kommen plötzlich, ohne Vorwarnzeit. Jede Sekunde zählt, es geht um das pure Überleben. Vielleicht haben wir einige Augenblicke Zeit, um das Richtige zu tun – oder das Falsche. In einer solchen Situation wird Ihre Zukunft dadurch definiert, ob Sie vorbereitet sind oder nicht.

Die Vorbereitung auf Katastrophen-Szenarien ist längst nicht mehr einer Survival-Subkultur vorbehalten. Dieses Bewusstsein ist im Mainstream angekommen, da mittlerweile die unterschiedlichsten Menschen folgende Tatsache akzeptieren: Es stellt sich nicht die Frage, *ob* es zu einer Katastrophe kommt, sondern *wann*.

Die Allgegenwärtigkeit von Medienberichten über zahllose natürliche und menschengemachte Katastrophen in den vergangenen Jahren hat die Sinne des inneren Überlebenskünstlers in allen von uns geschärft. Es zeigt sich immer wieder, dass staatliche Institutionen nicht in der Lage sind, angemessen mit großflächigen Katastrophen umzugehen. Normale Abläufe für die öffentliche Sicherheit brechen unter solchen Umständen zusammen. Daher wird eine aktive Vorbereitung immer wichtiger.

In vielen Fällen wird eine Katastrophe Sie und Ihre Familie in Ihrem Zuhause bedrohen. Plötzlich ist es keine sichere Option mehr, sich „zu Hause zu verkriechen“. Ihr Zuhause ist nicht mehr Ihr Zuhause. Sie müssen abhauen; auf Englisch: Sie sind zum „bugging out“ gezwungen.

DEFINITION: BUGGING OUT

Der englische Begriff bugging out heißt allgemein, dass man sich anders verhält als normalerweise, dass man im Fall einer Katastrophe das Haus verlässt und flieht. Der Gedanke, wegen einer plötzlichen, unmittelbar bevorstehenden Katastrophe das Zuhause verlassen zu müssen, ist keineswegs außerhalb aller Realität. Naturkatastrophen wie Hurrikane, Stürme, Erdbeben, Überflutungen, Buschbrände, Hitzewellen und Vulkanausbrüche können schnell und hart zuschlagen, unser Zuhause, unsere Fahrzeuge, Straßen, unsere medizinischen Einrichtungen und unsere Versorgungsketten für Lebensmittel, Wasser, Treibstoff und Elektrizität vernichten. Immer wieder sind wir weltweit Zeugen von Katastrophen geworden, die ohne große Vorwarnung Zehntausende oder sogar Hunderttausende aus ihrem Zuhause vertrieben haben. Unvorbereitet und ohne Notfallplan sind diese Menschen vollkommen auf sich selbst gestellt, müssen in provisorischen Notunterkünften Unterschlupf suchen und in einer Zeit des vollkommenen Chaos für sich selbst kämpfen. Vor Terror und Krieg ist niemand sicher. Und dies sind nicht die einzigen Bedrohungen. Dämme brechen, Energiekraftwerke fallen aus, Pipelines explodieren, die Zivilisation bricht zusammen.

Wir können nicht kontrollieren, wann, wo oder wie Katastrophen eintreten. Aber wir haben die Kontrolle darüber, wie gut wir auf den Umgang mit einer Katastrophe vorbereitet sind. In kurzer Zeit das Richtige zu tun, das kann den Unterschied zwischen Ordnung und Chaos, zwischen Leben und Tod ausmachen. Wenn jede Sekunde zählt, ist es überlebenswichtig, einen Plan und die richtige Ausrüstung bereit zu haben. Eine Notfallausrüstung, ausgestattet mit überlebenswichtigen Dingen, ist in jedem „Bug-Out-Szenario" unbezahlbar. Diese Notfallausrüstung, genannt „Bug Out Bag", kann Ihr Leben retten.

DEFINITION: BUG OUT BAG

Ein „Bug Out Bag" (BOB) ist eine komplette Ausrüstung für mindestens 72 Stunden unabhängiges Überleben auf dem Weg zu einem Ziel, dem sogenannten „Bug-Out-Ziel" (BOZ). Diese Ausrüstung wird auch 72-Stunden-Rucksack oder „Get Out Of Dodge Bag" (GOOD Bag), „EVAC Bag", „GO Bag" oder „Battle Box" genannt. Unabhängig vom Namen ist ein BOB eine gut durchdachte Überlebensausrüstung für 72 Stunden, die speziell auf Ihre Bedürfnisse und die Ihrer Familie zugeschnitten ist. Wenn die Katastrophe kommt, ist das Bug Out Bag da.

DAS BUG-OUT-BUCH

Über das Bugging Out wurden schon viele gute Bücher geschrieben.

In diesem Buch geht es nicht ums Bugging Out. Hier geht es darum, wie Sie das perfekte Bug Out Bag zusammenstellen, das Ihnen und Ihrer Familie 72 Stunden unabhängiges Überleben ermöglicht, falls Sie vor einer Katastrophe fliehen müssen. In diesem Buch decke ich viel mehr ab als nur die Zusammenstellung eines BOBs für

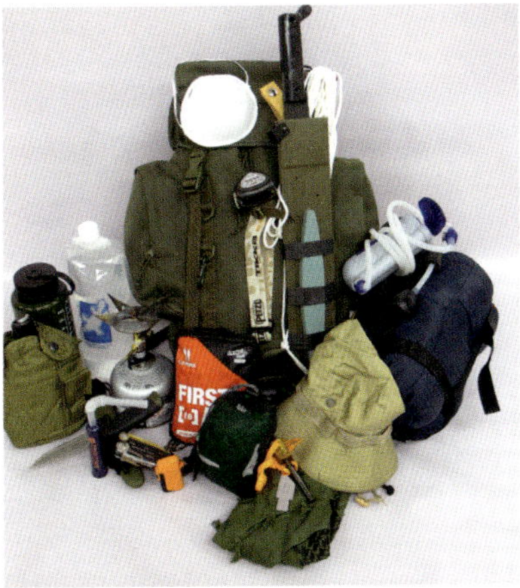

Das Bug Out Bag – eine 72-Stunden-Survival-Ausrüstung

einen fitten, jungen Erwachsenen. Ich gebe auch spezielle Anleitungen für das Zusammenstellen von BOBs für Familien, Kinder, ältere Menschen, Behinderte und sogar Haustiere. Die Checklisten für spezifische Kategorien stellen sicher, dass für alles gesorgt ist. Funktion und Bedeutung jedes einzelnen Teils der Ausrüstung werden sorgfältig erklärt und ich gebe auch Anleitungen, wie die einzelnen Teile zu verwenden sind.

Das Buch berücksichtigt die wahrscheinlichsten Katastrophenszenarien und ich gebe Hinweise, welche Besonderheiten zu beachten und welche Dinge der Ausstattung hinzuzufügen sind, wenn man in einer Umgebung wohnt, in der bestimmte Katastrophen besonders wahrscheinlich sind. Ich führe Sie Schritt für Schritt durch die Zusammenstellung der Ausrüstung, damit Sie ein Bug Out Bag vorbereiten können, das speziell auf Ihre persönlichen Bedürfnisse und Ihre Umwelt ausgerichtet ist. Eine ausführlichere und besser durchdachte Anleitung zur Zusammenstellung des persönlichen Bug Out Bags werden Sie nirgendwo finden. Wir wollen die Katastrophe nicht heraufbeschwören, wir wollen im Falle eines Falles darauf vorbereitet sein.

Legen wir los.

1 DAS IST BOB – DAS BUG OUT BAG

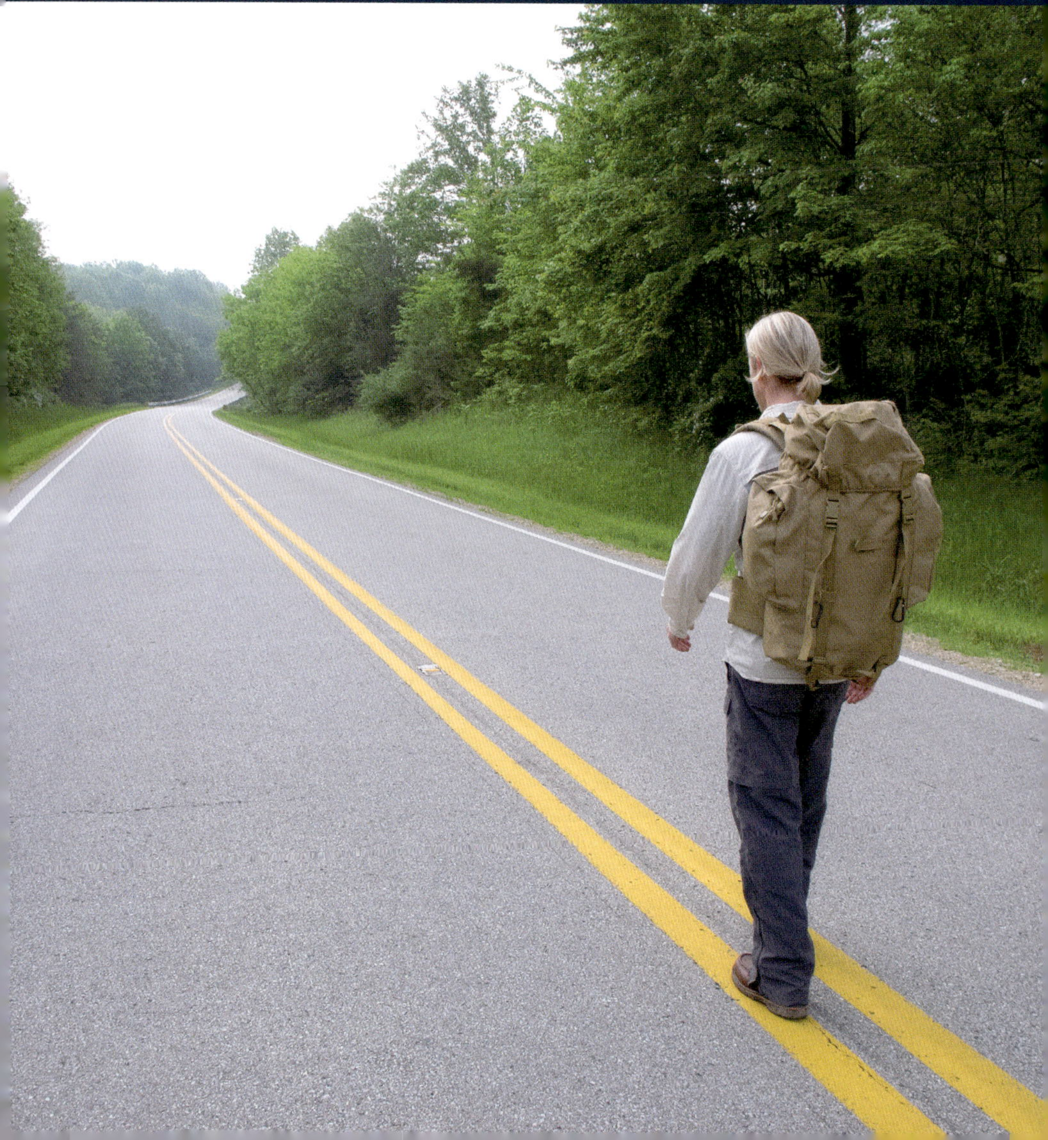

KATASTROPHEN BEDEUTEN EINEN harten Kampf ums Überleben. Sie treten plötzlich auf und sorgen für Chaos. Was sonst einfach war, wird schwierig, gefährlich oder unmöglich. Es geht um Leben oder Tod.

Das Zusammenstellen eines Bug Out Bags (BOBs), mit dem man in einer solchen unvorhersehbar feindlichen Umgebung überleben kann, mag eine überwältigende Aufgabe sein – vor allem dann, wenn man vorher kein Überlebens- oder Notfalltraining gemacht hat. Bevor Sie also mit der Vorbereitung Ihres BOBs beginnen, lassen Sie mich zuerst erläutern, was man über ein BOB wissen muss, damit Sie keine falschen Vorstellungen davon bekommen, was Sie erwartet. In meinen Trainingskursen bei Willow Haven Outdoor nenne ich diesen Teil „BOB, das Bug Out Bag, kennenlernen".

BOB KENNENLERNEN

BOB ist einfach, aber genial.

Die Aufgabe eines Bug Out Bags ist sehr einfach – es soll uns das Überleben sichern. Das ist aber einfacher gesagt als getan. Ein BOB zusammenzustellen oder zu kaufen, rettet noch kein Leben. Man muss wissen, wie man den Inhalt des BOBs einsetzen kann, um zu überleben. Katastrophen sind keine ideale Umgebung fürs Überleben. Wenn das Überleben im Katastrophenfall einfach wäre und Spaß machen würde, dann hieße es Camping. Im Chaos muss man genau verstanden haben, wie man das BOB als Werkzeug und Ressource einsetzen kann. Und dieses Verständnis kommt *nur* über Erfahrung und Übung.

Das Bug Out Bag wird von Menschen, die ich gerne als „Sofa-Überlebenskünstler" beschreibe, häufig zu einfach gesehen. Diese Menschen geben Survival-Ratschläge und Anweisungen, haben selbst aber nur wenig Erfahrung in diesem Bereich. Es handelt sich um den Schlag Mensch, der noch nie ein Feuer mit einem Feuerbohrer entzündet hat. Nehmen Sie sich in Acht vor derartig simplifizierten Bug-Out-Überlebensratschlägen.

BOB ist eine Investition.

Wie alles Wichtige im Leben benötigt das BOB eine gewisse Hingabe, damit die Sache funktioniert. Planen Sie also etwas Zeit für die Zusammenstellung Ihres Bug Out Bags ein. Es dauert

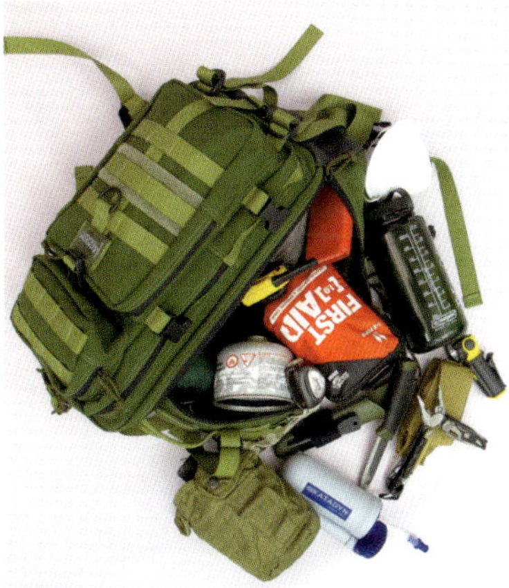

BOB und seine vielen Facetten

einige Zeit, den Inhalt zu besorgen und zusammenzustellen. Und um zu lernen, wie man diese Survival-Werkzeuge verwendet, muss man ebenfalls Zeit und Energie investieren.

Nur das Billigste ins BOB zu packen und dann zu erwarten, dass es Ihnen das Überleben sichert, das können Sie vergessen! Schon die Zusammenstellung eines ordentlichen BOBs, auf das man sich im Notfall verlassen kann, kostet Zeit und Geld. Viele der individuellen Komponenten sind günstig, im Endeffekt kommt aber einiges zusammen und man kann davon ausgehen, ein paar Hundert Euro auszugeben. Sparsamkeit ist hier fehl am Platze. BOB ist eine langfristige Investition.

Die Beziehung zum BOB entwickelt sich mit Ihnen.

Alle langfristigen Beziehungen entwickeln sich weiter, wenn sich die Lebensumstände verändern. Und Ihre Beziehung zum BOB muss sich ebenfalls weiterentwickeln. Gehen Sie davon aus, dass Sie Ihr Bug Out Bag immer dann auf den neuesten Stand bringen müssen, wenn sich in Ihrem Leben etwas Wesentliches verändert hat. Wenn Sie zum Beispiel lange Single waren und dann heiraten, müssen Sie Ihre 72-Stunden-Notfallausstattung entsprechend anpassen oder ein zweites BOB zusammenstellen. Und wenn es Familienzuwachs gibt, muss die Ausstattung des BOBs ebenfalls überdacht werden. Sie wollen ja Ihre Kinder mitnehmen. Wenn Sie von Kalifornien nach Alaska umziehen, muss die Kleidung im BOB angepasst werden. Logisch, oder?

Ihr Bug Out Bag muss auch instand gehalten werden. Ich empfehle, es zweimal im Jahr durchzugehen. Mehr dazu später.

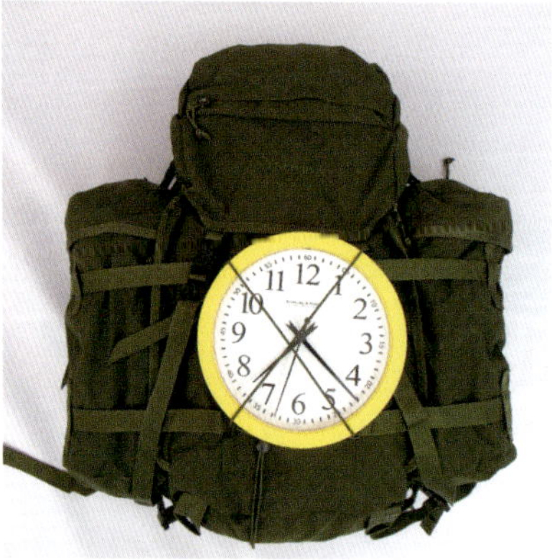

BOB kostet Zeit ...

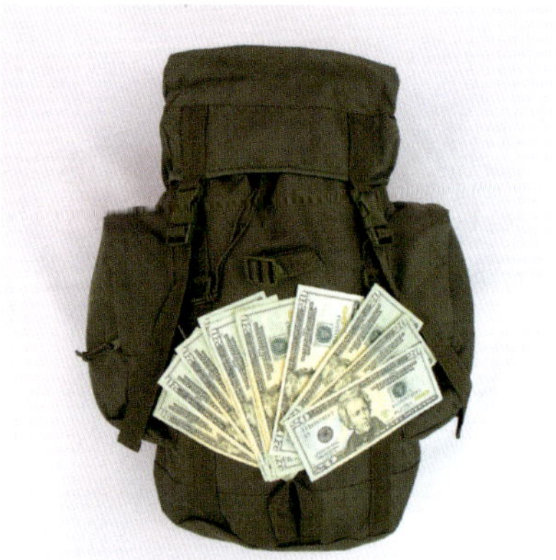

... und Geld.

BOB ist eine Versicherung.

Ich habe folgende Versicherungen:

- Autoversicherung
- Hausratsversicherung
- Krankenversicherung
- Lebensversicherung
- BOB

BOB ist meine Anti-Lebensversicherung. BOB verhindert, dass ich meine Lebensversicherung in Anspruch nehmen muss. Oder dass es meine Erben tun müssen. Was könnte wichtiger sein als diese Versicherung? Ein bisschen Seelenfrieden ist einfach unbezahlbar.

BOB ist dein Freund.

Zeit mit BOB zu verbringen, kann Spaß für die ganze Familie bedeuten. Das Zusammenstellen eines Bug Out Bags ist viel mehr, als einfach einen Rucksack mit Ausrüstung vollzustopfen und ihn dann ins Regal zu stellen. Es braucht Übung, die Werkzeuge und Ausrüstungsgegenstände im Bug Out Bag effektiv einsetzen zu können. Das Üben gehört dazu – und das ist der eigentliche Spaß.

Das BOB bringt viele Lernmöglichkeiten für Erwachsene und Kinder. Zu lernen, mit den Werkzeugen umzugehen, sich selbst und anderen das Überleben zu sichern, ist eine Aufgabe, die das Entwickeln von Problemlösungen, Kreativität und Entschlossenheit fordert und fördert. Denken Sie an die Erfolgserlebnisse und die innere Zufriedenheit, die Sie empfinden werden, wenn Sie die neuen Fähigkeiten erlernen und beherrschen.

VIER WESENTLICHE MERKMALE DES BUG OUT BAGS

Jetzt, da Sie eine genauere Vorstellung vom Umfang des Projektes haben, lassen Sie uns einen Blick auf die vier wesentlichen Merkmale eines gut zusammengestellten Bug Out Bags werfen.

72-Stunden-Notfallausstattung.

Ihr BOB sollte darauf ausgerichtet sein, Sie und Ihre Familie 72 Stunden lang zu versorgen. Innerhalb eines Zeitrahmens von 72 Stunden sollten Sie in der Lage sein, einen sicheren Ort mit Versorgungsmöglichkeiten zu erreichen. Richtig gehandhabt, wird ein BOB, wie es in diesem Buch beschrieben ist, Ihnen ermöglichen, deutlich länger als 72 Stunden zu überleben.

Leicht zu handhaben.

Wenn Sie im Katastrophenfall Ihr Zuhause verlassen müssen, werden Sie versuchen, das mit dem Auto zu tun. Allerdings müssen wir davon ausgehen, dass dieser Luxus nicht garantiert ist. Einige Fälle, in denen ein Transport mit dem Auto nicht möglich ist, sind zum Beispiel:

- fehlender Treibstoff oder kein Zugang zu Treibstoff
- gesperrte oder zerstörte Straßen

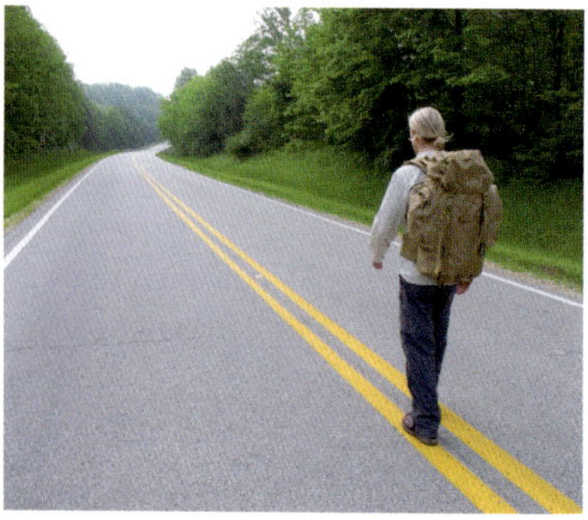

Bugging Out zu Fuß

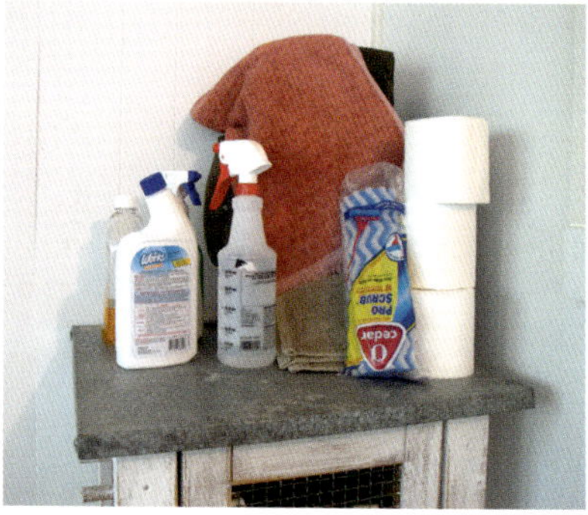

BOB in urbaner Camouflage

- Staus
- eine Fahrzeugpanne

Also müssen Sie (und Ihre Familie) darauf vorbereitet sein, sich zu Fuß auf den Weg zu machen. Aus diesem Grund muss Ihr BOB leicht zu handhaben und bequem sein. Es muss die richtige Größe für Ihren Körperbau haben. Sein Gesamtgewicht muss in einem Rahmen liegen, der es Ihnen erlaubt, es über einen längeren Zeitraum zu tragen – stunden-, wenn nicht sogar tagelang. Stil, Größe und Gewicht des BOBs sind von Mensch zu Mensch verschieden und abhängig von den persönlichen Vorlieben, dem Körperbau und der körperlichen Leistungsfähigkeit.

Auf die Plätze, fertig, los!

Das BOB muss im Voraus zusammengestellt werden, damit es sofort bereit ist, wenn man es braucht. Katastrophen sind gnadenlos und die Möglichkeit, sofort zu reagieren und abzuhauen, ist in diesen Situationen absolut wichtig. Das BOB muss griffbereit sein, aber nicht für Einbrecher. Wie bereits gesagt, ist das BOB eine Investition. Ihre Wertsachen heben Sie zu Hause wahrscheinlich auch in einem Safe auf, um sie vor Einbrechern zu schützen. Treffen Sie die gleichen Vorsichtsmaßnahmen, um Ihr BOB vor Diebstahl zu schützen.

Ein BOB sollte verborgen aufbewahrt werden, aber so, dass es nicht vergessen wird. Es muss versteckt, aber leicht zugänglich sein. Mein BOB sitzt getarnt in einem Regal bei meiner Hintertür. Normale Besucher sehen einen Haufen Handtücher und Putzmittel. Tatsächlich handelt es sich aber um eine der wichtigsten Ressourcen bei mir zu Hause. Ich nenne das „urbane Camouflage".

Auf die persönlichen Bedürfnisse zugeschnitten.

Jedes Bug Out Bag wird sich ein wenig vom anderen unterscheiden, da diese Notfallausrüstung für jeden speziell zusammengestellt wird. Ihr Bug Out Bag sollte Ihren Geschmack, Ihre speziellen Bedürfnisse und Erfordernisse widerspiegeln. Kaufen Sie *kein* vorgefertigtes BOB. Vorgefertigte Ausrüstungen sind so konzipiert, dass sie möglichst viel Zeug zu möglichst niedrigen Kosten des Herstellers bieten. Ich persönlich mache mein Leben nicht von so etwas abhängig. Vorgefertigte Ausrüstung ist außerdem zu gewöhnlich und es fehlen viele Elemente, die auf die Persönlichkeit und die persönliche Umgebung zugeschnitten sind. Vorgefertigte Ausrüstung ist zwar besser als gar keine Ausrüstung, aber man bringt sich selbst auch um das Wissen, das man bei der Zusammenstellung einer personalisierten Ausrüstung erlangt.

ZUSAMMENFASSUNG

Die Zusammenstellung eines Bug Out Bags ist kein gefühlloser Vorgang, sondern er ist auf die Persönlichkeit bezogen und gibt Raum zu kreativer Freiheit und persönlicher Entfaltung. Mit letzter Gewissheit gibt es kein Richtig und Falsch. Dieses Buch definiert, wie ich *meine* Notfallausrüstung zusammenstelle. Sie werden vielleicht andere Lösungen finden, um ähnliche Probleme zu lösen. Vielleicht möchten Sie andere Werkzeuge und Ausrüstungsgegenstände verwenden als die, die ich nennen werde. Das ist vollkommen in Ordnung und entspricht meiner Erwartung. Oder wie meine Mutter immer sagt: „Es führen viele Wege nach Rom." Jedes Mal, wenn ich einen Bug-Out-Workshop halte, lerne ich von meinen Schülern etwas dazu – und das finde ich fantastisch. Ich werde die Fakten zu den Grundbedürfnissen fürs Überleben präsentieren und auch meine Ideen zu den Lösungen, mit denen diese Grundbedürfnisse abgedeckt werden können. Wenn Sie Ihre Ausrüstung genauso zusammenstellen wie ich meine, dann ist Ihnen eine wichtige Tatsache entgangen: Dies ist *Ihre* Ausrüstung.

Die Zusammenstellung eines BOBs ist kein Projekt, das an einem Tag erledigt werden kann. Auch nicht an einem Wochenende. Nichts, was sich im Leben wirklich lohnt, ist einfach zu haben – und das gilt auch für ein richtig gutes Bug Out Bag. Wenn Ihre Notfallausrüstung fertig ist, sollten Sie sich auf die Gegenstände, die Sie gewählt haben, verlassen können. Und auch auf Ihre Fähigkeit, diese Gegenstände so einsetzen zu können, dass Sie Ihr Leben und das Ihrer Lieben im Falle einer Katastrophe retten können.

2 BUG OUT BAG: DEN RUCKSACK AUSWÄHLEN

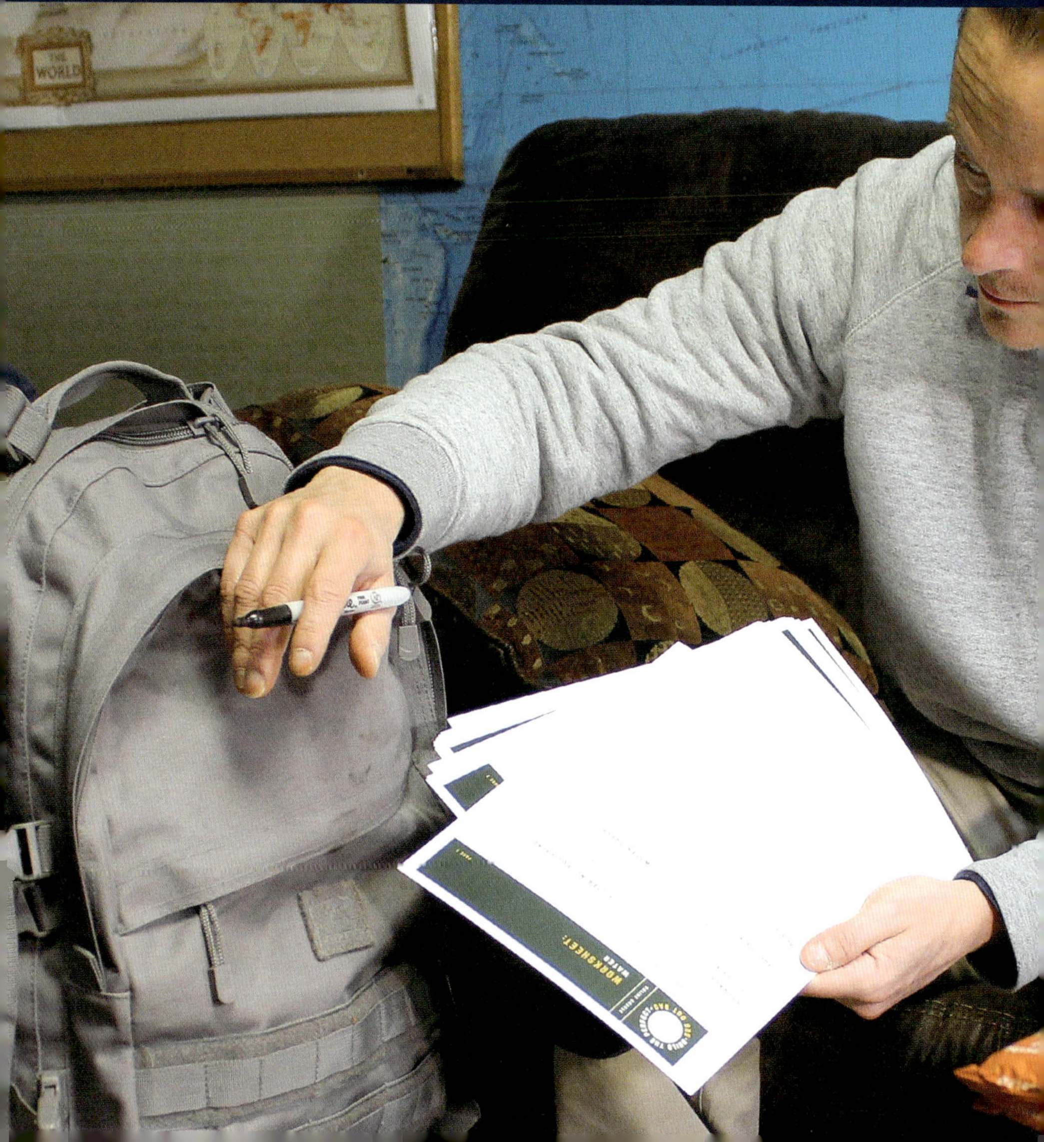

BEI DER AUSWAHL DES RUCKSACKS gibt es in Hinsicht auf den Stil zahlreiche Optionen. Ich habe mit zahllosen Taschenarten in verschiedener Umgebung weltweit experimentiert, sie genutzt und getestet – von Rucksäcken mit nur einem Gurt bis hin zu Seesäcken und allem, was dazwischenliegt. Meiner Meinung nach *muss* für *jedes* Bug Out Bag ein Rucksack mit zwei Rückengurten verwendet werden.

Und zwar aus diesen Gründen:

- Rucksäcke werden dafür entworfen, das Gewicht gleichmäßig zu verteilen, was ein längeres Tragen ermöglicht.
- Im Gegensatz zu allen anderen Tragemöglichkeiten bleiben die Hände frei.
- Rucksäcke sind kompakter als Seesäcke.
- Ein Rucksack sitzt fest am Körper, was die Wahrscheinlichkeit eines Verlusts reduziert.

RUCKSACK-TYPEN

Die Auswahl ist fast unendlich. Lassen Sie sich davon nicht abschrecken. Es ist die erste sehr wichtige Entscheidung, die man für die Zusammenstellung seines BOBs treffen muss. Funktion und Komfort haben oberste Priorität. Die Richtlinien auf den folgenden Seiten sollen Ihnen dabei helfen, sich im Dschungel der großen Auswahl zurechtzufinden. Fast alle Rucksäcke fallen in eine der folgenden drei Hauptkategorien:

Rahmenlos

Diese Rucksäcke sind meistens klein und helfen wenig. Sie sind zwar vergleichsweise billig, aber ich kann die Verwendung eines rahmenlosen Rucksacks als primäres BOB nicht empfehlen. Für ein Picknick oder einen Tag am Strand sind sie gut geeignet, aber nicht, um eine lebenserhaltende Notfallausrüstung darin herumzutragen.

Externer Rahmen

Ich besitze viele Rucksäcke, die einen externen Rahmen haben, und finde diesen Typ sehr gut. Rucksäcke mit externem Rahmen sind für ihre Leistungsfähigkeit bei schwerer Beladung bekannt. Sie verteilen das Gewicht auf die Hüften und das ist großartig, um die Schultern, den Rücken und den ganzen Oberkörper zu entlasten.

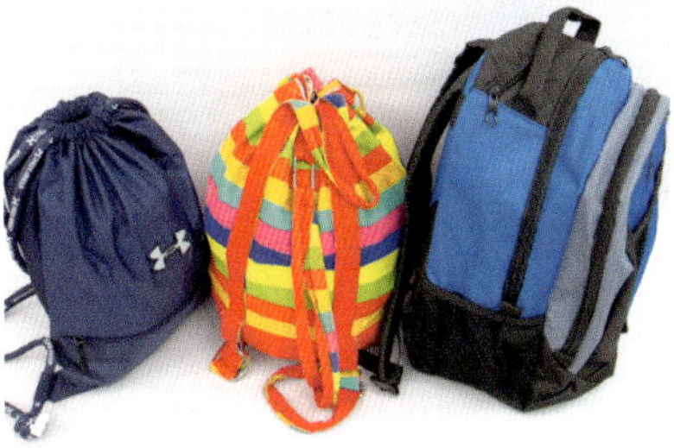

Rahmenlose Rucksäcke

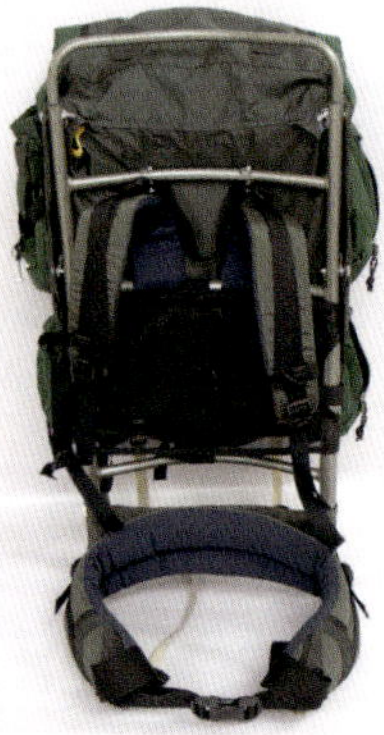

Rucksack mit externem Rahmen

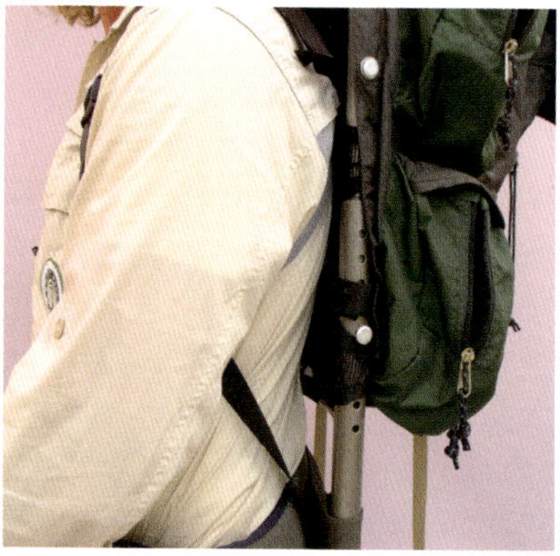

Rucksack mit externem Rahmen auf dem Rücken

Da der Rucksack an sich am Rahmen sitzt und nicht direkt auf dem Rücken, bietet dieser Rucksack-Typ außerdem eine exzellente Luftzirkulation, für die man bei heißem Wetter dankbar ist.

Rucksäcke mit externem Rahmen können sich oben etwas wackelig anfühlen, weil das Gewicht ein Stück vom Rücken entfernt getragen wird. Verglichen mit anderen Rucksack-Typen können sie einem auch sperrig vorkommen. Trotzdem: Mein persönliches BOB war lange Zeit ein Rucksack mit externem Rahmen. Dieser Rucksack-Typ ist gut als BOB geeignet.

Interner Rahmen

Die meisten Rucksäcke, die Sie im Angebot finden werden, sind Rucksäcke mit internem Rahmen. Der feste Rahmen, der dem Rucksack Struktur und Form verleiht, ist im Inneren des Rucksacks eingebaut. Der Rahmen kann aus Plastik, Metall oder sogar aus Schaumstoff sein. Rucksäcke mit internem Rahmen sind bei Abenteuersport-Fans dank ihres schlanken, agilen Aussehens sehr beliebt. Sie liegen jedoch eng am Körper an, was nicht gut für die Luftzirkulation ist – das sorgt bei dieser Art Rucksack für den größten Frust. In wärmerem Klima kann das sogar ziemlich nervig sein.

Dass der Rucksack eng am Körper anliegt, führt aber dazu, dass sich das Gewicht weniger verschiebt, und das ist gut für die Balance – vor allem, wenn man in rauem Gelände unterwegs ist. Dieser Rucksack ist gut zu handhaben und lässt sich zu Hause unauffälliger aufbewahren als ein Rucksack mit externem Rahmen. Mein aktuelles BOB ist ein Rucksack mit internem Rahmen.

ES KOMMT AUF DIE GRÖSSE DES RUCKSACKS AN

Balanceakt

Die Auswahl der Größe des Rucksacks für das BOB ist ein Balanceakt zwischen Komfort und Notwendigkeit. Der Rucksack muss groß genug sein, um die notwendige Ausrüstung darin transportieren zu können, und beim längeren Tragen trotzdem bequem und handlich bleiben.

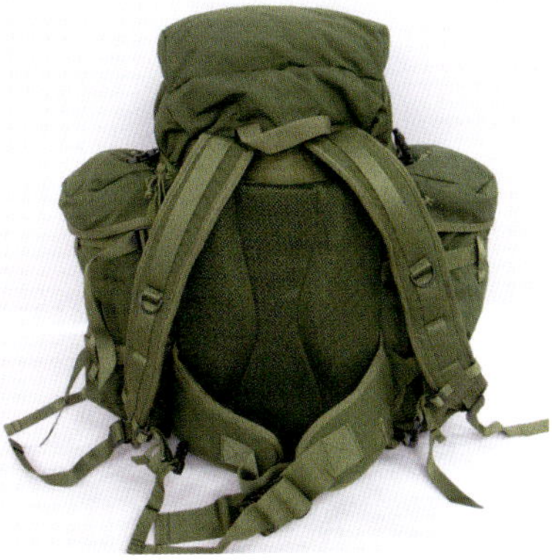

Rucksack mit internem Rahmen

Dem Bauchgefühl folgen

Bei der Auswahl des richtigen Rucksacks sollte man sich auf sein Bauchgefühl verlassen. Es gibt kein Richtig oder Falsch, nur unterschiedliche Abstufungen davon. Der Rucksack sollte nicht zu klein sein, aber auch nicht zu groß.

Einige meiner Schüler stellen erst ihre komplette Ausrüstung zusammen und heben sich die Entscheidung für einen Rucksack bis zum Schluss auf. Das ist auf jeden Fall eine Option. Wählen Sie einen mittelgroßen Rucksack, der sich gut anfühlt und zu Ihrem Körperbau passt.

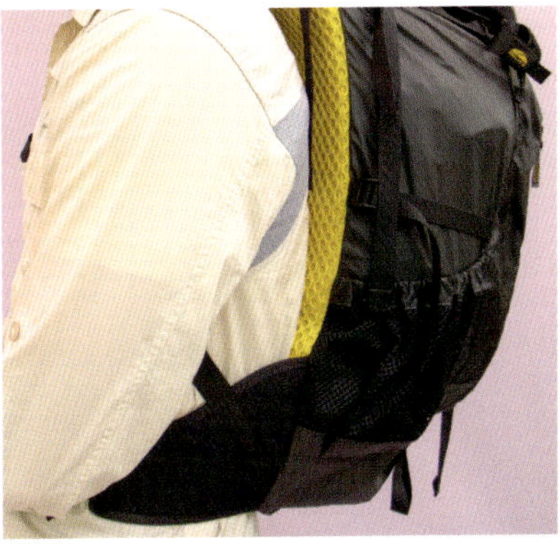

Seitenansicht Rucksack mit internem Rahmen

Hilfe suchen

Bestellen Sie Ihren Rucksack nicht online! Bei vielen Outdoor- und Camping-Spezialisten (vor allem in unabhängigen Geschäften) wird man Ihnen dabei helfen, den richtigen Rucksack für Ihre Größe und Ihr

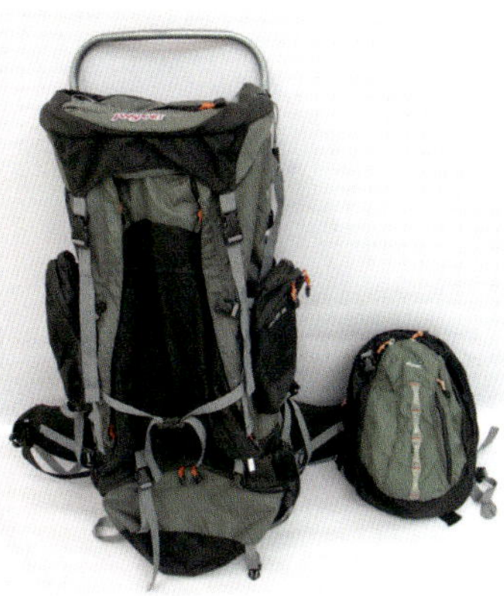

Zu großes und zu kleines BOB

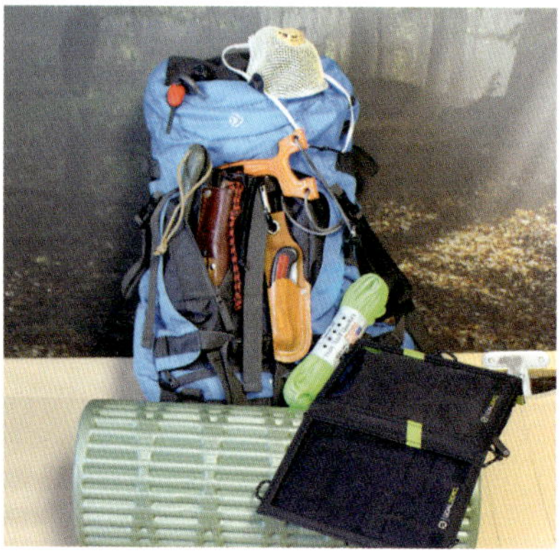

Was man nicht tun sollte

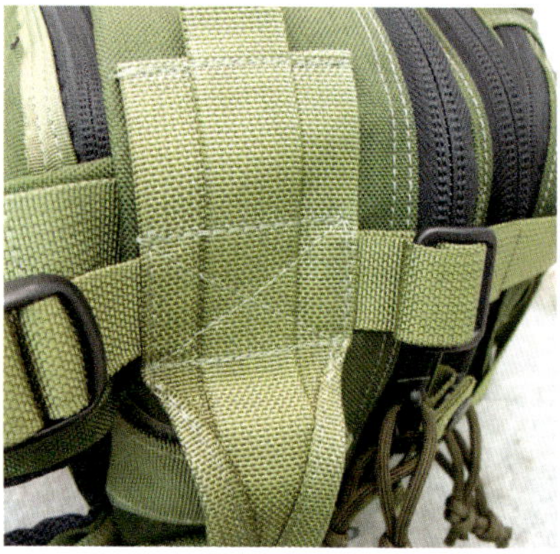

Mit doppelter Naht verstärkte Kante

Gewicht zu finden. Einige Rucksäcke können sogar durch ein spezielles Verfahren Ihrem persönlichen Körperbau angepasst werden – das ist teuer, aber ziemlich cool.

Einige Einzelhändler halten Gewichte für den Rucksack bereit, damit Sie ein Gefühl dafür bekommen, wie sich der Rucksack trägt und anfühlt, wenn er gepackt ist. Wenn Sie sich im Laden beraten lassen, ist es eine gute Faustregel, dem Verkäufer zu sagen, dass Sie eine drei- bis fünftägige Wandertour mit diesem Rucksack planen. Das hilft dabei, die angemessene Größen-Kategorie zu finden.

Die falsche Entscheidung

Bei der Auswahl des Rucksacks die falsche Entscheidung zu treffen, kann schmerzhafte Konsequenzen haben. Es gibt wenig Schlimmeres, als den ganzen Tag mit einem ungemütlichen, schlecht sitzenden Rucksack wandern zu müssen. Und Rucksäcke sind teuer. Gehen Sie also sicher, dass es neben der allgemeinen Garantie auch eine Zufriedenheitsgarantie gibt, wenn Sie einen Rucksack kaufen. Wenn Sie bei der Verwendung feststellen müssen, dass Sie den Rucksack nicht mögen – *geben Sie ihn zurück!*

Hey! Die haben was!

Ein „aufgemotztes" Bug Out Bag ist keine gute Idee. Da wird man schnell zum Diebstahlopfer. Man könnte sich auch gleich eine Zielscheibe auf den Rücken kleben.

Es liegt in der Natur des Menschen, mit den tollen Dingen, die man hat, angeben zu wollen. Widerstehen Sie der Versuchung und seien Sie bescheiden, was Ihr BOB angeht. Es ist besser sich zu fragen, wie man *weniger gut* vorbereitet aussehen kann. Vorräte aller Art sind in Katastrophenzeiten knapp und teuer und Sie werden ziemliche Werte auf Ihrem Rücken tragen. Wenn Sie diese teilen möchten, ist das großartig – zum Teilen gezwungen zu werden, ist hingegen etwas ganz anderes.

Verzweiflung kann das Schlimmste aus den Menschen herausholen. Aufstände, Plünderungen, Überfälle und Unterschlagung sind während Katastrophennotfällen nichts Außergewöhnliches. Tun Sie sich selbst den Gefallen und sorgen Sie dafür, dass Ihr BOB möglichst unauffällig aussieht.

DIE HAUPTMERKMALE EINES BOBS

Haltbarkeit

Es sollte selbstverständlich sein, dass der Rucksack so konstruiert ist, dass er einiges aushält. Zeichen dafür, dass ein Rucksack solide hergestellt wurde, sind ein verstärkter Saum und doppelte Nähte.

Billige Reißverschlüsse sind verboten! Wenn der Rucksack Reißverschlüsse hat, müssen sie hochwertig sein. Einige Rucksäcke haben wasserdichte Reißverschlüsse. Das ist gut.

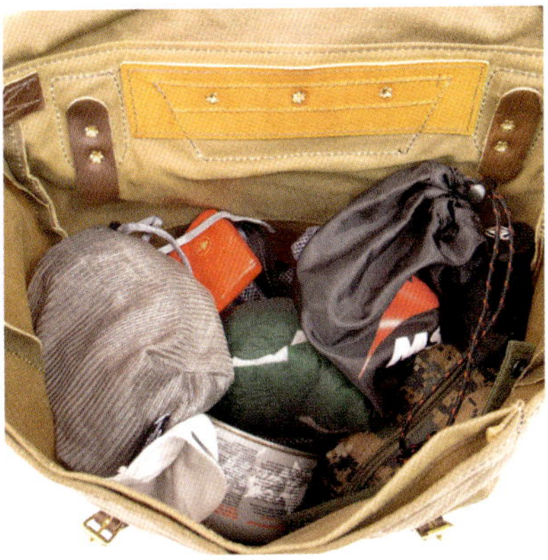

BOB als schwarzes Loch

Aufteilung

Ein BOB mit eingebauten Fächern bedeutet, dass man die Ausrüstung gut sortieren und leicht auf wichtige Gegenstände zurückgreifen kann. Sich erst durch den Inhalt des ganzen Rucksacks wühlen zu müssen, ist nicht nur frustrierend, sondern auch ineffizient.

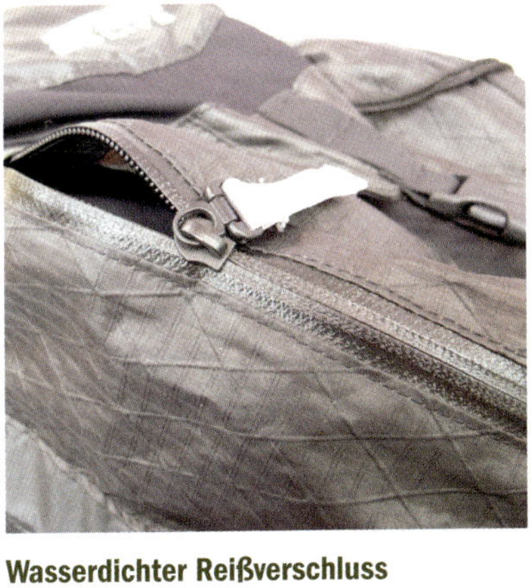

Wasserdichter Reißverschluss

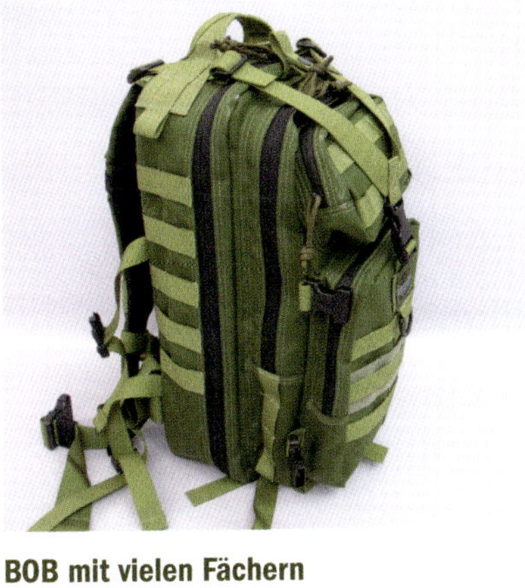

BOB mit vielen Fächern

Es ist extrem wichtig, gut organisiert zu sein. Wenn die Zeit knapp ist, z. B. wenn man die Aufmerksamkeit von Rettungsmannschaften gewinnen muss, hängt viel davon ab, wie organisiert man ist.

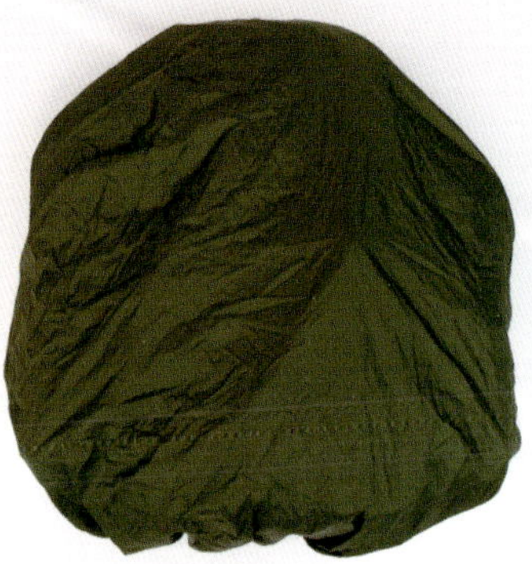

Rucksack abgedeckt mit Regenschutz

Wasserfestigkeit

Durchnässte Ausrüstung, Kleidung und Schlafsäcke können unter bestimmten Umständen den Tod bedeuten und sind ansonsten einfach nur schrecklich. Verwenden Sie einen Rucksack, der aus wasserdichtem oder wenigstens wasserabweisendem Material gefertigt wurde. Einige Rucksäcke haben einen eingebauten Regenschutz.

Aus meinen Outdoor-Erfahrungen habe ich gelernt, mein BOB mit einem stabilen Müllsack (wie sie auf dem Bau oder im Krankenhaus verwendet werden) auszulegen, als zusätzliche wasserdichte Schicht zur Sicherheit. Das empfehle ich Ihnen auch.

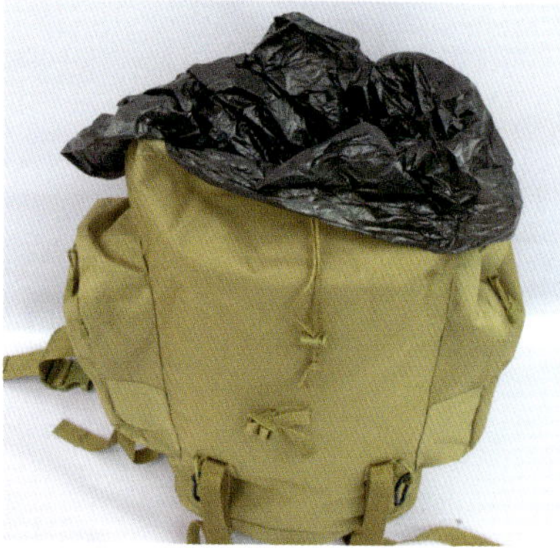

BOB ausgelegt mit Mülltüte

Ausstattung

Wählen Sie einen Rucksack mit gepolsterten Schultergurten. Dünne Schultergurte können auf langen Strecken Blasen und wunde Stellen verursachen. Viele mittlere und große Rucksäcke haben außerdem zusätzlich Gurte, die um die Hüfte geschnallt werden, sodass das Gewicht vor allem auf die Hüften verteilt wird und nicht nur auf den Schultern und dem Oberkörper lastet. Hüftgurte können die Ermüdung von Schulter und Nacken deutlich vermindern, indem sie bis zu 90 % des Gewichts unterstützen und dafür sorgen, dass es näher an der Körpermitte zentriert ist. Für längere Strecken würde ich einen Rucksack ohne Hüftgurte nicht mal in Erwägung ziehen, außer es gibt nichts anderes.

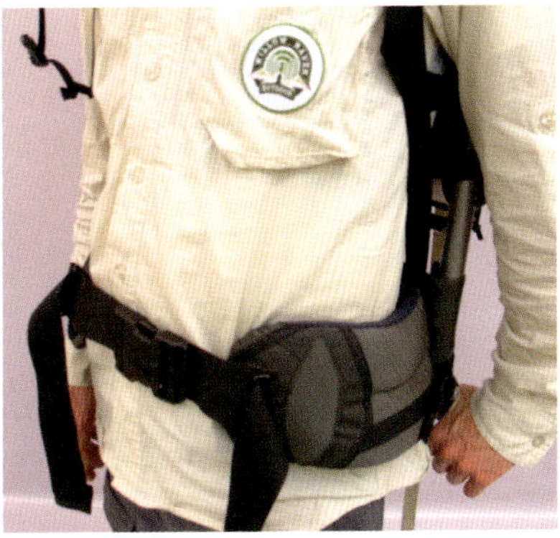

Hüftgurt in Aktion

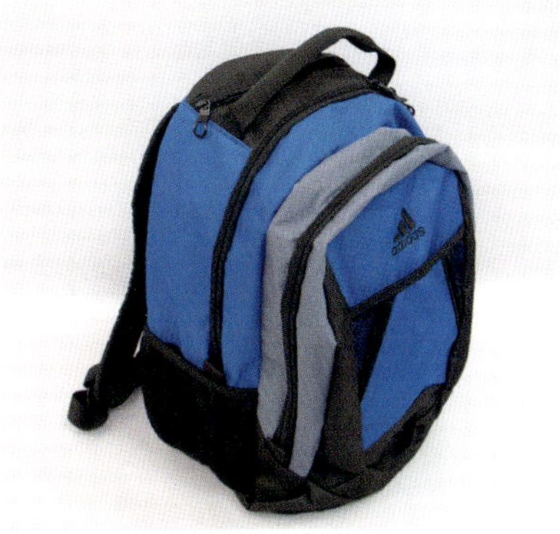

Zusätzliches BOB für Erwachsene

FÜR FAMILIEN: BRAUCHEN ALLE EIN BOB?

Im Fall einer Notfallevakuierung muss für jedes Familienmitglied gesorgt sein. Beim Bugging Out mit Kindern, älteren Menschen und sogar Haustieren (siehe Kapitel 15) müssen bestimmte Dinge beachtet werden.

Das Haupt-BOB

Singles haben natürlich nur ein BOB. Auch Familien haben nur ein Haupt-BOB: Das ist der Rucksack, der die grundlegende Notfallausrüstung für die ganze Familie plus die persönliche Ausstattung des Trägers enthält. Dieses BOB darf auf keinen Fall zurückbleiben, wenn man wegen einer Katastrophe das Haus verlassen muss. Dieser Rucksack wird vom stärksten und körperlich leistungsfähigsten Erwachsenen der Gruppe getragen.

Weitere BOBs für Erwachsene

Zu den Erwachsenen zähle ich hier alle leistungsfähigen Personen, die mindestens elf Jahre alt sind. Deren Rucksäcke enthalten lediglich persönliche Survival-Ausrüstung, z. B. Wasser, Lebensmittel, Kleidung, Hygieneartikel und Bettzeug.

Alles andere ist optional. Survival-Ausrüstung für die gesamte Gruppe, z. B. Material zum Bauen eines Unterschlupfs, Werkzeug zum Feuermachen etc. wird im Haupt-BOB transportiert. Die weiteren BOBs müssen nicht so funktional und aufwendig sein wie das Haupt-BOB, sodass sie deutlich weniger wiegen. Ein einfacher Rucksack ohne Rahmen (ähnlich wie ein Schulranzen) ist geeignet.

Kinder-Rucksäcke

Für Kinder von sechs bis zehn Jahren ist ein Kinder-Rucksack zu empfeh-

MULTIFUNKTIONS-AUSRÜSTUNG: STABILER MÜLLSACK

★★★★★ FÜNF STERNE

Stabile, hochwertige Müllsäcke, die z. B. auf Baustellen oder in der Gastronomie verwendet werden, finden als Survival-Ausrüstung vielseitige Verwendung. Zum Beispiel:

- als Vorrichtung zum Sammeln von Wasser
- als Unterlage/Tarp
- als provisorischer Sonnenschutz
- als Poncho
- als Schwimmhilfe (gefüllt mit Luft und fest verschlossen)
- als Decke (gefüllt mit trockenen Blättern oder getrocknetem Gras)
- als Notsignal

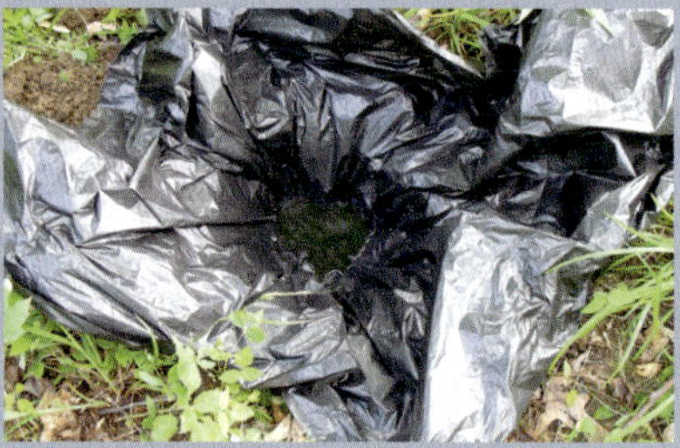

Loch im Boden, ausgelegt mit Müllsack, um Wasser zu sammeln

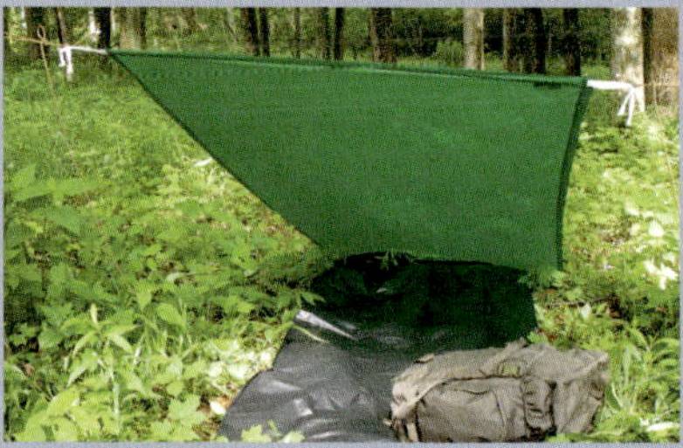

Unterlage / Tarp

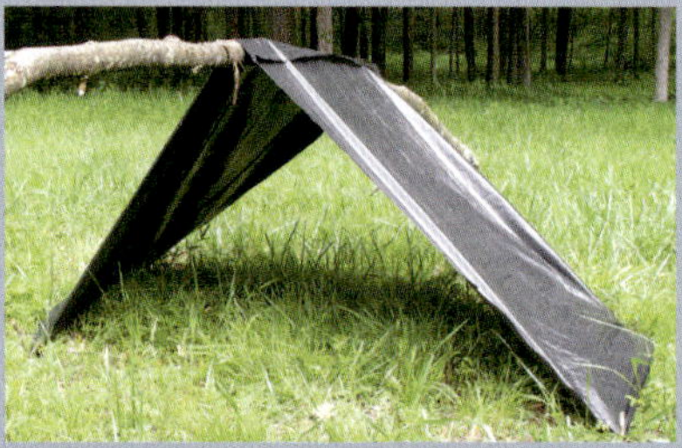

Sonnenschutz

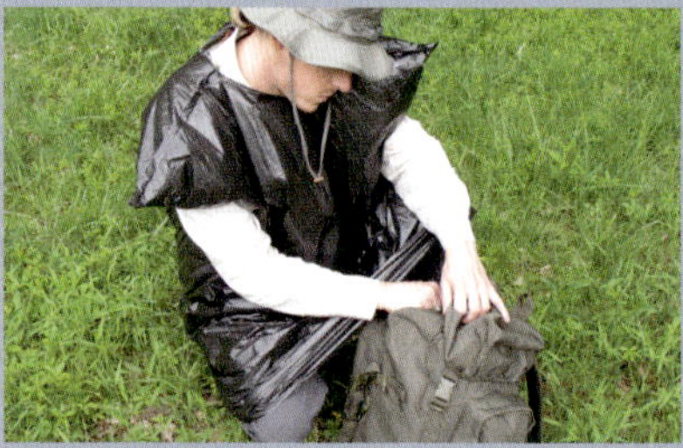

Poncho

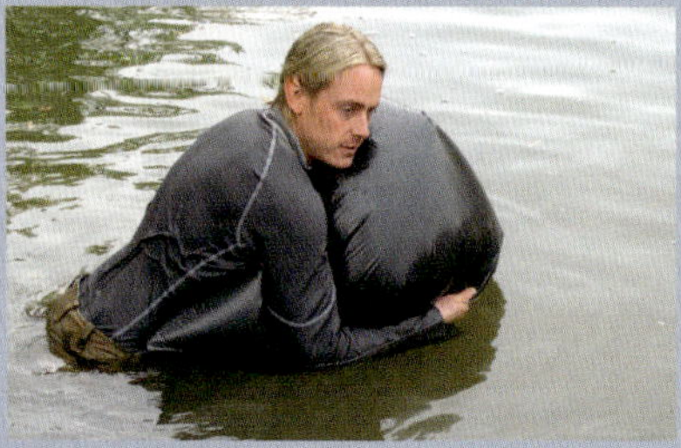

Schwimmhilfe

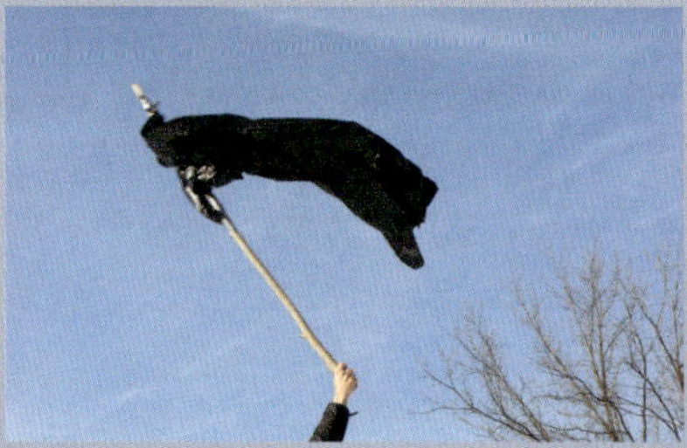

Notsignal

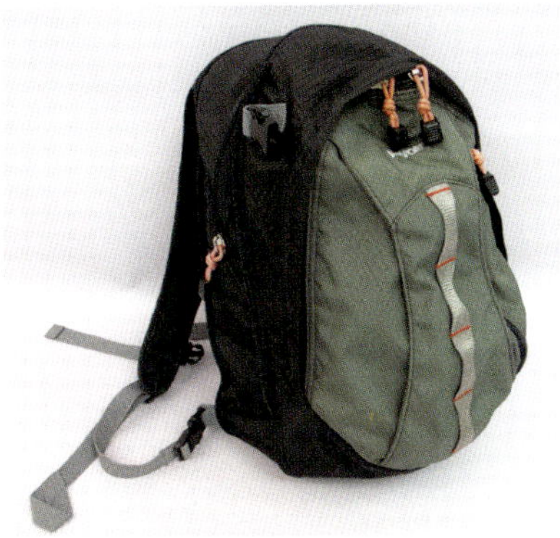

Kinder-Rucksack

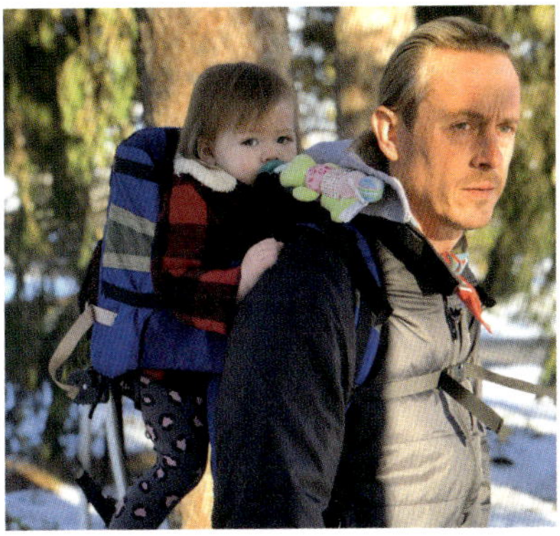

Baby-Rucksack von Kelty

len. Er sollte nur leichte Ausrüstung enthalten, etwa Kleidung, Hygieneartikel, Schlafsack und eventuell ein kleines Spielzeug. Alle andere essenzielle Notfallausrüstung, z. B. Essen und Wasser, muss auf die Rucksäcke der Erwachsenen verteilt oder im Haupt-BOB transportiert werden.

Kinder unter sechs Jahre

Es wäre unrealistisch zu glauben, man könnte sich mit der notwendigen Notfallausrüstung aufmachen und gleichzeitig noch (ein) kleine(s) Kind(er) tragen. Die körperlichen Grenzen der meisten Erwachsenen würden dadurch überschritten werden und außerdem ist es auch einfach nicht praktisch. Wenn Sie Kleinkinder haben, die sich nicht über längere Zeit eigenständig fortbewegen können, besorgen Sie sich einen Handwagen oder einen Kinderwagen – speziell für den Fall eines Bug Outs.

In einer Karre, die man hinter sich herzieht, kann man nicht nur kleine Kinder transportieren, sondern auch die Notfallausrüstung. Von traditionellen Besenwagen bis zu stabileren Modellen speziell für schroffes Gelände – die Auswahl an verschiedenen Handwagen ist groß. Im Gartencenter vor Ort werden Sie sicher ein paar Optionen finden. Handwagen können im Kofferraum verstaut oder auf dem Autodach

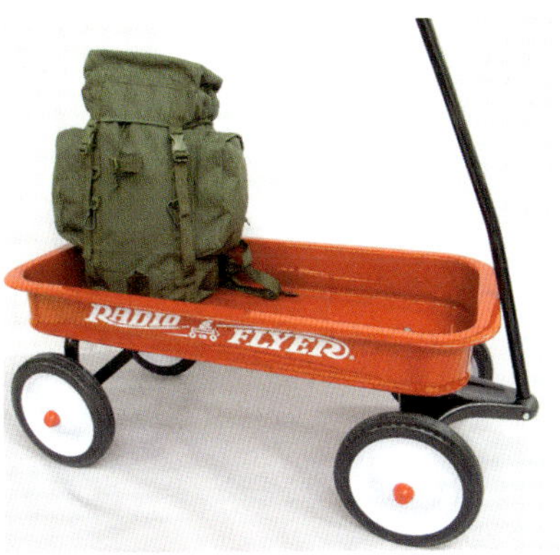

Handwagen

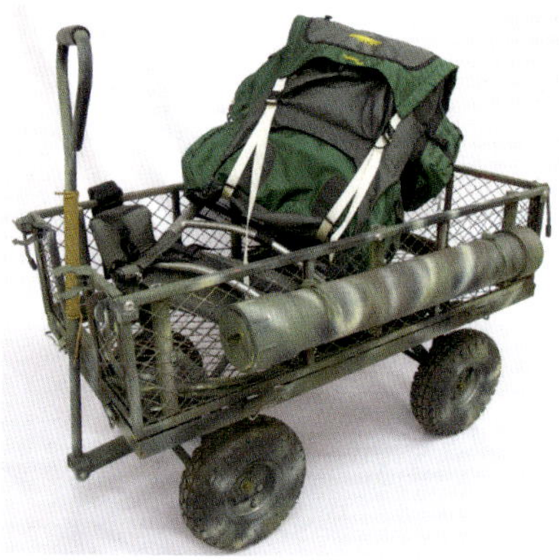

Stabiler Gelände-Handwagen

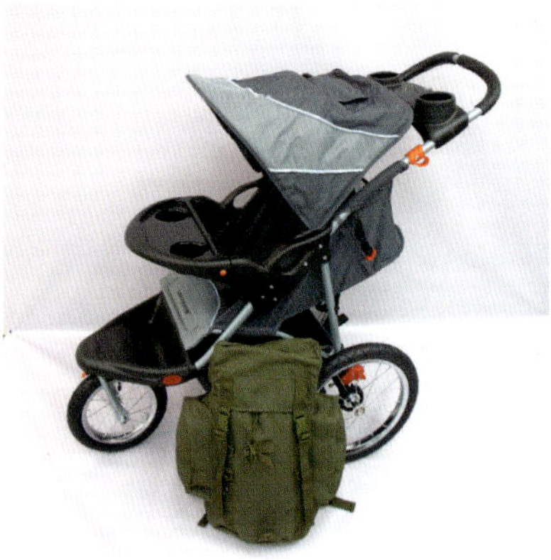

Buggy mit stabilen Rädern

befestigt werden, wenn man sich in einem Fahrzeug auf dem Weg macht.

Ein stabiler, zusammenklappbarer Sport-Buggy ist auch eine gute Alternative zum „Kleinkinder-Schleppen". Diese Buggys sind nicht schwer und schnell einsatzbereit. Modelle mit drei Rädern sind besser für schroffes Gelände und schnelleres Vorankommen geeignet. Die meisten Typen haben außerdem Stauraum. Modelle mit vier billigen Kunststoffrädern sollten Sie gar nicht erst in Erwägung ziehen.

Noch mehr Mobilität bieten spezielle Rucksäcke zum Transport von Babys bzw. Kleinkindern. Diese haben einen integrierten Sitz mit Haltegurten für kleine Kinder und viele Modelle haben außerdem Fächer, in denen Dinge verstaut werden können, und Haken, an denen weitere Ausrüstung befestigt werden kann. Ein solcher Baby-Rucksack kann als zusätzliches BOB für Erwachsene (nicht als Haupt-BOB) dienen, mit dem man gleichzeitig ein Kind transportieren kann.

Bei Katastrophen kommt es häufig zu einer Störung der Transport-Infrastruktur, also von Straßen, Zügen, Bussen und U-Bahnen. Straßensperrungen, Staus und Treibstoffknappheit könnten Sie dazu zwingen, zu Fuß zu reisen. Steht ein Bug-Out-Hand- oder Kinderwagen bereit, wird diese Option praktikabler.

Ältere Menschen und Menschen mit Behinderung

Als 2005 Hurrikan Katrina die Vereinigten Staaten traf, wurden Hunderte ältere und behinderte Menschen zurückgelassen und starben dann an den Nachwirkungen der Katastrophe. Ältere und behinderte Menschen müssen in gewissem Sinne ebenso behandelt werden wie Kleinkinder. Man muss darauf vorbereitet sein, sie

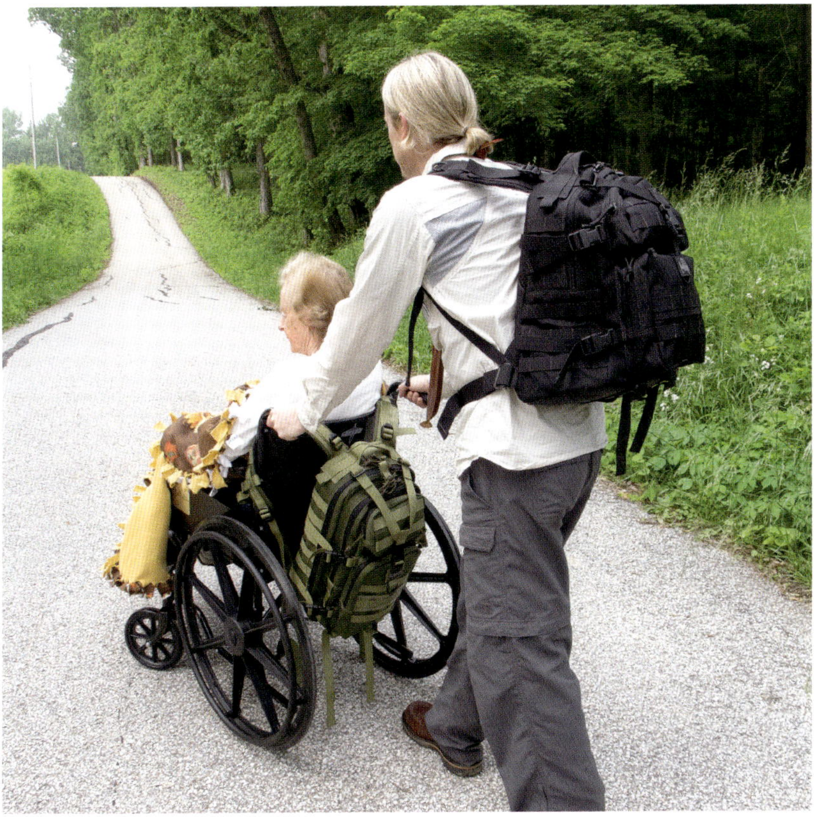

Rollstuhl mit Bug Out Bag

und ihre persönliche Survival-Ausrüstung zu transportieren.

Bei einem Bug Out sollte man sich *niemals* mit einem batteriebetriebenen Rollstuhl oder Elektromobil auf den Weg machen. Gut möglich, dass man keine Gelegenheit hat, die Batterien aufzuladen – und dann steckt man fest. Ohne geladene Batterien sind diese modernen Rollstühle sperrig und lassen sich buchstäblich kaum vom Fleck bewegen. Für eine Notfall-Evakuierung sollte also ein traditioneller Rollstuhl zum Schieben bereitstehen. Ein kleines Bug Out Bag kann hinten an den Rollstuhl geschnallt werden.

Wenn das Reisen im Fahrzeug nicht möglich ist, ist ein von Hand zu schiebender Rollstuhl unter Umständen die einzige Möglichkeit, ältere oder behinderte Menschen auf die Bug-Out-Reise mitnehmen zu können. Bitte sorgen Sie dafür, dass Sie diese Option haben. Sie können diese Menschen nicht tragen.

DEN RUCKSACK PACKEN

Bisher haben wir die Zusammenstellung des BOBs eher grundsätzlich behandelt – vor allem Ansprüche an die Machart formuliert. Ab jetzt ist es ein Projekt *zum Anpacken*. Es ist an der Zeit, die Ausstattung zusammenzusuchen. Und es ist an der Zeit, diese Ausrüstung zu verstehen und zu lernen, wie man sie verwendet. Das ist der Teil, der *Spaß* macht. Für die Ausstattung des BOBs gibt es zwölf Kategorien, die beachtet werden müssen. Diese sind:

- Wasser und Versorgung mit Flüssigkeit
- Essen und Zubereitung von Mahlzeiten
- Kleidung
- Unterschlupf und Bettzeug
- Feuer
- Erste Hilfe
- Hygiene
- Werkzeuge
- Licht
- Kommunikation
- Schutz und Selbstverteidigung
- Verschiedenes

KAPITELEINTEILUNG

Die folgenden zwölf Kapitel habe ich jeweils einer der oben genannten Kategorien gewidmet. Ich liste darin genau auf, was in den Rucksack (bzw. die Rucksäcke) gehört, und erkläre, warum diese Gegenstände benötigt werden. Am Ende des Buches gibt es Checklisten, die in die folgenden drei Stufen unterteilt sind.

Stufe P1

Diese Stufe ist für die Minimalisten, wenn es ums Packen geht. Ich habe sie für Menschen konzipiert, die Outdoor-Wissen und Survival-Erfahrung haben. Ein Stufe-P1-„Packer" fühlt sich auch mit minimaler Ausrüstung in der Wildnis wohl. Beim Survival gibt es viele Fälle, in denen Ausrüstung durch Wissen ersetzt werden kann. Einfach gesagt, je mehr Erfahrung und je mehr Wissen, umso weniger Ausrüstung muss ins Bug Out Bag. Checklisten der Stufe P1 beinhalten fast nichts, was überflüssig sein könnte, da der Verwender sich mehr auf seine Fähigkeiten als auf seine Ausrüstung verlässt. Also ist ein P1-BOB kleiner und wiegt weniger.

Stufe P2

Diese Checklisten sind für den „durchschnittlichen Packer". P2-BOBs enthalten Ausrüstung für Menschen mit durchschnittlichen Survival-Fähigkeiten und ebensolchem Survival-Wissen. Der Großteil der Bevölkerung gehört in die P2-Kategorie. In kritischen Bereichen, z. B. beim Werkzeug zum Feuermachen und bei der Wasseraufbereitung, kann es zu Redundanzen kommen.

Stufe P3

Stufe-P3-Listen sind für Individuen oder Familien, die vollkommen von der Ausstattung abhängen, die sie auf ihren Rücken geschnallt haben, und die wenig Vertrauen in ihre Outdoor-Survival-Fähigkeiten haben. Ein P3-Pack ist das schwerste in dieser Aufteilung. Es macht nur dann Sinn, wenn der Benutzer das zusätzliche Gewicht verkraften und die extra Ressourcen überhaupt nutzen kann. Auf den P3-Checklisten gibt es die meisten Fälle von Redundanzen in den kritischen Survival-Kategorien.

Ein Hinweis fürs richtige Packen

Die drei oben genannten Pack-Stufen sind nur grundsätzlich empfohlene Richtlinien. Es bleibt Ihnen unbenommen, die Ausstattung konkret an Ihre individuellen Bedürfnisse und Wünsche anzupassen. Vielleicht werden Sie sich hierbei in den unterschiedlichen Kategorien an unterschiedlichen Listen orientieren. Das ist durchaus zu erwarten und wird empfohlen.

ALLGEMEINE KATASTROPHEN-ÜBERLEGUNGEN

In jedem der folgenden Kapitel gibt es extra Hinweise für spezifische Katastrophen-Szenarien. Achten Sie auf die Ratschläge zu Katastrophen, die für Ihre Region typisch sind.

3 WASSER & VERSORGUNG MIT FLÜSSIGKEIT

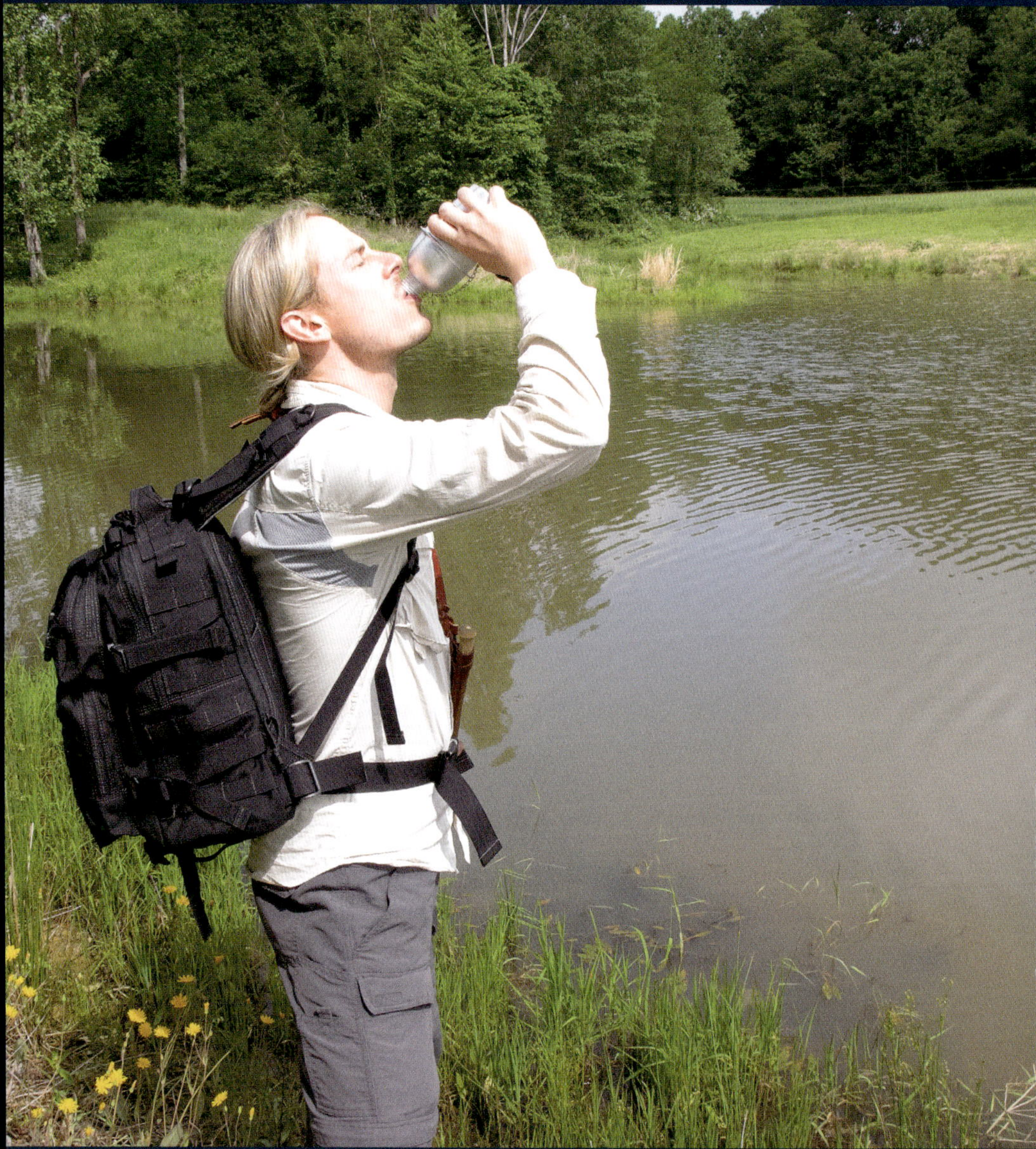

IN SURVIVAL-SITUATIONEN GILT grundlegend die 3x3-Regel.

Regel 1: Man kann (unter extremen Bedingungen) drei Stunden ohne Unterschlupf überleben.

Regel 2: Man kann drei Tage ohne Wasser überleben.

Regel 3: Man kann drei Wochen ohne Essen überleben.

Um ausreichend mit Wasser versorgt zu sein, benötigt der durchschnittliche Erwachsene mindestens einen Liter Wasser pro Tag. Durch Größe und Alter kann diese Menge leicht variieren. Durst ist das erste Symptom eines Flüssigkeitsmangels. Weitere Symptome sind Schwindel, Kopfschmerzen, ein trockener Mund, dunkler Urin und Benommenheit. Flüssigkeitsmangel bzw. Dehydration kann sehr schnell einsetzen und die Auswirkungen führen häufig dazu, dass falsche Entscheidungen getroffen werden und/oder es zu Verletzungen kommt. Die ausreichende Versorgung mit Flüssigkeit ist für *jedes* Bug-Out-Szenario absolut notwendig.

Da ein Bug Out Bag (BOB) eine 72-Stunden-Notfallausstattung ist, schlage ich vor, mindestens ca. drei Liter frisches Trinkwasser pro Person einzupacken. Aber selbst drei Liter können zu wenig sein. In bestimmten Klimazonen steigt die Wassermenge, die ein Mensch zum Überleben braucht. Wenn die Reise besonders anstrengend ist, braucht man mehr Wasser. Die Körperhygiene kann ebenfalls einen geringen Teil der Wasservorräte in Anspruch nehmen. Das transportierte Wasser wird einen großen Anteil des Gesamtgewichts Ihres BOBs ausmachen. Die gute Nachricht ist, dass dieses Gewicht abnimmt, wenn Sie sich mit Flüssigkeit versorgen. In Situationen, in denen es ums Überleben geht, ist ein guter Wasserbehälter unbezahlbar. Ein Leck kann tödlich sein. Die Auswahl des Wasserbehälters ist also sehr wichtig.

BEHÄLTER

Teilen Sie Ihren Wasservorrat auf mehrere Behälter auf. Aus zwei Gründen empfehle ich, die drei Liter niemals in einem einzigen Behälter zu transportieren.

1. Wenn man nur einen Behälter hat und diesen verliert oder er kaputt geht, hat man keine Möglichkeit mehr, Wasser zu transportieren oder zu lagern. Das kann eine ernsthafte Bedrohung darstellen. Natürliche wasserdichte Behälter sind nicht leicht zu finden oder herzustellen.
2. Es ist einfacher, das Gewicht des Wassers im BOB zu verteilen, wenn es in zwei oder drei kleinere Behälter abgefüllt ist.

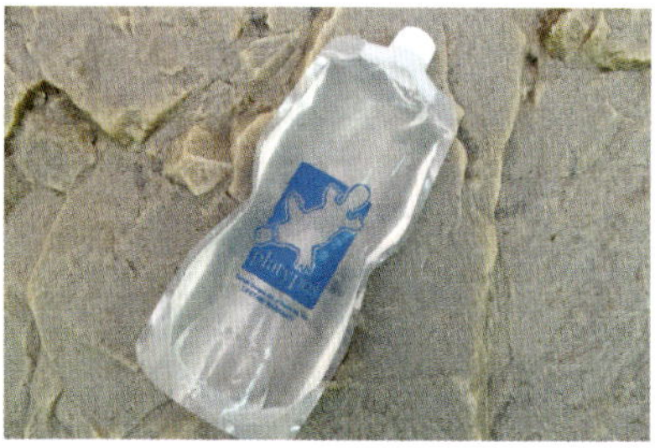

Flexible Platypus-Flasche, gefüllt

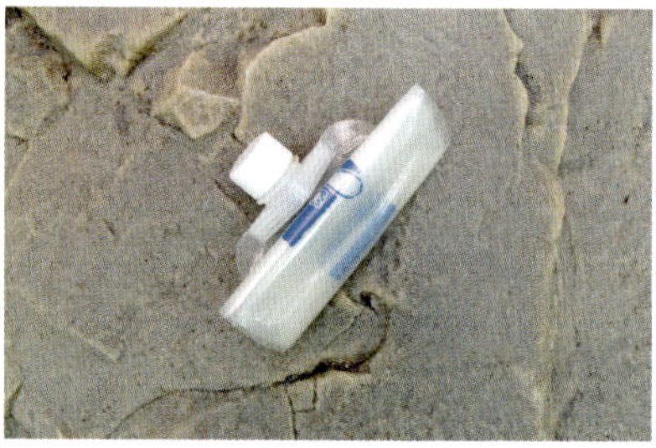

Flexible Platypus-Flasche, leer

Ich empfehle, das Wasser auf die folgenden drei unterschiedlichen Behältnisse zu verteilen:

Nalgene-Kunststoffflasche (1 l) mit großer Öffnung

Diese harten Kunststoffflaschen sind strapazierfähig und stoßfest. Ich habe sie bei zahlreichen Abenteuern verwendet und bin nie enttäuscht worden. Eine ist mir beim Klettern 15 m heruntergefallen und hat keinen Kratzer abbekommen. Besorgen Sie sich eine Flasche mit weiter Öffnung. Die lassen sich leichter füllen und man kann zur Not auch daraus essen. An den Seiten haben diese Flaschen Maßeinheiten, was für die Zubereitung von Trockenmahlzeiten praktisch sind. Mir ist niemals eine Flasche ausgelaufen. Man kann sich darauf verlassen.

Metallwasserflasche

Diese Feldflaschen wiegen etwa so viel wie Nalgene-Flaschen. Doch statt zwei Nalgene-Flaschen zu tragen, schlage ich eine Alternative aus Metall vor. Ein Metallbehälter kann zum Kochen und Reinigen von Wasser dienen, das „in der Wildnis" gesammelt wurde, wenn der ursprüngliche Vorrat aufgebraucht ist.

Flexible, faltbare Flasche

Eine flexible Flasche ermöglicht es, das Volumen im Rucksack zu verkleinern, sobald das Wasser aufgebraucht wird. Das Wasser aus dieser Flasche sollte man zuerst verbrauchen. Sind sie geleert, nehmen diese Flaschen fast keinen Platz in Anspruch und wiegen kaum hundert Gramm. Sie sind nicht ganz so beständig, aber in Kombination mit den beiden anderen oben genannten Wasserbehältern kann man bei einer Flasche auf Beständigkeit verzichten, um an Gewicht und Platz zu sparen. Die meisten Outdoor-Spezialisten haben unterschiedliche Typen solcher Flaschen im Angebot. Ich verwende flexible Flaschen der Marke Platypus.

WASSERAUFBEREITUNG UNTERWEGS

Man darf sich nicht darauf verlassen, dass drei Liter Wasser genau für 72 Stunden ausreichen. Bei Hitze und Trockenheit braucht man mehr, auch bei großer Anstrengung und der Verwendung des Wassers für die Körperpflege. Obwohl Ihr BOB auf 72 Stunden ausgelegt ist, gibt es auch dafür keine Garantie. Das heißt, Sie müssen darauf vorbereitet sein, unterwegs Wasser trinkbar zu machen. Da die Wasserversorgung so ultimativ wichtig für das Überleben ist, sollten Sie auf jeden Fall zwei Optionen zur Wasseraufbereitung dabei haben.

SCHNELLER SURVIVAL-TIPP

Die Nalgene-Flasche mit 3–5 m Duct Tape umwickeln. Das dient nicht nur zum Schutz der Flasche – dieses Klebeband ist ein exzellenter Mehrzweck-Survival-Gegenstand. Es gibt Hunderte Einsatzmöglichkeiten. Zum Beispiel: Erste-Hilfe-Verband, Tauwerk und zur Reparatur von Planen/Zelten/Ausstattung. Indem man das Band um die Flasche wickelt, anstatt eine ganze Rolle einzupacken, spart man Platz und Gewicht.

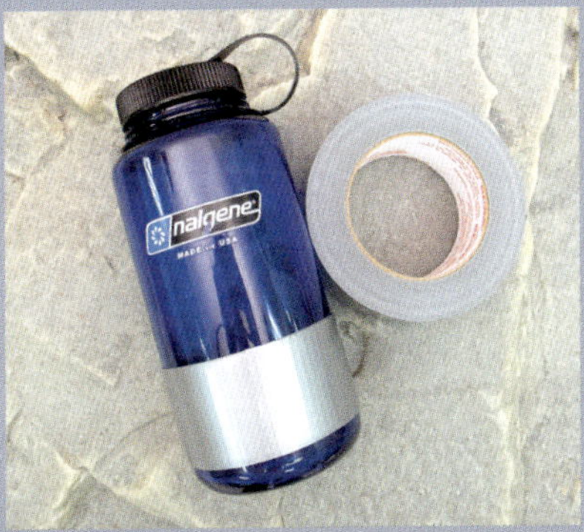

Nalgene mit Klebeband

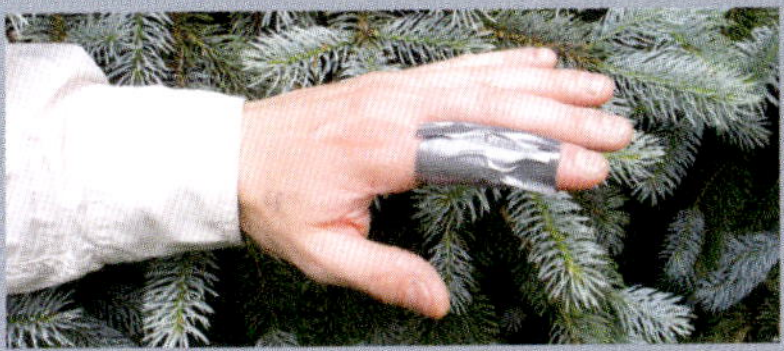

Notfall-Verband

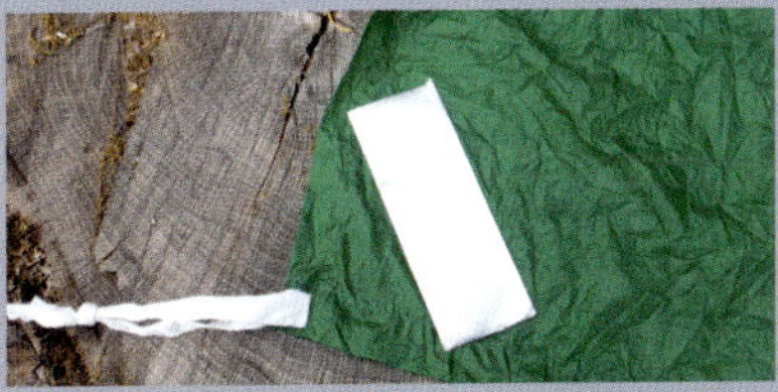

Reparatur eines Risses in der Plane

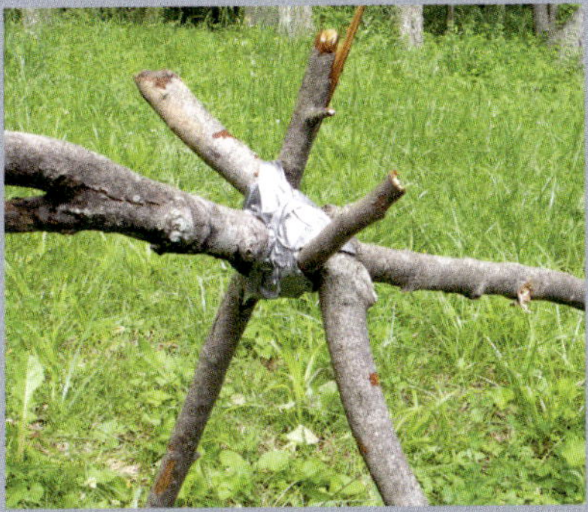

Tauwerk für den Aufbau eines Unterschlupfes

Wasser kochen

Wasser sprudelnd zum Kochen zu bringen, ist eine Möglichkeit, es zu reinigen, aber nicht immer praktikabel, wenn man in einer Katastrophen-Zone unterwegs ist. Für das Wasserkochen braucht man Zeit und eine Energiequelle. Ein Feuer kann unerwünschte Aufmerksamkeit auf sich ziehen. Daher ist es eine gute Idee, mindestens eine (oder zwei) Methoden zum Reinigen von Wasser zur Hand zu haben.

Vorteile:

- Es ist keine besondere Ausrüstung nötig.
- 100 % effektiv, was das Abtöten schädlicher Bakterien, Viren und Milben betrifft.

Nachteile

- Energiequelle wird benötigt.
- Das Wetter kann dazwischenkommen.
- Dauert einige Zeit.

SCHNELLER SURVIVAL-TIPP

Es gibt mehrere Quellen für frisches Wasser, das nicht gereinigt werden muss.

- Schnee: Den Schnee in einen Behälter packen und mit Körperwärme oder in der Nähe eines Feuers schmelzen lassen.
- Regen: Um Regenwasser einzufangen, aus einer Plane, einem Poncho oder einem Müllsack eine Art Trichter über dem entsprechenden Behälter basteln.
- Tau. Morgentau mit Kleidung oder einem Halstuch auffangen und das Wasser direkt aus dem Stoff saugen oder in einen Behälter wringen.
- Reben: Rebpflanzen können Wasser speichern. Schräg nach oben einschneiden und das Wasser in einen Behälter tropfen lassen. In den USA sind Weinreben perfekt dafür geeignet. Rebpflanzen, die milchige, verfärbte oder stark riechende Flüssigkeit abgeben, möglichst vermeiden.
- Bäume: Im Frühjahr kann man Bäume wie Ahorn und Birke anzapfen, um an ihren trinkbaren Saft zu kommen. Die Rinde dafür V-förmig einschneiden und ein Stöckchen oder ein Blatt in den Schnitt stecken, von dem der Saft in einen Behälter tropfen kann.

Wasserfilter mit Handpumpe

Hersteller haben eine Reihe großartiger rucksackfreundlicher Filtersysteme konzipiert, um die Bedürfnisse von Outdoor-Enthusiasten für kleinere und leichtere Wasserfilter zu decken. Das populärste dieser Systeme ist ein mit Handpumpe betriebener Wasserfilter. Dieses Modell ist unglaublich effektiv und robust. Für ein Bug Out Bag kann es allerdings recht teuer sein – zwischen 70 und 270 €.

Dieses Modell wird in unterschiedlicher Ausführung von den verschie-

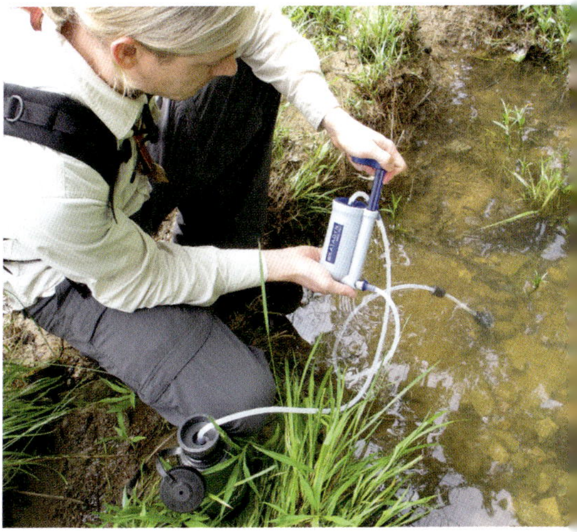

Pump-Filter-System

MULTIFUNKTIONS-AUSRÜSTUNG: KUNSTSTOFFSCHLAUCH

★★★ DREI STERNE

Der Kunststoffschlauch, der zum Filter mit Handpumpe gehört, kann auch als Siphon für Treibstoff, als Notfall-Druckverband oder als langer Trinkhalm für unzugängliche Wasserquellen verwendet werden.

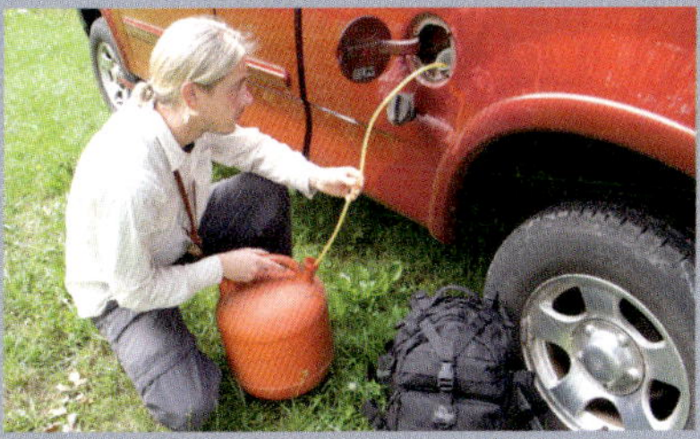

Als Treibstoff-Siphon

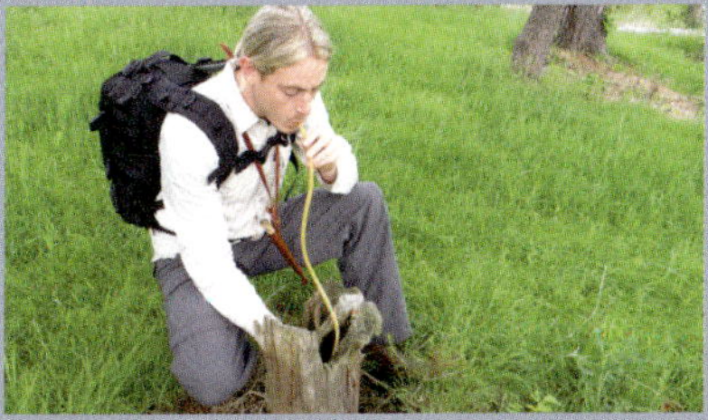

Trinkhalm, der Wasser in einem ausgehöhlten Baumstumpf erreicht

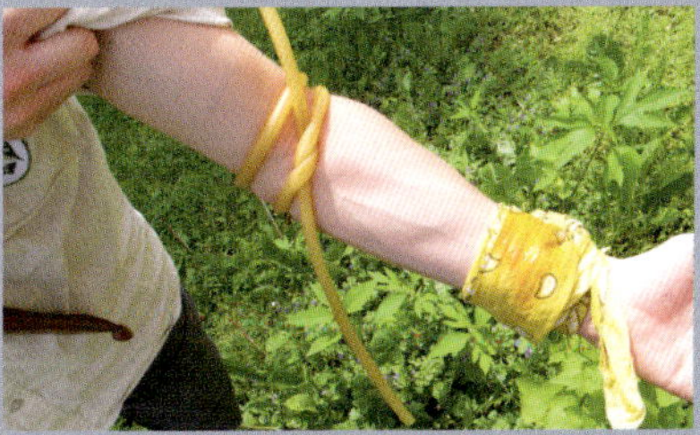

Notfall-Druckverband

densten Herstellern produziert. In meinem BOB habe ich das Modell Katadyn Hiker Pro, das etwa 70 € kostet. Diese Filterpumpe ist etwa so groß wie eine Getränkedose und wiegt etwas mehr als 300 g. Sie kann bis zu einem Liter Wasser pro Minute filtern – das Wasser läuft fast so schnell wie aus einem Wasserhahn. Die Filterpumpe ist beständig, leicht zu verwenden und perfekt für ein BOB geeignet. Ähnliche Modelle gibt es auch von anderen Herstellern.

Vorteile:

- Geschwindigkeit: bis zu 1 Liter pro Minute
- Einfache Funktionsweise
- Entfernt die Parasiten Cryptosporidium und Giardia effektiv
- Beinhaltet Schläuche mit mehreren Einsatzmöglichkeiten

Nachteile:

- Nimmt wertvollen Platz im BOB in Anspruch
- Ist mit 70 € + teuer
- Nutzlos, wenn kaputt
- Die meisten Modelle entfernen keine Viren

Integrierte Flaschenfilter

Einige Hersteller bieten ein integriertes Flaschenfiltersystem an. Diese Kombination ermöglicht es, fragwürdiges Wasser in die Flasche zu füllen, das dann durch einen eingebauten Filter und chemische Be-

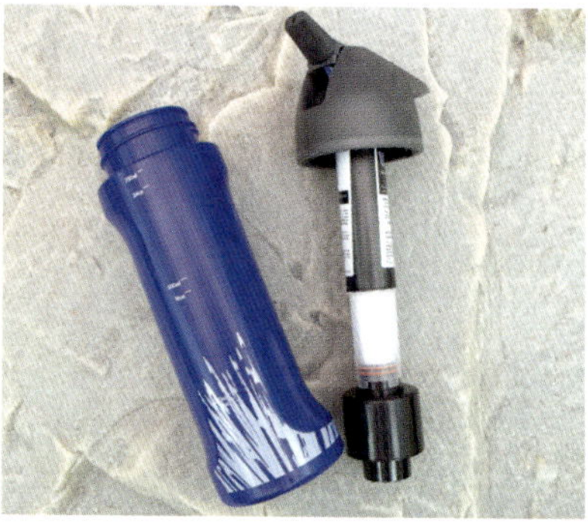

MyBottle-Wasserfilter von Katadyn

handlung gereinigt wird, sodass man gereinigtes Wasser aus der Flasche trinkt. Diese Filtersysteme sind für Bug Out Bags sehr gut geeignet.

Vorteile:

- Einfache Funktionsweise
- Entfernt die Parasiten Cryptosporidium und Giardia effektiv
- Kann als einer der drei empfohlenen Wasserbehälter verwendet werden

Nachteile:

- Nicht ganz billig: 40 € +

Filtertrinkhalme

Diese Trinkhalme, auch „survival straws“ genannt, bestehen natürlich nicht aus Stroh, sondern es sind Trinkhalme mit angeschlossenem Filtersystem. Dafür kostet einer auch um die 15 €. Sie sind leicht, effektiv und kompakt.

Für das BOB sind es exzellente Filtersyteme. Was Preis, Leistung und Größe betrifft, ist das Trinkhalmfiltersystem

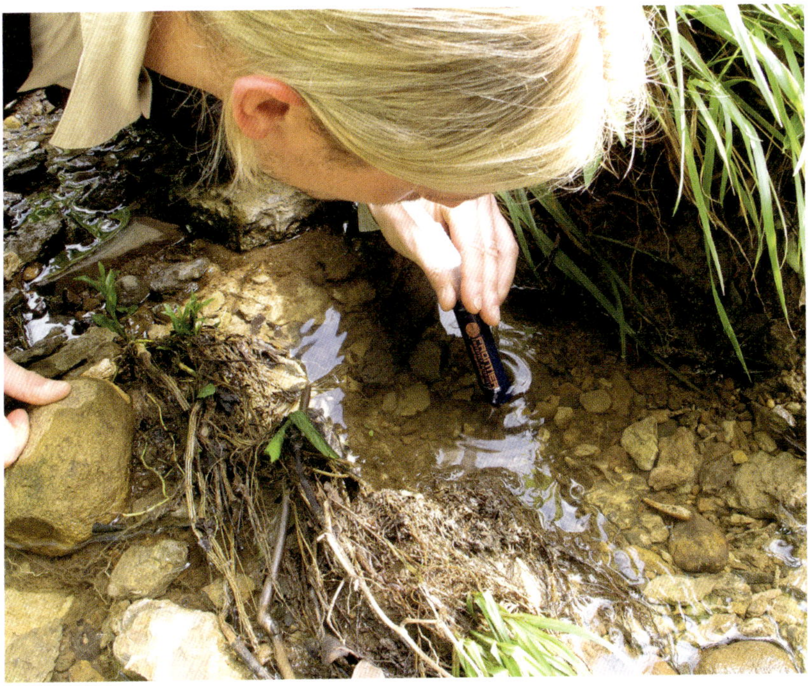

Aquamira Frontier Filter in Aktion

fast konkurrenzlos. Ich habe einen solchen Trinkhalm als Plan B dabei, falls mein Handpumpen-Filtersystem kaputt geht.

Vorteile:

- Keine besondere Fähigkeit oder Erfahrung benötigt
- Entfernt die Parasiten Cryptosporidum und Giardia effektiv
- Leicht und kompakt
- Günstig

Nachteile:

- Kapazität 75 l
- Die meisten Modelle entfernen keine Viren

Tabletten zur chemischen Wasseraufbereitung

Tabletten zur chemischen Wasseraufbereitung sind extrem leicht und nehmen im BOB fast keinen Platz in Anspruch. Außerdem sind sie ziemlich günstig und im Outdoor-Fachhandel in der Regel erhältlich. Also frage ich mich: „Warum sollte man sie nicht ins BOB packen?"

Abhängig von der Marke lässt sich mit einer Tablette in der Regel ein Liter Wasser reinigen. Eine solche Wasserbehandlung dauert 30 Minuten bis zu 4 Stunden. Man kann eine Flasche füllen, eine Tablette hineinge-

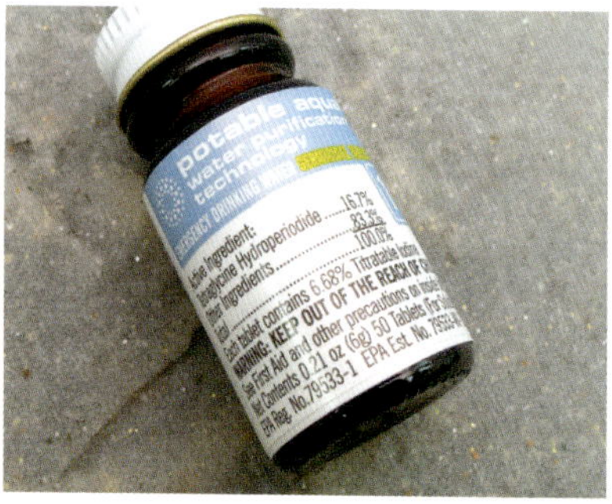

Eine Packung Tetraglycinhydroiodid-Tabletten zur Wasserreinigung

ben und sie arbeiten lassen, während man weiterwandert. Für Gepäck-Minimalisten sind diese Tabletten eine perfekte Backup-Option zur Wasserreinigung. Ein weiterer Vorteil ist, dass sie lange haltbar sind, wenn man sie richtig lagert.

Vorteile:

- Einfache Funktionsweise
- Sehr effektiv, wenn sie laut Packungsangabe verwendet werden
- Leicht und kompakt
- Günstig

Nachteile:

- Das Wasser muss klar sein – trübes, dreckiges Wasser wirkt sich drastisch auf die Ergebnisse aus
- Die Tabletten sind nur begrenzt haltbar

SCHNELLER SURVIVAL-TIPP

Wasser, in dem Partikel und Stückchen schweben, sollte vorgefiltert werden, bevor man es mit einer der oben genannten Methoden reinigt. Mehrere Teile des BOBs können als simple Vorfilter dienen. Drei dieser Optionen sind:

- Bandana
- Socken
- Staubmaske

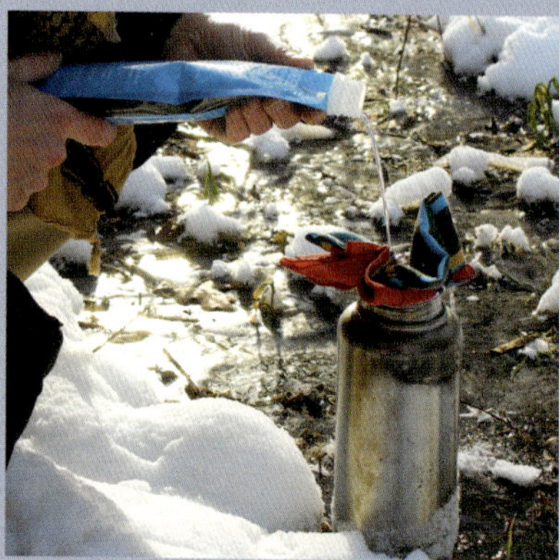

Verwendung eines Bandanas als simpler Vorfilter

WASSERFILTER VS. WASSERAUFBEREITER

Viele Menschen verwenden diese Begriffe austauschbar, obwohl es sich um unterschiedliche Dinge handelt. Ein Wasserfilter macht genau das, was man denken würde – er filtert Fremdkörper aus dem Wasser. Die meisten Filter leisten exzellente Arbeit, wenn es darum geht, Bedrohungen wie Bakterien und Protozoen herauszufiltern. Allerdings entfernen viele Filter keine Viren. Viren werden am besten durch chemische oder UV-Behandlung abgetötet. Wasseraufbereiter kombinieren Filter und chemische Behandlung in einem System. Die Bedrohung von Viren aus dem Wasser ist in Europa relativ gering und ein 0,2 – 3 Micron-Filter gilt bereits als ausreichend. In Dritte-Welt-Ländern ist jedoch eine Kombilösung Filter-Wasseraufbereiter empfehlenswert.

FAZIT

Wenn es um Wasser geht, habe ich in meinem persönlichen BOB lieber zu viel als zu wenig. Zusätzlich zu den drei Litern frischem Wasser packe ich ein Pumpen-Filtersystem, einen Filtertrinkhalm und Tabletten zur Wasseraufbereitung. Wenn nötig, könnte ich außerdem in meiner Metallfeldflasche oder meinem Kochtopf Wasser kochen. Ich bin schon mal krank geworden, nachdem ich in der Wildnis Wasser getrunken habe, und das war eine der schlimmsten Situationen meines Lebens. Also empfehle ich, dass man mindestens zwei Methoden zur Wasseraufbereitung im BOB hat. Im Anhang finden Sie eine Checkliste zur Organisation der Wasserversorgung.

ALLGEMEINE KATASTROPHEN-ÜBERLEGUNGEN

Wenn man in einer Gegend wohnt, in der Hitzewellen und Dürren wahrscheinlich sind, sollte man in Erwägung ziehen, mehr als drei Liter frisches Trinkwasser einzupacken, und außerdem eine Karte mitnehmen, in der Wasserwege und Gewässer eingezeichnet sind.

4 ESSEN & LEBENSMITTELZUBEREITUNG

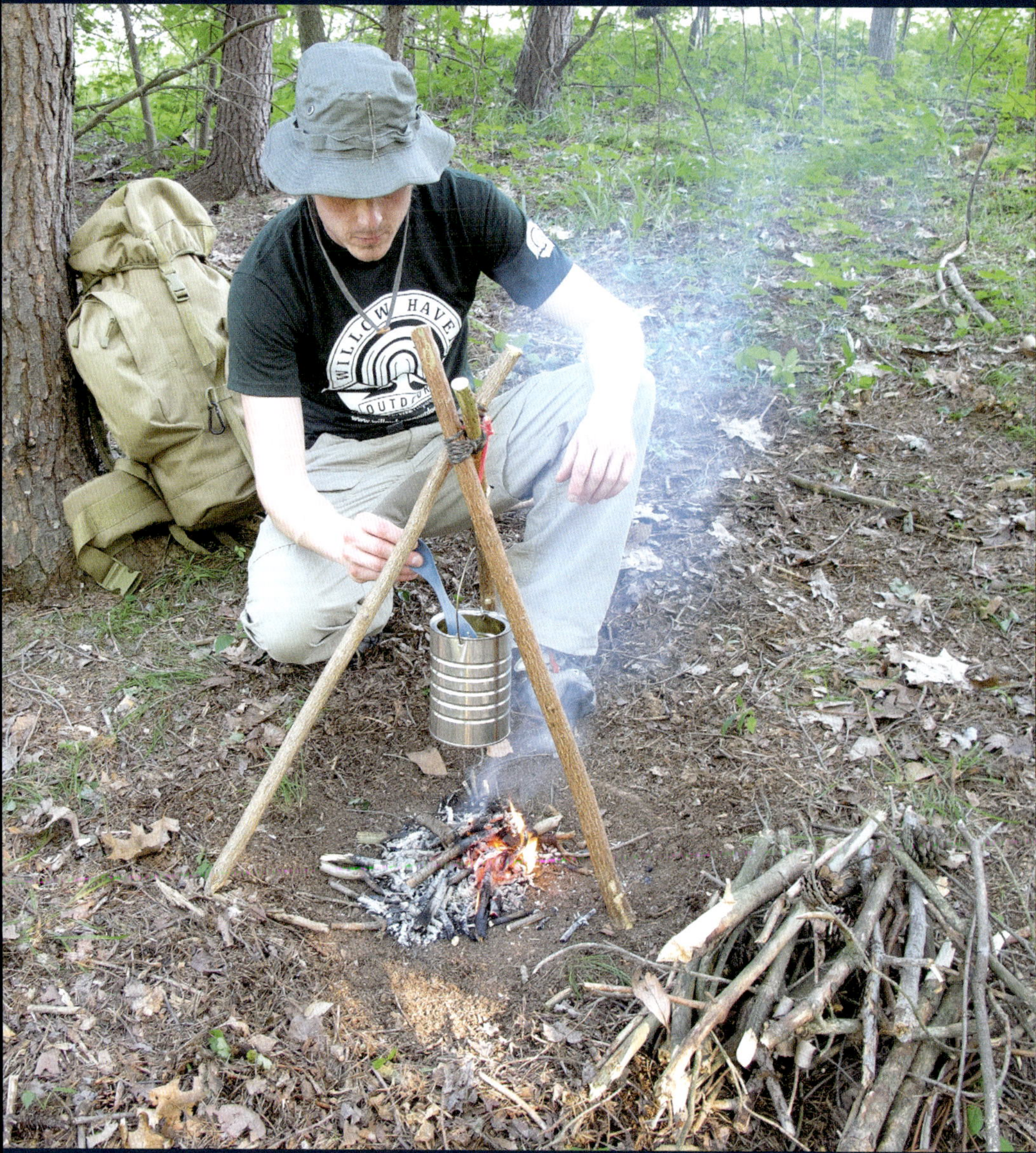

BEI DER VORBEREITUNG einer Survival-Ausrüstung für 72 Stunden stehen Lebensmittel auf der Liste der Prioritäten nicht ganz oben. Es ist möglich, drei Wochen ganz ohne Essen zu überleben. Allerdings hat es unerwünschte Nebenwirkungen, mehr Kalorien zu verbrauchen, als man zu sich nimmt, etwa Benommenheit, Energielosigkeit, Schwäche und eingeschränktes Denkvermögen. All das ist potenziell gefährlich. In einer Situation, in der es ums Überleben geht, ist es wichtig, einen klaren Kopf zu behalten, Kraft zu haben und sich auf seine Entscheidungen und Fähigkeiten verlassen zu können. Unser Körper ist ein Motor, der von Kalorien angetrieben wird. Den Körper mit Kalorien aufzutanken ist absolut wichtig, wenn man körperlich und mental durchhalten möchte. Das heißt aber nicht, dass man sich die Mühe machen muss, ausgeglichene Drei-Gänge-Menüs zu planen.

Schließlich geht es darum, drei Tage zu überleben – nicht um drei Tage Urlaub oder Camping.

SURVIVAL-RATIONEN

Öffnen und essen

Für das BOB sind Lebensmittel am besten geeignet, die ich „Öffnen und essen"-Mahlzeiten nenne. Das Essen, das man einpackt, muss einfach zuzubereiten sein. Die beste Lösung sind also abgepackte Mahlzeiten, die man einfach nur öffnen muss, um sie essen zu können, ohne große Vorbereitung. So spart man Zeit und Energie.

Lange Haltbarkeit

Heben Sie sich die Ernährung mit frischen Bio-Produkten für normale und friedliche Umstände auf – im Katastrophen-Notfall ist sie nicht praktikabel. Das „Bugging Out" ist der einzige Fall, in dem ich Lebensmittel mit langem Haltbarkeitsdatum empfehle. Denken Sie daran: BOB wird im Voraus zusammengestellt und alles muss monatelang fertig gepackt bereitstehen. Wählen Sie Lebensmittel, die bis zu sechs Monate sicher im BOB aufbewahrt werden können. Ansonsten müssen Sie die Lebensmittelrationen im BOB öfter prüfen und ersetzen.

Leicht

Es müssen leichte, gut zu packende Lebensmittel ausgewählt werden. Vielleicht müssen Sie zu Fuß reisen, halten Sie es also einfach. Ich sage meinen Schülern immer, dass sie sich an die KISS-Regel halten müssen: *Keep it Simple, Stupid* (Halte es einfach, Dummerchen). Alle Lebensmittel müssen in strapazierfähigen, wasserdicht versiegelten oder wiederverschließbaren Verpackungen transportiert werden, damit es nicht zu einer Kreuzkontamination kommt und/oder nichts in den Rucksack

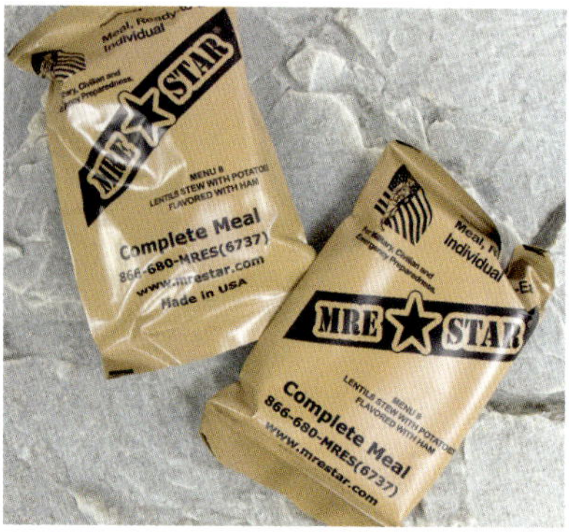

Meals Ready to Eat (MRE): Fertigmahlzeiten

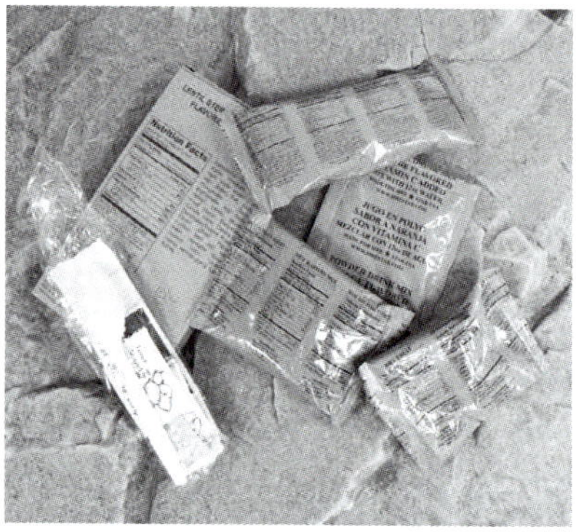

MRE-Packungsinhalt von MRESTAR

ausläuft. Gewicht sollte Priorität vor Geschmack haben.

Kohlenhydrate + Kalorien

Ihre strenge Diät hat in einem Katastrophenfall keine Priorität, also vergessen Sie das Kalorienzählen. Wählen Sie Lebensmittel, die einen hohen Gehalt sowohl an Kohlenhydraten als auch an Kalorien haben. Unsere Zellen und Muskeln werden von kohlenhydratreichen Lebensmitteln angetrieben. Kohlenhydrate werden in Zucker umgewandelt, den unser Körper dann zur Energiegewinnung verbrennt. Dieser „Kraftstoff" ist unheimlich wichtig, damit wir mental und körperlich Energie haben. Getrocknete Zerealien, Getreide, Nudeln und Reis sind alle reich an Kohlenhydraten.

Kalorienreiche Lebensmittel sind ebenfalls wichtig. Kalorien = Energie. Unser Körper braucht Kalorien (Energie), um die Vitalfunktionen aufrecht zu erhalten. Zwei für das BOB gut geeignete kalorienreiche Lebensmittel sind getrocknetes Fleisch und Nüsse.

SPEZIFISCHE VORSCHLÄGE FÜR BOB-LEBENSMITTEL

Meals Ready to Eat (MRE)

US-Soldaten bekommen MREs ausgehändigt, wenn sie im Einsatz sind, in Deutschland spricht man von Einmannpackungen (EPa). Im Grunde genommen handelt es sich dabei um komplett eigenständige Mahlzeiten. In der Regel beinhalten sie eine Hauptspeise, ein Päckchen mit Sauce o. Ä., einen großen Kracker, ein kleines Dessert und eine wasseraktivierte chemische Hitzequelle. Oft dient die äußere Verpackung als Behälter zum Aufheizen. Diese Mahlzeiten-„Bausätze" haben sich im Feld seit Langem bewährt, sind sehr

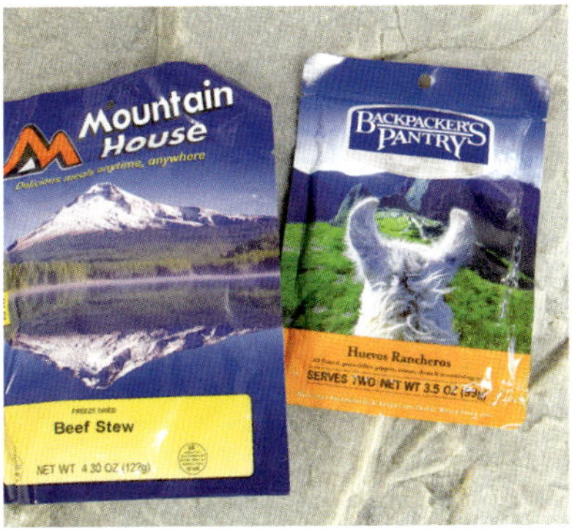

Dehydrierte Camping-Mahlzeiten

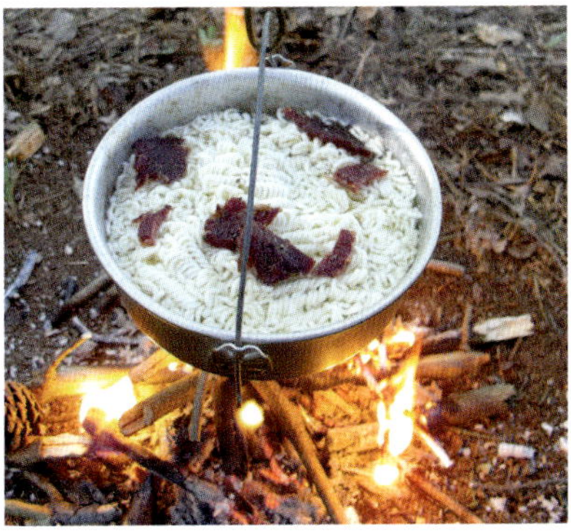

Ramen-Nudeln und Rindfleisch-Jerky auf dem Feuer

zuverlässige und nahrhafte BOB-Rationen. Sie haben den höchsten Kaloriengehalt von allen in diesem Kapitel genannten Lebensmitteln – in der Regel 1000+ Kalorien pro Mahlzeit. Der kommerzielle Verkauf von MREs unterliegt Beschränkungen der Regierung. Restbestände kann man in bestimmten Geschäften und auf Militärveranstaltungen kaufen. Allerdings sind sie oft überteuert. Eine bessere Lösung sind hier sogenannte „kommerzielle" oder „zivile" MREs, die den Versionen fürs Militär ähnlich sind und auch häufig vom gleichen Hersteller produziert werden. Ich rate davon ab, MREs bei eBay zu kaufen – es sind einfach zu viele Betrüger online unterwegs und es ist nicht immer leicht, Imitate zu erkennen. Im Folgenden habe ich einige Anbieter kommerzieller MREs aufgelistet. Vergleichen Sie Preise und Produkte, um selbst eine Auswahl zu treffen. Ich habe schon bei allen diesen Anbietern eingekauft und keinerlei Probleme gehabt.

- MREdepot.com (MREs von verschiedenen Herstellern im Angebot)
- MRESTAR
- AmeriQual (MRE-Lieferant des US-Militärs)

Die auf dem Foto (Seite 32) abgebildete Packung MRESTAR enthält:

- 120 g Hauptspeise (z. B. Linseneintopf mit Kartoffeln und Schinken)
- 60 g Trockenfrüchte (z. B. Bananen, Ananas, Papaya)
- 60 g Rosinenmischung (z. B. Rosinen, Erdnüsse, Mandeln, Sonnenblumenkerne)
- 60 g Zuckerkekse
- Trinkmischung (z. B. Orangengeschmack mit Vitamin C)
- Zubehör-Pack (Löffel, Kaffee, Zucker, Kaffeeweißer, Salz, Pfeffer, Serviette, Feuchttuch)

Vorteile:

- sehr hoher Anteil an Kohlenhydraten und Kalorien
- beständige, wasserdichte Verpackung
- einfache Zubereitung
- vollständige Mahlzeit in einer Packung
- keine zusätzliche Hitzequelle benötigt
- kann bei Bedarf kalt gegessen werden

Nachteile:

- teuer: ca. 7 € pro Portion
- recht extravagant für ein 72-Stunden-BOB
- sperrig und schwer (1 - 1,5 Pfund)
- besser für langfristige Survival-Situationen geeignet als für ein 72-Stunden-BOB

Dehydrierte Camping-Mahlzeiten / Nudel-Mahlzeiten

Die meisten, wenn nicht alle, Outdoor-Geschäfte haben dehydrierte Camping-Mahlzeiten für Backpacker im Angebot. Diese Mahlzeiten sind auch online erhältlich. Es gibt eine große Auswahl an Hauptspeisen und sie sind überraschend lecker. Dehydrierte Mahlzeiten sind eine exzellente, leichte Option für das BOB und sehr lange haltbar. Diese simplen Mahlzeiten bestehen meistens nur aus einer Hauptspeise, anders als MREs, die mehrere Lebensmittelprodukte enthalten.

Zu dieser Kategorie zähle ich auch Instant-Ramen und weitere Nudelprodukte, zu denen man bloß noch Wasser zufügen muss. Sie sind zwar nicht speziell für Backpacker gedacht, diese Instant-Nudelgerichte sind den dehydrierten Camping-Mahlzeiten aber sehr ähnlich. Sie sind leicht, gut zu transportieren und leicht zuzubereiten. Und: in Sachen Preis (knapp unter 1 €) sind sie schwer zu schlagen. Wenn man ein bisschen Beef Jerky zufügt, hat man eine sehr praktische und nahrhafte Bug-Out-Mahlzeit.

Da diese Gerichte dehydriert sind, müssen sie mit Wasser zubereitet werden. Für die Zubereitung wird außerdem eine Hitzequelle benötigt, z. B. ein Feuer oder ein kleiner, transportabler Campingkocher. Abhängig von den Umständen ist es nicht immer die praktischste Option, Wasser zum Kochen zu bringen. Im schlimmsten Fall sind diese Mahlzeiten aber auch genießbar, wenn man sie einige Zeit in raumtemperiertem Wasser eingeweicht hat.

Vorteile:

- angemessener Gehalt an Kohlenhydraten und Kalorien (200 - 400 Kalorien)
- qualitativ annehmbare Mahlzeiten
- leicht und funktional

Nachteile:

- für die Zubereitung wird kochendes Wasser (oder Zeit) benötigt
- keine „Öffnen und essen"-Mahlzeit

Riegel

Energieriegel, Schokoriegel und Müsliriegel sind die praktischsten Mini-Mahlzeiten für unterwegs. Es gibt Hunderte unterschiedliche Marken und Sorten zur Auswahl. Eine Handvoll davon reicht aus, um die Energie-Grundbedürfnisse eines normalen Erwachsenen für ein paar Tage abzudecken. Langfristig sind sie keine geeignete Option, für einen kurzen „Bug Out" sind sie aber durchaus in Ordnung. Diese Riegel enthalten eine Menge Kohlenhydrate und Zucker, sie sind kompakt und leicht. Diese 1-Portion-Riegel lassen sich gut in kleine Zwischenräume im BOB stecken, nehmen also nicht so viel Platz in Anspruch, wie das bei größeren Lebensmitteln der Fall sein kann. Sie sind auch sehr günstig. Am wichtigsten aber ist, dass man nichts zubereiten muss: Einfach öffnen und essen.

Vorteile:

- keine Zubereitung
- angemessener Gehalt an Kohlenhydraten und Kalorien – 200–400 g
- leicht und gut zu packen
- riesige Auswahl
- individuell verpackte Portionen

Für ein 72-Stunden-BOB haben Energieriegel, Müsliriegel etc. keine Nachteile.

Lobende Erwähnung

Fünf weitere Produkte, die in keine der Kategorien so richtig passen, machen sich gut als Lebensmittelrationen im BOB. Dabei handelt es sich um

- Vollkornreis
- Instant-Haferbrei
- Beef Jerky
- Thunfisch in weichen Packungen
- Nüsse

Diese sind nicht nur leicht und gut zu packen, sondern auch sehr lange haltbar, wenn sie richtig gelagert werden. Jedes Produkt hat außerdem individuelle und funktionale Vorteile.

Für die Zubereitung von Vollkornreis wird Wasser benötigt, aber er hat einen hohen Gehalt an Kohlenhydraten und ist sehr sättigend.

Instant-Haferbrei ist eine sehr gesunde, nährende Mahlzeit, die mit kochendem Wasser schnell gegart ist, aber auch mit raumtemperiertem Wasser und etwas Zeit zubereitet werden kann. Für eine energiereichere Mahlzeit wählen Sie Haferbrei mit Rosinen, Nüssen und Zucker.

Beef Jerky kann unterwegs geknabbert werden oder man weicht es zusammen mit anderen Zutaten (z. B. Ramen-Nudeln) in Wasser ein. Abgepackter Thunfisch muss nicht gegart werden und ist sehr nahrhaft. Thunfisch lässt sich außerdem gut

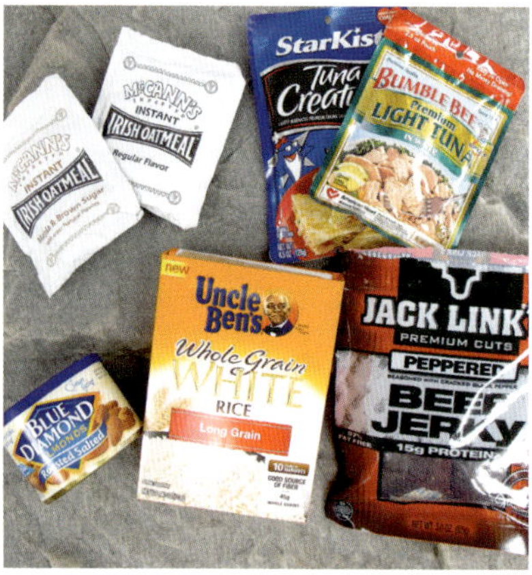

Weitere gut geeignete Lebensmittel für das BOB: Reis, Instant-Haferbrei, Beef Jerky, Thunfisch-Packungen und Nüsse

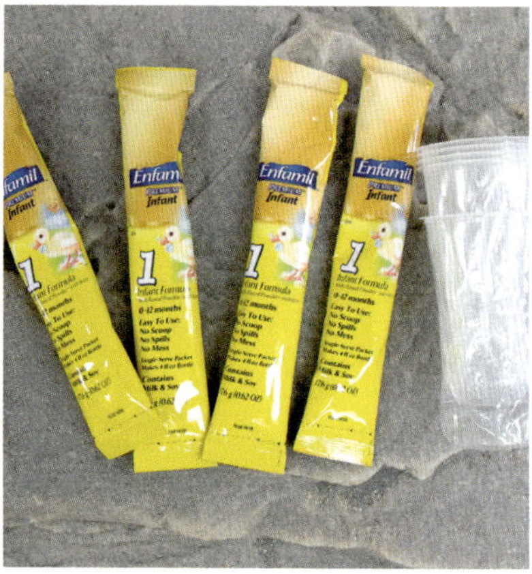

Baby-Milchpulver und Einmal-Flascheneinsatz

mit anderen Zutaten, z. B. Nudeln, kombinieren. Kaufen Sie keine Konserven, sondern weiche Folienverpackungen, die leichter sind und sich gut einpacken lassen.

Nüsse sind ein weiterer kohlenhydratreicher Snack, für den nichts vorbereitet werden muss und den man gut unterwegs essen kann. Nüsse aus Dosen können in wiederverschließbare Tüten umgepackt werden, um Gewicht und Platz zu sparen.

BABY-/SÄUGLINGSNAHRUNG

Stillen

Für Säuglinge ist das Stillen die beste Option. Die Milch wird in der perfekten Temperatur bereitgestellt, ohne dass etwas vorbereitet werden muss. Man braucht keine Hitzequelle und keine Ausstattung. Wenn Stillen keine Option ist, ist Milchpulver die beste Alternative.

Milchpulver

Individuelle, wasserdicht verpackte Portionen Milchpulver für Säuglinge gibt es von unterschiedlichen Herstellern. Die Zubereitung dieser Babymilch ist sehr einfach. Dazu am besten Einmal-Flascheneinsätze und Sauger einpacken, damit man sich sperrige Behälter und das Saubermachen sparen kann. Alles ist leicht, lässt sich gut einpacken und gut zubereiten. Der Metallbecher (mehr dazu später) kann für das Erwärmen des Wassers zum Anrühren verwendet werden. Auf jeden Fall ein Fläschchen mit Manschettenaufsatz einpacken.

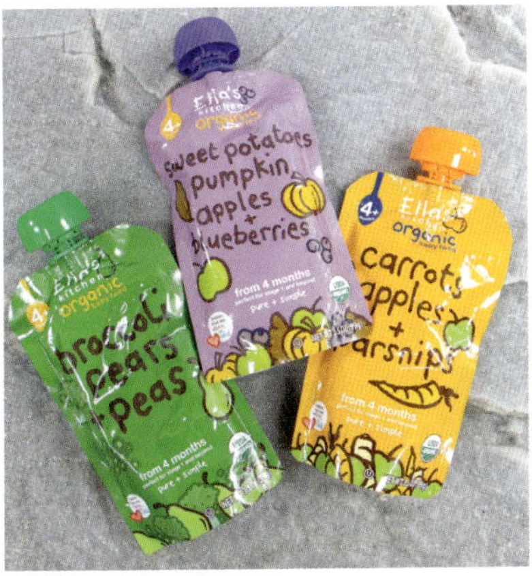

Babynahrung in weicher Verpackung

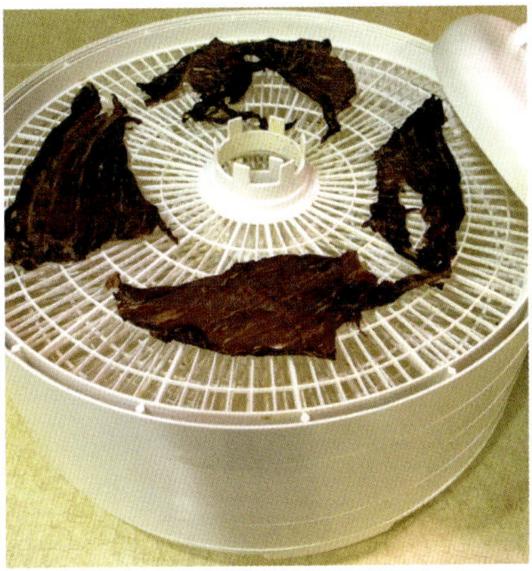

Dörrgerät

Feste Nahrung

Für Kleinkinder, die bereits halbfeste Babynahrung zu sich nehmen, gibt es drei gute Optionen:

- das eigene Essen zu Brei zerdrücken
- Babynahrung einpacken. Weiche Babynahrung in flexibler Folienverpackung ist gut geeignet und lange haltbar (ein Jahr oder länger)
- dehydrierte Babynahrung selbst herstellen, indem man Gemüse dörrt und dann im Mixer oder in der Küchenmaschine zu Pulver verarbeitet. Dieses Pulver dann nach Bedarf mit Wasser mischen, sodass Brei entsteht.

SPEZIELLE ERNÄHRUNGS-BEDÜRFNISSE

Bisher wurde in diesem Kapitel noch nicht auf besondere Bedürfnisse innerhalb der Ernährung eingegangen. Für Menschen mit Allergien, Diabetes oder Herz-Kreislauf-Erkrankungen sollten entsprechende Anpassungen getroffen werden. Wenden Sie die gleichen ernährungsspezifischen Richtlinien, die Sie und Ihre Familie aufgrund bestimmter Erkrankungen befolgen müssen, daher auch auf den Proviant Ihres BOBs an.

HALBJÄHRLICHE INVENTUR

Ich empfehle, die Lebensmittel im BOB zweimal im Jahr zu überprüfen. Unabhängig vom Mindesthaltbarkeitsdatum ersetze ich alle Lebensmittel aus meinem BOB zweimal im Jahr. Und zwar immer dann, wenn ich die Winter- gegen die Sommerkleidung austausche (oder umgekehrt), im

Mai und im November. Mit diesem Zeitplan stelle ich sicher, dass das Essen in meinem BOB immer verzehrt werden kann. Wenn man darauf wartet, dass das Haltbarkeitsdatum der Lebensmittel im BOB abläuft, dann verschwendet man sie. Indem man sie ersetzt, bevor sie abgelaufen sind, kann man die älteren Produkte zubereiten und damit die Bug-Out-Essenszubereitung üben. Koordinieren Sie das Überprüfen der Lebensmittel mit dem Austauschen der Kleidung.

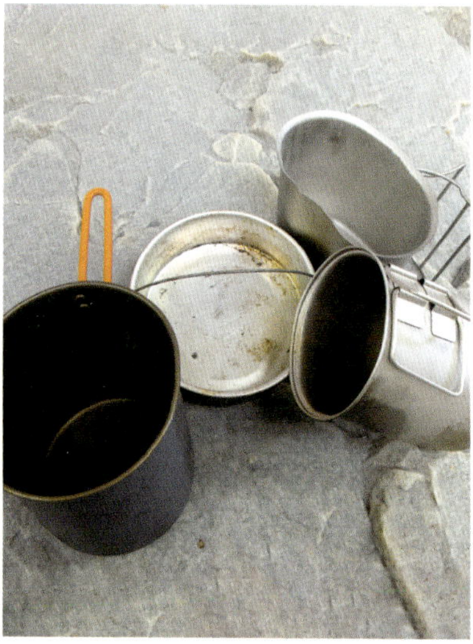

Metalltöpfe

LEBENSMITTELZUBEREITUNG

Ganz egal, wie einfach es ist, das eingepackte Essen zuzubereiten: Es ist immer eine gute Idee, eine einfache Kochausrüstung im BOB zu haben. Mit dieser Ausrüstung hat man dann eine gute Option, auch kompliziertere Mahlzeiten zuzubereiten, wenn nötig. Selbst wenn es nur darum geht, Wasser zu kochen, um dehydrierte Mahlzeiten einzuweichen, braucht man die richtige Ausstattung. Es ist besser, man hat sie, braucht sie aber nicht, als sie zu brauchen, aber nicht zu haben.

DIE BOB-KÜCHENAUSSTATTUNG

Metalltöpfe

Ein Metalltopf ist unter Umständen ein lebensrettendes Survival-Werkzeug. Es gibt in der Natur tatsächlich keinen praktikablen Ersatz für einen einfachen, alltäglichen Metallkochtopf. In unserem Alltag nehmen wir Töpfe als selbstverständlich an. Ohne wäre es allerdings extrem schwer, selbst die einfachsten Aufgaben bei der Essenszubereitung zu erledigen – alleine schon Wasser zu kochen. Und die Möglichkeit, Wasser zu kochen, ist eine absolute Notwendigkeit in jedem Bug-Out-Szenario. Am besten kaufen Sie einen speziell für das Campen entworfenen Metallkochtopf. Diese Töpfe, deren Stiel in der Regel gefaltet werden kann, sind im Outdoor- und Camping-Fachhandel erhältlich. Speziell für das Campen oder Backpacking produzierte Töpfe können sehr teuer sein. Man kann auch einen gewöhnlichen Metalltopf verwenden.

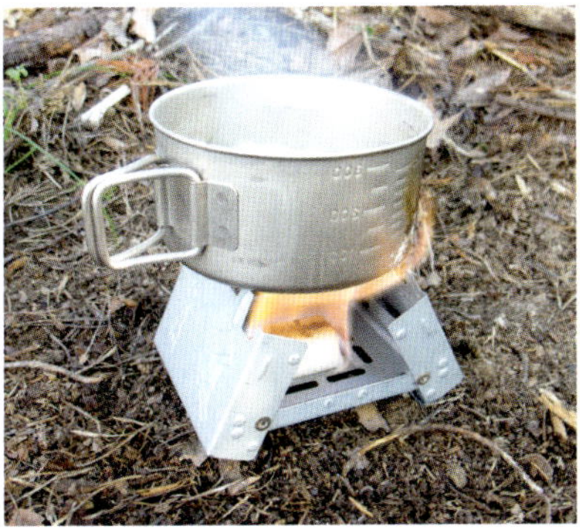

Essen, das auf einem Esbit-Kocher gegart wird

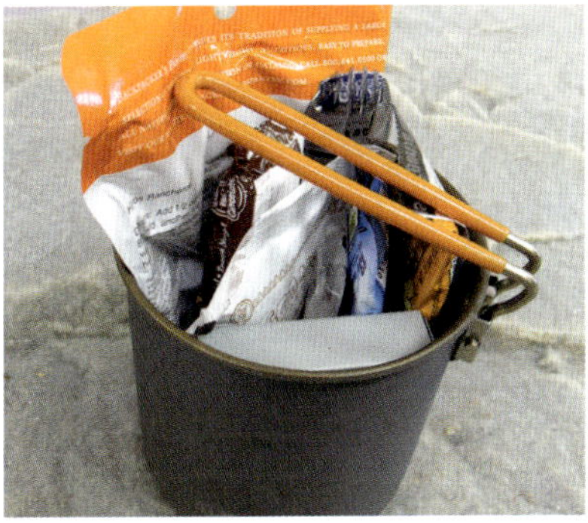

Lebensmittel, gepackt in einen Metalltopf

Hier ein paar Richtlinien:

- Größe: Mindestens 1 Liter (Größere Familien sollten einen Topf mit 2 Litern Fassungsvermögen oder mehr in Erwägung ziehen, damit für die Essenszubereitung nicht mehrere Sitzungen gebraucht werden und man Brennstoff spart.)
- Ein Stiel: Damit man den Topf bewegen kann, während er heiß ist. Alternativ kann man die Zange aus dem Multiwerkzeug (siehe Kapitel 10) als provisorischen Stiel verwenden.
- Antihaftbeschichtung: Erleichtert das Spülen.

Wenn das BOB keine Möglichkeit zum Wasserkochen enthält, ist man *nicht vorbereitet.*

Das Kochen von Wasser ist eine Möglichkeit der Wasseraufbereitung und die Garmethode für die meisten „Öffnen und essen“-Bug-Out-Mahlzeiten.

Selbst die meisten wilden essbaren Pflanzen werden am besten (und am einfachsten) in einem Topf zubereitet. Fleisch und Fisch aus der Wildnis lassen sich am besten in Form eines Eintopfes zubereiten. So kommt man an alle Nährstoffe – alle Öle, Fette und Säfte, die verloren gehen, wenn man das Essen über einer offenen Flamme zubereitet. Ein kleiner Metalltopf nimmt im BOB nur wenig Platz in Anspruch, weil man andere Dinge hineinpacken kann, um den Platz optimal auszunutzen. Ich persönlich packe meine Mahlzeiten und Kochutensilien in den Topf. Dann weiß ich auch immer, wo alles ist, wenn ich Essen zubereiten will.

Metallbecher

Ich verwende meinen kleinen Metallbecher häufiger als die meisten anderen Teile meiner Ausrüstung, wenn ich längere Zeit in der Wildnis bin. Er hat all die Vorteile eines Metalltopfes und ist perfekt für kleinere, individu-

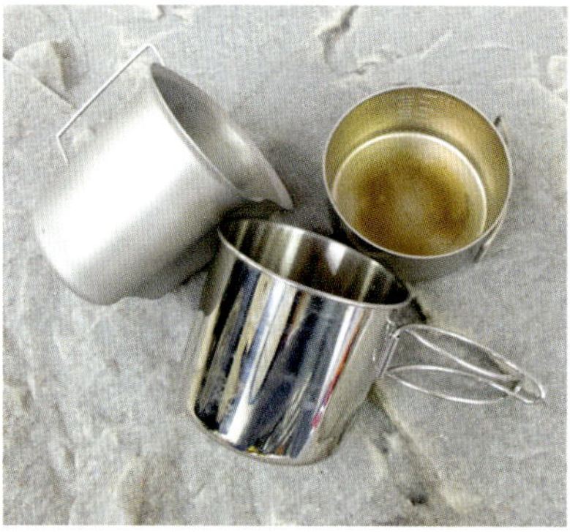

Verschiedene Metallbecher

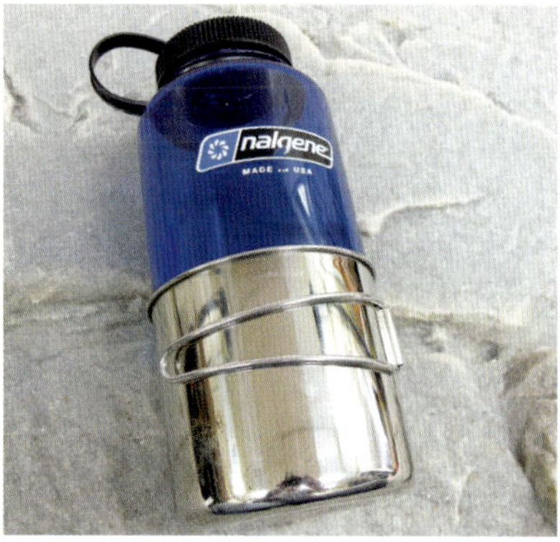

Nalgene-Flasche mit Glacier-Flaschenbecher

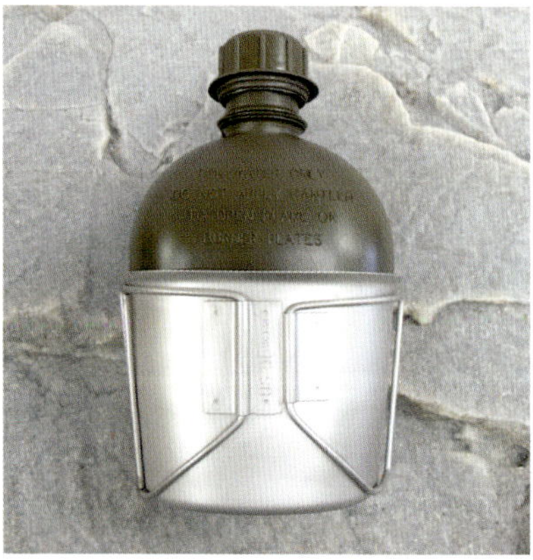

Feldflasche mit passendem Becher

elle Portionen. Diese Becher lassen sich außerdem einfach reinigen. Es sind mehrere Sorten Metallbecher auf dem Markt. Instant-Haferbrei ist eine perfekte Ein-Becher-Mahlzeit: Einfach Wasser im Becher aufkochen und die Haferflocken unterrühren. Im Metallbecher kann man außerdem Tee oder Kaffee kochen und sich so bei Kälte warm halten. Ein Metallbecher mit Maßeinheiten ist unter Umständen hilfreich, um bei der Zubereitung von Camping-Mahlzeiten bei den Mengen nicht raten zu müssen. Viele der günstigen Metallbecher (auch der, den ich verwende) verfügen nicht darüber. Glücklicherweise muss man bei der Zubereitung der meisten Bug-Out-Mahlzeiten nicht wissenschaftlich präzise vorgehen.

Wählen Sie einen Metallbecher, der gerade eben über den Boden eines der Wasserbehälter passt, wie auf dem Foto zu sehen ist. So sind Becher und Wasser zusammen verpackt und man spart wertvollen Platz im BOB. Nach meiner Erfahrung kann ich jeden der auf dem Foto abgebildeten Metallbecher empfehlen.

Besteck

Was Besteck betrifft, kann man mit einer Kombination aus Gabel und Löffel, Göffel genannt (bzw. Spork vom englischen Spoon + Fork), nichts falsch machen. Eine Handvoll billiges

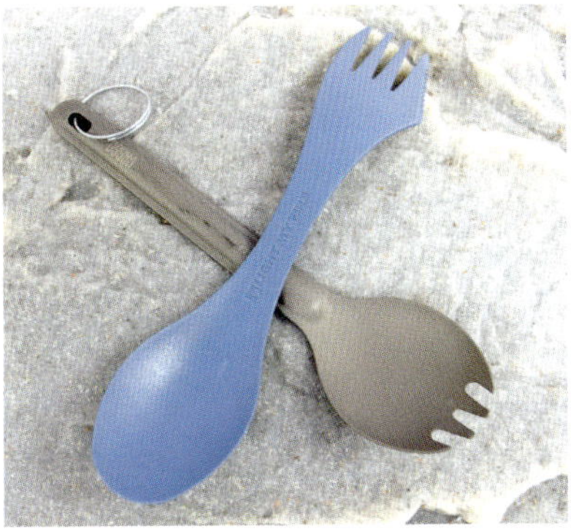

Polycarbonat-Göffel, Titan-Göffel

Plastikbesteck aus dem Fastfood-Restaurant um die Ecke tut es nicht. Es wird dem Kochen in der Wildnis nicht standhalten. Besorgen Sie sich einen Göffel aus hitzebeständigem Material, z.B. Metall oder Polycarbonat. Diese sind in den meisten Outdoor-Geschäften und online erhältlich. Um Gewicht und Platz zu sparen, empfehle ich, Besteck mit kleineren Kindern und Säuglingen zu teilen, statt extra Sets einzupacken. Das Survival-Messer (mehr dazu in Kapitel 10) kann als Küchenmesser verwendet werden. Das Messer, das Sie einpacken, ist ein unersetzliches Werkzeug für die Zubereitung von Lebensmitteln.

KÜCHENHELFER

Dosenöffner

Auch wenn man keine Dosennahrung mitnimmt, empfehle ich, einen leichten Dosenöffner einzupacken. So ist das richtige Küchenwerkzeug zur Hand, um bei Bedarf schnell und einfach Dosen zu öffnen. Ich empfehle Dosenöffner, die auch vom Militär verwendet werden. Die gibt es im Restpostenverkauf des Militärs, kosten etwa 50 Cent und sind kleiner als ein gewöhnlicher Hausschlüssel – ich habe immer einen an meinem Schlüsselbund.

SCHNELLER SURVIVAL-TIPP

Bei begrenztem Budget ist eine Kaffeedose mit Henkel aus einem Metallkleiderhaken eine gute Alternative zum Metallkochtopf.

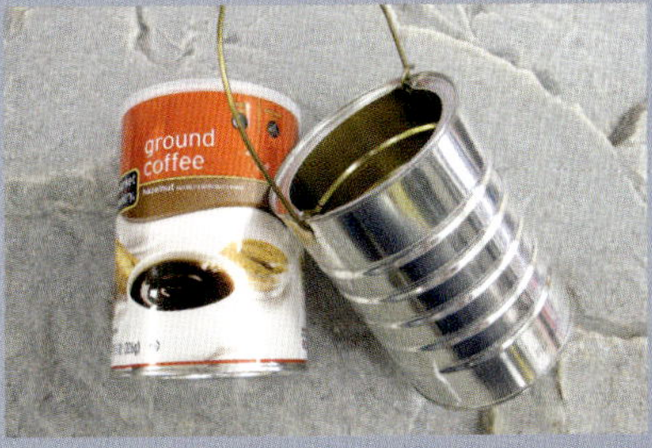

Selbst gemachter Kochtopf aus Kaffeedose

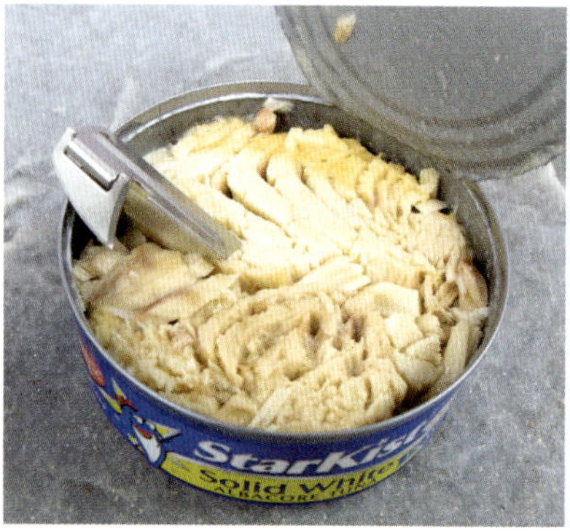

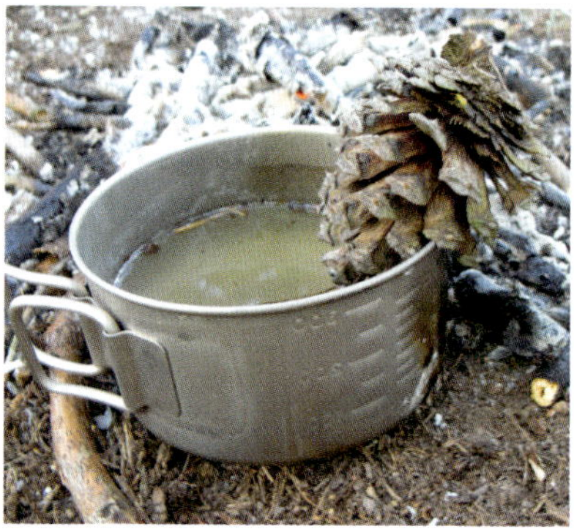

P-38-Dosenöffner, wie er von der US Army verwendet wird

Kiefernzapfen als Schrubber

Topfschrubber

Für Lebensmittelsicherheit und Hygiene ist es sehr wichtig, das Kochgeschirr sauber zu halten. Dreckige Kochutensilien im BOB werden den gesamten Inhalt mit Lebensmittelpartikeln und Geruch kontaminieren – und das zieht Insekten an. Essensgeruch wird auch andere Tiere anlocken, vor allem nachts, und diese Tiere können beim Versuch, an die Nahrungsmittel zu kommen, das BOB beschädigen. Besorgen Sie sich einen kleinen, günstigen Topfschwamm aus dem Supermarkt für Ihre BOB-Kochausstattung und schneiden Sie ihn in der Mitte durch, um Gewicht und Größe zu reduzieren (wenn man längere Zeit ein gewisses Gewicht tragen muss, kommt es auf jedes Gramm an). Zum Spülen kann eine gewöhnliche Allzweckseife verwendet werden (mehr dazu in Kapitel 9). Kiefernzapfen sind übrigens eine exzellente natürliche Alternative zum Schrubber.

HITZEQUELLEN

Um Wasser für die Zubereitung heißer Mahlzeiten kochen zu können (mit Ausnahme der MREs, die ein wasseraktiviertes chemisches Heizsystem haben), braucht man eine Hitzequelle. Diese muss:

- leicht
- einfach zu verwenden
- kompakt
- effizient

sein. Was Hitzequellen betrifft, gibt es eine Reihe großartiger leichter Optionen, die gut für ein BOB geeignet sind. Die drei besten stelle ich im Folgenden vor:

Feuer

Feuer ist eine der wichtigsten BOB-Survival-Ressourcen.

Weiter hinten im Buch ist dem Feuer ein ganzes Kapitel gewidmet. Feuer ist die älteste Hitzequelle der Menschheit und hervorragend zum Garen und Aufwärmen von Lebensmitteln sowie zum Wasserkochen geeignet. Feuer ist außerdem sehr leicht – es wiegt nur so viel wie das Zündgerät (was ebenfalls später genauer besprochen wird). Allerdings ist Feuer nicht die einfachste Option. Man kann es nicht einfach aus dem Rucksack nehmen und anschalten wie andere Hitzequellen. Ein Feuer anzuzünden und aufrechtzuerhalten, muss geübt sein. Und ein Feuer ist nicht immer die bequemste Möglichkeit zum Kochen bei einem Bug Out. Wenn die Umgebung feucht ist oder nur wenig Brennstoff hergibt, ist es unter Umständen ein Ding der Unmöglichkeit, ein Feuer anzuzünden und am Brennen zu halten. Und selbst unter perfekten Umständen kann es eine Herausforderung sein, ein Feuer zu entfachen, das zum Kochen ausreicht. Feuer kann außerdem ungewünschte Aufmerksamkeit auf sich ziehen und den Aufenthaltsort verraten. Manchmal ist eine unauffälligere Hitzequelle von Vorteil. Trotzdem sollte die Fähigkeit und Möglichkeit, ein Feuer zu machen, ganz oben auf der Liste Ihrer BOB-Hitzequelle-Optionen stehen.

Vorteile:

- leicht (vor allem eine Frage des Könnens)
- sehr effektiv
- große Auswahl an Brennmaterial (von Möbeln bis hin zu Kiefernzapfen)
- günstigste Variante

Nachteile:

- braucht Übung und Können
- vor Ort muss ausreichend Brennmaterial gefunden werden
- von Umweltbedingungen abhängig

Wegen der Herausforderungen und Nachteile, die Feuer mit sich bringt, sollte man auch eine andere Hitzequelle von dieser Liste ins BOB packen.

Kocher für Trockenbrennstoff

Der beliebteste Kocher für Trockenbrennstoff ist der Esbit-Kocher. Dieses kompakte, faltbare Gerät wurde in Deutschland entworfen und ist schon seit Jahrzehnten weltweit beim Militär im Einsatz. Esbit-Kocher lassen sich zur Größe eines Satzes Spielkarten zusammenfalten und wiegen nur ein paar Hundert Gramm. Im zusammengefalteten Kocher können mehrere Brennstofftabletten aufbewahrt werden.

Die Esbit-Brennstofftabletten (oder eine andere Marke) brennen acht bis zwanzig Minuten. Brennende Tabletten können ausgepustet und später erneut angezündet werden und sie sind ganz einfach zu entzünden. Mit Brennstofftabletten befeuerte

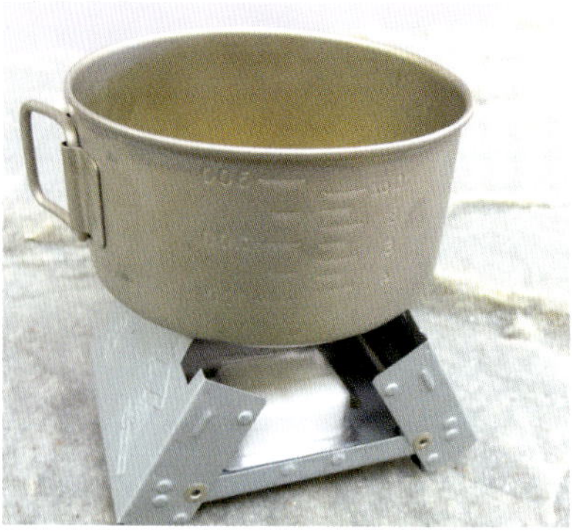

Offener Esbit-Kocher

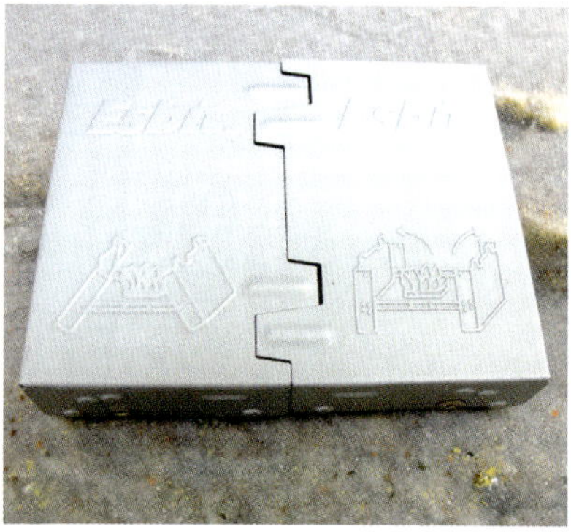

Geschlossener Esbit-Kocher

Kocher sind perfekt für kleine Kochtöpfe und Ein-Becher-Mahlzeiten geeignet. Man kann damit einen halben Liter Wasser in wenigen Minuten zum Kochen bringen. Der Kocher lässt sich auch mit kleinen Zweigen und Kiefernzapfen befeuern, allerdings ist das nicht so effizient wie mit Brennstofftabletten.

Kürzlich war ich auf einer viertägigen Wandertour, habe für meinen Esbit-Kocher nur Brennstoff verwendet, den ich in der Natur gefunden habe (z. B. Zweige und Kiefernzapfen) und damit acht volle Mahlzeiten zubereitet. Natürlicher Brennstoff ist nicht immer praktisch, aber eine exzellente Alternative, sollten einem die Brennstofftabletten ausgehen.

Ähnliche Campingkocher können im Outdoor-Fachhandel, im Militärfachhandel und online gekauft werden. Sie alle verbrennen eine Version von Brennstofftabletten mit unterschiedlichen chemischen Komponenten. Diese Brennstofftabletten sind in der Regel untereinander austauschbar.

Ein Esbit-Kocher mit sechs Brennstofftabletten kostet etwa 20 €. Auf amazon.com kostet ein Pack mit 12 Brennstofftabletten etwa 10 €. Beim Versuch, das Gewicht meines BOBs zu verringern, habe ich vor einiger Zeit den gewöhnlichen Campingkocher (siehe nächster Abschnitt) durch einen Esbit-Kocher ausgetauscht. Wenn man sich für ein Brennstofftabletten-System entscheidet, empfehle ich, pro Erwachsenen sechs Tabletten einzupacken. Diese kleinen Systeme sind nicht die beste Lösung für größere Gruppen oder Familien – es sei denn, man packt mehrere Kocher und Töpfe ein.

Ein Feldflaschen-Kochsystem, wie es von CanteenShop.com angeboten wird, ist eine weitere groß-

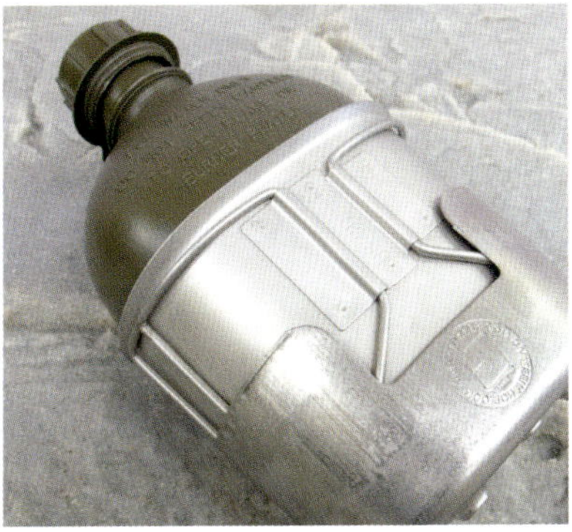

Feldflaschen-Kochset, zusammengesetzt

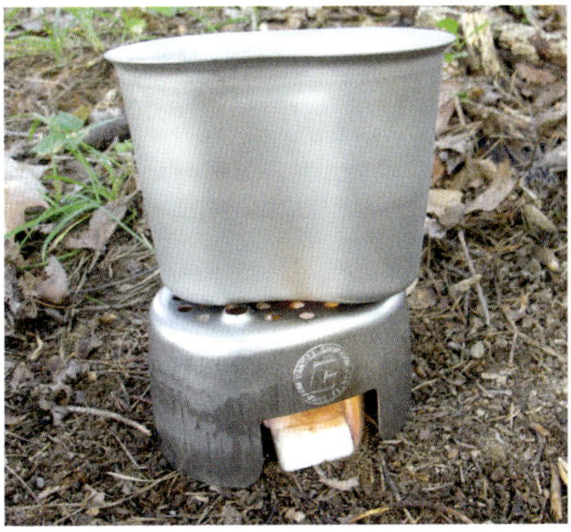

Feldflaschen-Kochset, bereit zum Kochen mit Brennstofftablette

artige Option. Dieser einzigartige Metallkocher passt direkt über einen standardmäßigen Feldflaschenbecher, der sich wiederum über den Boden einer Standard-Feldflasche schieben lässt. Ein exzellentes, kompaktes Kochset für jedes BOB – Wasserbehälter, Metallbecher und Kocher für verschiedene Brennstoffe in einem.

Vorteile:

- leicht und kompakt
- einfach zu verwenden und zu entzünden
- acht Minuten (oder mehr) Brennzeit pro Tablette
- geeignet für Brennstofftabletten und in der Natur gesammelte Brennstoffe
- günstig

Nachteile:

- keine besonders gute Lösung für große Familien

FLÜSSIGBRENNSTOFF-KOCHER

Gaskocher mit Flüssiggas-Kartuschen

Gaskocher gibt es von unterschiedlichen Herstellern in verschiedenen Preisklassen. Sie sind leicht zu verwenden und funktionieren fast in jeder Umgebung gut – außer in extremer Kälte. Bei kühleren Temperaturen fällt der Druck in den Kartuschen in der Regel ab, aber ein paar Minuten am Körper unter dem T-Shirt und der Druck steigt wieder auf ein angemessenes Level.

Der Brennstoff kommt aus kleinen Behältern mit selbstschließendem Ventil, auf den man den Kocheraufsatz einfach aufschraubt. Den Aufsatz aufschrauben, den Gasregler aufdrehen, anzünden und schon ist man bereit, (Wasser) zu kochen. Solche Kocher kann man sich wie einen Mini-BBQ-Grill vorstellen.

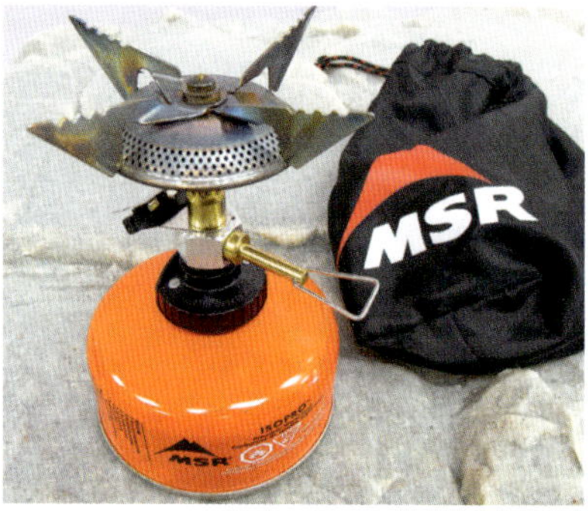

MSR Superfly auf Gaskartusche

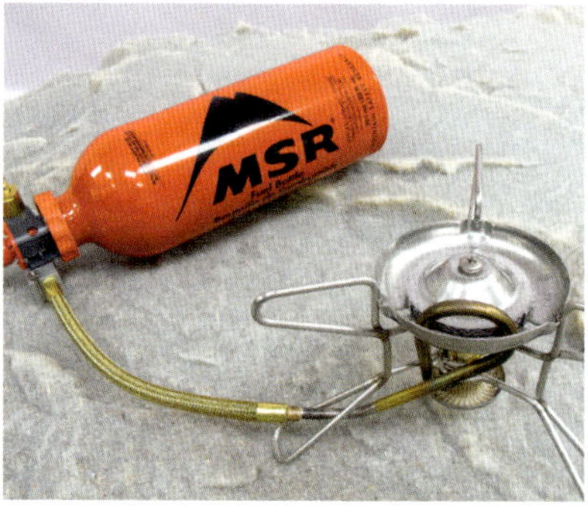

MSR WhisperLite Benzinkocher

Abhängig von der Größe können einige Kartuschen über 30 Minuten brennen, d.h. ein paar Kartuschen reichen für ein 72-Stunden-Bug-Out-Szenario durchaus aus. Sie sind zwar sehr populär, sehr effizient und sehr einfach zu verwenden, trotzdem sind Kartuschen-Kocher meine letzte Wahl als Bug-Out-Hitzequelle, weil sie vollkommen von den gekauften Kartuschen abhängen – sind diese alle, ist es aus.

Mehrstoffkocher

Bei einem Mehrstoffkocher wird über eine manuelle Pumpe flüssiger Kraftstoff im Kraftstoffbehälter unter Druck gesetzt. Der flüssige Kraftstoff wird dann vaporisiert und befeuert einen externen Brenner, der über eine flexible Leitung angeschossen ist. Der Vorteil dieser Kocher ist, dass mehrere unterschiedliche flüssige Kraftstoffe verbrannt werden können, darunter Campingbenzin (white gas), Normalbenzin, Diesel und Kerosin. Als Hitzequelle sind sie daher flexibler als Kartuschenbrenner, da man den Kraftstoffbehälter selbst auffüllen kann, wenn man Zugang zum passenden Treibstoff hat. Diese Vielseitigkeit macht diese Art Kocher zur praktischen BOB-Hitzequelle. Mehrstoffkocher funktionieren auch sehr gut in allen Temperaturbereichen, weil der Druck manuell erhöht werden kann.

Vorteile:

- leicht zu verwenden
- effektiv zum Wasserkochen (1 l kocht in weniger als 4 Minuten)
- Modelle mit manueller Pumpe können unterschiedliche Flüssig-Kraftstoffe verwenden
- besser für Mahlzeiten für mehrere Portionen geeignet

Nachteile:

- teuer: über 40 €
- (ohne Brennstoff)
- Kraftstoff ist schwer und nimmt viel Platz in Anspruch

- vollkommen von Flüssiggas-Kraftstoff und/oder Benzinkanistern abhängig
- Kocheraufsatz könnte beschädigt werden

ZUSAMMENFASSUNG

Wenn man dehydrierte Mahlzeiten einpackt, sollte man über die Möglichkeit hinaus, ein Feuer zu entzünden, noch eine weitere Hitzequellen-Option einpacken. Packen Sie keine Lebensmittel ein, für deren Zubereitung mehr als heißes Wasser benötigt wird. Alles, was komplizierter ist, ist eine Verschwendung von Zeit, Ressourcen und Energie.

ALLGEMEINE KATASTROPHEN-ÜBERLEGUNGEN

Wenn man in einer Gegend lebt, in der Hitzewellen, Dürreperioden oder Waldbrände nichts Ungewöhnliches sind, muss man die Feuer- / Kochstelle entsprechend vorbereiten. In einem Durchmesser von mind. 90 cm um eine offene Flamme herum muss sich nackte Erde oder nicht entzündliches Material befinden.

SCHNELLER SURVIVAL-TIPP

Knappes Budget? Aus einer Kaffeedose kann man einen Bug-Out-Kocher nach Hobo-Art machen, der wunderbar mit in der Natur gesammeltem Brennstoff betrieben werden kann, z. B. kleinen Ästchen und Kiefernzapfen. Einfach ein Ende der Dose entfernen und am unteren Rand ein 10 × 10 cm großes Stück ausschneiden. Dann fünf Löcher mit etwa 2,5 cm Durchmesser rund um den unteren Rand bohren, um den oberen Rand ebenfalls fünf und in die obere Seite als Grill-/Kochfläche fünf bis zehn Stück. Das Feuerholz auf dem Boden der Dose stapeln und durch die quadratische Öffnung füttern. Sie werden überrascht sein, wie gut so ein Hobo-Kocher funktioniert.

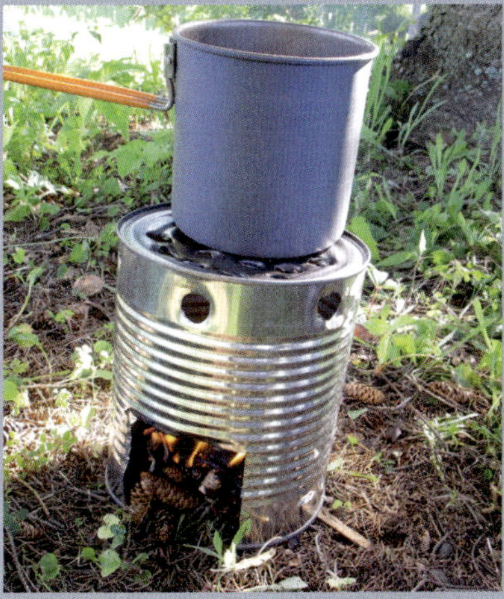

Bug-Out-Hobo-Kocher

5 BEKLEIDUNG

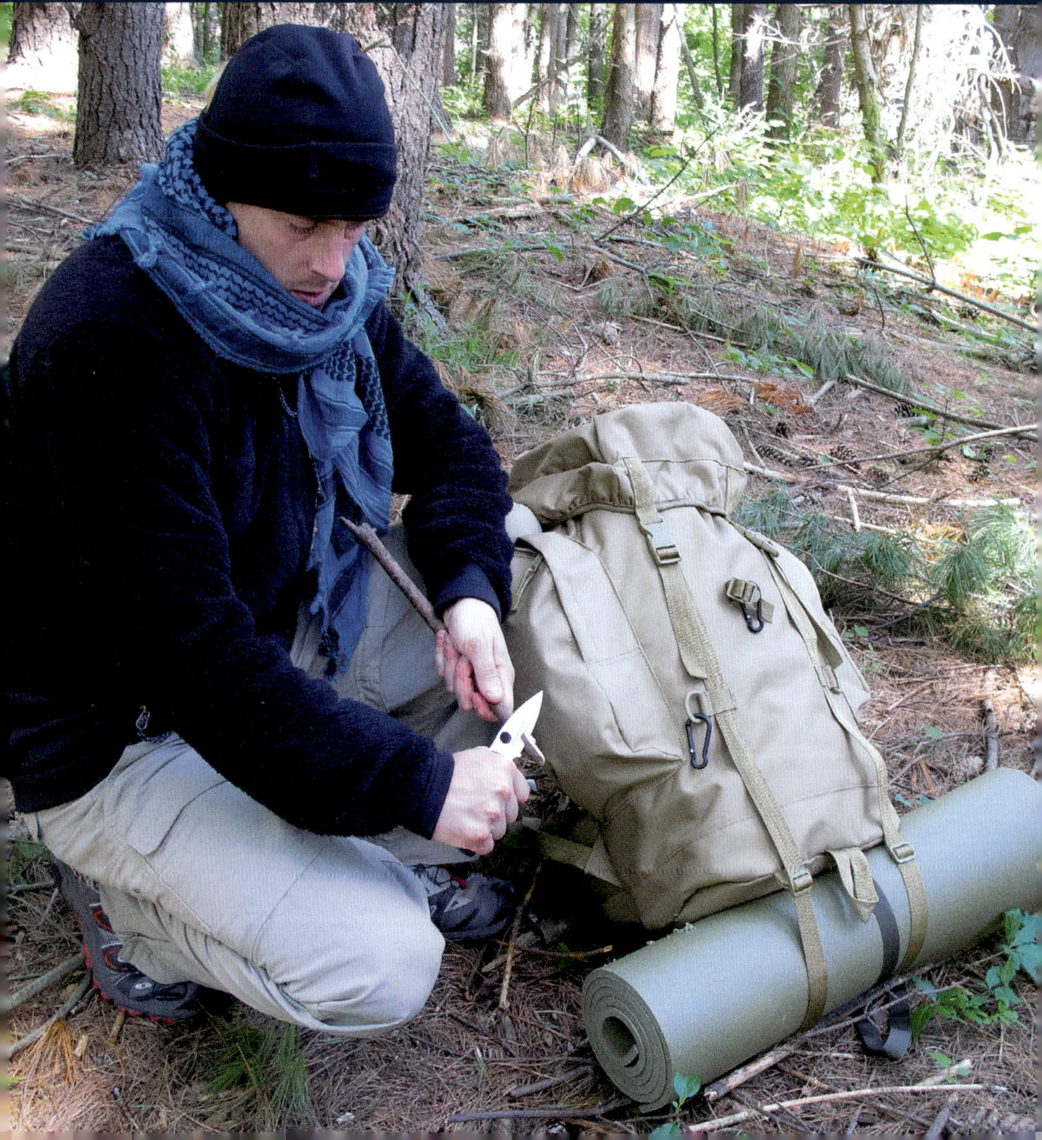

HYPOTHERMIE – Unterkühlung – ist die Haupt-Todesursache in freier Wildbahn. Von Unterkühlung spricht man, wenn die Körpertemperatur einer Person gefährlich absinkt. Das kann passieren, wenn man zu starker Kälte ausgesetzt ist, und wird durch Wind und Wasser verstärkt. Unterkühlung führt zu Herz- und Atemversagen und schließlich zum Tod. Niedrige Temperaturen, Wind und Nässe sind für alle, die schlecht vorbereitet sind, unter Umständen eine tödliche Kombination. Das genaue Gegenteil, Hyperthermie (Überhitzung/Wärmestau), gehört ebenfalls zu den häufigsten Todesursachen in freier Wildbahn. Zur Überhitzung kommt es, wenn die Körpertemperatur gefährlich ansteigt. Wenn sie nicht behandelt wird (und sei es nur für eine kurze Zeit), schwächt Hyperthermie stark und kann tödlich sein.

Angemessene Kleidung ist der wichtigste Schutz vor den Elementen– ob heiß oder kalt. Wenn man nach einer Katastrophe zu Fuß unterwegs ist, ist das Risiko besonders hoch, den Elementen ausgesetzt zu sein. Das heißt, die Kleidung ist eine wichtige Kategorie unter den BOB-Ressourcen. Nicht besonders aufregend, aber unheimlich wichtig. Kinder und ältere Menschen reagieren empfindlicher auf Temperaturen, also muss man bei ihrer Bekleidung besonders achtgeben, damit alle Bedürfnisse abgedeckt werden. Dieses Kapitel geht darauf ein, an was gedacht werden muss und gibt einige Richtlinien für die BOB-Bekleidung.

DEM WETTER ANGEMESSEN

Abhängig davon, ob man im hohen Norden oder im warmen Süden wohnt, muss man unterschiedliche Kleidung einpacken. Da es weltweit so viele unterschiedliche Wetterregionen gibt, ist Kleidung eine in gewissem Sinne personalisierte Ressource. Gesunder Menschenverstand ist gefragt. Ich unterziehe mein BOB zweimal im Jahr einer Überprüfung. Anfang November packe ich Winterklamotten und ersetze diese im Mai durch Sommerkleidung. Wenn man in einer Gegend wohnt, in der die Jahreszeiten nicht ausgeprägt sind, empfehle ich trotzdem eine ähnliche Überprüfung der Bekleidung. Dann muss man nicht darüber nachdenken, was man einpackt, wenn es zum Katastrophenfall kommt.

ANFORDERUNGEN AN DIE BEKLEIDUNG

Bei der Auswahl von Kleidung für einen Bug Out muss vor allem folgende Regel beachtet werden: Finger weg von Baumwolle. Unter den erhältlichen Kleidungstextilien ist Baumwolle in Hinblick auf das Überleben vermutlich die schlechteste Wahl. Baumwolle ist wie ein Schwamm –

sie speichert Feuchtigkeit und trocknet nur langsam. Außerdem ist sie vergleichsweise sperrig.

In Situationen, in denen es ums Überleben geht, braucht man Textilien, die Feuchtigkeit vom Körper weg leiten und schnell trocknen. Bei kalten Temperaturen sind diese Eigenschaften besonders wichtig. Die besten Survival-Textilien sind Wolle und Wollmischungen, Fleece, Nylon und Polyester.

Im Folgenden eine schnelle Liste der Eigenschaften, über die ein Bug-Out-Outfit verfügen sollte:

- schnell trocknend
- Feuchtigkeit ableitend
- haltbar
- nicht einengend
- gedeckte Farben (falls man sich verstecken muss)

BUG-OUT-BEKLEIDUNGSRICHTLINIEN

Während eines Bug-Outs sollte man zwei Bekleidungs-Sets haben – eins am Körper und eines im BOB. Dazu gehören ein Shirt, Hosen, Socken (drei Paar extra) und Unterwäsche.

Von Accessoires wie Jacke, Handschuhe und Hut/Mütze braucht man jeweils nur ein Exemplar/Paar. Ein extra Set Bekleidung ist wichtig, da die Kleidung von Körperfett, Schmutz und Dreck verunreinigt wird und dadurch ihre isolierenden und atmenden Eigenschaften verliert. Beides reduziert die Leistung der Textilien drastisch.

Bekleidung für jede Jahreszeit

LEICHTE LANGÄRMELIGE T-SHIRTS: Unabhängig von der Jahreszeit schützen die langen Ärmel vor Wettereinflüssen und Insekten.

WOLLTEXTILIEN: PRO UND KONTRA

Bei Wolle handelt es sich um vor allem von Schafen stammende Naturfasern. Die besten Leistungen bringt sie dank ihrer isolierenden Eigenschaften bei kaltem Wetter.

Pro:

- behält isolierende Eigenschaften, auch wenn sie feucht oder nass ist
- extrem beständig und robust
- nicht leicht entzündlich
- atmungsaktiv
- natürlich ableitende Eigenschaften – absorbiert die Feuchtigkeit von der Haut

Kontra:

- schwer
- sperrig – lässt sich nicht gut zusammenfalten
- speichert Feuchtigkeit
- braucht lange Zeit zum Trocknen

MITTELSCHWERER FLEECE: Fleece ist nicht schwer, lässt sich gut einpacken und ist unter allen möglichen Wetterumständen zu empfehlen. Selbst in warmem Klima ist ein mittelschwerer Fleece in kühlen Nächten hilfreich.

FUNKTIONSUNTERHEMD AUS EINEM STOFF, der Feuchtigkeit vom Körper ableitet, damit sie schneller verdampfen kann. Solche Textilien wiegen nicht viel und trocknen schnell. Sie helfen effizienter bei der Regulierung der Körpertemperatur.

NICHT EINSCHRÄNKENDE LANGE HOSE: Jeans sind nicht erlaubt! Baumwolljeans sind unser größter Feind, wenn sie nass werden. Meine Favoriten sind Hosen aus leichten Wollmischungen oder Polyester-Nylon-Mischungen.

LEICHTER, AUFROLLBARER HUT MIT KREMPE: Dieser Huttyp kann ein Lebensretter sein, wenn es darum geht, Kopf und Gesicht vor Elementen wie Sonne, Wind und Regen zu schützen. Ein starker Sonnenbrand kann sich zu einer ernsthaften medizinischen Krise entwickeln, wenn er nicht ordentlich behandelt wird. Kürzlich habe ich einen 120 Meilen langen Kanutrip durch den Bundesstaat Indiana durchgeführt. Einer der Teilnehmer musste abbrechen, weil er auf der Stirn einen Sonnenbrand hatte, der so schlimm war, dass er Blasen

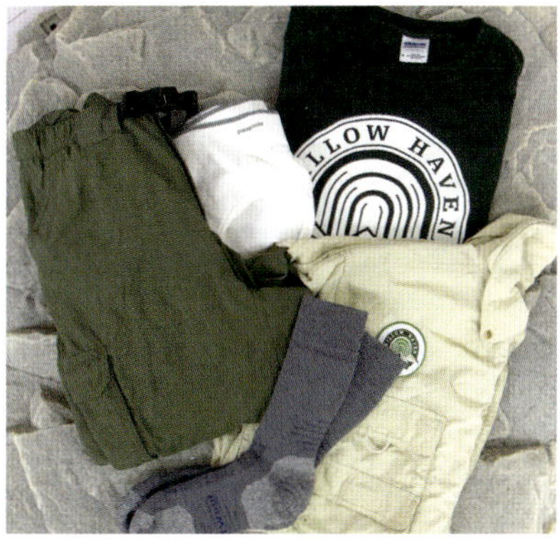

Extra-Set: Shirt, Hose, Strümpfe, Unterwäsche

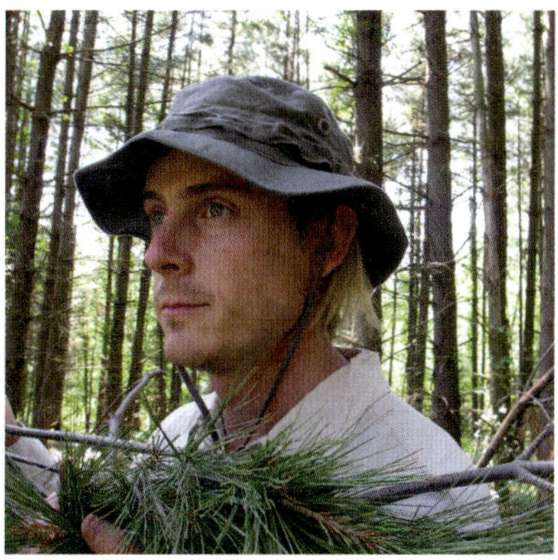

Dschungelhut

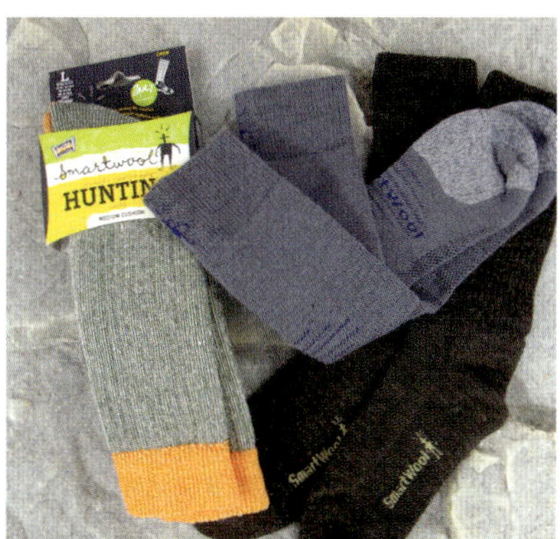

Wollsocken

warf. Mit einem Dschungelhut hätte das vermieden werden können.

DIE FÜSSE SCHÜTZEN

Ich kann gar nicht genug betonen, wie wichtig es ist, die Füße angemessen zu schützen. Wenn man beim Bug Out zu Fuß unterwegs ist, sind die Füße die einzige Transportmöglichkeit. Wenn die Füße schlappmachen und man nicht mehr laufen kann, ist es aus mit dem Bug Out. Man steckt dort fest, wo immer man sich gerade befindet. Kümmern Sie sich um Ihre Füße und Ihre Füße werden sich um Sie kümmern.

Wollsocken

Damit es meinen Füßen gut geht, packe ich immer drei zusätzliche Paar Wanderstrümpfe aus Wolle ein. Nehmen Sie keine Strümpfe aus anderen Textilien mit! Wolle ist von Natur aus atmungsaktiv. Das sorgt für einen besseren Luftfluss und hilft, Blasen zu verhindern. Längeres Wandern kann die Strümpfe ganz schön beanspruchen. Wolle hält dank ihrer Beständigkeit und Widerstandskraft auch starker Belastung gut stand. Ich finde die Marke Smartwool besonders gut. Die Strümpfe sind recht teuer, aber jeden Cent wert. Im Folgenden ein paar spezifische Merkmale / Vorteile von Smartwool-Strümpfen:

- hergestellt aus hochwertiger, nicht kratzender Merino-Wolle
- gemischt mit Elastan und Nylon, sodass sie selbst nach längerem Tragen und häufigem Waschen die Form halten
- Merinowolle hat temperatur- und feuchtigkeitsregulierende Eigenschaften, das hilft gegen Fußgeruch

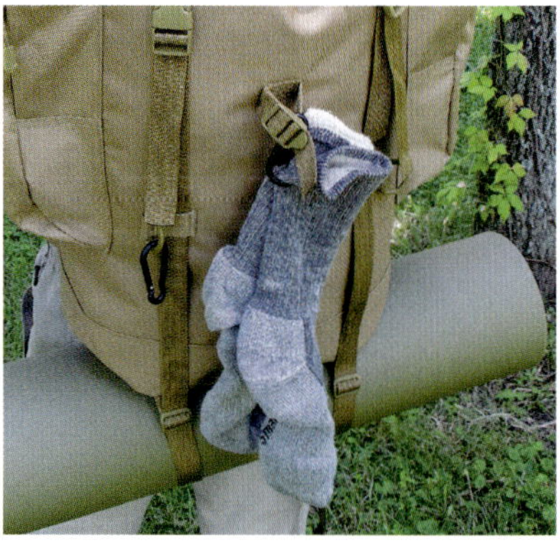

Wollstrümpfe am Karabinerhaken

Wenn man extra Strümpfe dabei hat, kann man sie regelmäßig wechseln, wenn die Füße feucht oder nass sind (sei es vom Schweiß oder von externer Feuchtigkeit). Zum Trocknen hält man die Socken in Körpernähe oder hängt sie an den Rucksack. Für diesen Zweck habe ich einen extra Karabinerhaken an meinem BOB hängen.

Wanderschuhe

Besorgen Sie sich ein Paar beständige, wasserfeste, halbhohe Wanderschuhe. Viele verschiedene Ausführun-

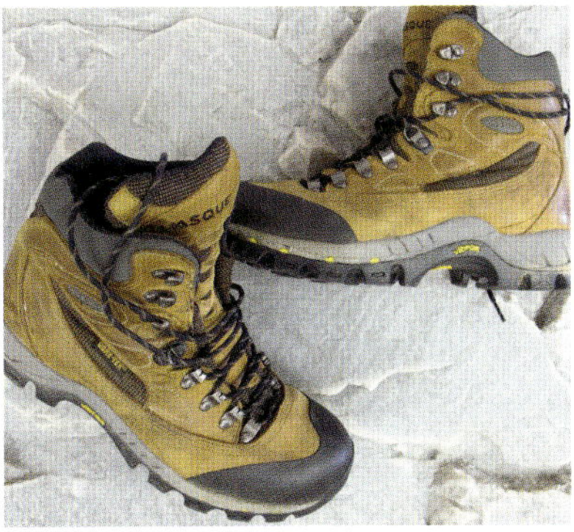

Hohe Wanderschuhe

gen und Marken sind geeignet. Die Schuhe müssen nicht in das BOB gepackt werden, sollten aber immer bereitstehen, denn das sind die Schuhe, die Sie im Falle eines Bug Outs tragen werden. Diese Schuhe müssen eingelaufen werden! Wenn Sie sich im Katastrophenfall auf den Weg machen müssen, sollten Sie kein neues Paar Schuhe tragen, denn potenziell werden sie mehrere Tage mit einem 10–15 kg schweren Rucksack zu Fuß unterwegs sein. BOB-Wanderschuhe müssen eingelaufen, geprüft, für gut befunden und bequem sein.

WICHTIG BEI KÄLTE

Ein Bug Out bei kaltem Wetter macht jede Katastrophe noch härter. Das Erdbeben in Tohoku mit folgendem Tsunami im Jahr 2011 zwang Tausende Menschen bei eiskaltem Wetter, ihr Zuhause zu verlassen. Viele dieser Menschen flohen in die Berge, nur mit dem, was sie tragen konnten.

Im besten Fall werden Sie die meisten der im Folgenden aufgelisteten Kleidungsstücke bei einem Bug Out bei kaltem Wetter am Körper tragen. Diese Kleidungsstücke müssen nicht unbedingt das ganze Jahr über im BOB gepackt sein.

Das Geheimnis der Wärme liegt in mehreren Schichten, nicht in einem sperrigen Parka oder Schneeanzug. Die Zwiebeltechnik ist unglaublich effektiv, da zwischen den einzelnen Kleider-Lagen Luft gefangen wird. In diesen Lufträumen wird Wärme gespeichert. Über die unterschiedlichen Lagen kann man auch die Körpertemperatur regulieren, indem man je nach Bedarf eine Schicht aus- oder überzieht. Ich habe mit folgenden Kleidungs-Lagen mehrere Tage bei Temperaturen unter –12 °C verbracht.

Äußere Schicht

Die oberste Lage, die man trägt, ist die äußere Schicht. Diese äußere Schicht ist bei der Zwiebeltechnik bei kaltem Wetter besonders wichtig. Sie hat zwei primäre Funktionen:

- Windstopper
- Regenschutz

Wind und Regen können selbst bei mäßig kühlem Wetter zu Unterkühlung führen. Den Rumpf vor diesen Elementen zu schützen, ist äußerst wichtig, und das ist die Auf-

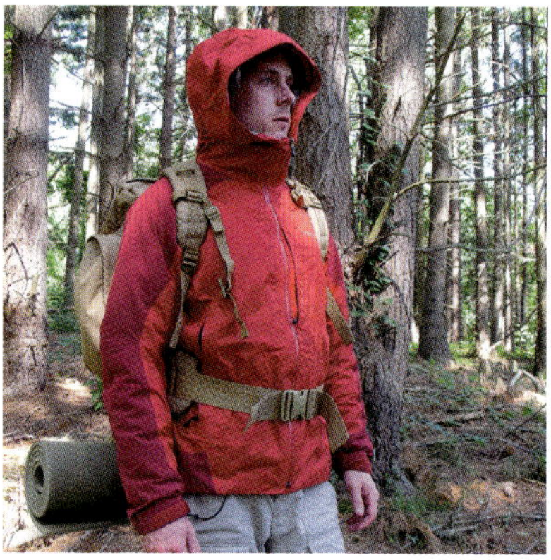

Äußere Schicht

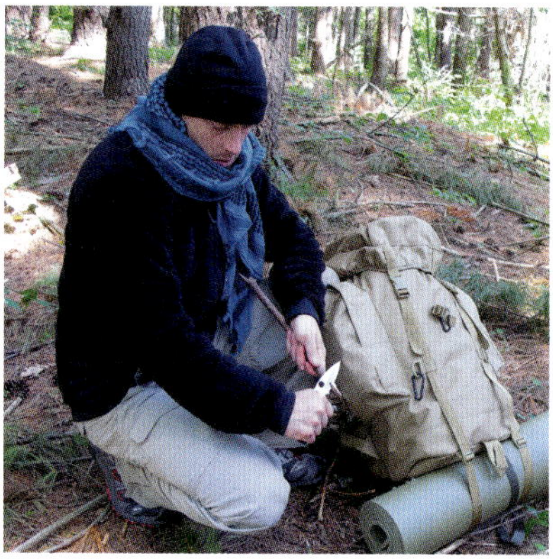

Schweres Fleece – 300er-Fleece

gabe der äußeren Schicht. Es handelt sich um eine schützende Schicht, nicht um eine isolierende Lage, also sollte diese äußere Schicht nicht groß oder sperrig sein. Es kann z. B. eine wasserdichte Jacke sein. Auf jeden Fall braucht sie eine Kapuze. Bei den meisten Wetterverhältnissen braucht man nur für den Oberkörper eine äußere Schicht. Unter extremen Bedingungen sind aber auch schützende Hosen eine gute Idee. Das kommt darauf an, wo man lebt.

Schweres Fleece (300er-Fleece) oder Wollpulli

Unter der äußeren Schicht kommt ein 300er-Fleece. Dies ist eine wärmende Schicht für den Oberkörper, die bei niedrigen Temperaturen besonders wichtig ist. Die Struktur des Fleecegewebes ermöglicht es, dass Luft in den Fasern gehalten wird. Fleece hat hervorragende isolierende Eigenschaften. Ein schwerer Wollpulli wäre ebenfalls eine gute Wahl. Wolle ist einfach die beste Survival-Textilie des Planeten. Ihr größter Nachteil ist, dass sie unter Umständen viel Platz wegnimmt.

Mittelschweres Fleece (200er-Fleece)

Unter das 300er-Fleece kommt ein 200er-Fleece. Diese Lage soll ebenfalls den Oberkörper wärmen. Mittelschweres Fleece ist die populärste Gewichtsklasse. Bei mäßigen Temperaturen kann es einfach als äußere Lage verwendet werden und ist hervorragend zum Schichten geeignet. Diese Schicht lege ich am häufigsten ab, wenn ich bei kalten Temperaturen unterwegs bin. Denn wenn man anfängt zu schwitzen, muss man Kleidung ablegen, um die körperliche Anstrengung zu reduzieren.

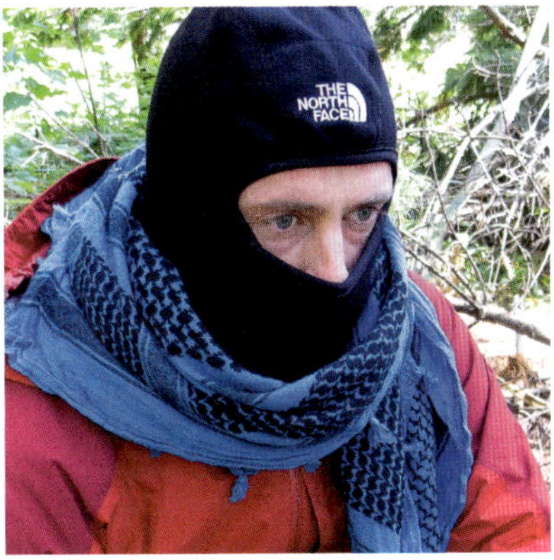

Balaclava-Gesichtsmaske

Über das Schwitzen Feuchtigkeit an die Kleider abzugeben, kann tödlich sein, denn kalte Temperaturen und feuchte Kleidung sind das perfekte Rezept für Unterkühlung.

Leichte, Körperfeuchtigkeit ableitende Unterwäsche

Mit der untersten Schicht ist die Kleidung gemeint, die direkt am Körper liegt. Bei Kälte sollte man sowohl am Oberkörper als auch an den Beinen eine solche Schicht tragen. Die Aufgabe dieser Unterwäsche ist es, Wärme zu halten und zu speichern. Dabei sollte man Textilien wählen, die dafür entworfen wurden, Körperfeuchtigkeit abzuleiten. Sie sollte atmungsaktiv, dehnbar und sehr bequem sein. Kratzende untere Schichten sind nicht erlaubt! Aus diesem Grund ist Wolle in diesem Fall nicht zu empfehlen. Diese Kleidungsstücke sollten sich an den Körper schmiegen, nicht locker herumhängen.

ACCESSOIRES FÜR KALTES WETTER

Woll- oder Fleecemütze

Bis zu 30 % der Körperwärme geht über den Kopf verloren. Ein warmer Kopfschutz ist daher unheimlich wichtig. Unter extremen Bedingungen ist eine Balaclava eine exzellente Alternative, die Gesicht und Hals schützt.

Handschuhe

Riskieren Sie keine Erfrierungen an den Extremitäten. Ihr BOB sollte im Winter für jede Person ein Paar Handschuhe für kaltes Wetter enthalten. Wenn es ums Überleben geht, ist es äußerst wichtig, Finger und Hände benutzen zu können. Für fast jede Survival-Aufgabe braucht man gute Fingerfertigkeit – für die Verwendung eines Messers, das Anzünden eines Feuers, das Binden von Knoten, die Lebensmittelzubereitung, das Leisten Erster Hilfe etc. Nichts schränkt die Hände so sehr ein wie kaltes Wetter – packen Sie Handschuhe ein! Ich habe immer ein einfaches Paar Wollhandschuhe dabei, das ich im Militärfachhandel als Restposten für 6 $ gekauft habe.

REGENPONCHO

Ein leichter Poncho, wie er auch vom Militär verwendet wird, ist einer der besonders hilfreichen Gegenstände in der Bug-Out-Ausstattung. Ich würde ihn wahrscheinlich auf meine Top-Ten-Liste der Bug-Out-Utensilien setzen. Es gibt so viele unterschiedliche Fabrikate und Modelle, die populärsten Ponchos bestehen jedoch aus versiegeltem Ripstop-Ny-

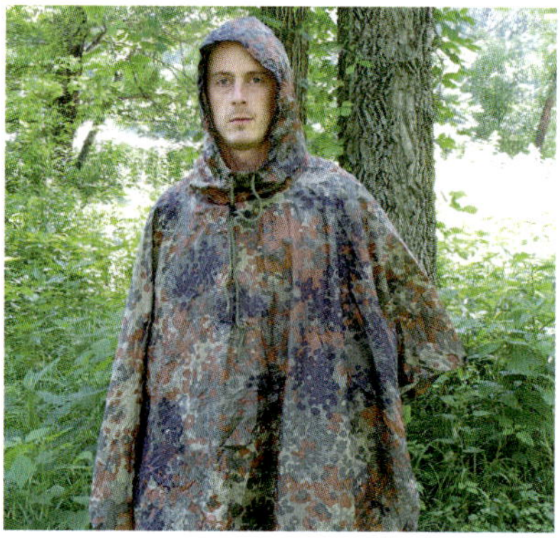

Regenponcho

MULTIFUNKTIONS-AUSRÜSTUNG: REGENPONCHO

★★★★★ FÜNF STERNE

Ein Regenponcho, wie er vom Militär verwendet wird, kann in einer Survival-Situation auch als behelfsmäßiger Schutz dienen. Hier drei unterschiedliche Konfigurationen, die ich angewendet habe:

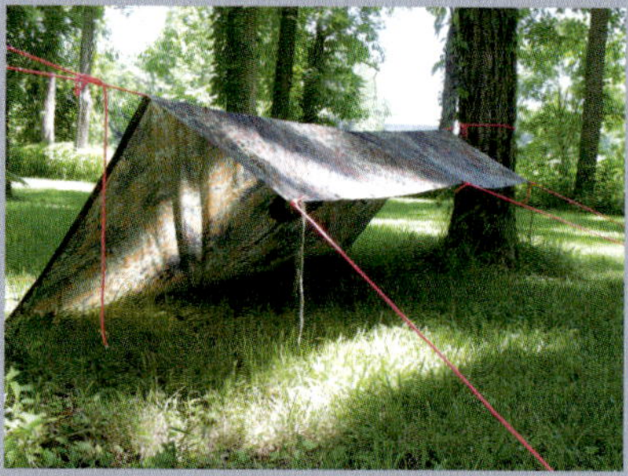

Poncho als Giebeldach

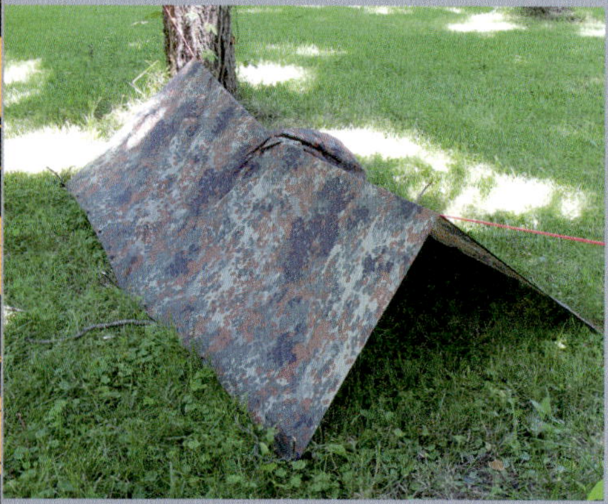

Poncho-Zelt

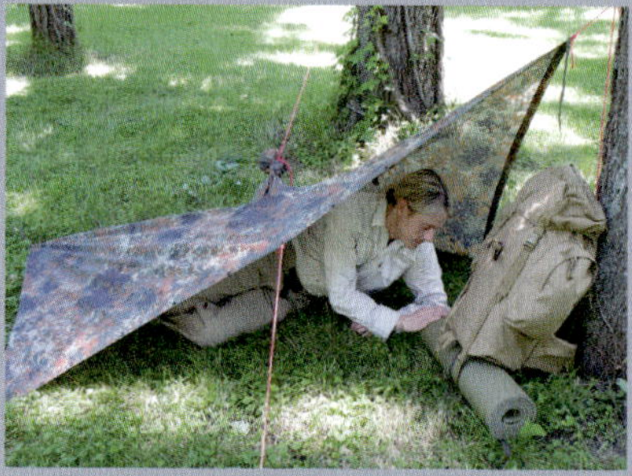

Poncho diagonal aufgespannt

lon. Dadurch sind sie sehr leicht und lassen sich gut zusammenrollen – perfekt geeignet für ein BOB. Sie haben eine Kapuze mit Tunnelzug und rund um den Rand Metallösen an wichtigen Punkten. Diese Metallösen sind vielseitig und vielfältig einsetzbar. Mit diesen Ösen, Tauwerk und etwas Kreativität kann man den Militärponcho schnell in einen effektiven Unterschlupf verwandeln.

HALTBARE ARBEITSHANDSCHUHE

Vom Aufbau des Lagers zum Feuerholz sammeln – wenn im Katastrophenfall die Infrastruktur zusammenbricht, wird immer eine Menge per Hand zu erledigen sein. Unsere Hände sind eines der wichtigsten Survival-Werkzeuge überhaupt und müssen daher geschützt werden. Packen Sie ein Paar solider Arbeitshandschuhe in Ihr BOB. Diese gibt

MULTIFUNKTIONS-AUSRÜSTUNG: KUFIYA

★★★★★ FÜNF STERNE

Dieser große Schal ähnelt einem Bandana, ist aber viel größer – in der Regel 1 m × 1 m. In einer Survival-Situation gibt es hunderte Einsatzmöglichkeiten dafür. Einige sind:

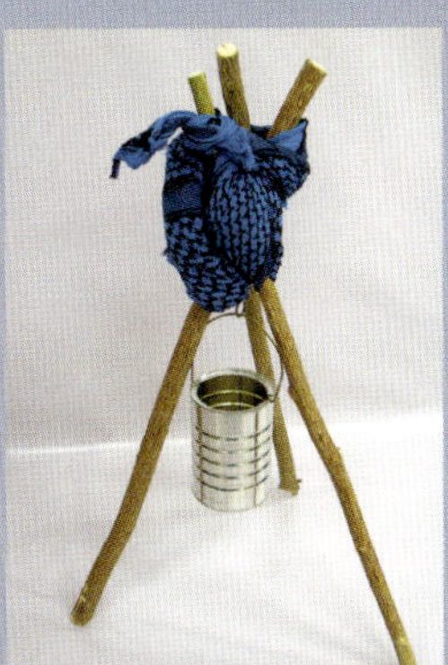

Tauwerk für ein Dreibein

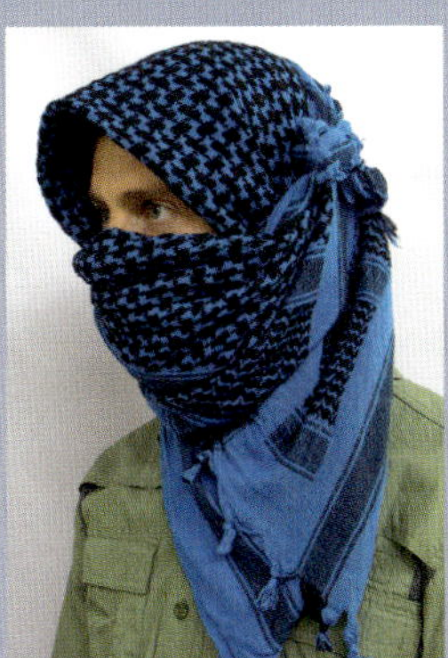

Kopf- und Gesichtsschutz

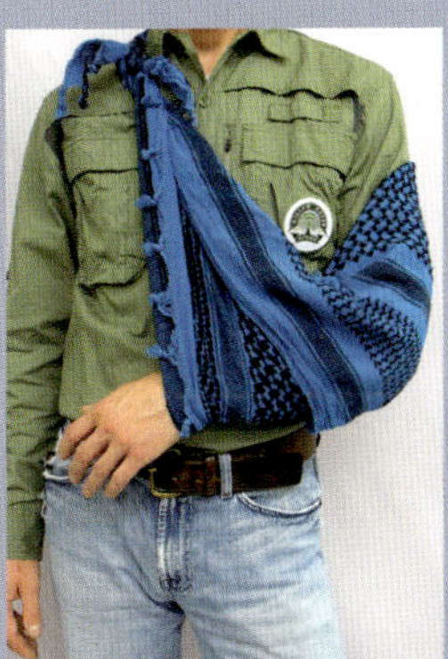

Erste-Hilfe-Armbinde

es in jedem Baumarkt für ein paar Euro. Ein neues Paar Hände können Sie sich nicht kaufen, wenn Ihre von der harten Arbeit Blasen haben und aufgerissen sind.

KUFIYA

Eine Kufiya ist ein großes quadratisches Tuch, das vor allem in Wüstenregionen getragen wird, um das Gesicht vor Sonne, Wind und Sand zu schützen. Von amerikanischen und britischen Truppen, die im Nahen Osten dienen, werden diese Tücher häufig verwendet. Die Kufiya ist aber noch viel mehr als nur Kopf- und Gesichtsschutz. Es handelt sich wahrscheinlich um das Objekt in meiner Survival-Ausstattung, das die meisten Anwendungsmöglichkeiten hat, und sollte daher einen Platz im BOB haben. Erhältlich sind diese Tücher im Militärfachhandel, und bei willowhavenoutdoor.com haben wir ebenfalls mehrere unterschiedliche Ausführungen im Angebot.

KUFIYA-GÜRTELTASCHE

Richtig gefaltet und zusammengerollt lässt sich eine Kufiya auch in eine provisorische Gürteltasche verwandeln, in der man zusätzliche Gegenstände transportieren kann.

1

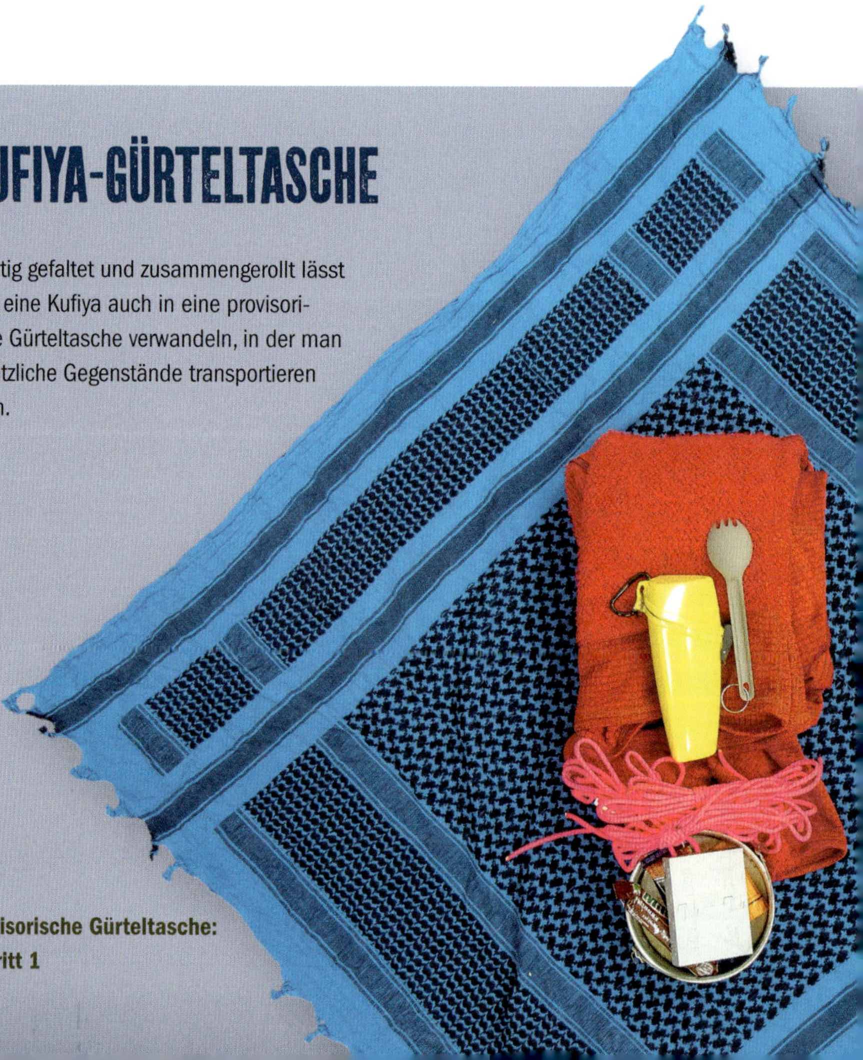

Provisorische Gürteltasche: Schritt 1

ZUSAMMENFASSUNG

Um unter extremen Bedingungen überleben zu können, ist eine gründliche Vorbereitung und Planung absolut notwendig. Nutzen Sie den gesunden Menschenverstand, während Sie die für Ihre Umgebung angemessene Kleidung auswählen. Wenn die Gegend, in der Sie leben, deutlich ausgeprägte Jahreszeiten hat, sollten Sie die Kleidung in Ihrem BOB mindestens einmal im Jahr entsprechend austauschen.

ALLGEMEINE KATASTROPHEN-ÜBERLEGUNGEN

Wenn man in einer Gegend lebt, in der im Winter heftige Schneestürme nichts Ungewöhnliches sind, sollte man in Erwägung ziehen, Schneeschuhe einzupacken. Dichter Schneefall kann es fast unmöglich machen, zu Fuß voranzukommen.

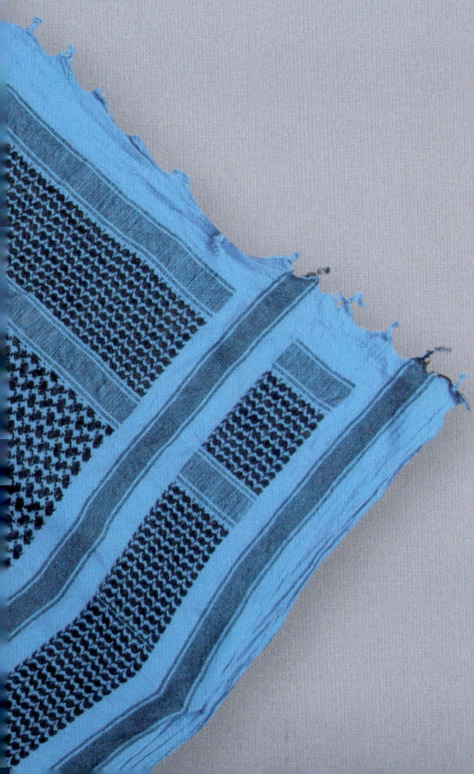

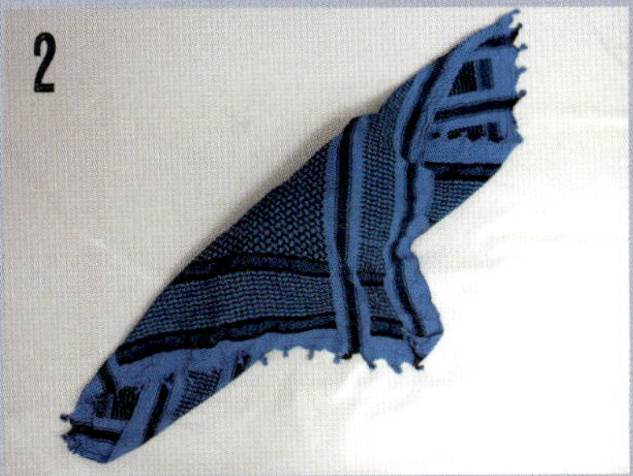

Provisorische Gürteltasche: Schritt 2

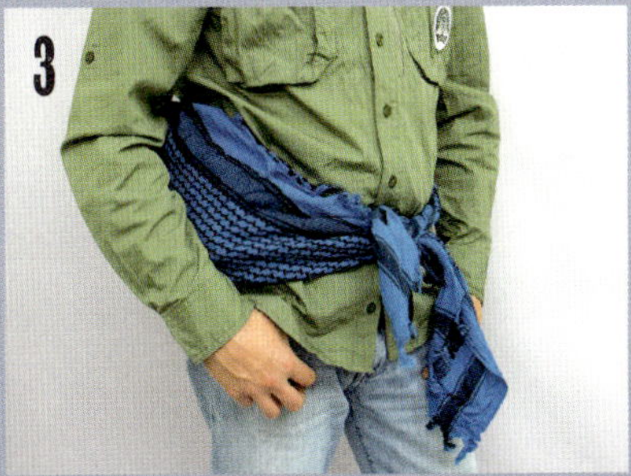

Provisorische Gürteltasche: Schritt 3

6 LAGER & SCHLAFSTELLE

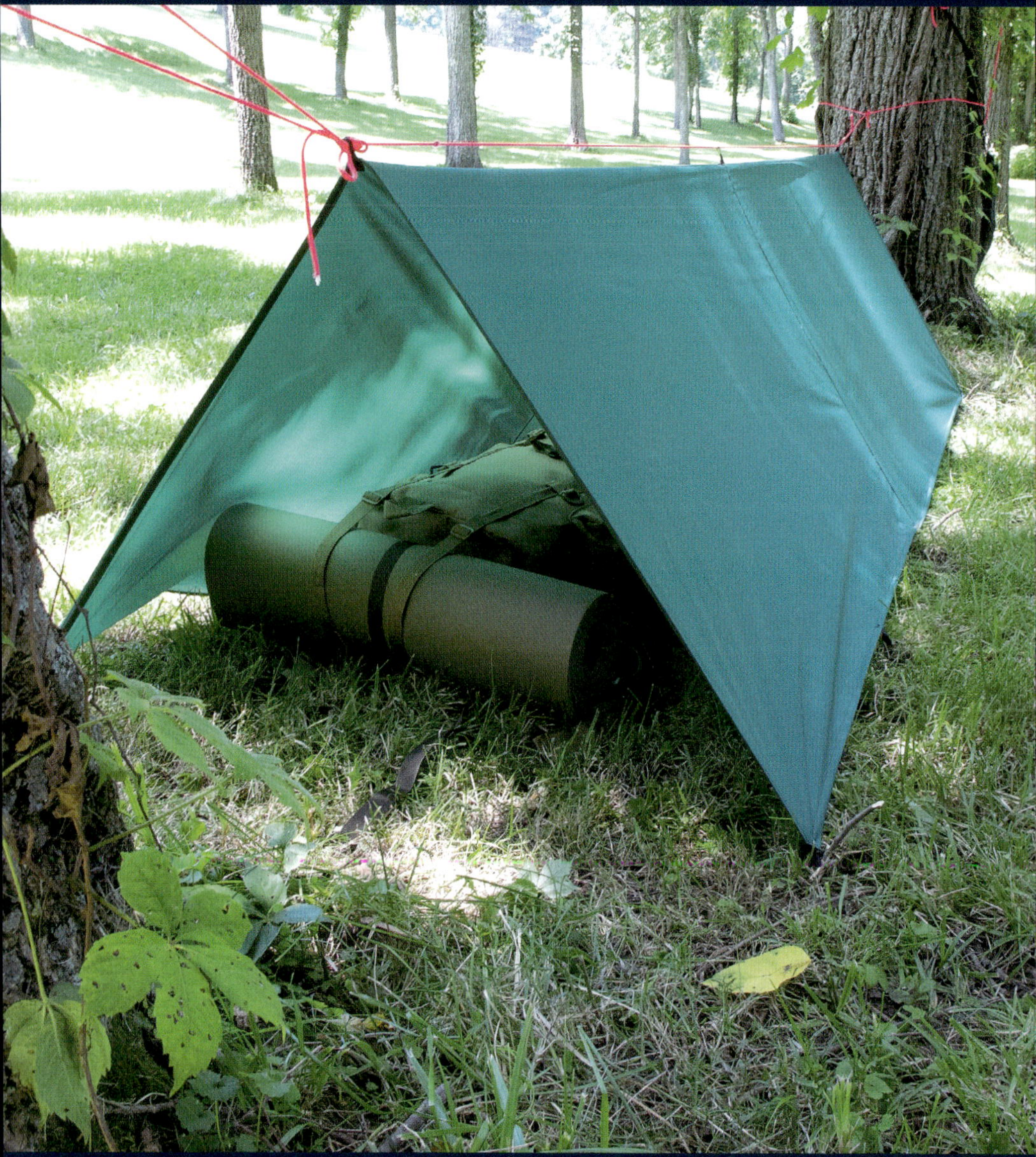

WELCHES LAGERSYSTEM für ein Bug Out Bag am besten geeignet ist, ist in der Survival-Community stark umstritten. Es gibt so viele unterschiedliche Ansichten, wie es unterschiedliche Möglichkeiten gibt – von provisorischen Zelten aus Planen bis zu Hängematten.

Der Unterschlupf für ein BOB muss leicht und gut zu packen sein. Das ist erst mal das Wichtigste. Außerdem muss er unter extremen Bedingungen getestet und für gut befunden sein. Schutz vor Regen, Wind, Sonne und Schnee ist essenziell. Das Lager muss außerdem leicht und schnell aufgebaut sein – auch bei Dunkelheit. Außerdem sollte es nicht von bestimmten Gegebenheiten der Umgebung abhängen. Für eine Hängematte braucht man zum Beispiel zwei solide Ankerpunkte – entweder Bäume oder andere feste Objekte. Aus diesem Grund qualifizieren sich Hängematten nicht als Lager-Option für mein BOB, obwohl ich besonders gerne in Hängematten schlafe, wenn ich länger im Wald unterwegs bin.

Wie gesagt, die Lagerstätte ist ein stark umstrittenes Thema. In diesem Kapitel stelle ich die zwei meiner Meinung nach besten Möglichkeiten für ein BOB-Lager vor, basierend auf meinen Erfahrungen in der Wildnis.

BOB-LAGER, OPTION 1: TARPS

Tarps sind in Survival-Situationen unglaublich vielseitig und können in verschiedenen Konfigurationen als Unterschlupf aufgebaut werden. Mehrere Hersteller bieten Tarps in unterschiedlichen Größen und Materialien an. Einige sind für ein BOB besser geeignet als andere.

Kaufen Sie keine dicken, blauen Tarps aus gewobenem Polypropylen, wie sie im Baumarkt angeboten werden. Sie sind zwar günstig, aber der Preis ist ihr einziger Vorteil gegenüber den anderen Optionen. Diese Art Plane ist schwer, sperrig und macht Lärm bei Wind.

Bei der Auswahl eines Tarps sollte man sich für eine leichte Nylonplane entscheiden, die speziell für Camping und Backpacking produziert wurde. Diese sind für ein BOB viel besser geeignet. Sie sind dünn, wasserdicht, haltbar und unauffällig.

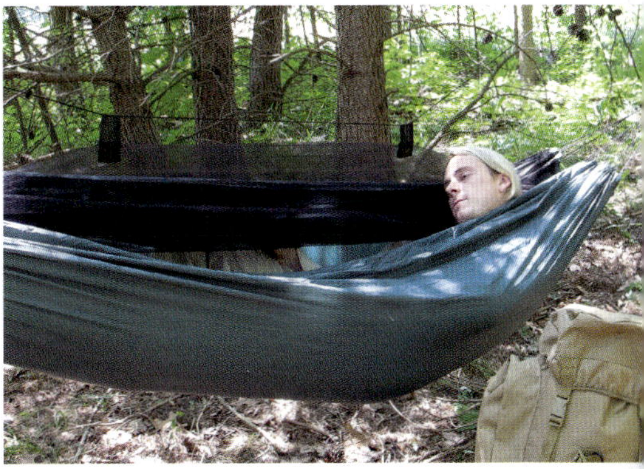

Hängematte

Eine 200 cm × 250 cm große Plane reicht aus, um einen Unterschlupf für 1 oder 2 Personen aufzubauen. Für 2 bis 4 Personen braucht man eine größere Plane, 250 cm × 300 cm.

Viele erfahrene Survival-Freaks und Outdoor-Enthusiasten bevorzugen für den Aufbau eines Lagers Tarps aufgrund ihrer Einfachheit. Gerade deswegen kann ein Tarp auf unterschiedliche Art und Weise als Unterschlupf dienen. Und mit Übung und Erfahrung bietet es genauso viel Schutz wie ein gekauftes Zelt. Im Folgenden vier sehr beliebte Variationen der Nutzung einer Plane als einfacher Unterschlupf, aufgebaut jeweils mithilfe von Seilen.

Pultdach-Aufbau

Dies ist die einfachste Option zur Nutzung eines Tarps als Unterschlupf. Es handelt sich um eine gute Variante für drei Jahreszeiten, für extrem kalte Bedingungen ist sie jedoch nicht geeignet. Die Plane sorgt hier einfach für ein Dach über dem Kopf, schützt vor Regen, Tau, Schnee und Wind. Dieser Unterschlupf funktioniert am besten, wenn man ihn so aufbaut, dass die Schräge gegen den Wind zeigt. Wenn man die vorwiegende Windrichtung ermitteln kann und die Plane entsprechend aufbaut, ist man deutlich besser geschützt und verhindert gleichzeitig, dass der Wind den Unterschlupf aufbläht wie ein Segel. Außerdem wird er daran gehindert, Regen oder Schnee durch die offenen Seiten zu blasen. Der Aufbau ist auch ein guter Wärme-Reflektor, wenn man ein Feuer hat. Die von einem vor dem Unter-

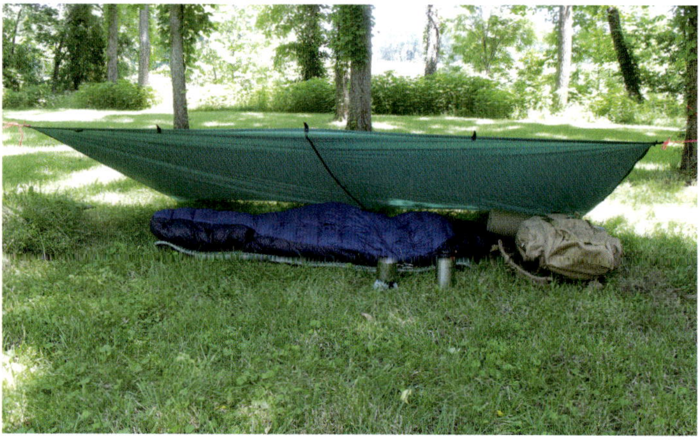

Einfacher Pultdach-Aufbau

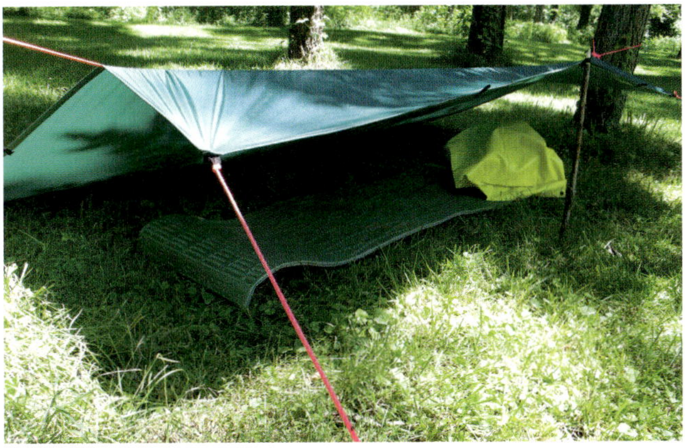

Giebeldach-Aufbau mit Seil als Firstlinie

schlupf brennenden Feuer ausgehende Hitze wird von der Plane auf die Schlaffläche reflektiert und die Wärme damit maximiert. Für noch besseren Schutz vor Wind und Wetter kann man die Plane neben einem großen Objekt (z. B. einem Felsen, einem Erdhügel oder einem umgestürzten Baum) aufbauen.

Giebeldach-Aufbau

Dieser Aufbau ist dem Pultdach sehr ähnlich. Es wird jedoch ein First verwendet, wodurch das Tarp auf der windzugewandten Seite weiter abgeschrägt werden kann, was den Schutz vor Wind und Wetter deutlich verbessert. Die Firstlinie kann aus einer Stange, die zwischen zwei Ankerpunk-

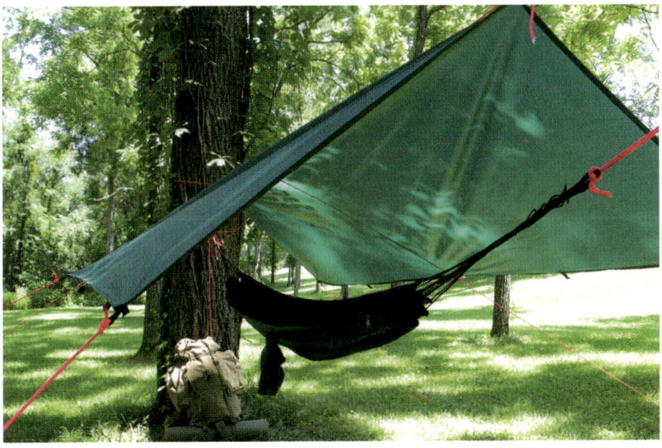

Giebeldach-Aufbau mit mittigem First über einer Hängematte

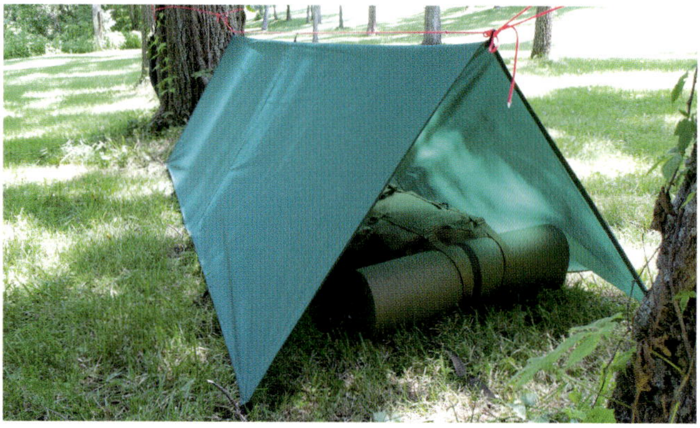

Zelt-Aufbau

ten festgemacht ist, oder einem straff gezogenen Stück Seil bestehen. Beim Aufbau muss man die gleichen Punkte in Betracht ziehen wie beim Aufbau eines Pultdach-Unterschlupfs.

Man kann den First auch mittig wählen, sodass eine Art Sonnendach entsteht. Dieser Aufbau ist vor allem für wärmeres Wetter geeignet, da es hier weniger Schutz von den Seiten gibt. Diese Variante lässt sich außerdem großartig über einer Hängematte aufbauen.

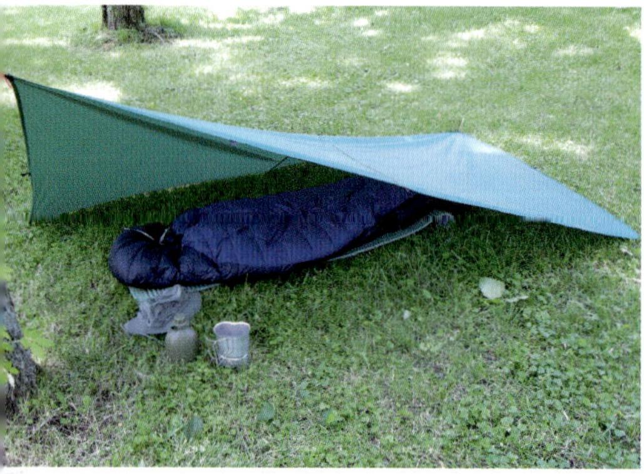

Diagonaler Aufbau

Zelt-Aufbau

Dieser Aufbau ist für windiges, regnerisches Wetter am besten geeignet. Er ist dem Sonnendach-Aufbau mit mittiger Firstlinie sehr ähnlich, die Seiten reichen allerdings bis zum Boden. Dieser Aufbau bedeutet weniger „Innenraum“. Als Schlafquartier ist es darunter ziemlich eng, was bei kaltem Wetter, wenn der Erhalt der Körperwärme wichtig ist, aber von Vorteil ist.

Diagonaler Aufbau

Indem man eine Ecke des Tarps an einen Baum oder Stab bindet und die anderen drei Ecken in den Boden pflockt, hat man einen diagonalen Aufbau, der eine gute Schutzfläche bietet. Wenn man die Mitte der Plane über ein Abspannseil zieht, sinkt die Abdeckung nicht nach unten. Spannt man die Plane an einen dicken Baum, kann man außerdem für mehr Schutz an der offenen Seite sorgen.

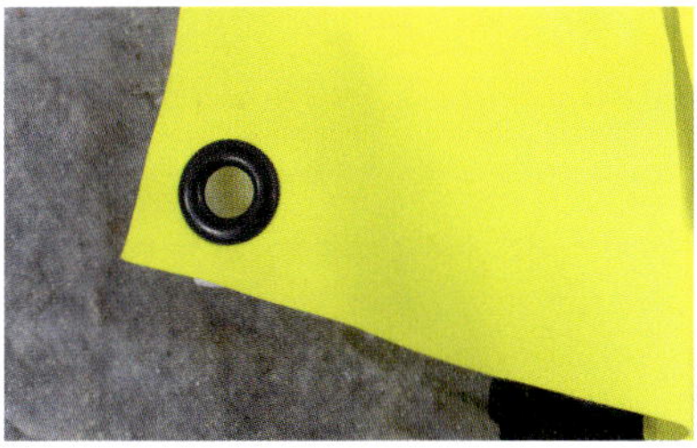

Ecke mit Metallöse

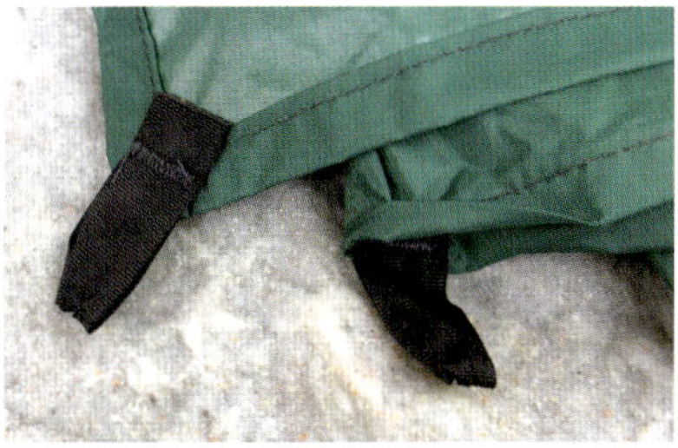

Verstärkte Schlaufen

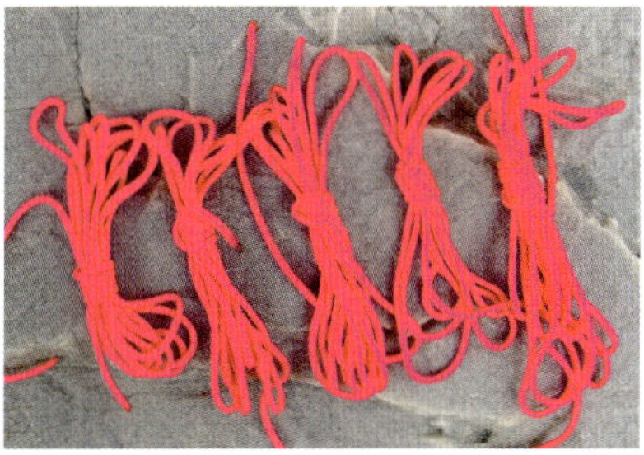

15 Meter Fallschirmseil

INSIDER-WISSEN ÜBER TARPS

Nachteile

Es gibt drei Nachteile eines Tarps als BOB-Unterschlupf:

1. Um einen effektiven Tarp-Unterschlupf aufzubauen, braucht man Übung und Fingerfertigkeit. Mangelt es am Aufbau, kann das katastrophale Auswirkungen haben. Um einen ordentlichen Unterschlupf mit einem Tarp aufbauen zu können, muss man fit im Umgang mit Knoten sein und den Aufbau geübt haben.
2. Viele Tarp-Konfigurationen haben mindestens eine offene Seite, sodass Mücken und andere stechende Insekten Sie in der Nacht um den Schlaf bringen können. Um dem entgegenzuwirken, siehe die Tipps zur Insektenabwehr in Kapitel 8.

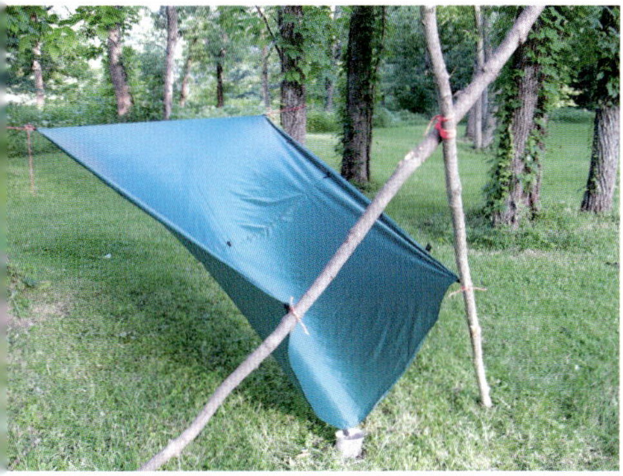

Tarp zum Regensammeln

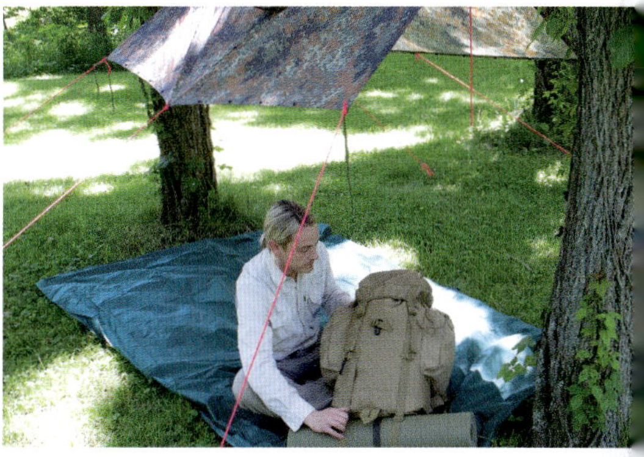

Tarp als Bodenabdeckung

3. Da Tarps aus einer Fläche bestehen und mindestens eine Seite offen ist, sind sie für Bug Outs von Frühjahr bis Herbst geeignet. Diese Art Unterschlupf bei extremer Kälte zu verwenden, kann ein ernsthaftes Risiko darstellen, wenn man kein schönes großes Feuer oder einen angemessenen Schlafsack hat.

Verzurrung und Seile

Wenn Ihnen die Idee eines Tarp-Unterschlupfs gefällt, sollten Sie darauf achten, dass die Plane, die Sie besorgen, einen verstärkten Rand mit Metallösen oder verstärkte Schlaufen in den Ecken hat.

Die richtigen Haltepunkte sind für ein Tarp sehr wichtig. Noch wichtiger sind jedoch die verwendeten Seile. Ich empfehle, mindestens 15 m Seil dabeizuhaben. Das beste Seil für das BOB ist ein 550er-Fallschirmseil. Mehr dazu in Kapitel 14.

Zusammenfassung Tarp-Unterschlupf

Unabhängig davon, ob Sie sich für ein Tarp entscheiden oder nicht, sollten Sie auf jeden Fall ein Backpacking-Tarp einpacken. Diese sind sehr leicht und lassen sich klein zusammenfalten. Der große Nutzen in Survival-Situationen bei nur geringem Gewicht macht ein Tarp zu einem exzellenten Ausrüstungsgegenstand für das BOB.

DIE VIELEN VERWENDUNGSMÖGLICHKEITEN VON TARPS

Wenn man nur wenig Material einpacken kann, sind Gegenstände mit mehreren Einsatzzwecken besonders praktisch. Ein leichtes, wasserdichtes Tarp ist ein solcher Multifunktions-Survivalgegenstand, der über die Nutzung als Unterschlupf hinaus noch viele weitere Verwendungsmöglichkeiten hat. Eine solche Plane im BOB ist unter Umständen sehr wertvoll. Im Folgenden einige weitere Beispiele, wie man Tarps während einer Bug-Out-Krise einsetzen kann.

Sammeln von Regenwasser

Der große Vorteil von Regenwasser ist, dass es nicht gereinigt werden muss. Es kann gesammelt und ohne Behandlung getrunken werden. Regenwasser ist außerdem hervorragend für die Körperhygiene. Mit einem Tarp kann man ein Loch im Boden auslegen, um darin Regenwasser zu sammeln. Man kann ein Tarp auch als Trichter oder Behälter verwenden.

Bodenabdeckung

Den Körper vor kalter, nasser Erde zu schützen, ist ebenso wichtig wie der Schutz vor anderen Elementen. Man kann das beste Regendach der Welt über dem Kopf haben – wenn man auf nassem Boden schlafen muss, nützt das nichts. Tarps machen sich hervorragend als wasserdichte Bodenabdeckung. Zwar isolieren sie nicht, sie halten aber die Feuchtigkeit ab.

Notfall-Trage

Wenn man jemanden tragen muss, weil er verletzt oder krank ist, kann man aus einem Tarp und zwei stabilen Stangen eine Krankentrage machen. Die Stangen an gegenüberliegenden Seiten der Plane einfach drei- oder viermal einrollen, sodass die Plane sich nicht löst, wenn man eine Person darauf trägt.

Hängematte

In extrem feuchten oder sumpfigen Gegenden bzw. bei Überschwemmungen ist es vielleicht nicht möglich, auf dem Boden zu schlafen. In solchen Situationen baut man in der Regel eine Plattform über dem Boden, um nicht im Wasser oder Schlamm zu liegen. Eine weitere Option ist es,

SCHNELLER SURVIVAL-TIPP

Richtig gefaltet und gerollt kann aus einem Tarp auch eine provisorische Umhängetasche werden:

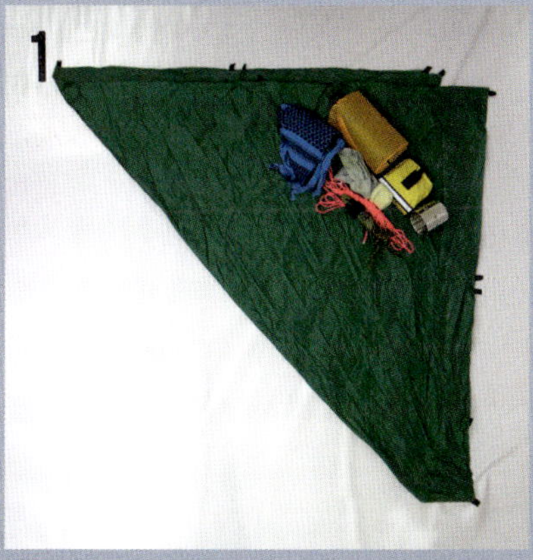

Tarp als provisorische Umhängetasche: Schritt 1

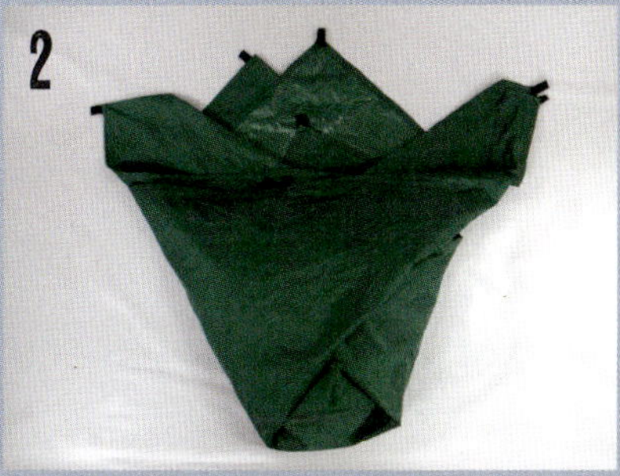

Tarp als provisorische Umhängetasche: Schritt 2

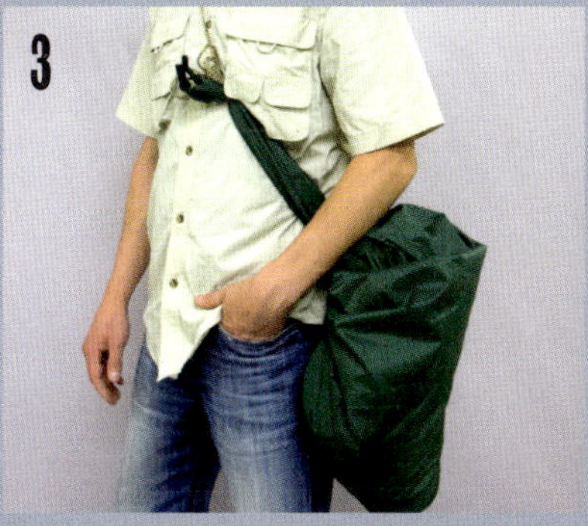

Tarp als provisorische Umhängetasche: Schritt 3

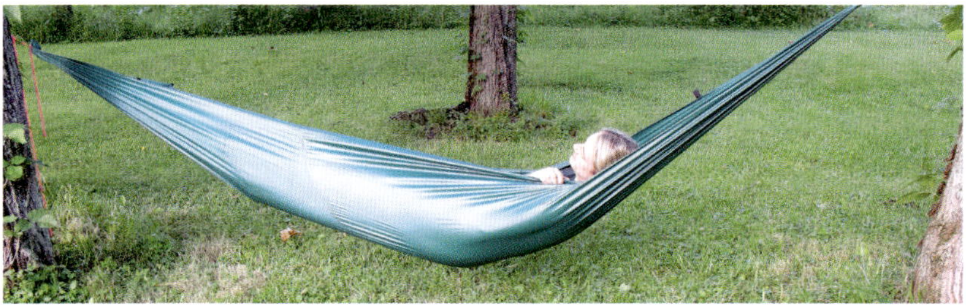

Provisorische Tarp-Hängematte

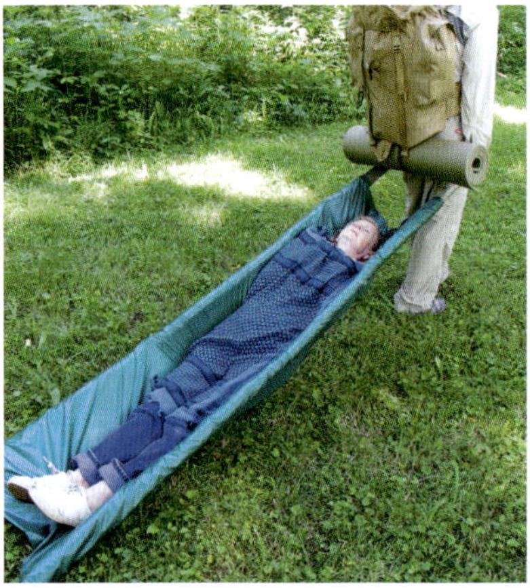

Notfall-Krankentrage

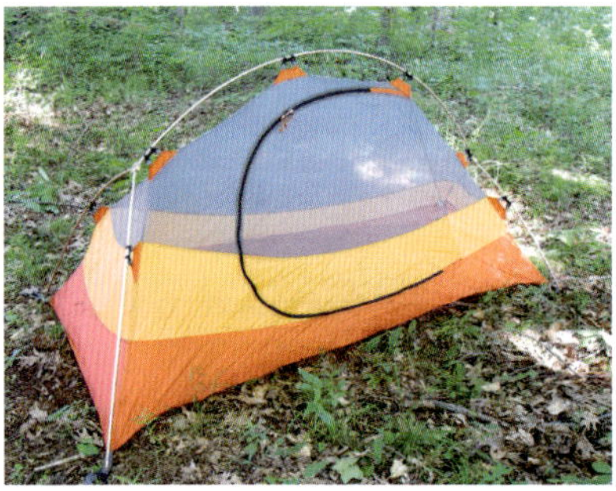

Leichtes Backpacking-Zelt für 2 Personen

aus einem Tarp eine provisorische Hängematte zu bauen. In zwei gegenüberliegende Ecken rollt man einfach jeweils einen golfballgroßen Stein oder Stock als Ankerpunkt für die Befestigung ein und spannt das Tarp dann zwischen zwei Bäume. In einer solchen provisorischen Hängematte habe ich auch bei strömendem Regen schon geschlafen. Ich konnte die beiden anderen Ecken über mich werfen, sodass ich geschützt war – wie in einem Hängematten-Kokon. Ja, mein Kopf und meine Füße haben etwas Wasser abbekommen, aber das war besser als alle anderen Möglichkeiten zu diesem Zeitpunkt.

BOB-LAGER, OPTION 2: ZELT

Fast alle Zelthersteller heutzutage haben auch leichtgewichtige Modelle, die sich gut verpacken lassen. Diese Zelte sind das perfekte Nachtlager für das BOB. Solche Backpacking-Zelte gibt es für eine Person, mehrere Personen oder ganze Familien. Sie bestehen aus leichten, wasserdichten Textilien und Stangen. Ein Zelt kann sich anfühlen wie ein zweites Zuhause. Bei geschlossenem Reißverschluss hat man etwas mehr Privatsphäre und fühlt sich weniger verletzlich und da-

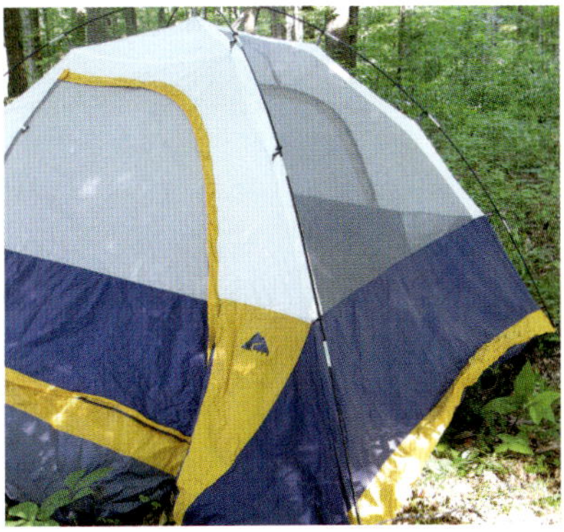

Netzelemente im Innenzelt

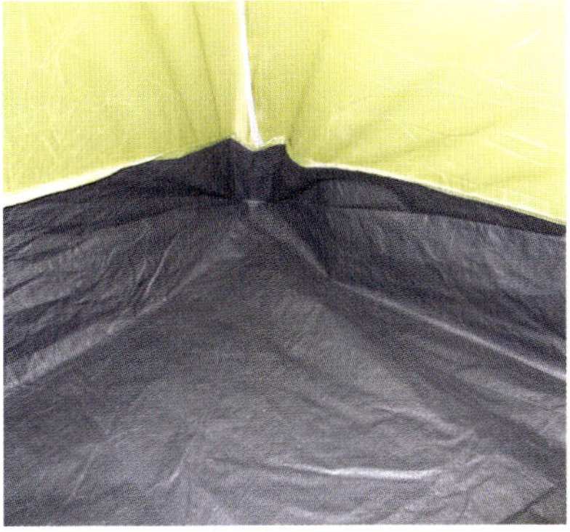

Bodenwanne

für geschützter als unter einem Tarp. Zelte haben viele Vorteile:

- Aufbau ist nicht schwer
- auch im Dunklen leicht aufzubauen
- sehr praktischer Unterschlupf für jede Jahreszeit
- mehr Privatsphäre
- hält Insekten und Kriechtiere fern
- eingebaute Bodenabdeckung
- für Familien praktischer

Die Auswahl eines Zelts für das BOB hängt letztendlich von Entscheidungen ab, bei denen die (von mir) sogenannte *Backpacker-Trilogie* eine Rolle spielt:

- Preis
- Gewicht
- Packmaß (Platz, der im BOB in Anspruch genommen wird)

Ihre persönliche Gewichtung dieser drei Punkte wird von meiner abweichen, ebenso wie von allen anderen BOB-Vorbereitern da draußen. Ich kann nur Richtlinien anbieten, die bei der Auswahl eines Zelts für das BOB helfen sollen. Dann liegt es an Ihnen festzulegen, wie viel Sie ausgeben wollen, wie viel Gewicht Sie tragen möchten und wie viel Platz das Zelt in Ihrem BOB einnehmen darf.

Zelt-Richtlinien

- Das Zelt sollte nicht mehr als 1 kg pro Erwachsener im Bug-Out-Team wiegen. Zwei Erwachsene teilen sich ein 2-kg-Zelt am besten auf ihre zwei BOBs auf.
- Wählen Sie ein Drei-Jahreszeiten-Zelt, da diese Option am vielseitigsten ist.
- Kein Schnickschnack. Lassen Sie sich nicht von schicken (und schweren) Extras wie Vorraum, Taschen, mehreren Eingängen, Ausrüstungsfächern etc. verführen. Alles, was Sie brauchen, ist ein Unterschlupf. Dieses Zelt ist nicht für den Familienurlaub gedacht und die Nachbarn muss man auch nicht beeindrucken.

- Wenn die Zeltstangen Ihres Zelts aus Stahl sind, ersetzen Sie diese durch leichtere Aluminiumstangen.
- Wenn das Innenzelt im Dach oder an den Seiten Netzelemente hat, muss ein passendes, regensicheres Außenzelt dabei sein.
- Zelte, deren dickeres, wasserdichtes Bodenmaterial auch einige Zentimeter an den Seiten empor reicht (Bodenwanne), sind besser. Das bietet extra Schutz vor Grundwasser und Regen.
- Wählen Sie ein freistehendes Zelt. Diese Zelte sind nicht von Bäumen oder anderen Ankerpunkten abhängig. Sie lassen sich auch leicht woanders aufbauen.

PONCHO-UNTERSCHLUPF

Wie in Kapitel 5 bereits erwähnt und gezeigt, kann ein Militärponcho mit Ösen als provisorischer Survival-Unterschlupf dienen. Er ist in Kombination mit einem Tarp auch als Bodenabdeckung geeignet. Ponchos bieten auch guten Schutz gegen Feuchtigkeit. Auch hier ist ein 550er-Fallschirmseil das Seil meiner Wahl, um mir einen Poncho-Unterschlupf zu bauen.

BUG-OUT-BETTZEUG

Die letzte Schutzschicht in der Unterschlupf-Kategorie ist das Bettzeug. Ein effektives Bug-Out-Schlafsystem für alle Jahreszeiten besteht aus zwei Komponenten: einem Schlafsack und einer Matte für den Boden.

BUG-OUT-SCHLAFSACK

Ein Bug-Out-Schlafsack ist nichts anderes als ein leichter, für das Backpacking entworfener Schlafsack. Die Auswahl eines solchen Schlafsacks hängt davon ab, wie viel man ausgeben möchte. Die folgenden drei Kategorien müssen möglichst gut erfüllt werden:

Temperaturgrenzwerte

Die Temperaturgrenzwerte geben die niedrigste Temperatur an, bei der der betreffende Schlafsack noch isoliert. Ein Schlafsack mit dem Temperaturgrenzwert von 0 °C ist also für die meisten Menschen bei einer Temperatur von 0 °C noch angenehm. In warmen Klimazonen ist das zwar nicht unbedingt notwendig, in kalten Regionen bietet es aber Sicherheit. Selbst bei etwa 12 °C reicht ein Schlafsack mit Temperaturgrenzwert 0 °C zum Überleben. Spaß wird es keinen machen, aber man kommt durch. Denken Sie daran – es geht hier nicht um einen Campingurlaub, sondern ums Überleben im Katastrophenfall. Ich empfehle Mumienschlafsäcke mit eingebauter Kapuze, die gegen den Verlust von Körperwärme über den Kopf schützt.

Schlafsäcke sind mit einem der folgenden isolierenden Materialien gefüttert: Daunen oder synthetische

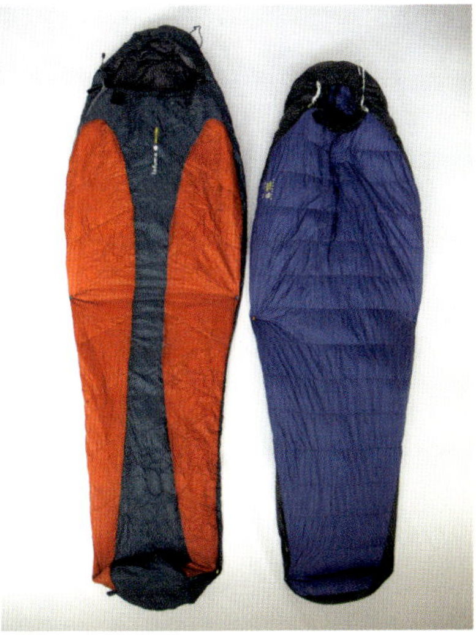

Zwei Schlafsäcke

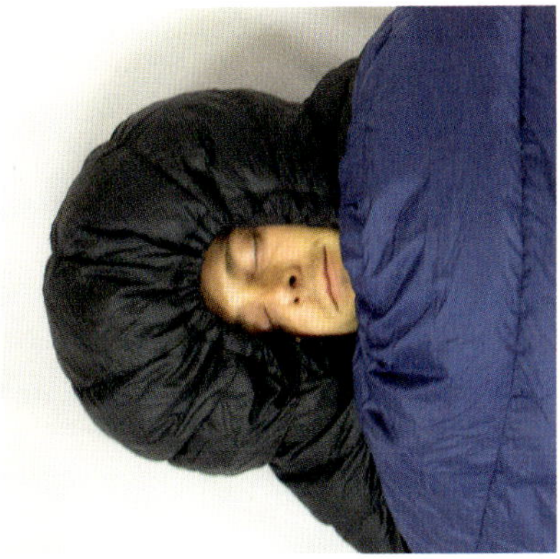

Kapuze eines Mumienschlafsacks

Fasern. Natürliche Daunenfedern sind leichter und lassen sich besser komprimieren, allerdings sind sie auch teurer. Synthetische Isolationsfasern lassen sich nicht so gut komprimieren, sind dafür aber günstiger. Von der Leistung her sind sie ähnlich. Wenn sie nass oder feucht sind, sind beide Materialien nicht sehr leistungsfähig. Ich ziehe Daunenschlafsäcke vor.

Gewicht

Jedes Gramm zählt, wenn man das Gesamtgewicht des BOBs möglichst gering halten möchte. Man braucht einen möglichst leichten Schlafsack mit möglichst geringem Temperaturgrenzwert. Der Schlafsack sollte nicht mehr als 1–1,5 kg wiegen, sonst wird er zu sperrig.

Größe

Wurde der Schlafsack nicht in einem komprimierenden Packsack geliefert, sollte einer gekauft werden. Diese Säcke werden extra dafür produziert, die Schlafsäcke zusammenzudrücken und zu komprimieren. Und die Größe spielt eine wichtige Rolle. Idealist es, wenn der zusammengerollte Schlafsack die Größe einer Cantaloupe-Melone hat.

Preis

Natürlich will man den besten Schlafsack zum bestmöglichen Preis. Der Schlafsack gehört zu den teuersten Anschaffungen für das BOB, wenn man ihn neu kauft. Qualität und Leistung dürfen nicht dem Preis geopfert werden. Ein guter Schlafsack ist eine Investition, von der man lange etwas hat. Man kann und wird ihn jahrelang verwenden.

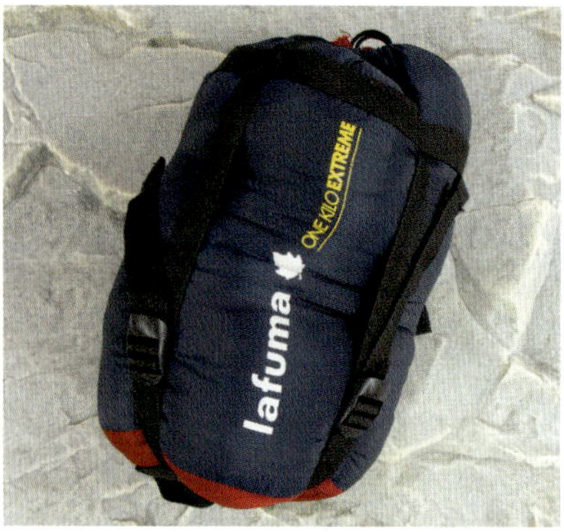

Schlafsack in Lagerungssack

Bei eBay oder Craigslist kann man gebrauchte Schlafsäcke kaufen. Ich habe viele nur leicht gebrauchte Camping- und Backpacking-Gegenstände auf diesen Seiten gekauft, für einen Bruchteil des ursprünglichen Preises.

ISOMATTE

Direkt auf dem Boden zu schlafen, kann die Leistungsfähigkeit selbst des besten Schlafsacks und Lagerplatzes zunichtemachen. Eine Matte auf dem Boden verhindert, dass es zum Wärmeverlust durch Wärmeleitung zwischen Körper und Boden kommt. Über die Isolierung hinaus bietet eine Matte außerdem eine gewisse Polsterung für mehr Komfort. Ausreichend Ruhe ist in einer Survival-Situation wichtig. Schlafmangel kann gefährliche mentale und körperliche Konsequenzen haben.

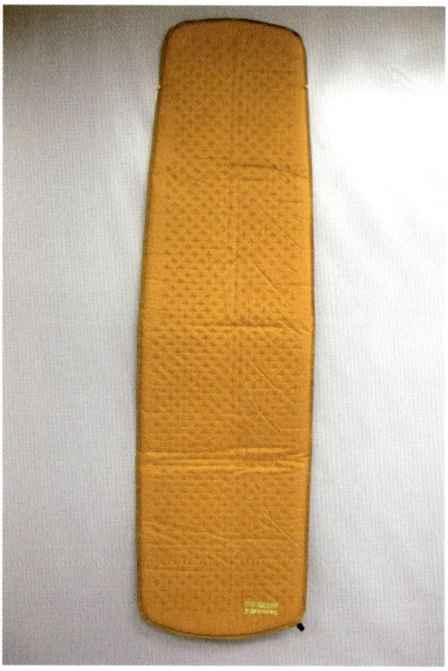

Aufgeblasene Therma-Rest-Isomatte

Mir wird zum Beispiel übel, wenn ich zu wenig Schlaf bekomme. Ein vernebeltes Gehirn trifft schlechte Entscheidungen.

Isomatten wirken, indem sie unbelüftete Zwischenräume zwischen Körper und Boden auffüllen und dadurch isolieren. Wenn man keine Bodenabdeckung (wie eine Plane) hat, kann eine Isomatte außerdem als Barriere gegen die Feuchtigkeit dienen. Es gibt zwei Hauptkategorien von Isomatten.

Aufblasbare Isomatten

Aufblasbare Isomatten werden ganz einfach vor der Verwendung aufgeblasen und zum Packen lässt man

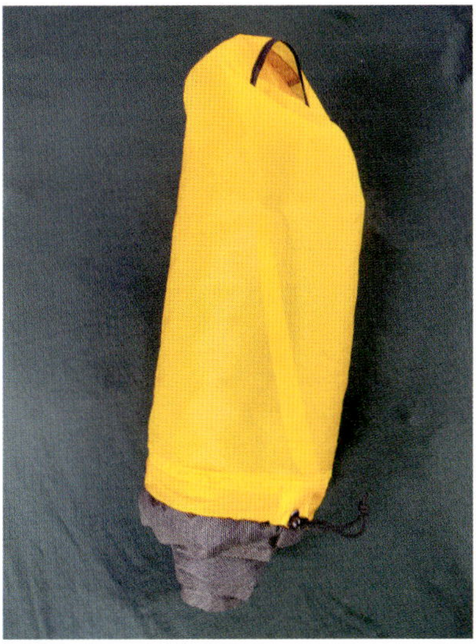

Therma-Rest-Isomatte in Gewebesack

die Luft wieder ab. Diese Isomatten bieten eine sehr weiche Fläche zum Schlafen und schützen exzellent vor Kälte und Feuchtigkeit. Viele aufblasbare Isomatten sind extrem kompakt, wenn die Luft herausgelassen wurde, wie auf dem Foto auf dieser Seite zu erkennen ist. Allerdings zahlt man für die Vorteile (leicht und kompakt) auch etwas mehr– sie sind nicht billig. Wenn sie ein Loch bekommen, verlieren diese Isomatten fast 100 % ihrer Isolationswirkung. Die Hersteller dieser Isomatten bieten daher auch jeweils kleine Repa-

MULTIFUNKTIONS-AUSRÜSTUNG: ISOMATTE AUS SCHAUMSTOFF

★★★ DREI STERNE

Isomatten aus Schaumstoff sind wunderbare Multifunktionsprodukte. Sie sind nicht nur als Schlafmatte geeignet, sondern auch für eine ganze Reihe anderer Survival-Funktionen.

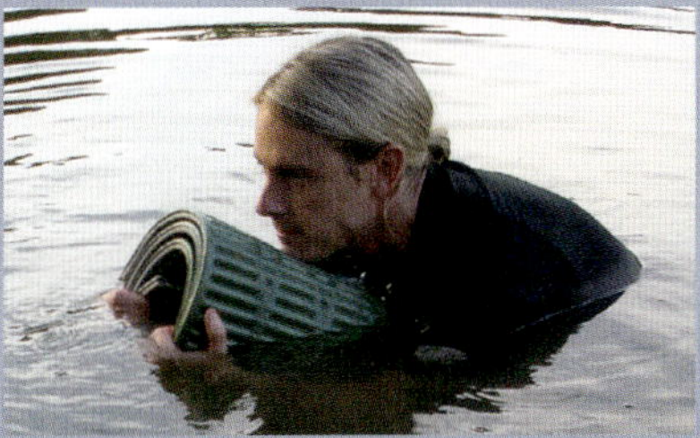

Isomatten-Rettungsring

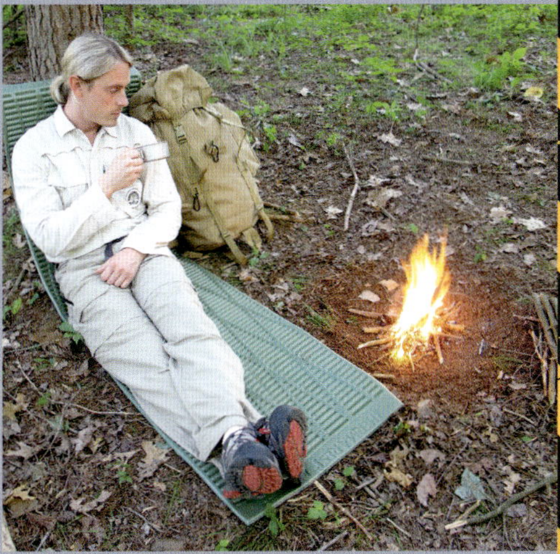

Isomatten-Campingsessel

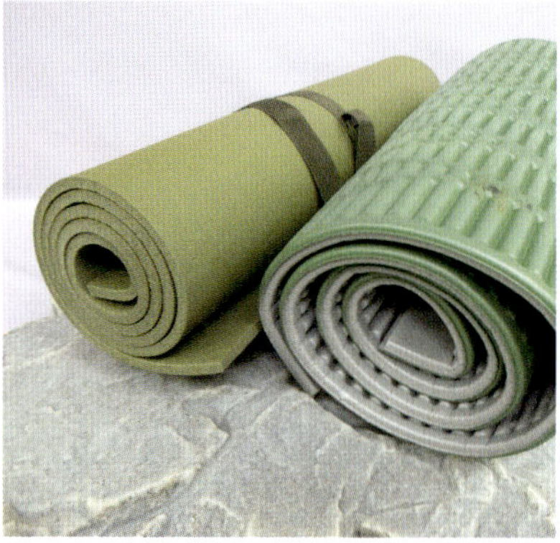

Aufgerollte Schaumstoff-Isomatten

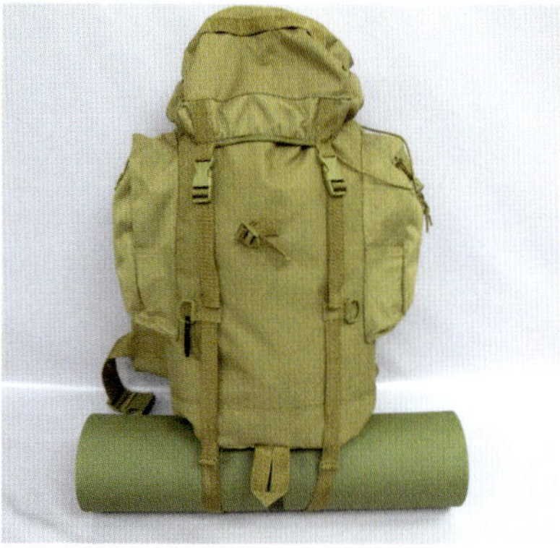

Fertig gepackte Schaumstoff-Isomatte

ratursets zum Kauf an. Wenn eine defekte Matte Ihnen Sorgen macht, darf eines dieser Sets in Ihrem BOB nicht fehlen.

Vorteile:

- sehr bequem
- sehr kompakt

Nachteile:

- teuer für ein BOB
- Isomatte mit Loch isoliert nicht mehr

Schaumstoff-Isomatten

Schaumstoff-Isomatten sind sehr leicht, aber sperrig. Sie sind günstig und haltbar. Außerdem werden diese Isomatten aus solidem geschlossenporigem Schaumstoff hergestellt, was sie zur idealen Feuchtigkeitsbarriere auf nassem oder feuchtem Boden macht. Ich verwende eine solche Isomatte in meinem BOB. Es gibt viele verschiedene Modelle von unterschiedlichen Herstellern, die sich allerdings nicht groß unterscheiden.

Einstichlöcher wirken sich kaum auf ihre Leistung aus. Wegen der Größe bringt man solche Isomatten am besten außen am BOB an.

Vorteile:

- sehr beständig – fast unverwüstlich
- günstig

Nachteile:

- sperrig

ZUSAMMENFASSUNG

Ein Unterschlupf gehört ganz oben auf die Liste der menschlichen Grundbedürfnisse zum Überleben. Unter extremen Wetterbedingungen hat ein solches Lager sogar absolute Priorität. Mit einer sicheren, geschützten Fläche bietet ein Unterschlupf sowohl körperliche als auch mentale Sicherheit. Katastrophen heben unser Verständnis von Normalität aus den Angeln. Daher ist ein einfacher Unterschlupf in Zeiten von Chaos und Durcheinander unter Umständen eine große mentale Stütze. Unabhängig davon, für welche Art von Lager und für welches Schlafsystem Sie und Ihre Familie sich entscheiden, ist es wichtig, dass Sie es ausprobieren und sichergehen, dass alles so funktioniert, wie Sie es sich vorstellen – in Ihrem BOB oder außerhalb. Ist das nicht der Fall, müssen Sie Ihre Auswahl überdenken.

ALLGEMEINE KATASTROPHEN-ÜBERLEGUNGEN

Wenn Sie in einer Gegend wohnen, in der schwerer Schneefall oder Schneestürme nichts Ungewöhnliches sind, ist ein Zelt einem Tarp vorzuziehen, weil es mehr Schutz bietet.

SCHNELLER SURVIVAL-TIPP

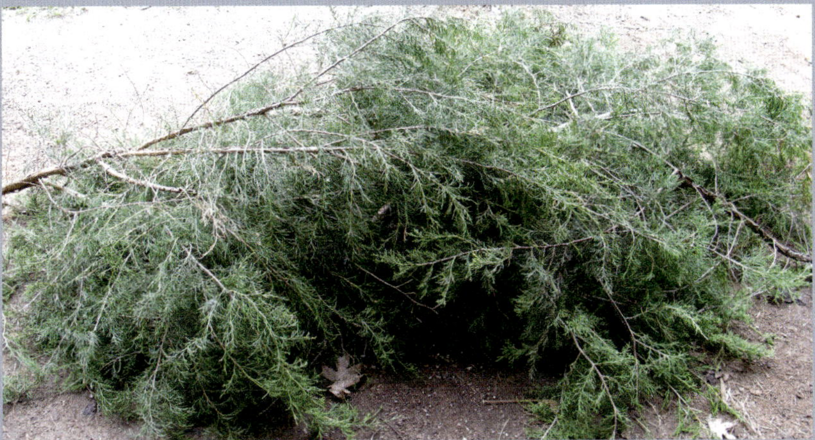

Schlafstätte aus Nadelbaumzweigen

Wenn man keine gekaufte Isomatte zur Hand hat, ist eine Unterlage aus Nadelbaumzweigen eine exzellente Alternative aus der Natur. Für dieses Bett legen Sie 20–25 cm lange Nadelbaumzweige auf den Boden, grob in der Form Ihres Körpers. Das ergibt eine überraschend bequeme Schlafstätte, die den Körper vor der Kälte des Bodens isoliert. Die meisten immergrünen Nadelbäume sind dafür geeignet, z.B. Wacholder, Zedern und Kiefern.

7 FEUER

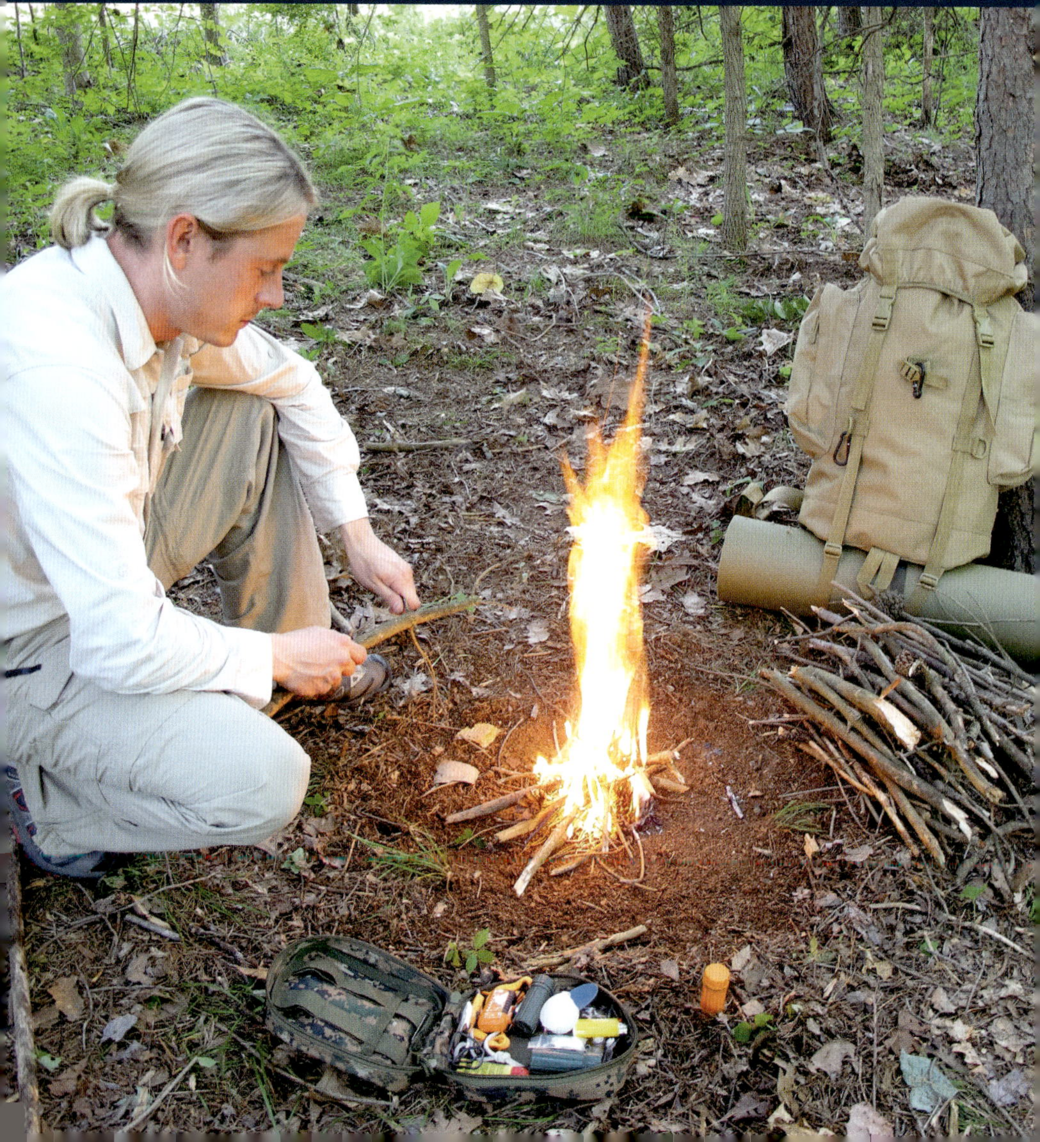

EIN FEUER ENTZÜNDEN ZU KÖNNEN, ist wahrscheinlich die wichtigste Survival-Fähigkeit, die es gibt. Feuer ist schon immer zentral für das Überleben gewesen. Ein Survivor kann mit Feuer auf verschiedenste Art sein Überleben sichern. Hier finden Sie mehrere Möglichkeiten, wie man Feuer in einem Bug-Out-Szenario nutzen kann.

Wärme

In bestimmten Situationen ist Feuer die einzige Möglichkeit, extreme Kälte abzuwehren und die Körpertemperatur konstant zu halten. Ein Feuer wärmt nicht nur, man kann auch Kleider, Schuhe und Ausstattung davor trocknen. Feuchte Kleidung und kalte Temperaturen sind ein Rezept für den Tod. Wie zuvor erwähnt, ist Unterkühlung die Haupt-Todesursache in der Wildnis. Dagegen hilft nur Feuer.

Kochen

Feuer kann zum Kochen und Aufwärmen von Lebensmitteln verwendet werden. Es ist außerdem notwendig, um Wasser zu kochen und so zum Trinken wiederaufzubereiten.

Senden von Signalen

Rauchsignale bei Tag und Signalfeuer bei Nacht sind zwei effektive und bewährte Methoden, um Hilfe zu rufen. Beide Methoden haben das Leben unzähliger Menschen gerettet, die sich in der Wildnis verlaufen hatten.

Moral

In einem Katastrophenfall hängt das Überleben zu 90 % von der mentalen Stärke ab. Meinen Studenten sage ich immer, dass der Wille zum Überleben stärker ist als Survival-Know-How. Feuer kann im Katastrophenfall den

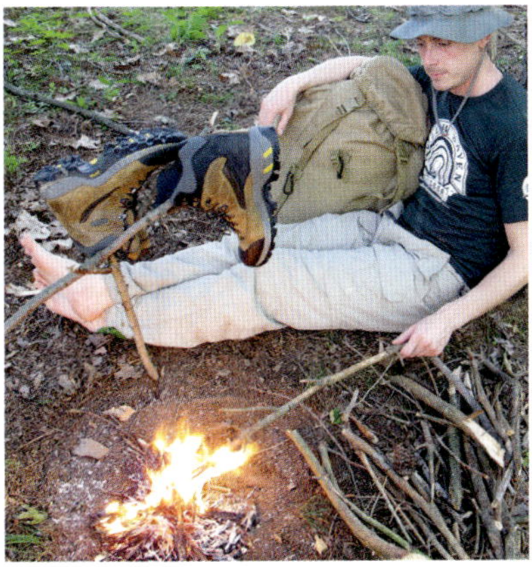

Feuchte Stiefel trocknen

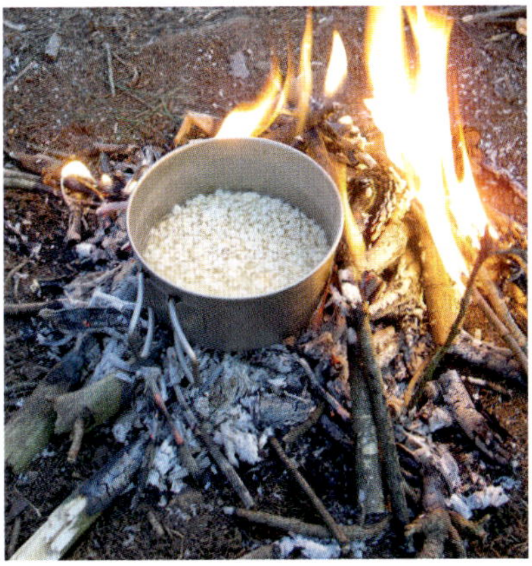

Essen über Feuer kochen

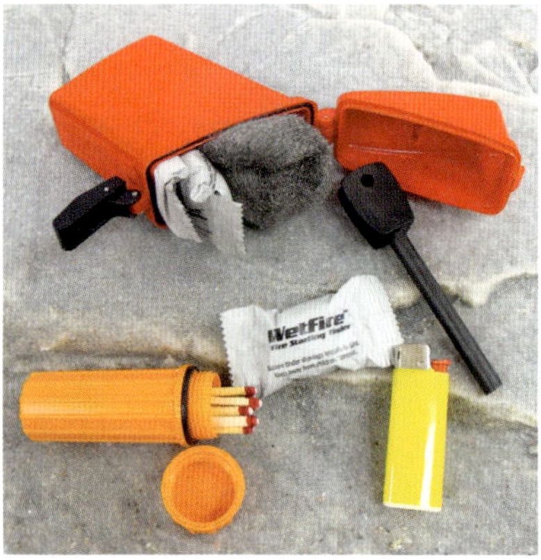

Ausrüstung zum Feuermachen

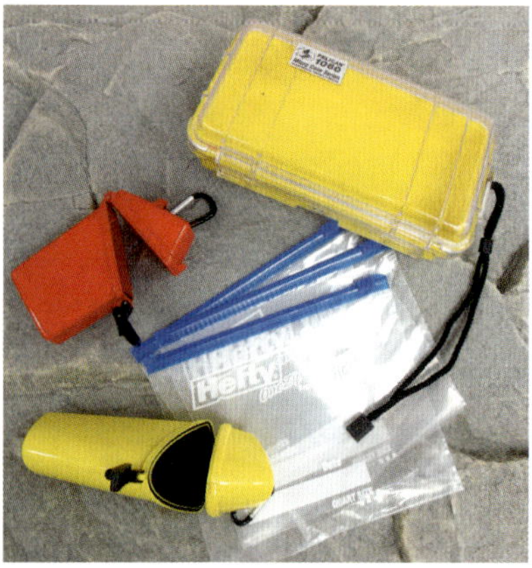

Pelican-Tasche und wiederverschließbare Tüten

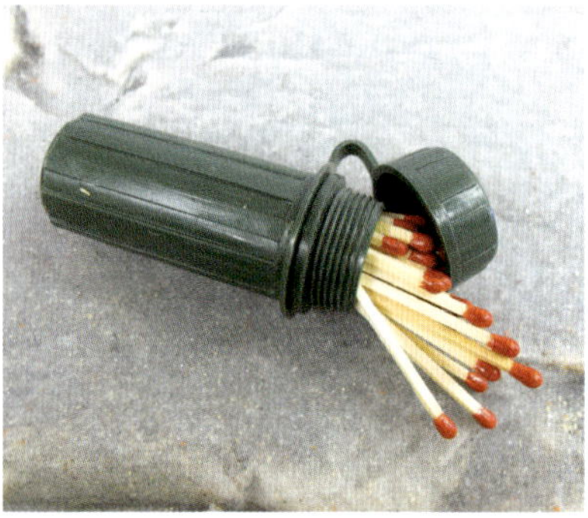

Streichhölzer in wasserdichtem Behälter

Lebenswillen stärken. Wärme und Licht eines Feuers sind beruhigend, aufmunternd und ermutigend. In einer unwirtlichen Situation ein Feuer zu entzünden, gibt einem das Gefühl, dass man die Situation unter Kontrolle hat.

In lebensbedrohlichen Situationen ist es wichtig, eine positive, lebensbejahende Einstellung zu behalten. Ein Feuer gemacht zu haben und ins Feuer zu blicken hilft dabei.

FEUERAUSRÜSTUNG

Packen Sie die Feuerausrüstung in einen passenden Behälter, der wiederum in das BOB gepackt wird. Wie bereits erwähnt macht es Sinn, Gegenstände im BOB nach Kategorien zu ordnen und zusammenzuhalten. So findet man sie einfacher und schneller, wenn sie gebraucht werden. Die Feuerausrüstung sollte in einem separaten, wasserdichten Behältnis aufbewahrt werden, um sie vor Wasser und Feuchtigkeit zu schützen. Für eine Feuerausrüstung sind viele unterschiedliche Behälter geeignet. Einige Beispiele:

- versiegelter Aluminiumbehälter mit Dichtungsring
- wasserdichte Tüten, Boxen und Rohre
- nicht-wasserdichte Behälter, die in wiederverschließbare Plastiktüten gepackt werden

Unabhängig davon, welche Art und Größe von Behälter man auswählt, sollte man üben, diese Ausrüstung in kompletter Dunkelheit mit verbundenen Augen im BOB zu lokalisieren. Denn es ist gut möglich, dass man diese Ausrüstung in einer Situation finden muss, in der man nur wenig Licht hat. Katastrophen bieten uns eben keine idealen Bedingungen. Wenn man sich auf den schlimmsten Fall vorbereitet, freut man sich, wenn es besser kommt.

Weil Feuer eine so wichtige Überlebensressource ist, empfehle ich mehr als nur eine Möglichkeit zum Feuerentzünden in das BOB zu packen. Die BOB-Feuer-Ausrüstung muss zwei hauptsächliche Komponenten zum Entzünden eines Feuers enthalten:

1. Zündquelle
2. Zunder

ZÜNDQUELLE

Es sollten mindestens drei Zündquellen eingepackt werden. Das ist kein unnötiger Luxus, weil sie alle wenig kosten und wiegen.

Zündquelle 1: Feuerzeug

Feuerzeuge sind billig, leicht, verlässlich, leicht zu verwenden, langlebig und extrem effektiv. Ich habe ein Feuerzeug in meinem wasserdichten Behälter für die Feuerausrüstung und zwei weitere an anderen Stellen in meinem BOB. Feuerzeuge haben aber auch bestimmte Grenzen. Bei extrem kaltem Wetter oder wenn sie feucht sind, funktionieren sie nicht.

SCHNELLER SURVIVAL-TIPP

Reguläre Sturmstreichhölzer werden wasserdicht, indem man sie in Nagellack tunkt. Für einen wasserdichten Überzug einfach zweimal hineintauchen. Und ein drittes Mal, damit man sich sicherer fühlt.

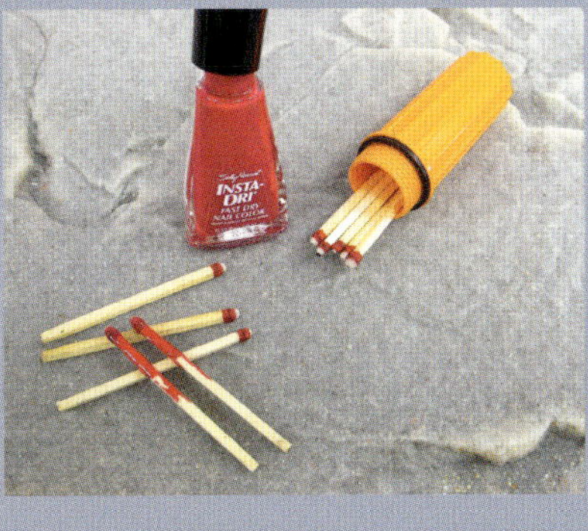

Streichhölzer mit Nagellack wasserfest machen

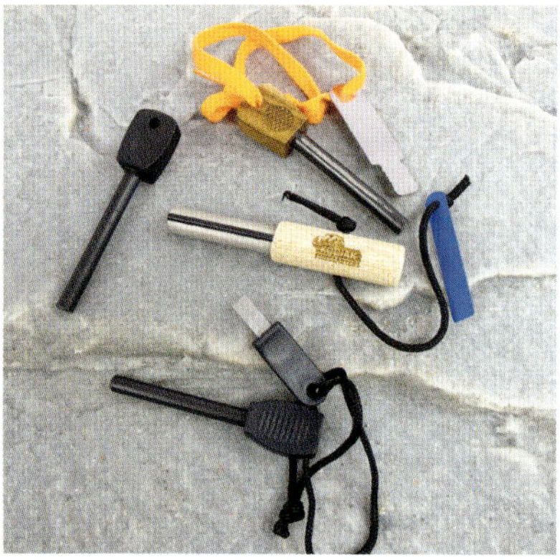

Mehrere Feuerstähle, inkl. Kodiak Firestarter

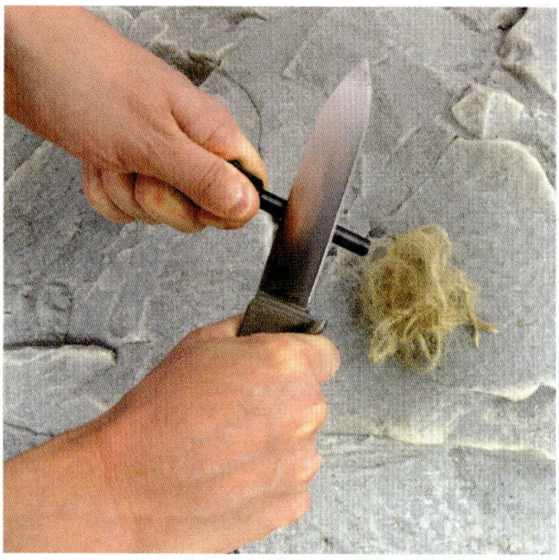

Funkenschlagen mit dem Messer

Zündquelle 2: Wasserfeste Sturmstreichhölzer

Reguläre Streichhölzer sind einfach zu feuchtigkeitsempfindlich. Auf jeden Fall sollten Sie mindestens ein Dutzend wasserfeste Sturmstreichhölzer in einem wasserdichten Behälter einpacken. Sie sind in der Campingabteilung eines Outdoor-Fachhandels erhältlich.

Zündquelle 3: Feuerstahl

Ein Feuerstahl (auch Feuereisen) kann Funken über 1000 °C erzeugen, wenn man einen Feuerstein oder den Rücken eines Survival-Messers darüber zieht. Es gibt viele verschiedene Typen Feuerstahl. Im Allgemeinen funktionieren sie alle gleich.

Mit einem Feuerstahl kann man selbst in einer feuchten oder nassen Umgebung Funken schlagen. Einen durchschnittlichen Feuerstahl kann man tausende Male verwenden und daher sind Feuerstahle eine exzellente Survival-Zündquelle. Die Funken in vorbereitetes Zunderholz zu schlagen ist eine sehr effektive Technik, die ich fast ausschließlich anwende, wenn ich in der Wildnis unterwegs bin. Ich habe einen Feuerstahl von Kodiak Firestarters. Diese Firma stellt einen Feuerstahl her, der auf einem kleineren Stück Magnesium sitzt. Natürlich kann man den Feuerstahl alleine bereits verwenden, um trockenes Zunderholz unter relativ trockenen Bedingungen anzuzünden, genauso wie man einen gewöhnlichen Feuerstahl verwenden würde. Wenn die Bedingungen oder der Zunder allerdings nicht ideal sind, schabt man mit dem Messer einfach ein paar Stücke Magnesium ab und verwendet diese als Zunder. Magnesium-Hobel entzünden sich mit nur einem Funken und brennen bei einer Temperatur von über 2700 °C. Da ist es nicht schwer, ein Feuer in Gang zu bekommen. Diese integrierten Feuerstahle sind etwas teurer, aber der Bonus des eingebauten Magnesiums zum Feuerstarten ist das zusätzliche Geld durchaus wert. Es handelt sich quasi um Zündquelle und Zunder in einem.

ZUNDER

Die Zündquelle macht nur die Hälfte des Feuerentzündens aus. In einem Bug-Out-Szenario brauche ich die *Garantie*, dass ich Feuer machen kann. Das heißt, dass ich nicht nur eine zuverlässig funktionierende Zündquelle benötige, sondern auch einen Zunder, der garantiert Feuer fängt, wenn ich meine Zündquelle darauf anwende. Der einzige *wirklich zuverlässige* Zunder ist der, den man selbst einpackt. Zwar gibt es auch natürliche Materialien, um ein Feuer zu starten, unter bestimmten Wetterbedingungen kann es aber sehr schwer sein, trockenes, flammbares Zunderholz zu finden. Im Folgenden finden Sie mehrere großartige Zunder-Optionen für das BOB. Ich empfehle, mindestens zwei davon einzupacken.

Feueranzünder von WetFire

WetFire ist ein Markenname und diese Feueranzünder sind in der Regel im Outdoor-Fachhandel erhältlich. WetFire ist ohne Frage der

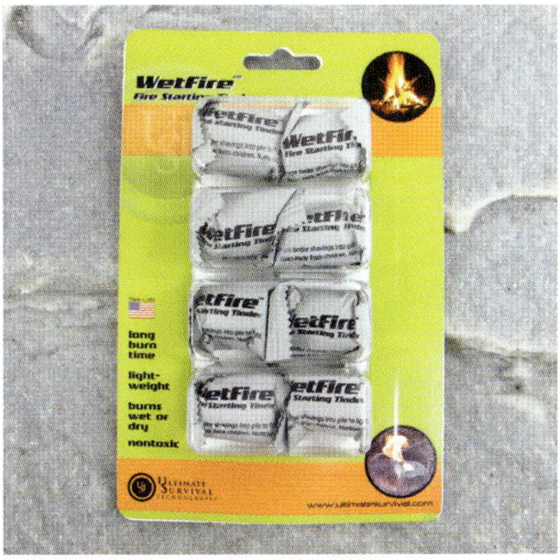

Eine Packung WetFire

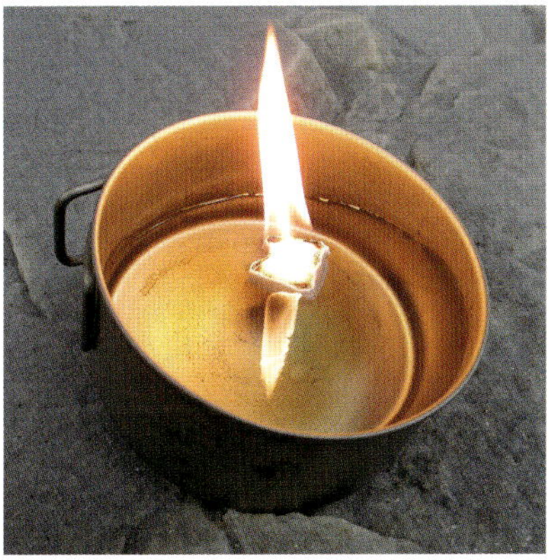
Ein brennender Würfel WetFire in Wasser

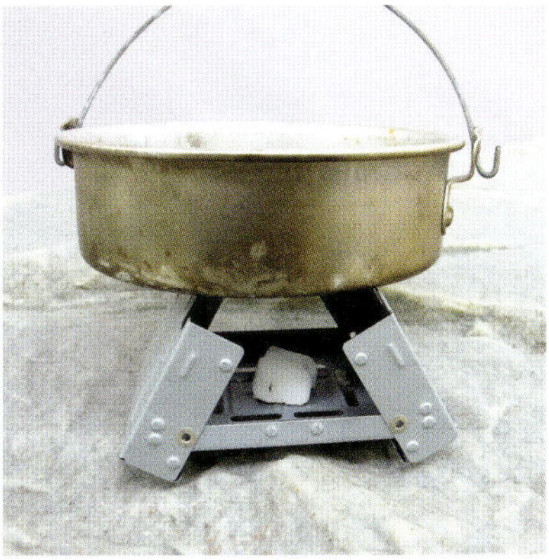
WetFire-Würfel in Esbit-Kocher

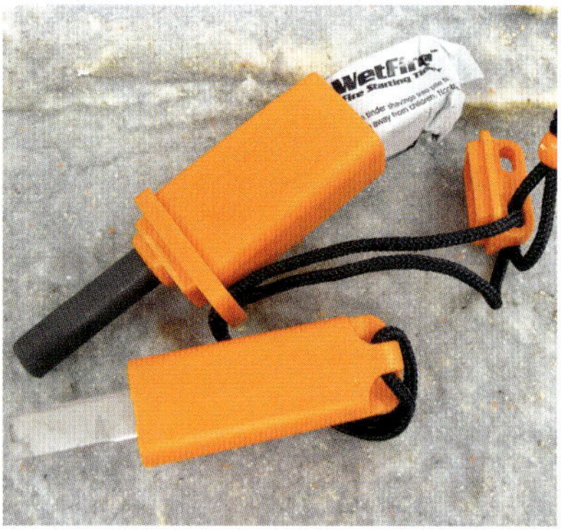

Der StrikeForce Firestarter

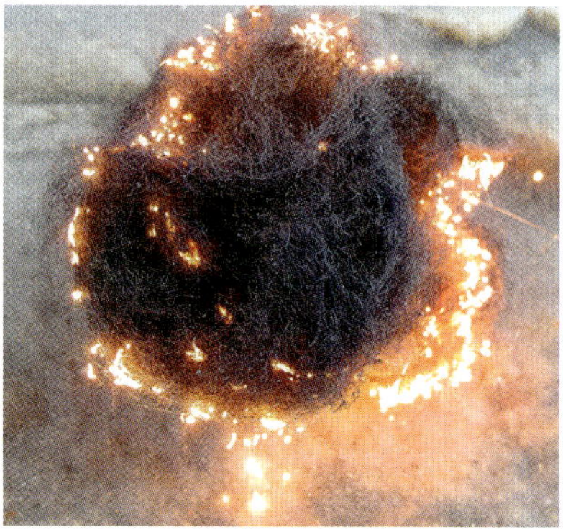

Schwelende Stahlwolle

beste Feueranzünder, den es gibt. Schon ein Funke reicht aus, um die WetFire-Würfel in allen möglichen Wetterverhältnissen anzuzünden. Man kann sie sogar entzünden und brennen lassen, wenn sie im Wasser schwimmen.

Ein bemerkenswertes Produkt – und ein sehr verlässlicher Zunder für das BOB. WetFire-Würfel sind einzeln wasserdicht verpackt und brennen etwa zwei bis drei Minuten. Mit dieser Brennzeit kann man die WetFire-Würfel sogar als Energiequelle für einen Esbit-Campingkocher (siehe Kapitel 4) verwenden, d. h. sie sind vielseitig einsetzbar.

Ein Würfel WetFire passt außerdem in den Griff eines StrikeForce Firestarter. Dabei handelt es sich um ein exzellentes Werkzeug, das aus einem Feuerstahl mit Schlagstift besteht und in einer beständigen Kunststoffhülle sitzt. In diese passt auch ein Würfel WetFire perfekt hinein. Ein sehr kompakter, All-inclusive-Feueranzünder.

Stahlwolle

Einfache Stahlwolle gehört zu den besten Materialien zum Starten eines Feuers, die es überhaupt gibt. Die dünnen Metallfasern werden selbst durch winzige Funken entzündet und in schwelende Glut verwandelt, die sehr hohe Temperaturen entwickelt. Mit der schwelenden Stahlwolle kann man leicht entzündlichen Zunder wie getrocknetes Gras, Blätter, Papier etc. entzünden. Stahlwolle ist im Bau- oder Supermarkt erhältlich und ist außerdem sehr günstig. In einen sehr kleinen Behälter passt eine ganze Menge Stahlwolle und ein Mindesthaltbarkeitsdatum hat sie auch nicht. Stahlwolle lässt sich selbst bei eiskalten Temperaturen entzünden und beginnt zu schwelen.

Vaseline-Bäusche

Einen der besten Zunder, den ich je verwendet habe, kann man zuhause in nur wenigen Minuten herstellen und er kostet fast gar nichts. Dieser hausgemachte Zunder besteht aus nur zwei Zutaten: Vaseline und Baumwollbäusche oder Fussel, die sich im Filter eines Trockners sammeln.

Die Herstellung ist ganz simpel. Den Baumwollbausch oder ein Stück Trockner-Fusseln in einer vergleichbaren Größe mit etwa einem Teelöffel Vaseline vermengen und gut durchkneten, damit alle Fasern überzogen sind. Zu einer kleinen Kugel zusammenrollen und in einem wasserdichten Behälter oder einer wiederverschließbaren Tüte aufbewahren.

Die Vaseline hält das Feuer länger am Brennen. Sie wirkt wie ein Kraftstoff, der die Fusseln in einen provisorischen Docht verwandelt, der durch einen Funken entzündet werden kann und dann mehrere Minuten brennt. Ohne Vaseline würde die Brennzeit nur ein paar Sekunden betragen – das Zeitfenster, in dem man ein gesundes Feuer in Gang bringen könnte, wäre damit drastisch eingeschränkt. Darüber hinaus bewirkt die Vaseline, dass die Fusseln wassergeschützt sind. Vaseline kann unter natürlichen Zunder gemischt werden, z. B. getrocknetes Gras, den Flaum von Rohrkolben oder Seidenpflanzen – mit ähnlichem Erfolg.

Aus diesem Grund habe ich immer eine kleine Dose Carmex-Lippenbalsam dabei, ein Produkt auf Vaseline-Basis, mit dem man im Notfall ganz einfach einen länger brennenden Zunder herstellen kann.

Zum Verwenden die Vaseline-Kugel auseinanderziehen, um die feinen Fasern freizugeben. Das erhöht die Oberfläche und erleichtert den Luftfluss. Dann einfach mit einem Funken des Feuerstahls bzw. mit einem Streichholz oder Feuerzeug entzünden und weiteres kleines Zunderholz nachlegen.

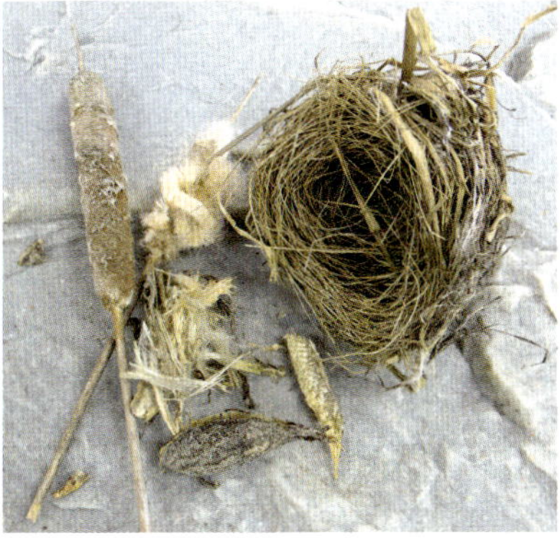

Getrocknetes Gras, Rohrkolben- und Seidenpflanzen-Flaum

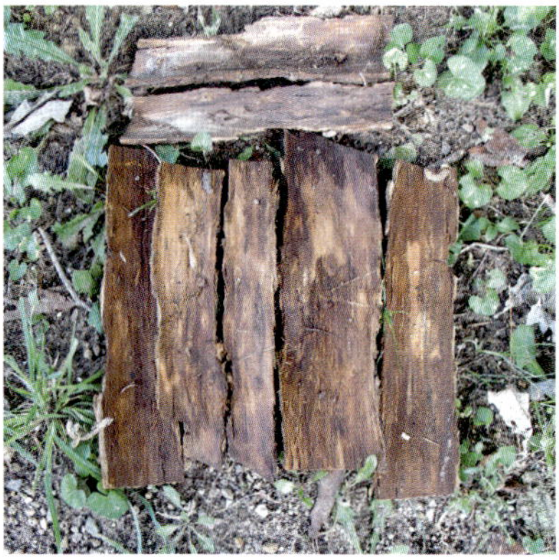

Feuerplattform aus Baumrinde

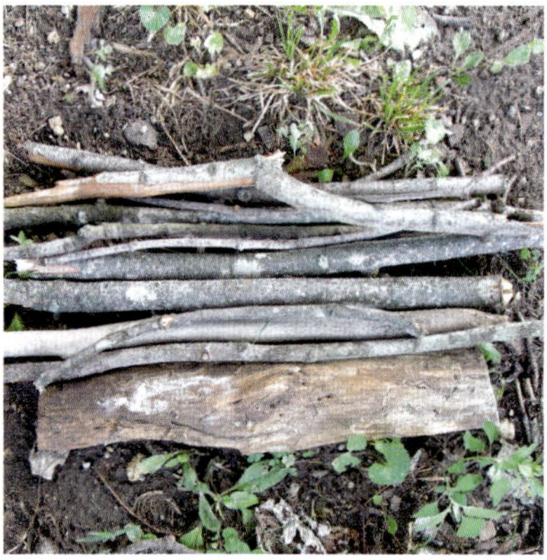

Feuerplattform aus Ästen

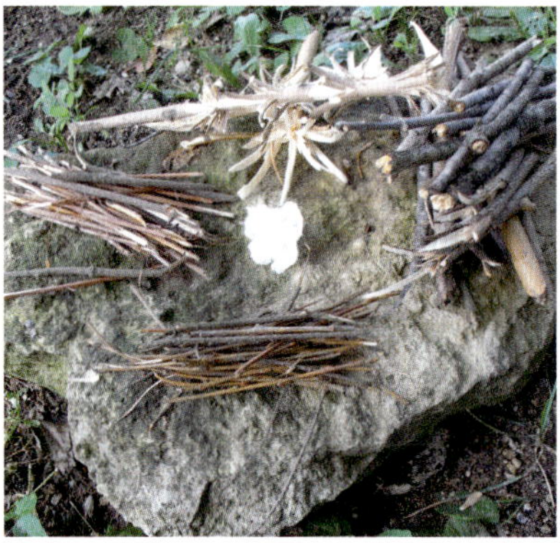

Feuerplattform auf flachem Stein

FEUER MACHEN

Zunder zum Brennen zu bringen ist eine Sache. Ein Feuer zu machen und am Brennen zu halten, ist aber eine Fähigkeit, die geübt werden muss. Erlauben Sie mir, einen Moment vom „Bug Out Bag"-Thema abzuschweifen, um ein einfaches Fünf-Schritte-System zum erfolgreichen Feuermachen zu erläutern.

Schritt 1: Feuerplattform

Eine gute Feuerplattform ist eine solide Grundlage für jedes erfolgreich brennende Feuer – vor allem in einer feuchten, schneebedeckten oder nassen Umgebung. Zweck einer Feuerplattform ist es, den trockenen Zunder und die erste Flamme vom Boden entfernt zu halten. Selbst das kleinste bisschen Feuchtigkeit kann die Brennfähigkeit des Zunders beeinträchtigen. Die Plattform kann aus einer ganzen Reihe verschiedener Materialien konstruiert werden – natürlich oder menschengemacht. Ich habe alles Mögliche verwendet, von flachen Steinen bis hin zum Deckel eines Metallmülleimers. Drei Vorschläge für Feuerplattformen:

- flacher Stein
- Baumrinde
- Äste

Schritt 2: Zunder bündeln und entzünden

Es ist sehr wichtig, die nächsten drei Phasen des Feuermachens vorbereitet zu haben, bevor man den Zunder entzündet. Die Zeit arbeitet gegen einen und die einzige Verteidigung ist eine ordentliche Vorbereitung – vor allem, wenn man mit schnell brennendem Zunder arbeitet.

Wenn die Plattform soweit ist und man alle Feuerhölzer bereit hat, kann der Zunder entzündet werden. Im Foto zu Schritt 3 verwende ich einen WetFire-Würfel als Zunder. Die Feuerhölzer müssen so trocken wie möglich sein. Das Material sollte knackend bersten, wenn man es zerbricht, und sich nicht biegen.

Schritt 3: Zahnstocher-Tipi

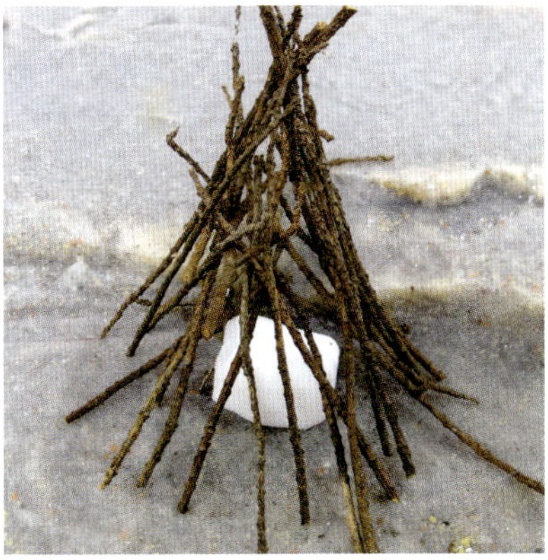

Zahnstocher-Tipi

Sobald das kleine Bündel Zunder brennt, Zweige und Holzsplitter in der Größe von Zahnstochern wie ein Tipi über und rund um den Zunder aufstellen. Feuer braucht Sauerstoff, um brennen zu können. Unter Umständen ist es hilfreich, der kleinen Flamme Luft zuzufächeln oder darauf zu blasen, um die Hitze zu intensivieren.

Schritt 4: Wattestäbchen-Tipi

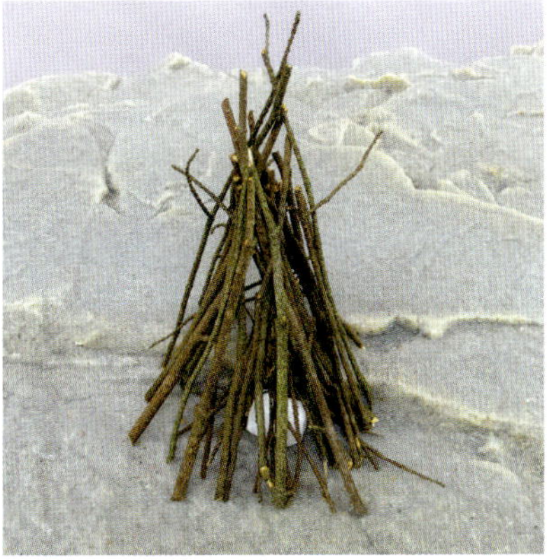

Wattestäbchen-Tipi

Die nächste Lage Brennstoff sollte etwas größer sein als die erste – etwa die Größe von Wattestäbchen. Diese Stöckchen so wie das Zahnstocher-Tipi rund um das Feuer arrangieren. Etwas abwarten, bis es brennt. Nach Bedarf Luft zufächeln oder pusten.

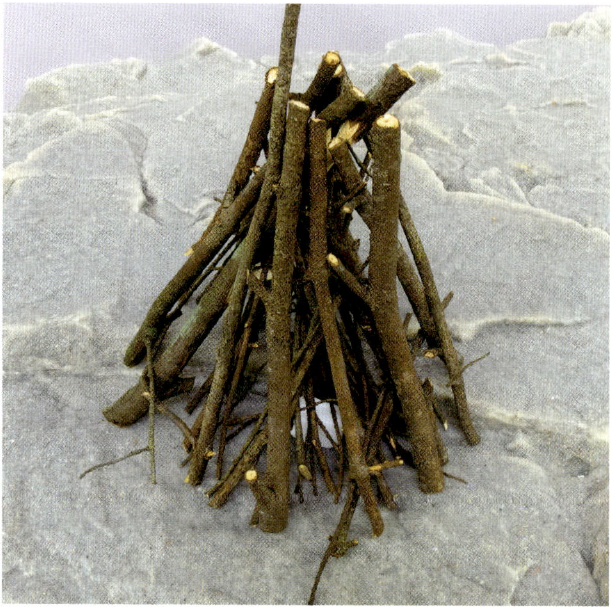

Bleistift-Tipi

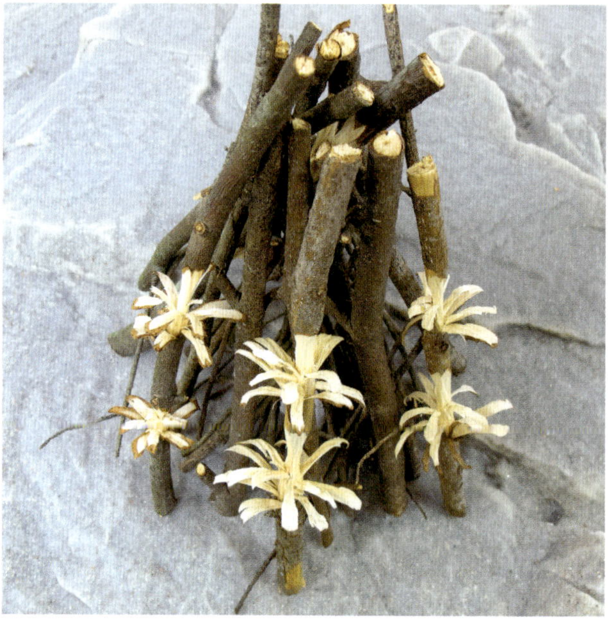

Bleistift-Tipi mit federartig eingeschnittenen Stöckchen

Schritt 5: Bleistift-Tipi

Wie zuvor muss die nächste Lage Brennstoff größer sein – die Stöckchen sollten etwa den Durchmesser von Bleistiften haben. Sie müssen wie ein Tipi um die Flamme herum arrangiert werden. Indem man die Stöckchen mit einem Messer dünn federartig einschneidet, sodass Hobel entstehen, die noch am Stöckchen hängen, erhöht man die Erfolgschancen, denn so bekommen die Stöckchen mehr brennbare Oberfläche.

Zu diesem Zeitpunkt sollte das Feuer stetig brennen. Jetzt können größere Stöcke und Äste darauf gestapelt werden.

ZUSAMMENFASSUNG

Die Ausrüstung zum Feuermachen gehört zu den wichtigsten Gegenständen im BOB. Sie sollten einige Zeit im Garten verbringen und bei verschiedenen Wetterverhältnissen mit Ihrer Feuerausrüstung ein Lagerfeuer machen. Wenn Sie nicht wissen, wie Sie die Ausstattung verwenden müssen, ist sie in einer Notfall-Situation wertlos.

ALLGEMEINE KATASTROPHEN-ÜBERLEGUNGEN

Wenn Sie in einer Gegend wohnen, in der Hitzewellen oder Waldbrände nichts Ungewöhnliches sind, muss sich beim Feuermachen um die offenen Flammen herum nackte Erde oder ein anderes nicht-entzündliches Material befinden. Der Umgang mit Feuer ist in Gegenden, die zu solchen Naturkatastrophen neigen, extrem gefährlich. Die Feuer- / Kochstelle muss entsprechend vorbereitet werden.

8 ERSTE HILFE

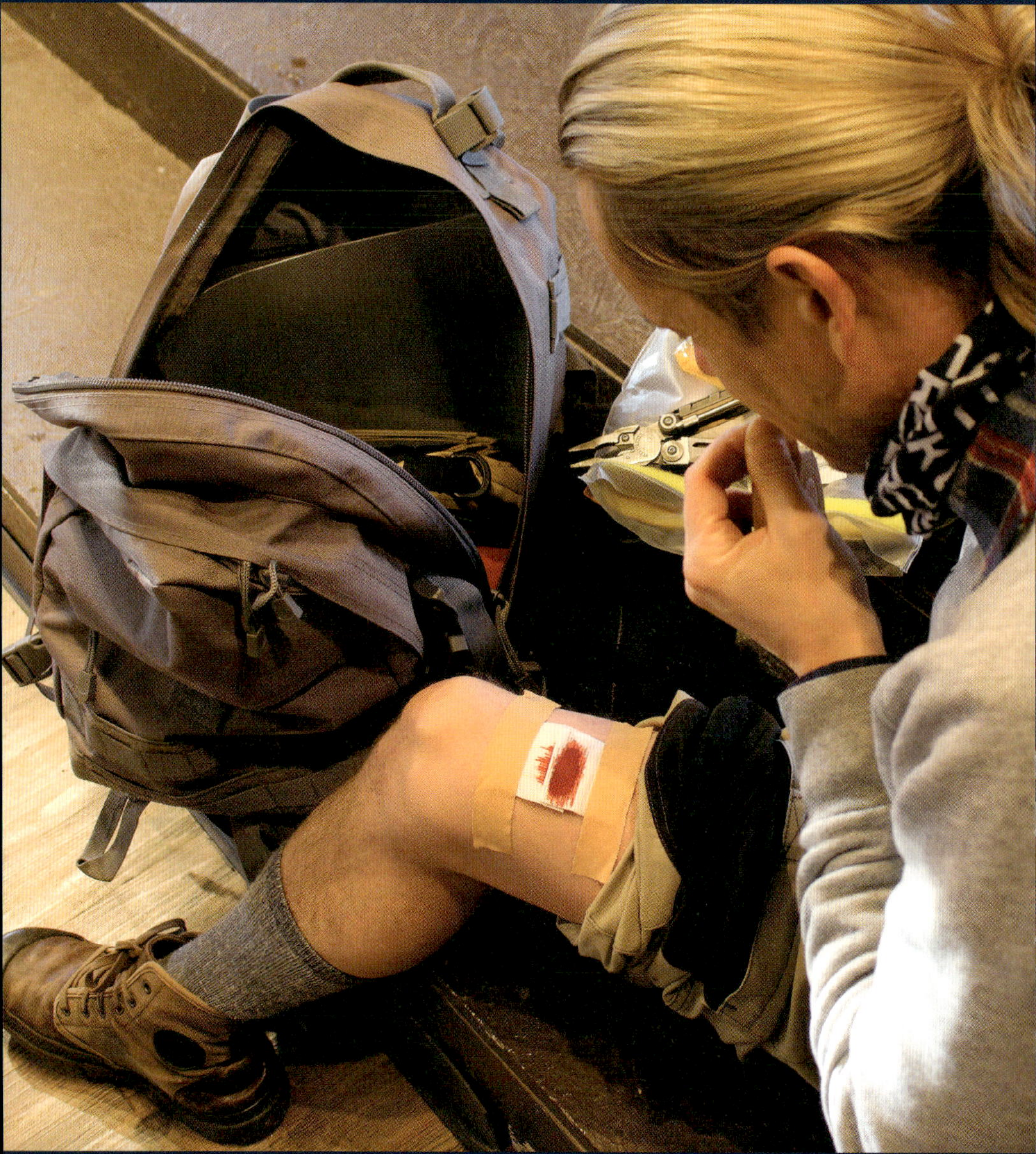

IN EINEM KATASTROPHEN-NOTFALL ist es beinahe garantiert, dass man zu irgendeinem Zeitpunkt Erste Hilfe wird leisten müssen. Vom Wespenstich bis zum Knochenbruch ist alles möglich. Die Katastrophenumgebung, Müdigkeit, Panik, Hunger, Angst und Chaos – diese Kombination macht es wahrscheinlicher, dass es zu den verschiedensten Verletzungen kommt. Während eines Bug Outs können Sie zur Liste Ihrer Verantwortlichkeiten also auch den Titel „Feldarzt" hinzufügen.

Eine unzureichende Erste-Hilfe-Ausstattung während einer chaotischen Katastrophen-Evakuierung kann eine bereits schlechte Situation noch verschlimmern. Richtige Materialien zur Behandlung sind ein absolutes Muss in einem Erste-Hilfe-Notfall. Taschengröße und Gewicht schränken ein, wie viel man einpacken kann, Ziel ist es aber, ausreichend Erste-Hilfe-Ausrüstung einzupacken, um für den Großteil dessen, was passieren kann, ausgestattet zu sein. Darüber hinaus muss man dann improvisieren und abwarten.

Die Erste-Hilfe-Ausstattung befindet sich in einer extra Tasche im BOB. Sie sollte leicht zu erkennen sein – optisch und haptisch. Dies ist die einzige Kategorie im BOB, bei der ich empfehle, mit einem gekauften Set anzufangen und dieses dann mit entsprechenden Zusätzen den persönlichen Bedürfnissen anzupassen. Indem man ein solches „Starter-Set" kauft, spart man Zeit, denn man muss die einzelnen Gegenstände der Erste-Hilfe-Grundausstattung nicht erst zusammensuchen. Selbstverständlich kann man die Ausstattung auch komplett selbst zusammenstellen.

KOMMERZIELLE ERSTE-HILFE-SETS

In fast jedem großen Supermarkt und in jeder Apotheke gibt es Erste-Hilfe-Sets zu kaufen. Für Bug-Out-Situationen sind diese Sets jedoch nicht ausreichend. In den meisten Fällen werden Sie feststellen, dass die Hersteller mehr Gedanken an eine schicke Verpackung verschwendet haben als an den Inhalt. Kaufen Sie keines dieser gewöhnlichen Erste-Hilfe-Sets! Sie müssen mit einem substanzielleren Starter-Set beginnen, das speziell für Outdoor-Bedürfnisse zusammengestellt wurde.

Die meisten Outdoor- und Sportfachgeschäfte (und entsprechende Online-Shops) haben einen Bereich für Erste-Hilfe-Sets in der Camping- und Backpacking-Abteilung. Zwei gute Hersteller für Notfall-Erste-Hilfe-Sets sind Nitro-Pak (nitro-pak.com) als auch Adventure Medical Kits (adventuremedicalkits.com).

Speziell für das Camping oder Backpacking zusammengestellte Erste-

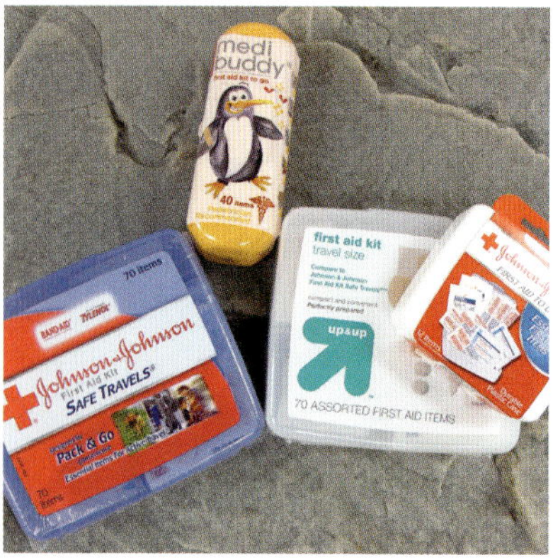

Verschiedene gewöhnliche Erste-Hilfe-Sets

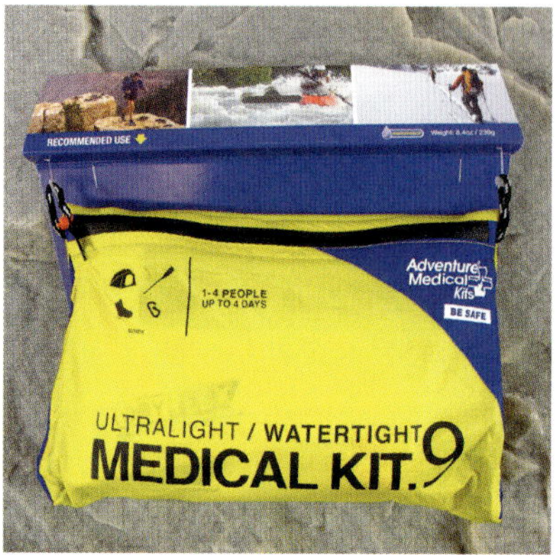

Spezielles Erste-Hilfe-Set für vier Personen von Adventure Medical Kits

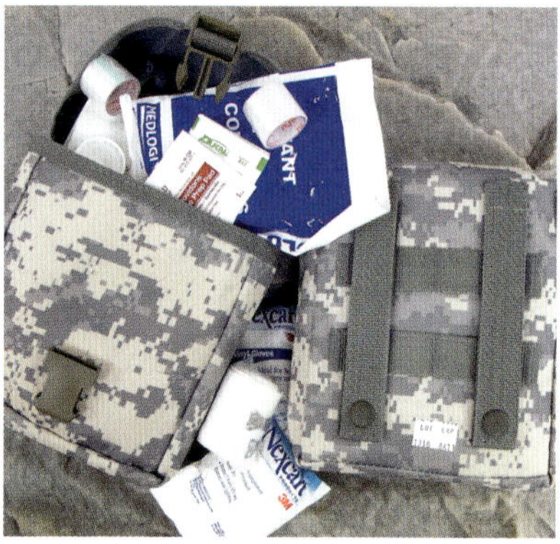

Militärisches Erste-Hilfe-Set

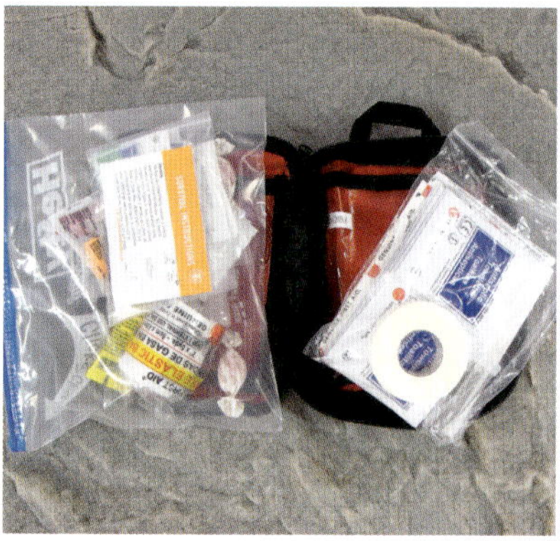

Erste-Hilfe-Ausstattung in wiederverschließbaren Plastiktüten

Hilfe-Sets sind diejenigen, die Sie als Grundlage verwenden sollten. Einfach so reichen diese Sets für ein BOB immer noch nicht aus, sind aber schon substanzieller und spezialisierter als gewöhnliche Erste-Hilfe-Sets. Sie enthalten außerdem ausreichend Materialien, um eine bestimmte Personenanzahl behandeln zu können, sodass man Zeit spart, wenn man ein Erste-Hilfe-Set für ein ganzes Bug-Out-Team zusammenstellt. Besorgen Sie sich ein Set, das für die Anzahl an Personen in Ihrem Haushalt gedacht ist und modifizieren Sie es, indem Sie die in diesem Kapitel aufgeführten Gegenstände hinzufügen.

BEHÄLTER FÜR DAS ERSTE-HILFE-SET

Der erste Schritt für das Zusammenstellen des personalisierten Erste-Hilfe-Sets ist die Auswahl eines Behältnisses. Wenn man ein vorgefertigtes Erste-Hilfe-Set kauft, ist der Behälter wahrscheinlich in Ordnung. Wichtig ist, dass er wasserdicht ist. Sollte er dies nicht sein, müssen die einzelnen Ausrüstungsgegenstände in mehrere wasserdichte, wiederverschließbare Plastiktüten gepackt werden. Wasser und Feuchtigkeit können sich negativ auf die Wirksamkeit vieler Gegenstände im Set auswirken, z. B. Verband, Verbandmull und Tabletten. Ich packe die Ausstattung nicht nur aufgeteilt nach Gruppen in wiederverschließbare Tüten, sondern das gesamte Set in eine wasserdichte flexible Schutzhülle, wie man sie in der Wassersport-Abteilung der meisten Outdoor-Fachgeschäfte bekommt. Diese Kunststofftaschen sind beständig, flexibel und speziell dafür gemacht, Dinge trocken zu halten. Wie Sie in Kapitel 12 erfahren werden, verwende ich diese auch für wichtige Dokumente.

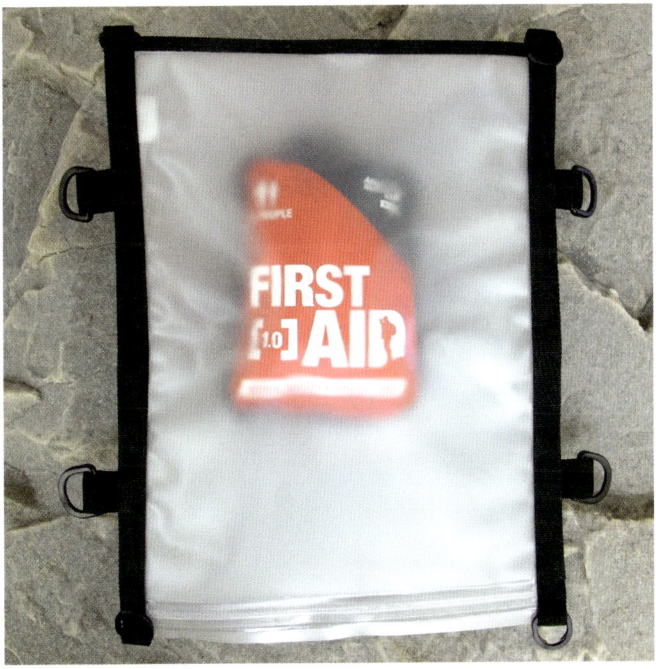

Erste-Hilfe-Set in wasserdichter Schutzhülle

PACKLISTE FÜR ERSTE-HILFE-SETS

Es folgt eine Liste der Dinge, die Ihr BOB-Erste-Hilfe-Set enthalten sollte. Wo angemessen, breche ich die Mengen für 1–2 Personen und für 4–6 Personen herunter. Viele dieser Ausstattungsstücke können auch in kleineren Mengen in der Apotheke gekauft werden.

Schnitt- und Wundversorgung

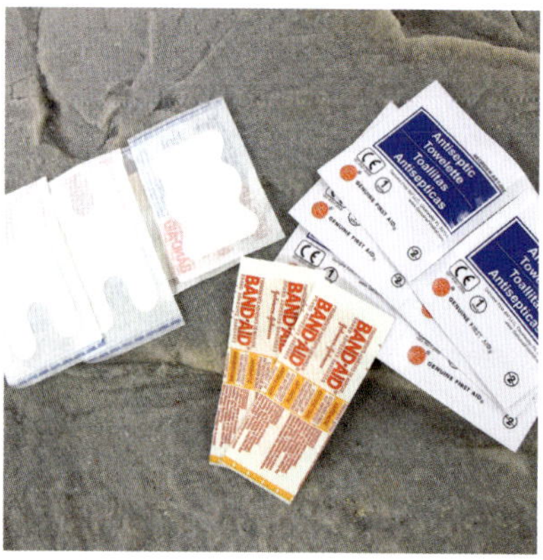

Antiseptische Tücher und Pflaster

Antiseptische Tücher
- 1–2 Personen: 10
- 4–6 Personen: 15

Pflasterverband (2,5 cm × 7,5 cm)
- 1–2 Personen: 12
- 4–6 Personen: 18

Pflasterverband (Knöchel und Ellbogen)
- 1–2 Personen: 3
- 4–6 Personen: 5

Wundverschluss-Pflaster
- 1–2 Personen: 5
- 4–6 Personen: 8

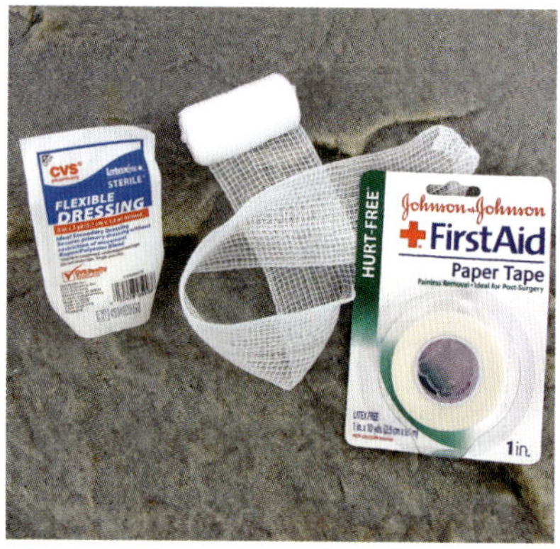

Mullbinden und Verbandstape

Sterile Mullbindenzuschnitte (7,5 cm × 7,5 cm)
- 1–2 Personen: 4
- 4–6 Personen: 8

Sterile Mullbindenrolle (5 cm breit, 2 m lang)
- 1–2 Personen: 1
- 4–6 Personen: 2

Verbandstape (2,5 cm breit, 10 m lang)
- 1–2 Personen: 1
- 4–6 Personen: 2

Versorgung von Blasen/Ausschlag/Verbrennungen

Blasenpflaster (10 cm × 12 cm)
- 1–2 Personen: 2
- 4–6 Personen: 4

Sonnenschutz: Kleine Tube oder Tücher

Lippenbalsam: Lippenbalsam auf Vaseline-Basis kann auch mit Zundermaterial gemischt und als Brandbeschleuniger verwendet werden.

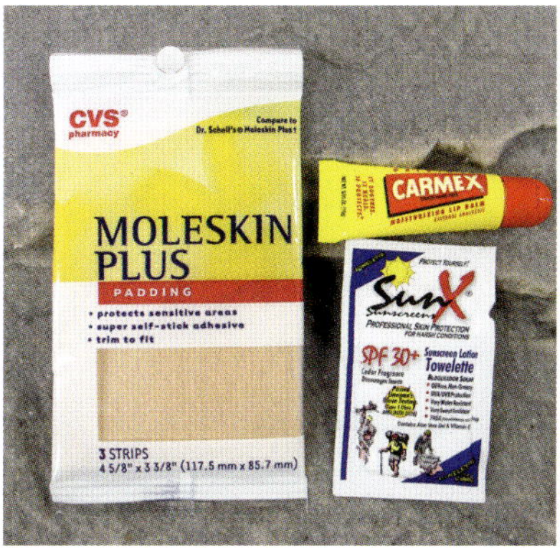

Blasenpflaster, Sonnenschutztücher und Lippenbalsam

Stütze

Elastischer Stützverband

(7,5 cm breit, 2 m lang): Zum Verbinden verstauchter oder angeknackster Gelenke.

Medizin/Wundsalben/Desinfektion

Antibiotische Wundsalbe

1–2 Personen: 1 kleine Tube oder 2 einzelne Päckchen

4–6 Personen: 1 kleine Tube oder 4 einzelne Päckchen

Alkohol-Desinfektionstücher

1–2 Personen: 4

4–6 Personen: 6

Ibuprofen-Tabletten: Zum Fiebersenken und zur Behandlung von Schmerzen oder Entzündungen

1–2 Personen: 5 × 200 mg Tabletten

4–6 Personen: 8 × 200 mg Tabletten

Antihistamin-Tabletten:

Reduzieren Erkältungs- und Allergiesymptome

1–2 Personen: 4 × 25 mg Tabletten (Diphenhydramin-Hydrochlorid)

4–6 Personen: 6 × 25 mg Tabletten (Diphenhydramin-Hydrochlorid)

Paracetamol-Tabletten: Zum Fiebersenken und zur Behandlung allgemeiner Schmerzen

1–2 Personen: 5 × 200 mg Tabletten

4–6 Personen: 8 × 200 mg Tabletten

Aspirin-Tabletten: Zum Fiebersenken und zur Behandlung von Schmerzen und Entzündungen

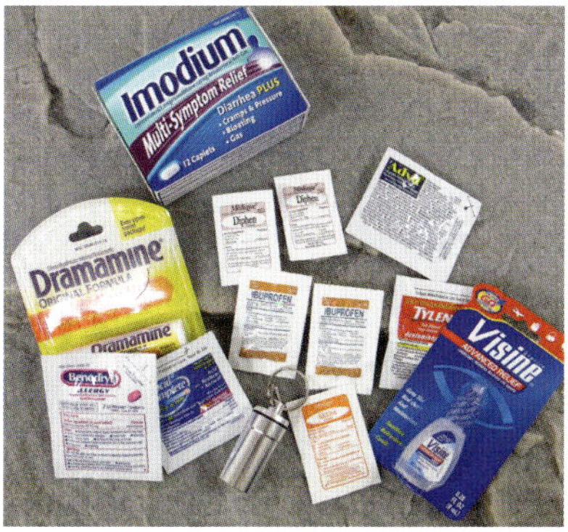

Verschiedene Medikamente für das Erste-Hilfe-Set

1–2 Personen: 3 × 325 mg Tabletten

4–6 Personen: 6 × 325 mg Tabletten

Imodium akut lingual: Bei akutem Durchfall

1–2 Personen: 6 Schmelztabletten

4–6 Personen: 12 Schmelztabletten

Antiemetikum: Gegen Reisekrankheit

1–2 Personen: 3 × 50 mg Tabletten (Dimenhydrinat)

4–6 Personen: 6 × 50 mg Tabletten (Dimenhydrinat)

Babyvitamine

Augentropfen

Kleine Tablettenbehälter aus Aluminium oder Kunststoff sind bereits für wenige Euro in der Apotheke zu haben. Sie sind perfekt für die Aufbewahrung von Medizin im Erste-Hilfe-Set geeignet, weil sie nicht eingedrückt werden können

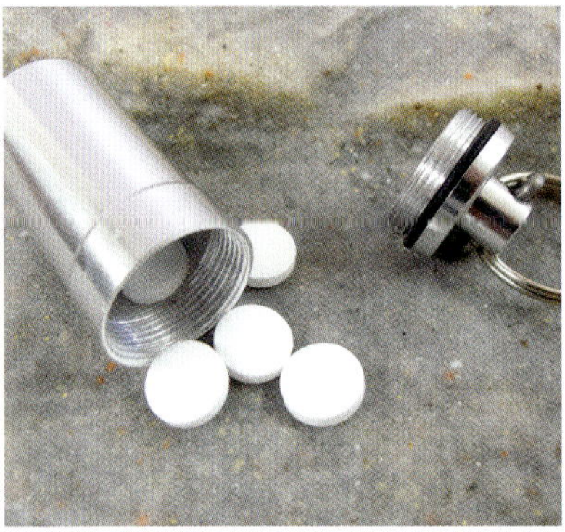

Aluminium-Tablettenbehälter

sowie kompakt und wasserdicht sind. Ich verwende mehrere dieser Behälter in meinem BOB für verschiedene Mini-Sets, darunter auch mein Mini-Angel-Set.

VERSCHIEDENE ZUSATZARTIKEL

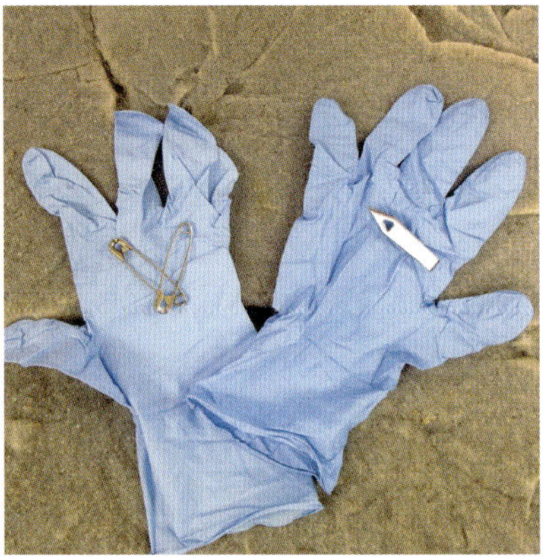

Gummihandschuhe, Pinzette und Sicherheitsnadeln

- **Einmal-Latex-Handschuhe:** Können auch als Wasserbehälter verwendet werden und um Objekte (z. B. Zunder) trocken zu halten.
- **Pinzette:** Zum Entfernen von Splittern und Zecken.
- **Sicherheitsnadeln:** Fünf Stück in verschiedenen Größen – zur Reparatur der Ausstattung und/oder zum Nähen von Wunden im Notfall
- **Insektenschutz:** Produkte mit 100 % DEET sind am effektivsten. Viele Insektensprays sind außerdem entflammbar, sodass sie bei Nässe und Wind als Hilfe zum Feuer anzünden dienen können. (Sie sind in kleinen, individuellen Verpackungen oder kleinen Sprühflaschen erhältlich.)

MULTIFUNKTIONS-AUSRÜSTUNG: RETTUNGSDECKE

★★★★★ FÜNF STERNE

Eine Rettungsdecke hat mehrere in Survival-Situationen nützliche Funktionen. Zum Beispiel kann sie zum Senden von Signalen verwendet werden oder als provisorischer Poncho, als schneller, wasserdichter Unterschlupf, als Bodenabdeckung oder zum Abdecken der Ausrüstung. Viele Verwendungsmöglichkeiten für einen Gegenstand, der weniger als 100 g wiegt!

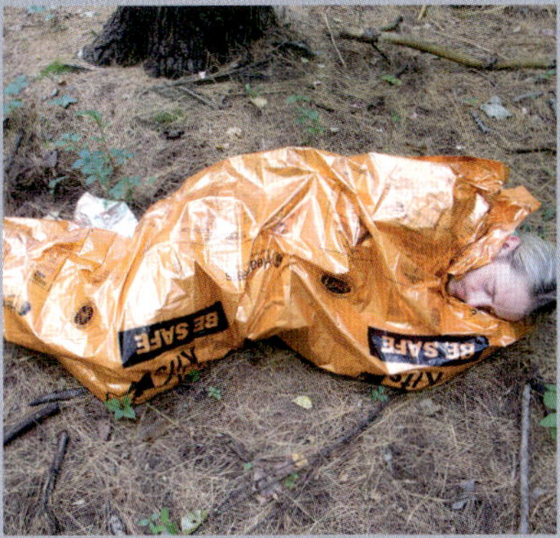

Traditionelle Verwendungsmöglichkeit: Rettungsdecke

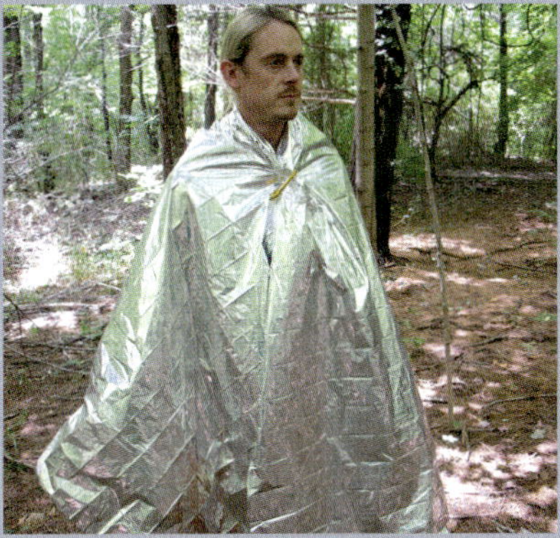

Provisorischer Poncho aus Rettungsdecke

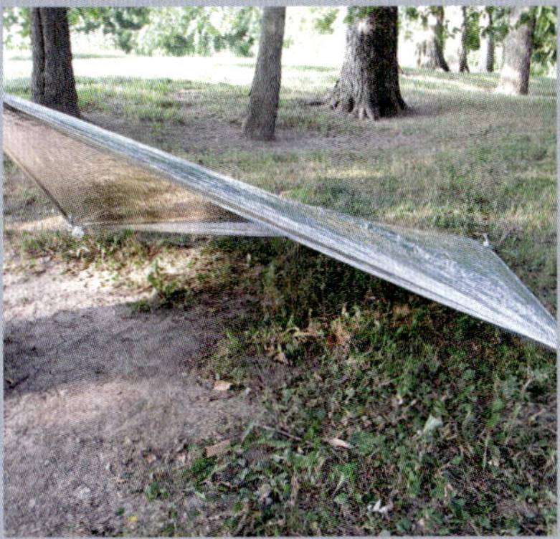

Provisorischer schräger Unterschlupf

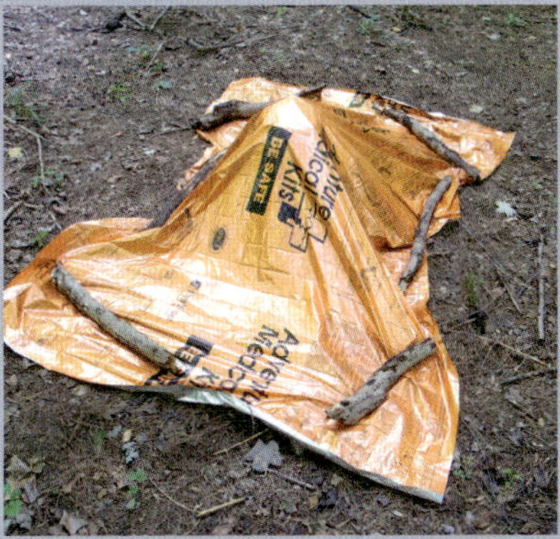

Wasserdichte Abdeckung der Ausstattung, beschwert mit Holz

Spiegel

Ein Spiegel kann ein sehr nützliches Erste-Hilfe- und Hygienehilfsmittel sein, vor allem dann, wenn man alleine reist. Mit einem Spiegel kann man alle möglichen Verletzungen an Augen, im Gesicht, am Kopf oder Rücken behandeln. Einmal, als ich im Hinterland campen war, hätte ich den Trip beinahe abbrechen müssen, weil ich etwas im Auge hatte. Seit dieser Erfahrung habe ich beim Campen immer einen kleinen Spiegel dabei, egal wie leicht ich packen möchte. Und auch in mein BOB habe ich einen gepackt.

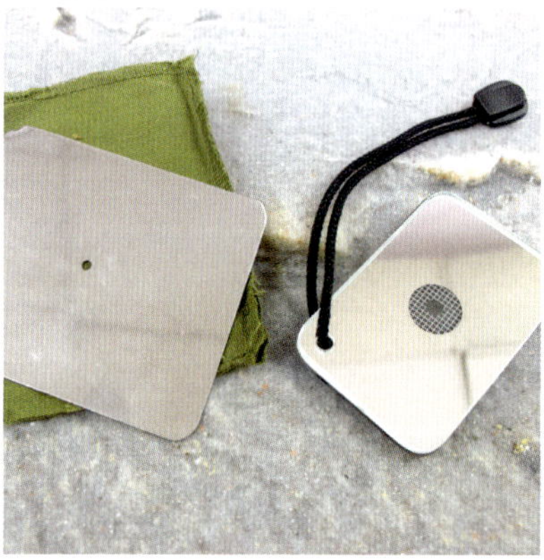

Zwei Signalspiegel

Spiegel sind ein bewährtes Hilfsmittel, um Signale zu senden. In einem Spiegel reflektiertes Sonnenlicht kann in mehreren Kilometern Entfernung noch gesehen werden, sodass man mögliche Retter auf sich aufmerksam machen kann. Spezielle Signalspiegel haben ein „Signalloch“

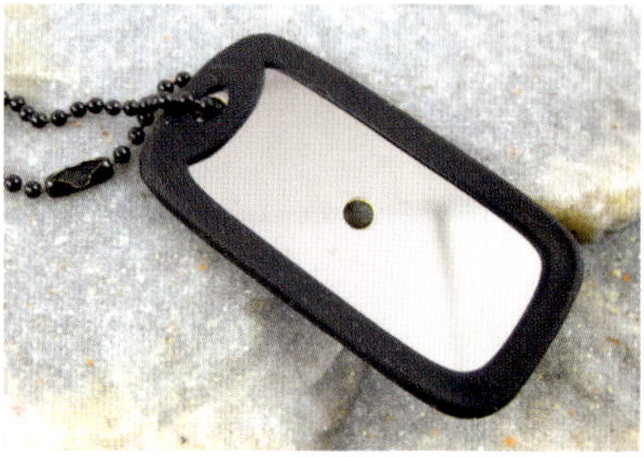

Hundemarken-Signalspiegel

in der Mitte, das hilft, die Sonnenreflektion direkt auf das Ziel auszurichten. Bei den beiden auf dem Foto abgebildeten Spiegeln handelt es sich um Signalspiegel. Ich trage einen kleinen Signalspiegel in der Größe einer Hundemarke in meinem BOB, den ich auch als Erste-Hilfe-Spiegel und als Kosmetikspiegel verwende. Er ist klein, aber nützlich.

Notfall-Rettungsdecke

Rettungsdecken sind windabweisend, wasserdicht und reflektieren 90 % der Körperwärme. Sie sind ein sehr flexibles Survival-Produkt, das vielseitig eingesetzt werden kann. Bei kaltem Wetter kann man sich in die Decke wickeln, damit einem nicht kalt wird, und um so viel Körperwärme wie möglich zu erhalten. In der prallen Sonne kann die Decke umgekehrt als Schattenspender aufgebaut werden. Als Rettungsdecke bevorzuge ich das sogenannte Heat Sheet von Adventure Medical Kits. Die Heat-Sheet-Rettungsdecke ist

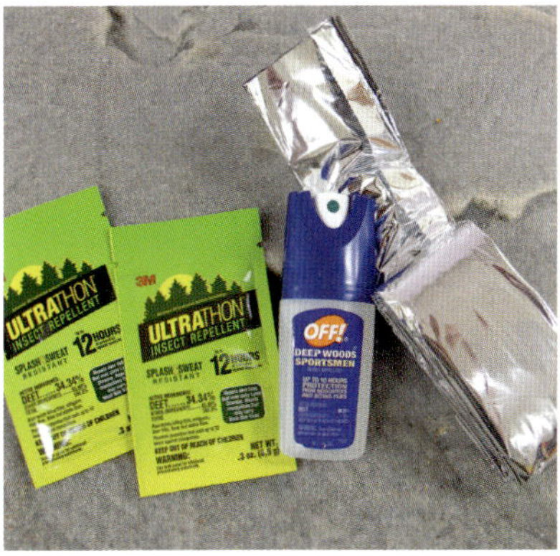

Insektenspray und Rettungsdecke

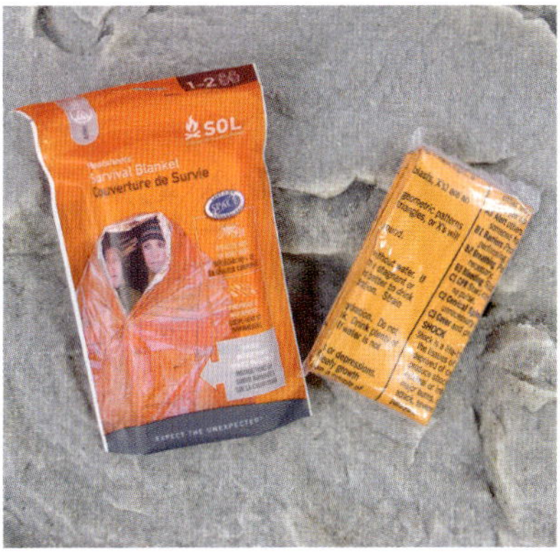

Rettungsdecke von Adventure Medical Kits

dicker und beständiger als gewöhnliche Rettungsdecken aus Mylar (Polyesterfolie).

Eine Seite der Heat-Sheet-Rettungsdecke ist leuchtend orange und damit ein nützliches Notfall-Rettungssignal. Direkt auf die Decke sind Survival-Anleitungen und Diagramme gedruckt, sodass man schnell nachschlagen kann, was zu tun ist. Unter einer 150 cm × 250 cm Heat-Sheet-Rettungsdecke finden zwei Erwachsene Platz und das ist gar nicht schlecht.

SCHNELLER SURVIVAL-TIPP

Rettungsdecken haben keine Metallösen o. ä., die zur Befestigung von Seilen etc. dienen können. Das kann es erschweren, wenn man sie als Unterschlupf oder zum Abdecken verwenden möchte. Eine schnelle Lösung ist es, jeweils einen kleinen Stein in die Ecken zu falten und das Seil um diesen Stein zu binden. So entsteht ein sehr solider Ankerpunkt, der verhindert, dass die Decke einreißt.

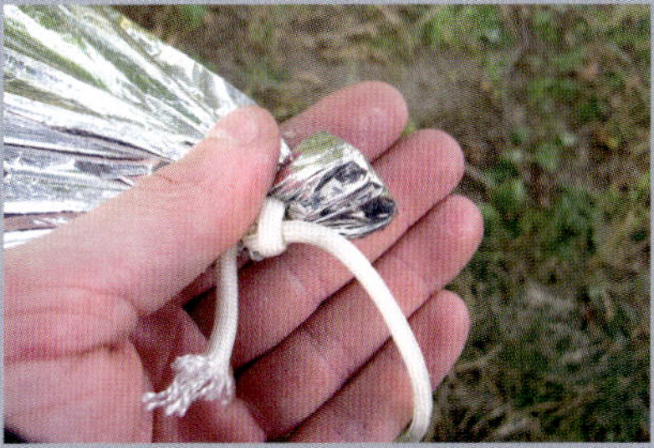

In die Ecke einer Rettungsdecke gewickelter Stein als Ankerpunkt

DAS ERSTE-HILFE-SET PERSONALISIEREN

Jedes Individuum hat seine eigenen, sehr spezifischen medizinischen Bedürfnisse. Diese müssen berücksichtigt werden, wenn man das Erste-Hilfe-Set zusammenstellt.

Auf folgende Bereiche muss besonders geachtet werden:

- verschreibungspflichtige Medikamente zur täglichen Einnahme
- Allergie-Medikamente/Anaphylaxie-Notfallset
- Asthma-Inhalatoren
- medizinische Instrumente, z. B. Spritzen, Blutzuckertests etc.
- spezielle Baby- / Kindermedikamente

Verschreibungspflichtige Medikamente am besten in vollen Packungen im BOB bereit haben, da es unter Umständen schwer ist, Nachschub zu bekommen, auch wenn man in Sicherheit ist. Damit die Medikamente im BOB frisch sind, müssen sie regelmäßig ausgetauscht werden. Wenn man ein Rezept einlöst, die im BOB gepackten Medikamente durch die neue Packung ersetzen und die ältere Packung verwenden. So geht man sicher, dass man die Medikamente verwendet, bevor sie ablaufen.

Brillen und Kontaktlinsen

Brillenträger sollten eine Zweitbrille im BOB haben. Ein älteres Modell, das man früher getragen hat, ist dafür ausreichend. Wenn die Hauptbrille kaputt geht oder man sie verliert, ist man sonst sehr verletzlich und abhängig – beides nicht ideal in einer Bug-Out-Situation. Schließlich will man eine Hilfe für seine Crew sein, keine Bürde.

Auf Kontaktlinsen sollte man sich nicht als einzige Sehhilfe verlassen. Auch wenn man zusätzliche Kontaktlinsen einpackt, muss man eine Brille als Alternative dabeihaben. Und denken Sie auch an Kontaktlinsenflüssigkeit in Reisegröße und einen Kontaktlinsenbehälter.

ZUSAMMENFASSUNG

Beim Packen sollte man beachten, dass nur für 72 Stunden geplant wird. Schnell lässt man sich dazu hinreißen, zu viel einzupacken, um dann am Ende zu realisieren, dass man den ganzen Inhalt nochmal durchgehen muss. Bei der Erste-Hilfe-Ausstattung muss man gründlich sein, darf es aber nicht übertreiben. Ich habe es erlebt, dass komplette OP-Sets in das BOB gepackt wurden, mit Infusionsbeutel und Narkosemittel. Ich persönlich halte es lieber einfach. Jeder muss seine eigenen Grenzen setzen.

ALLGEMEINE KATASTROPHEN-ÜBERLEGUNGEN

Wenn man in einer Gegend lebt, in der es zu einem Atomangriff oder einem Atomunfall kommen könnte, ist Folgendes zu beachten:

Die Einnahme von Jodtabletten, bevor man Atomstaub ausgesetzt ist, bietet fast 100 %-igen Schutz vor Schilddrüsenschäden durch die Strahlenbelastung. Ein hohes Risiko für einen Atomangriff herrscht zum Beispiel in großen Städten, die Gefahr einer Atombelastung besteht zum Beispiel in Küstenregionen, in denen Atomstaub von Passatwinden angetragen werden kann, und in der Umgebung von Atomkraftwerken. Pro Person sollte man ausreichend Jodtabletten für 10 Tage dabei haben. Ausführliche Informationen (auf Englisch) gibt es z. B. unter www.ki4u.com. Jodtabletten sind z. B. online bei www.campingsurvival.com erhältlich.

9 HYGIENE

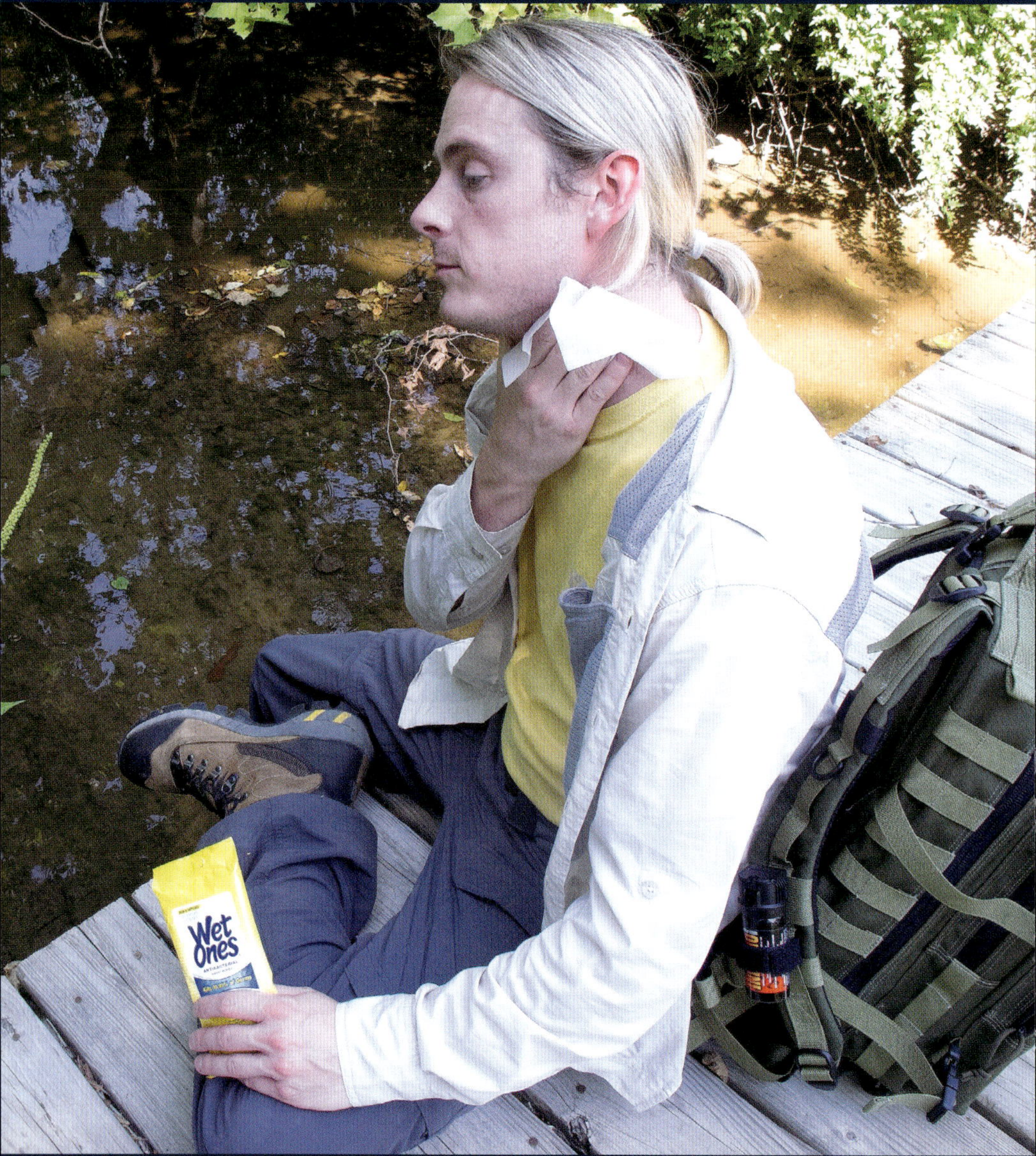

DIE BEDEUTUNG DER KÖRPERPFLEGE wird häufig unterschätzt, wenn man sich auf einen Katastrophenfall vorbereitet. Das ist grundfalsch. Tatsächlich kann man die Hygiene nicht ernst genug nehmen. Viele moderne Annehmlichkeiten sind für uns wie selbstverständlich:

- fließendes Wasser
- funktionierende Toiletten
- saubere Kleidung
- Waschmaschinen und Trockner
- Zugang zu Reinigungsmitteln
- regelmäßige Müllentsorgung
- Strom

Die meisten – wenn nicht alle – dieser Luxusgüter werden nach einer großen Katastrophe erst mal nicht funktionieren bzw. nicht erhältlich sein. Es gibt zwei Bereiche, die im Katastrophenfall beachtet werden sollten: öffentliche und persönliche Hygiene.

ÖFFENTLICHE HYGIENE

Ein riesiges Netzwerk aus Personen, Einrichtungen und Maschinen organisiert täglich die Abholung und Beseitigung von Unmengen an Müll, Abwasser, Schadstoffen, medizinischen Abfällen usw. Dazu gehören auch der Abtransport und der sachgemäße Umgang mit Tierkadavern und menschlichen Leichen.

Aus der Vergangenheit wissen wir, dass große Katastrophen die Müllentsorgung und die Infrastruktur lahmlegen, auf die wir uns in der Regel verlassen, um unsere Städte sauber zu halten.

Wird der Müll nicht entsorgt, steigt das Krankheits- und Ansteckungsrisiko enorm. Wir müssen uns selbst um diese Belange kümmern.

PERSÖNLICHE HYGIENE / KÖRPERPFLEGE

Alles ist weniger effizient und produktiv, wenn es schmutzig ist – auch der menschliche Körper. Körperhygiene ist nicht nur wichtig, um die Verbreitung von Krankheiten und Infektionen zu verhindern, sie wirkt

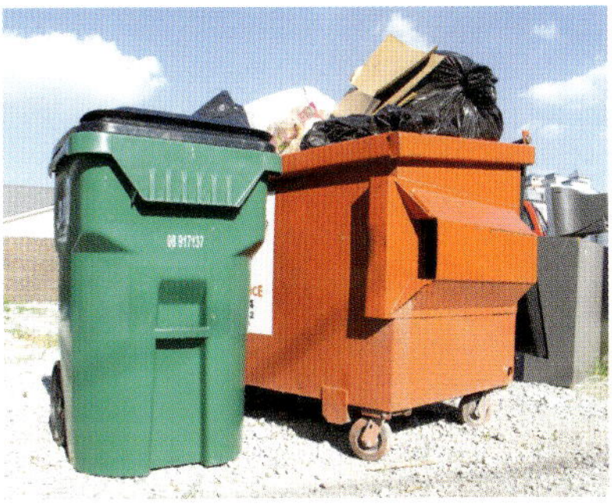

Mülltonnen

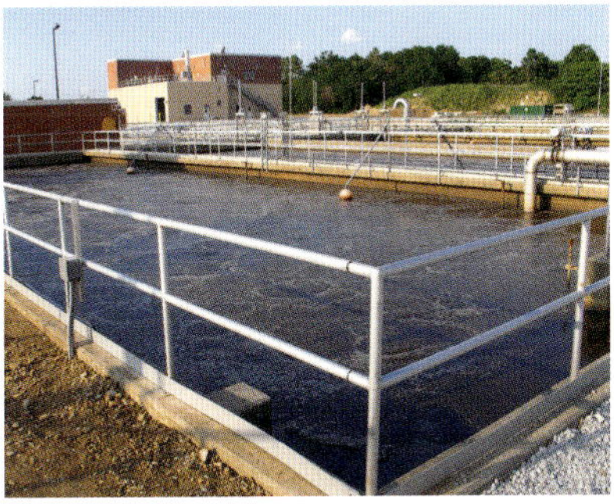

Kläranlage

sich auch auf die Stimmung aus. Es ist sehr wichtig, den Mut nicht zu verlieren und wenigstens halbwegs das Gefühl von Normalität aufrechtzuerhalten. Wenn das Überleben zu 90 % von der geistigen Einstellung abhängt, dann lohnt sich die Beschäftigung mit der Hygiene. Das fängt damit an, beim Packen des BOBs auch an die Körperpflege zu denken.

DAS BOB-KÖRPERPFLEGE-SET

Stellen Sie ein Mini-Hygienekit für Ihr BOB zusammen, damit die entsprechenden Gegenstände zusammenbleiben und leicht zu finden sind.

Allzweckseife oder Trockenseife-Blätter

Seife wird zum Reinigen offener Wunden empfohlen, bis man Zugang zu medizinischer Behandlung hat. Natürlich kann man Seife auch zum Baden und Waschen verwenden, sowie zum Reinigen von Kleidern und Kochgeschirr. Schmutz und Körperfett können die atmungsaktiven Fasern der Bekleidung verstopfen, sodass die isolierenden Eigenschaften verloren gehen. Schmutzige Kleider zu waschen bedeutet, dass sie funktions- und leistungsfähig bleiben. Mein BOB-Körperpflege-Set enthält ein Stück Seife (Hotelgröße), verpackt in einer wiederverschließbaren Plastiktüte. Innerhalb von72 Stunden wird man das nicht aufbrauchen.

Von Coleman gibt es ein ziemlich cooles Seifenprodukt namens Soap Sheets. Die auf dem Foto abgebildeten Trockenseife-Blätter habe ich bei Walmart gesehen: fünfzig kleine Blätter Trockenseife, abgepackt in einem kleinen, kompakten Behälter mit Klappdeckel. Wenn diese Seifenblätter mit Wasser in Kon-

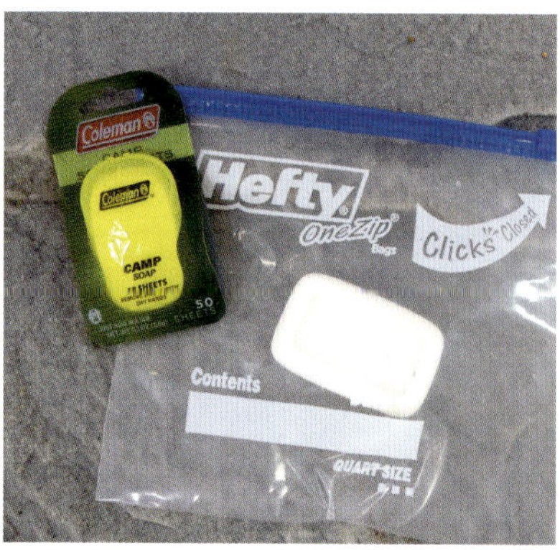

Allzweckseife im Reiseformat oder abgepackte Soap Sheets

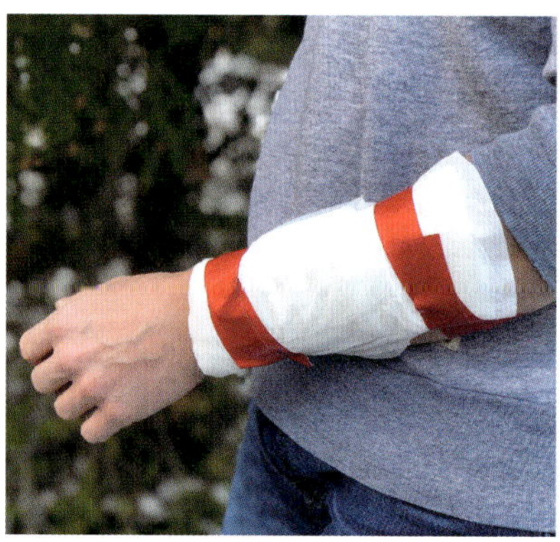
Damenbinde als Notfall-Verband mit Duct Tape

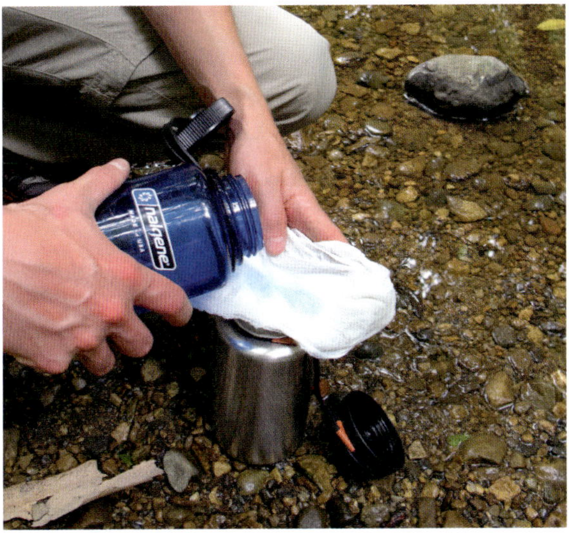

Damenbinde als Wasserfilter

takt kommen, werden sie zu Schaum. Der Behälter ist nicht wasserdicht, also muss er auf jeden Fall in eine wiederverschließbare Plastiktüte gepackt werden, wenn man diese Trockenseife mitnehmen möchte.

Tampons und Binden

Tampons und Binden können über ihre ursprüngliche Aufgabe hinaus noch für weitere Survival-Zwecke eingesetzt werden. Zum Beispiel als Erste-Hilfe-Verband, befestigt mit Verbandstape oder Klebeband. Zum Vorfiltern von trübem Wasser können sie ebenfalls verwendet werden.

Außerdem machen sie sich hervorragend als Zunder, vermengt mit etwas Carmex-Lippenbalsam (wie für die Wattebäusche beschrieben) – so brennen sie mehrere Minuten.

Diese Hygieneartikel sind hervorragende Mehrzweck-Artikel für das BOB.

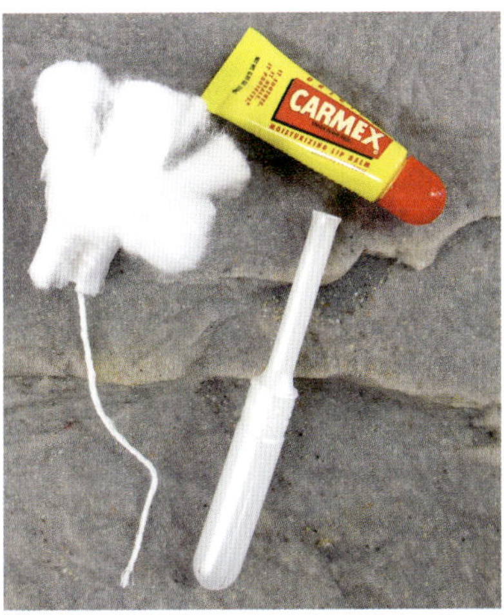

Tampon mit Carmex-Lippenbalsam

Desinfizierende Feuchttücher

Antibakterielle Feuchttücher gibt es in den meisten Supermärkten. Zu finden sind sie im Regal mit den Körperpflegeprodukten. (Auf jeden Fall Tücher kaufen, die für die Verwendung auf der Haut bestimmt sind. Nicht die Desinfektionstücher für die Reinigung von Oberflächen – diese könnten die Haut angreifen und schädigen.) Diese Feuchttücher sind die perfekte Alternative zum Waschen. Eine schnelle Katzenwäsche mit ein paar Feuchttüchern befreit den Körper von Bakterien, Schmutz und Körperfett. Besonders nützlich sind die Tücher auch, wenn das Wasser knapp ist und bei kaltem Wetter. Feuchttücher können auch verwendet werden, um Survival-Ausrüstung, Kochgeschirr und Besteck sauber zu halten.

Reise-Handdesinfektionsmittel

Handdesinfektionsmittel haben einen hohen Alkoholanteil und sind daher hervorragend zum Desinfizieren der Hände und, wenn nötig, anderer Körperteile geeignet. Damit es effektiv ist, wird kein wertvolles Wasser benötigt. Man kann auch kleine Kratzer und Schnitte damit desinfizieren. Offene Wunden sollten allerdings nur mit Seife und Wasser gereinigt werden. Der Alkoholgehalt in einem Handdesinfektionsmittel macht es außerdem zu einem brauchbaren Zundermaterial. Es verbrennt zwar schnell, kann aber ein gutes Mittel sein, wenn die Bedingungen zum Feueranzünden nicht ideal sind.

Windeln

Wenn man mit einem Kleinkind unterwegs ist, das noch Windeln braucht,

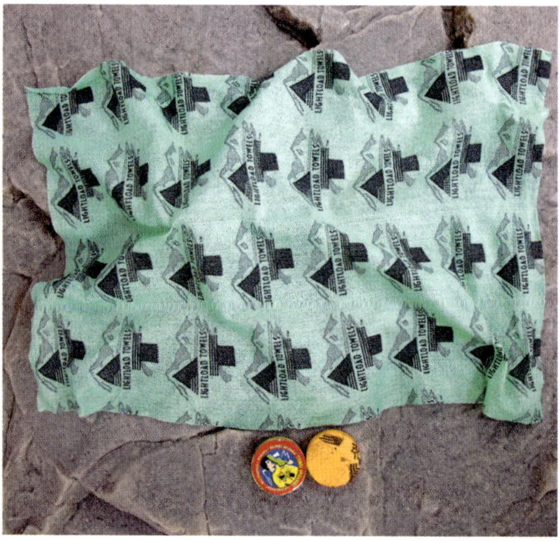

Lightload-Handtücher – eines aufgefaltet und zwei gepackt

muss man eine für 72 Stundenausreichende Menge Windeln dabeihaben. Das ist wichtig für die Hygiene der Gruppe. Man sollte Einmal-Windeln einpacken, auch wenn man eigentlich Stoffwindeln verwendet. Die Windeln im BOB austauschen, sobald das Kind die nächste Größe braucht. (Wenn das Kind jünger ist als ein Jahr, muss man das alle zwei bis drei Monate machen. Das ist dann auch immer eine gute Zeit, die Kleidung auszutauschen, die man für das Baby eingepackt hat.) Zusätzliche Feuchttücher und ein kleiner Behälter mit Babypuder und Babycreme (um Windelausschlag zu verhindern) sind außerdem zu empfehlen.

Komprimierte Handtücher

Packen Sie *keine* normalen Bade- oder Strandtücher ein. Es dauert eine Ewigkeit, bis Produkte aus 100 % Baumwolle wieder getrocknet sind. Sie sind außerdem zu schwer und sperrig und man braucht kein großes Badetuch. Vielmehr braucht man ein Handtuch aus einem stark absorbierenden Material, das leicht ist, sich gut auswringen lässt und schnell trocknet. Die Handtücher der Marke The Lightload Towel sind in dieser Kategorie sehr beliebt und unter ultralighttowels.com erhältlich. Diese Handtücher bestehen zu 100 % aus Viskose und können auch als Wasserfilter, Erste-Hilfe-Verband, Sieb, Feuerstarter, Windel, Maske und Schal verwendet werden. Verkauft werden sie als komprimierter, kleiner, wasserdichter Puck, der die perfekte Größe für das BOB hat. Selbst geöffnet kann das Handtuch in kleine Lücken gequetscht werden. In meinem BOB sind zwei je

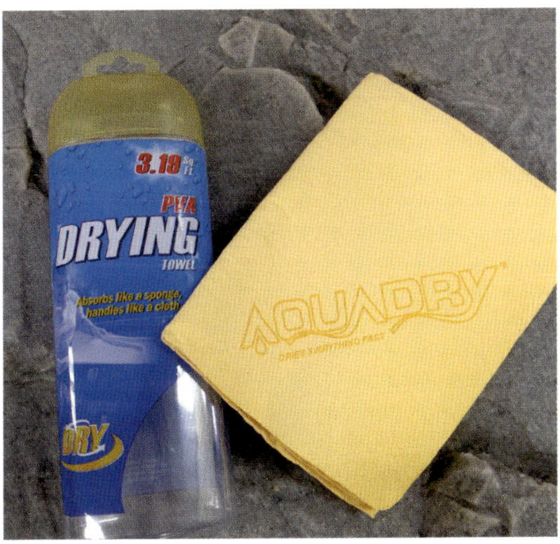

Fensterleder

30 cm × 60 cm große Handtücher. Sie sind klein, aber wenn man sie zum Abtrocknen des Körpers verwendet, kann man sie zwischendurch mehrmals auswringen.

Fensterleder ist eine weitere gute Option für das BOB. Dabei handelt es sich um Tücher aus einem langlebigen-saugfähigen Material. Sie sind waschbar, trocknen schnell und sind leicht. Erhältlich sind sie dort, wo es Autozubehör gibt.

Alle diese Handtücher können in kochendem Wasser desinfiziert werden. Wer ultraleicht packen möchte, kann sein Bandana als Camping-Handtuch verwenden.

Mini-Reisezahnbürste mit Zahnseide

Selbstverständlich kann man 72 Stunden ohne Zahnbürste überleben, eine einzupacken ist also optional. Allerdings ist die Kombination aus Mini-Reisezahnbürste und Zahnseide billig und wiegt fast nichts. Sie kann auch leicht entsorgt werden.

Da hier zwei Funktionen auf einmal abgedeckt werden, ist es eine gute Idee, eine solche Reisezahnbürste mitzunehmen. Sie ist eines dieser Dinge, die gut für die seelische Verfassung sind. Eine Körperpflegeroutine, die einen daran erinnert, dass Normalität noch möglich ist.

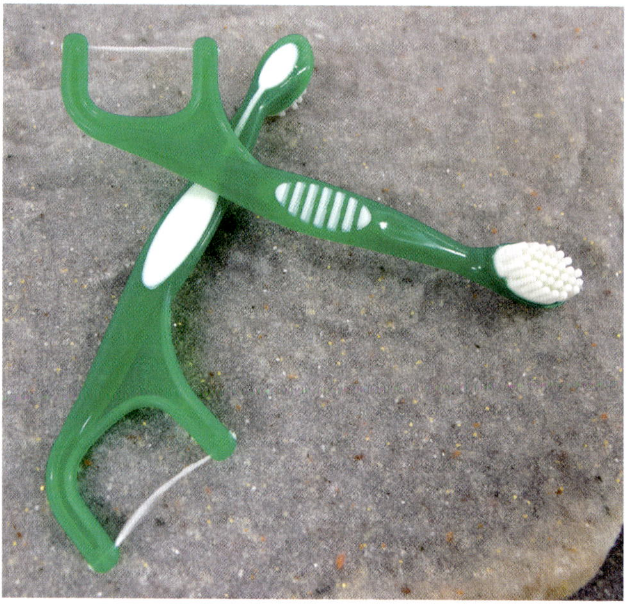

Zwei Mini-Reisezahnbürsten mit Zahnseide

Toilettenpapier

Auf jeden Fall ein paar Meter Toilettenpapier einpacken – außer, man möchte die Blätter von Pflanzen und/oder zusammengesuchtes Papier verwenden. Toilettenpapierrollen in spezieller Reisegröße (siehe Abbildung) gibt es schon für wenige Euro, man kann aber auch einfach Toilettenpapier selbst eng aufrollen und in einem wiederverschließbaren Plastikbeutel aufbewahren.

ZUSAMMENFASSUNG

Selbst während eines kurzen 72-Stunden-Bug-Outs ist die Körperpflege von großer mentaler und körperlicher Bedeutung und wirkt sich somit direkt auf unsere Survival-Chancen aus. Einige kleine Rituale erhalten die Körperhygiene, können das Ausbrechen und die Ausbreitung von Krankheiten verhindern und machen den Weg außerdem angenehmer.

ALLGEMEINE KATASTROPHEN-ÜBERLEGUNGEN

In einer Gegend, in der Hitzewellen oder Dürren nichts Ungewöhnliches sind, ist es sinnvoll, eine extra Packung Feuchttücher einzupacken. Wasserknappheit erschwert die Körperpflege.

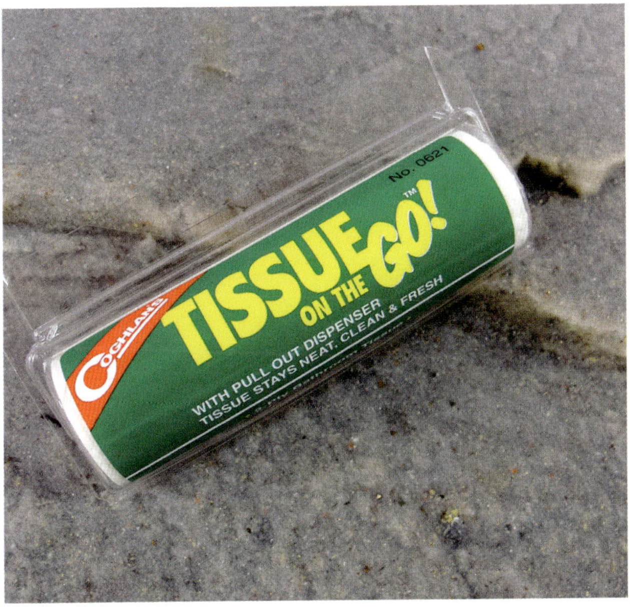

Toilettenpapier Reisegröße

10 WERKZEUG

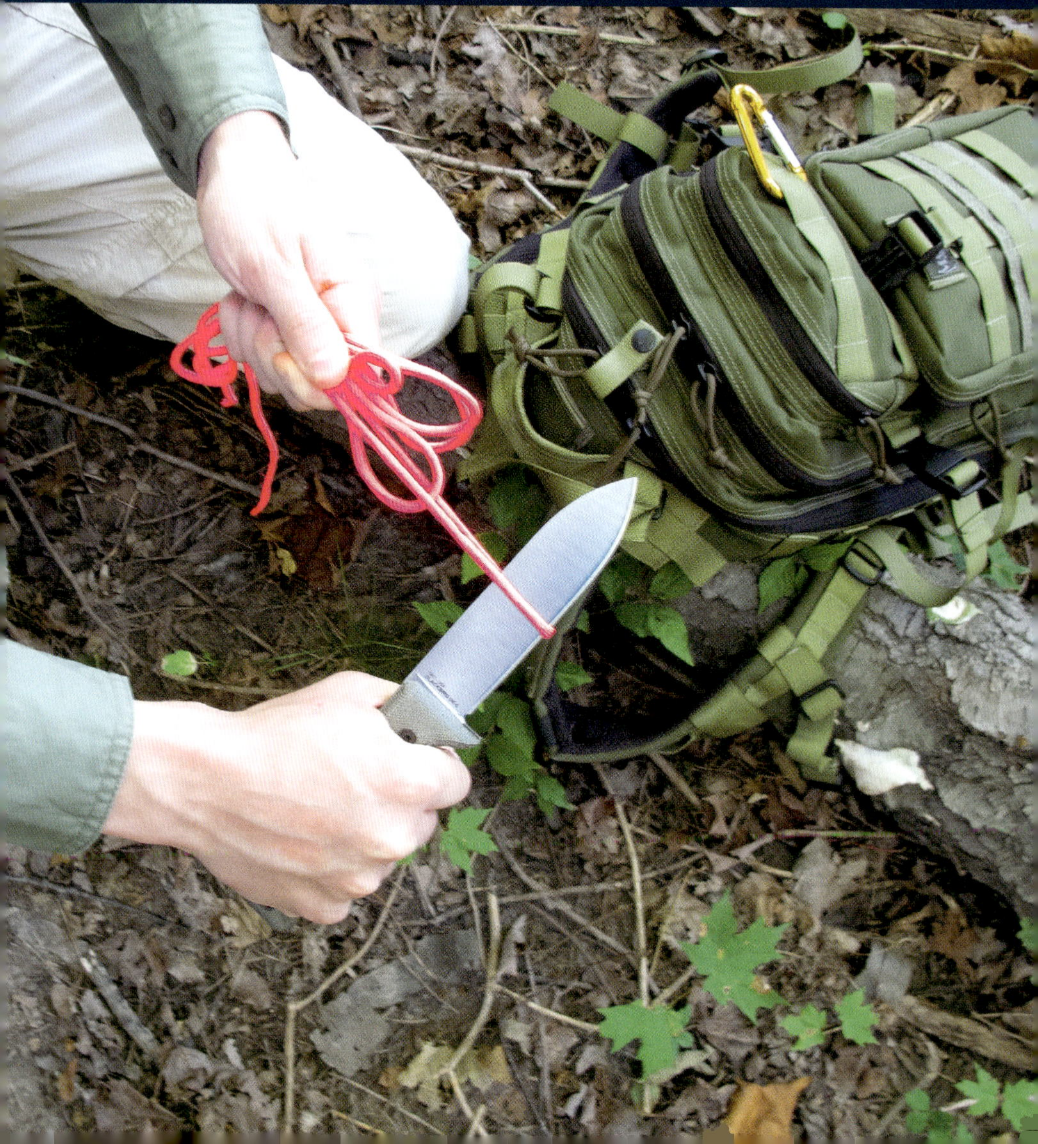

UM AUTARK ÜBERLEBEN zu können, müssen wir Aufgaben durchführen, die für den Großteil der heutigen Gesellschaft vollkommen außerhalb der normalen Alltagsroutine liegen. Ohne die richtigen Werkzeuge können selbst die einfachsten Survival-Aufgaben extrem schwierig, zeitraubend und arbeitsaufwendig sein. Ein kleines Sortiment spezieller Werkzeuge ist ein essenzieller Bestandteil von jedem BOB.

BUG-OUT-WERKZEUG 1: SURVIVAL-MESSER

Das Survival-Messer gehört ohne Frage in die Top 3 der wichtigsten Gegenstände im BOB. (Eine Zündquelle und ein Metallbehälter sind die anderen beiden.) Für viele ist die Auswahl des Survival-Messers eine sehr persönliche Entscheidung. Es gibt Tausende Messer auf dem Markt, sodass einen die Auswahl mitunter überfordert. Lassen Sie sich von dem, was Sie in Filmen gesehen haben, nicht täuschen. Die schicken Messer, die man aus Survival-Filmen kennt, sind etwas für Requisiten-Sammler, nichts für einen echten Survivor. Ein Survival-Messer sollte relativ einfach sein. Es sollte um die Funktion gehen, nicht um das Aussehen. In diesem Abschnitt erkläre ich, warum ein Survival-Messer so wichtig ist und was ein gutes Survival-Messer können muss. Ich werde außerdem die vier Survival-Messer vorstellen, die ich am besten finde, um Ihnen die Suche zu erleichtern.

Funktionen eines Survival-Messers

Das Messer ist vermutlich das Werkzeug mit den meisten Funktionen im BOB. Die Liste seiner Einsatzmöglichkeiten in Survival-Situationen ist endlos. Man weiß erst, wie wichtig ein gutes, scharfes Schneidewerkzeug in einer Survival-Situation ist, wenn man keines hat. Ich habe das selbst

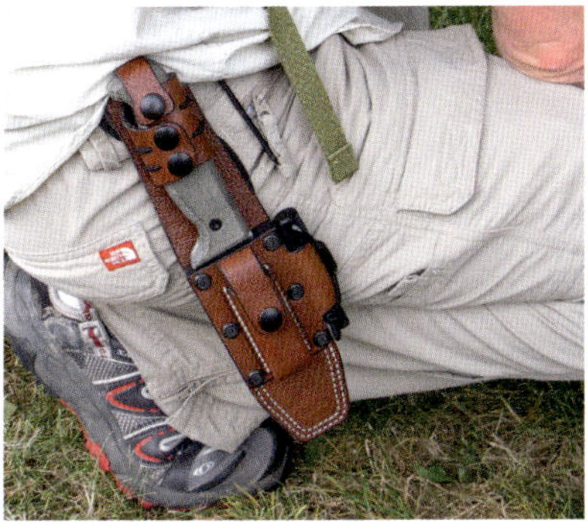

Survival-Messer am Gürtel

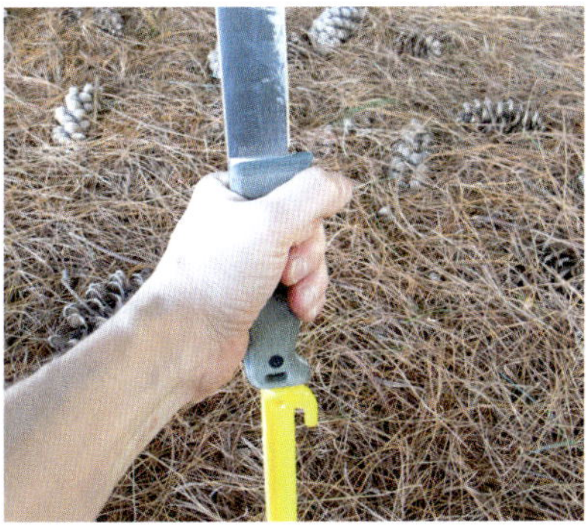

Zeltstangen mit dem Knauf in den Boden hämmern

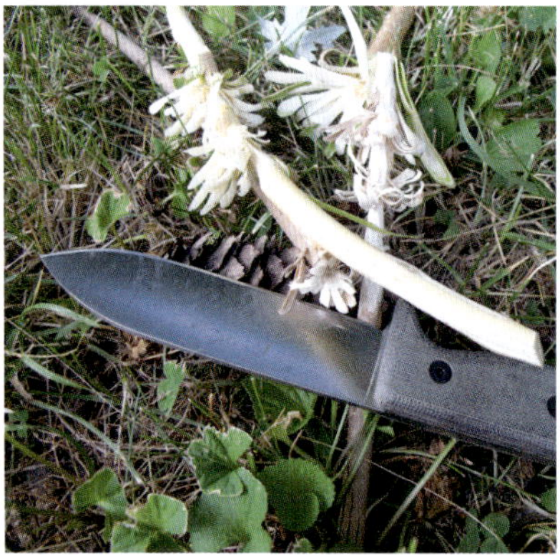

Stöcke für ein Feuer zurechtschneiden

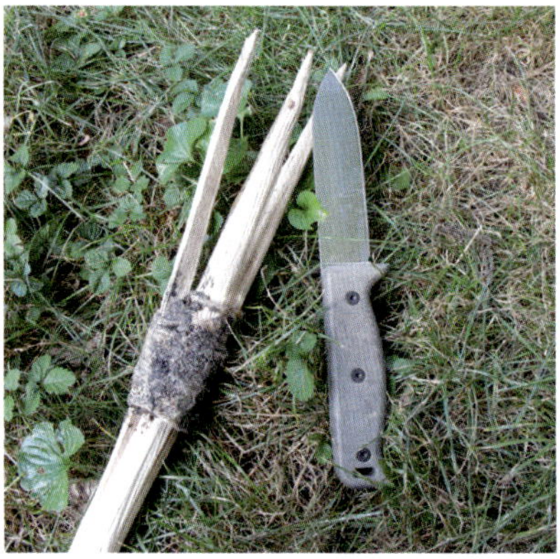

Schnitzen einer provisorischen Harpune

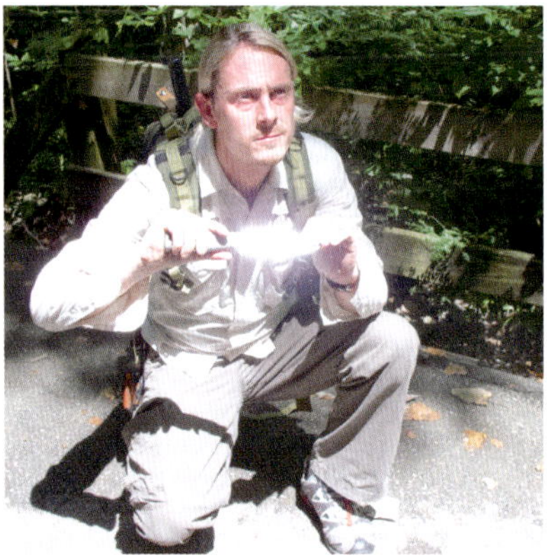

Notsignal durch Reflektion des Sonnenlichts

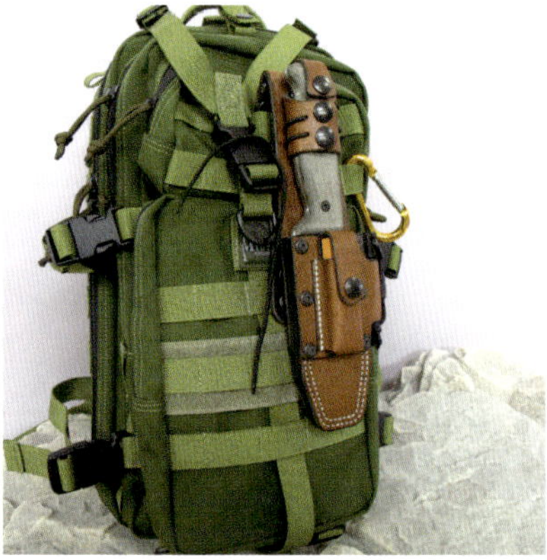

Survival-Messer am Bug Out Bag

auf einem dreitägigen Survival-Trip erlebt, zu dem ich kein modernes Messer mitbringen konnte. Ich werde mein Messer nie wieder als selbstverständlich ansehen. Hier eine kurze Liste der Aufgaben, bei denen ein Messer hilfreich ist:

- Schneiden
- Jagen
- Wild ausnehmen
- Verankerungen für den Unterschlupf in den Boden hämmern
- Graben
- Selbstverteidigung
- Spalten/Hacken
- Feuer machen
- Schnitzen
- Signalspiegel (wenn die Klinge aus hochglanzpoliertem Edelstahl ist)
- Unterschlupf aufbauen
- Essenszubereitung

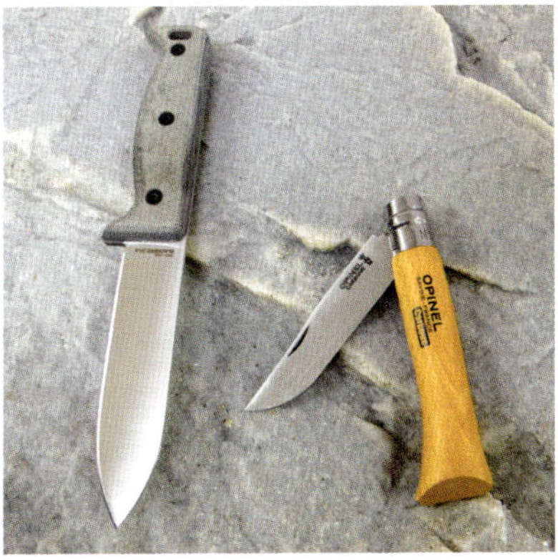

Feststehendes Messer und Klappmesser

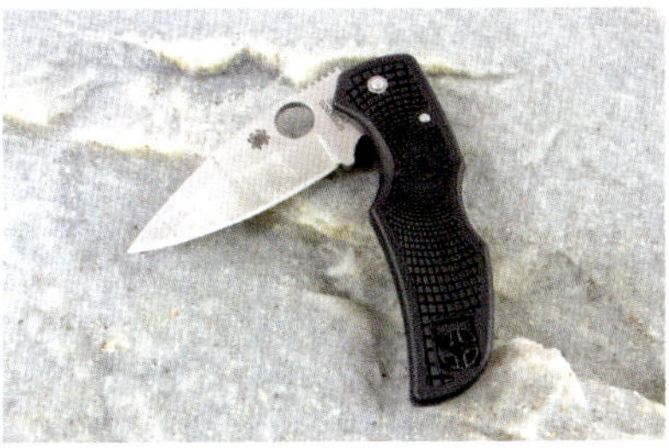

Spyderco Native Knife

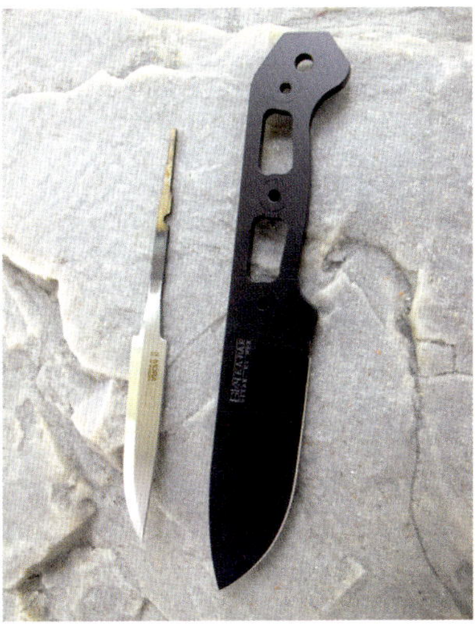

Rattenschwanz-Angel (links) und Flacherl (rechts)

Man wird das Messer häufig verwenden. Es muss gut zugänglich sein. Ich befestige mein Survival-Messer außen am BOB.

Im Falle einer BOB-Situation plane ich, mein Messer sofort an meinem Gürtel zu befestigen, sodass ich immer schnell herankomme. Ich will wirklich nicht erst in meinem BOB herumsuchen müssen, wenn ich das Messer brauche.

MERKMALE EINES SURVIVAL-MESSERS

Festehendes Messer / Fixierte Klinge

Das Survival-Messer sollte eine fixierte Klinge haben, Klappmesser sind nicht geeignet. Es stimmt, dass Klappmesser besser zu transportieren sind, aber durch das Gelenk, das zum Zusammenfalten nötig ist, büßen sie an Stärke ein. Wenn ein Klappmesser wegen zu starker Belastung bricht, sitzt man ganz schön in der Klemme. Wenn Sie Klappmesser richtig toll finden, dann nehmen Sie eins als Alternative mit, nicht als Hauptmesser. Mein Alltagsmesser ist ein Native Knife Klappmesser von Spyderco, das ich auch als Zweitmesser in mein BOB packe.

Flacherl

Bei einem Messer mit Flacherl bestehen Messerklinge und Griff aus einem soliden Stück Metall. Zu bei-

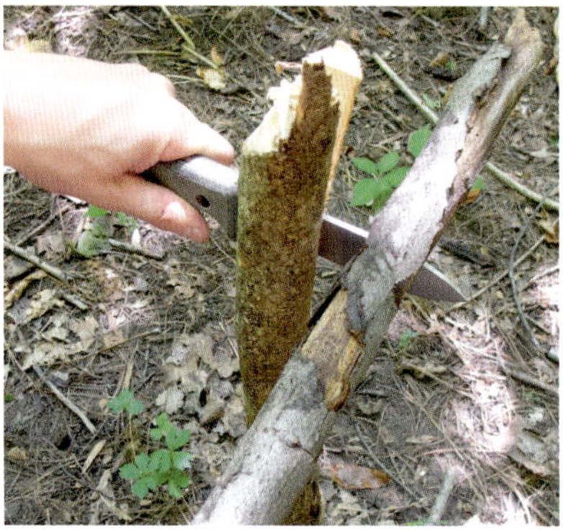

Survival-Messer zum Spalten von Holz

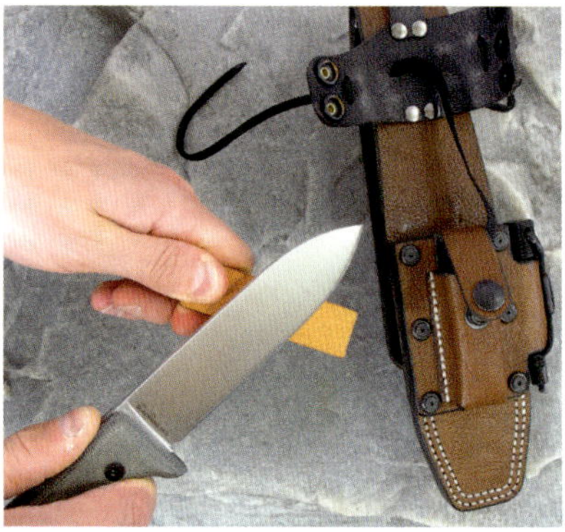

Messer am Wetzstein schärfen

den Seiten des Metallgriffs sind Griffschalen angebracht. Die Konstruktion mit Flacherl ist sehr stabil und bricht bei starker Beanspruchung nicht so leicht. Die Alternative zu einem Flacherl ist eine sogenannte Rattenschwanz-Angel, die kleiner und schmaler ist.

Ein Messer mit Flacherl ist deutlich robuster. Es kann unglaublicher Beanspruchung standhalten, z. B. beim Holzspalten.

Ich besitze viele Messer ohne Flacherl und bin von ihnen allen begeistert. Allerdings sind sie nicht meine erste Wahl für Survival-Messer.

Scharf

Das Survival-Messer sollte scharf wie eine Rasierklinge sein – so scharf, dass man damit die Härchen vom Unterarm abschneiden kann. Ist die Klinge nicht scharf genug, muss man sie mit dem Wetzstein schärfen. Legen Sie größten Wert auf eine rasiermesserscharfe Klinge. Ein stumpfes Messer lässt sich nur schwer effektiv einsetzen. Man muss sich mehr anstrengen und mehr Druck ausüben, um Aufgaben auszuführen – und das führt zu Fehlern beim Schnitzen und Schneiden. Ein scharfes Messer ist tatsächlich sicherer in der Verwendung. Außerdem ist es ein präziseres Schneidewerkzeug, für das man weniger Energie und Zeit aufbringen muss als für ein stumpfes Messer.

Die Größe spielt eine Rolle

Grob geschätzt sollte das Messer insgesamt zwischen 18 und 30 cm lang sein. Ein längeres Messer ist für präzises, genaues Arbeiten nicht praktikabel. Und ein Messer, das kürzer ist als 18 cm, ist weniger gut in der Lage, Aufgaben auszuführen, für die eine größere Klinge nötig ist – vor allem anstrengende Aufgaben.

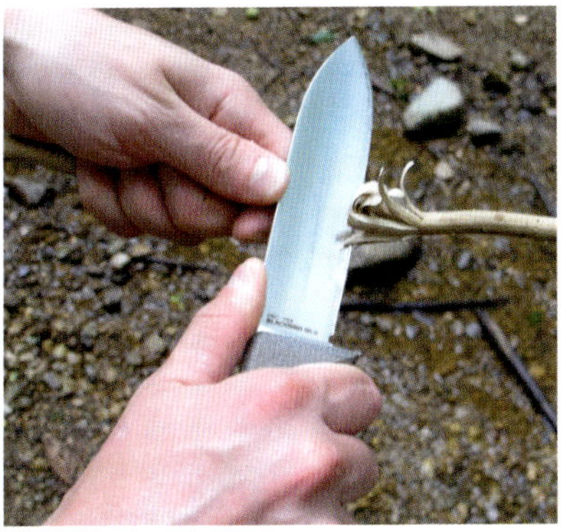

Das Messer beim Schnitzen mit dem Daumen stabilisieren

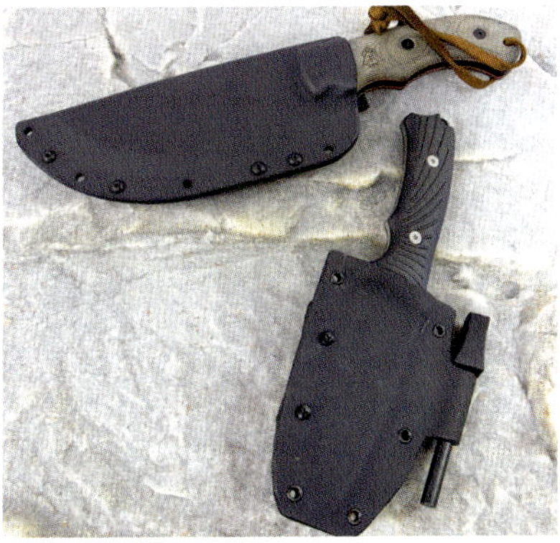

Zwei Kydex-Messerscheiden

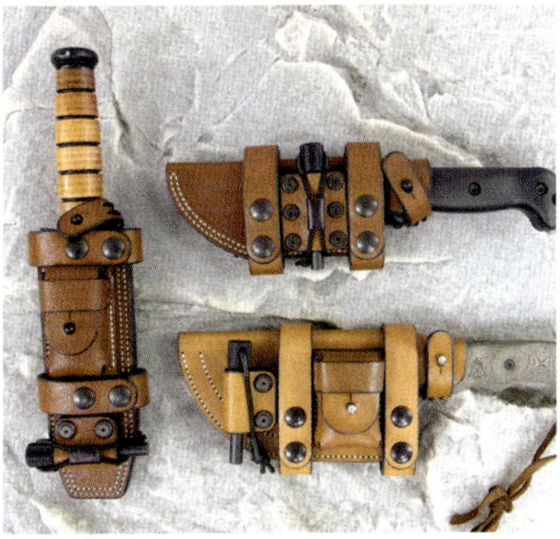

Messerscheiden aus Leder von Hedge (hedgehogleatherworks.com)

Scharfe, spitze Klinge

Die Klinge des Survival-Messers muss vorne spitz zulaufen. Die Spitze ist bei allen möglichen Aufgaben nützlich. Mir ist die Spitze meines Lieblings-Survival-Messers abgebrochen und das hat die Effektivität dieses Messers als nützliches Werkzeug deutlich eingeschränkt. Letztendlich musste ich es ersetzen.

Außerdem sollte die Klinge nur eine Schneide haben, nicht zweischneidig sein. Sie werden nicht den Bedarf für zwei Scheiden haben. Der flache Messerrücken kann tatsächlich mehrere Funktionen haben. Zum Beispiel:

- Funken schlagen mit dem Feuerstein
- Mehr Druck ausüben mit Daumen oder Hand
- Oberfläche zum Klopfen beim Holzspalten

Ich verwende den Rücken meines Messers oft für diese Zwecke. Bei einem scharfen zweischneidigen Messer wären diese Funktionen nicht möglich.

Hochwertige Messerscheide

Ich finde kaum etwas schlimmer als eine minderwertige Messerscheide. Vielen Messer-Begeisterten geht dies so. Schlecht gestaltete und billig verarbeitete Messerscheiden sind nicht nur frustrierend, sondern können auch gefährlich sein.

Eine hochwertige Scheide sollte das Messer fest und sicher umschließen. Das Messer darf nicht herausfallen, wenn die Scheide geschüttelt oder umgedreht wird. Gleichzeitig sollte das Messer aber auch leicht mit einer Hand in die Scheide gesteckt und wieder herausgezogen werden können. Persönlich bevorzuge ich geformte Kydex-Messerscheiden oder solche aus Leder. Beides sind robuste Materialien, die extreme Bedingungen vertragen.

Manchmal werden selbst großartige Messer in schlechten Messerscheiden ausgeliefert. Ich habe in der Wildnis schon Messer verloren, weil sie aus der Scheide gerutscht sind. Ein Messer ist eine Investition. Wenn man ein großartiges Survival-Messer gefunden hat, mit der Scheide aber nicht zurechtkommt, gibt es einige Firmen, die maßgeschneiderte Messerscheiden aus Kydex oder Leder herstellen. Hedgehogleatherworks.com aus St. Louis ist eine solche Firma. Sie produziert Messerscheiden aus Leder für mehrere beliebte Survival-Messer, darunter das Blackbird SK-5 und das Becker BK2, die beide in meiner Top-Auswahl von Survival-Messern aufgeführt sind. Ich besitze mehrere Leder-Messerscheiden von HedgehogLeatherworks und kann ihre Qualität und Verarbeitung bestätigen. Eine andere Firma, Shark-Tac, ist auf Kydex-Messerscheiden spezialisiert.

VIER GROSSARTIGE SURVIVAL-MESSER

Blackbird SK-5

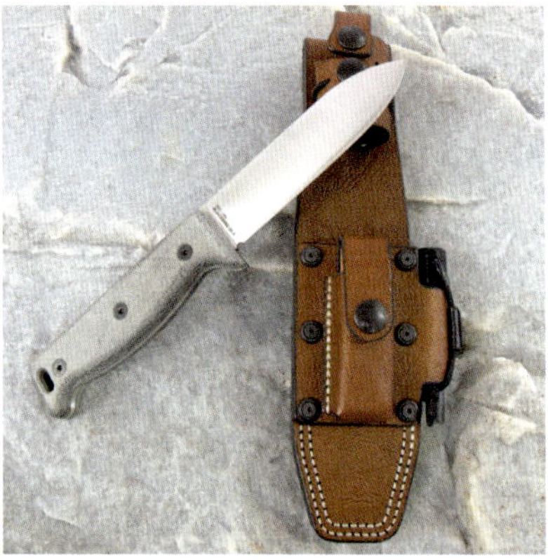

Blackbird SK-5 Survival-Messer

Das Blackbird SK-5 wurde akribisch vom Survivor Paul Scheiter entworfen. Es erfüllt alle oben erwähnten Kriterien für Survival-Messer und ist extrem gut für alle möglichen Survival-Situationen und Katastrophen-Notfall-Szenarien geeignet. Das Blackbird hat eine sehr solide Spitze und der Messerrücken ist in scharfem Winkel geschliffen, sodass er ausgesprochen gut zum Funkenschlagen mit einem Feuerstahl geeignet ist. Der abgeflachte Knauf bietet ausreichende Oberfläche, um für leichtes Hämmern genutzt zu werden. Am Griff kann außerdem eine

Kordel oder ein Armband befestigt werden. Der ergonomische Griff, der Wundstellen und Blasen verhindert, die durch anstrengende Arbeiten mit dem Messer auf der Hand entstehen könnten, ist ein zusätzlicher Pluspunkt. Die Klinge besteht aus 154CM, einem hochwertigen rostfreien Messerstahl, so ist das Messer unterwegs besonders pflegeleicht. Das ist vor allem in tropischer, nasser oder feuchter Umgebung von Vorteil, in der weniger hochwertiger Stahl korrodieren und rosten würde. Eine Schneide aus 154CM- Edelstahl bleibt außerdem auch bei starker Beanspruchung lange scharf.

Blackbird SK-5 Spezifikationen

- Länge insgesamt: 25 cm
- Klingenlänge: 12 cm
- Klingenstärke: 3,2 mm
- Preis: 149 $ (135 €)
- erhältlich bei hedgehogleatherworks.com

Becker BK2 Companion

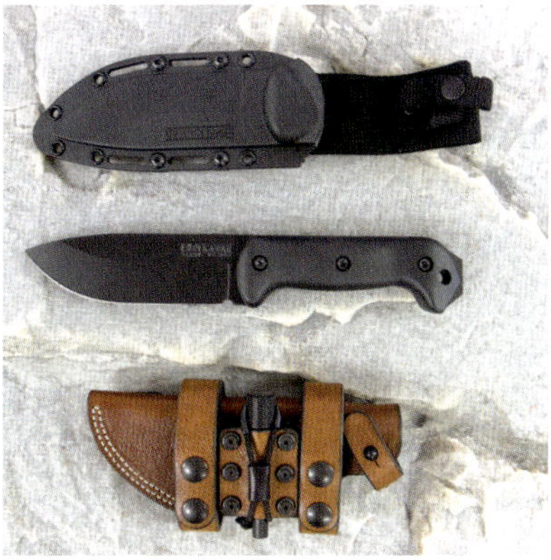

Becker BK2 mit der zugehörigen schwarzen Nylon-Messerscheide plus eine maßgearbeitete Leder-Messerscheide

Das Becker BK2 ist sehr einfach, aber unglaublich funktional. Es hat alles, was man braucht, und nichts, was man nicht braucht. Es ist ein Beispiel eines klassischen Survival-Messers ohne Schnickschnack. Eine wirklich coole Besonderheit dieses Messers ist, dass die Griffschalen mit einem kleinen Inbusschlüssel entfernt werden können. Auf der Innenseite der Griffschalen sind kleine Nischen, in denen man kleinere Objekte wie Angelhaken und Schnur oder Zunder aufbewahren kann. Der Erl steht hinten ein klein wenig vor, sodass man ihn zum Hämmern verwenden kann.

BK2 Spezifikationen:

- Länge insgesamt: 26,5 cm
- Klingenlänge: 13 cm
- Klingenstärke: 6 mm
- Preis: ca. 90 €
- erhältlich von www.willowhavenoutdoor.com

Gerber Big Rock

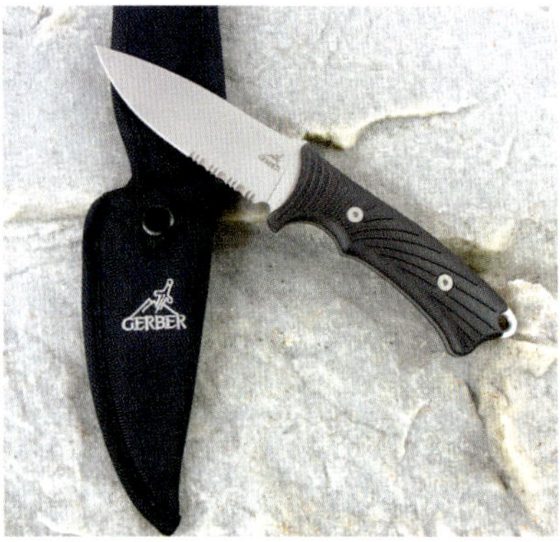

Gerber Big Rock

Mir ist klar, dass es sich nicht jeder leisten kann, 90 € oder mehr für ein BOB-Survival-Messer auszugeben. Wenn Sie auf das Budget achten müssen: Die Marke Gerber stellt einige exzellente feststehende Messer mit Flacherl her. Das Big Rock von Gerber, das hier abgebildet ist, ist z. B. online und bei vielen Outdoor-Fachgeschäften erhältlich. Es ist ein sehr solides Flacherl-Messer, das auch bei starker Beanspruchung gute Dienste leistet. Der Griff hat eine Antirutsch-Oberfläche, sodass das Messer bei fast allen Bedingungen gut in der Hand liegt. Außerdem ist im Griff ein Loch für eine Kordel / ein Armband und ein Teil der Schneide hat einen Wellenschliff. Das Messer kann zum Schneiden und zum Spalten verwendet werden. Ich habe dieses Messer zu unterschiedlichsten Anlässen eingesetzt und bin nie enttäuscht worden.

Big Rock Spezifikationen:

- Länge insgesamt: 24 cm
- Klingenlänge: 11,5 cm
- Klingenstärke: 5 mm
- Preis: ca. 30 €
- erhältlich bei www.amazon.de

Mora of Sweden 840MG Clipper

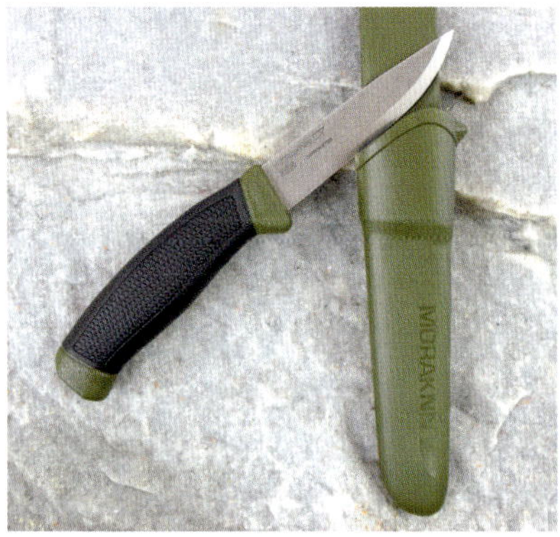

Mora 840MG

Die Firma Mora of Sweden hat eine lange Tradition in der Produktion von Outdoor-Messern. Es ist zwar kein Flacherl-Messer, aber für diesen Preis – knapp 15 € – wird man kein besseres Messer finden. Ich habe diese Messer zu zahllosen Gelegenheiten eingesetzt und beansprucht und es ist mir noch nie ein Modell kaputtgegangen. Da es nicht alle meiner Kriterien für ein Survival-Messer erfüllt, würde ich es nicht als primäres Messer für das BOB empfehlen, aber es ist ein exzellentes Zweitmesser.

- Länge insgesamt: 21,5 cm
- Klingenlänge: 10 cm
- Klingenstärke: 2 mm

- Preis: ca. 15 €
- erhältlich bei www.willowhavenoutdoor.com

BUG-OUT-WERKZEUG 2: MULTITOOL

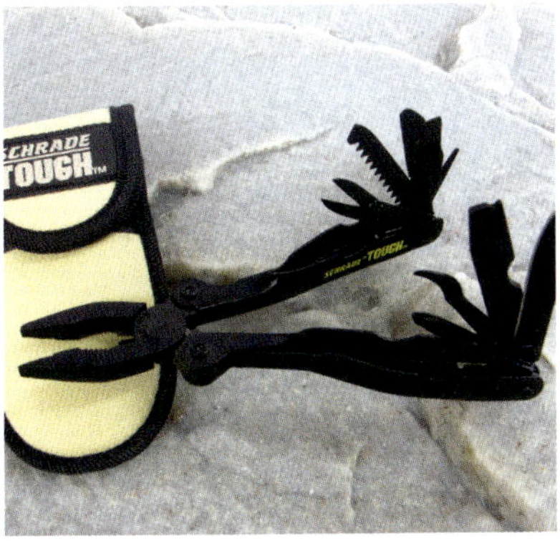

Multitool von Schrade

Hat man ein gutes Multitool, ist das, als hätte man einen kompakten, leichten Werkzeugkasten im BOB. Viele dieser Multifunktionsgeräte bestehen aus bis zu 10 unterschiedlichen Werkzeugen in einer Einheit. Wie das Messer können diese Werkzeuge zahlreiche Aufgaben in einer Survival-Situation erledigen. Im Folgenden ist eine Liste der Werkzeuge, die in einem Multitool für das BOB enthalten sein sollten.

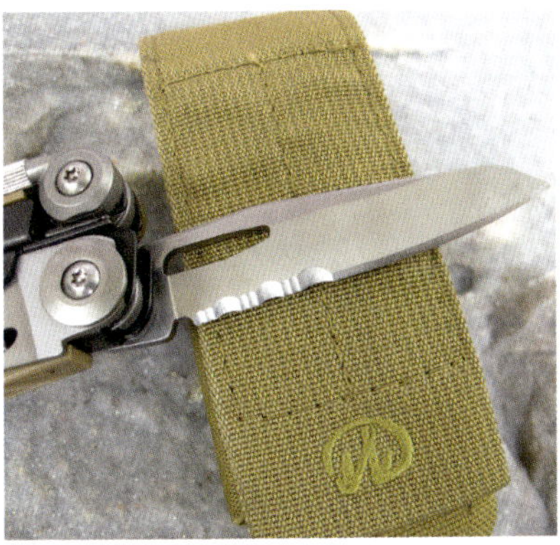

Messerschneide des Leatherman MUT

Messer

Ich weiß, Sie haben bereits ein Survival-Messer ausgewählt. Das Messer aus dem Multitool ist kein Survival-Messer. Es ist das Ersatzmesser, falls irgendwas mit dem Hauptmesser passiert. Die Klinge des Multitools ist deutlich kleiner als die Klinge des Hauptmessers und eventuell besser für bestimmte Aufgaben geeignet, bei denen es eher ums Detail geht. Auf jeden Fall schadet es nicht, in der Schneidewerkzeug-Kategorie eher eins zu viel zu haben als zu wenig. Ohne Messer hat man ein Problem.

Mini-Säge

Mit einer Mini-Säge kann man ruckzuck durch 5–7 cm dicke Äste und kleine Bäumchen sägen. Wenn man Feuerholz sammelt oder einen provisorischen Unterschlupf errichten möchte, ist das auf jeden Fall hilfreich.

Zange

Wenn man eine Zange braucht, gibt es kaum eine Alternative. Es handelt sich um eines dieser Werkzeuge, an die man nicht viele Gedanken verschwendet, bis man sie braucht. Neben anderen Aufgaben kann man Zangen verwenden, um Schrauben und Muttern zu lockern oder festzudrehen, um Metall oder Draht zu biegen und um Kochtöpfe zu halten. Bei kaltem Wetter sind Zangen unter Umständen für viele mechanische Aufgaben besser geeignet als die nackten Hände.

Direkt über dem Zangengelenk sollte die Zange einen Seitenschneider haben, der nach Bedarf zum Abziehen von Kabelummantelung oder zum Durchtrennen von Drahtzäunen verwendet werden kann. Man weiß nie, auf welche verrückten Situationen man treffen wird. Statt zu riskieren, dass die Messerschneide abstumpft, sollte man ein Werkzeug verwenden, das den Job schnell erledigt, ohne dass man viel Energie dafür aufwenden muss.

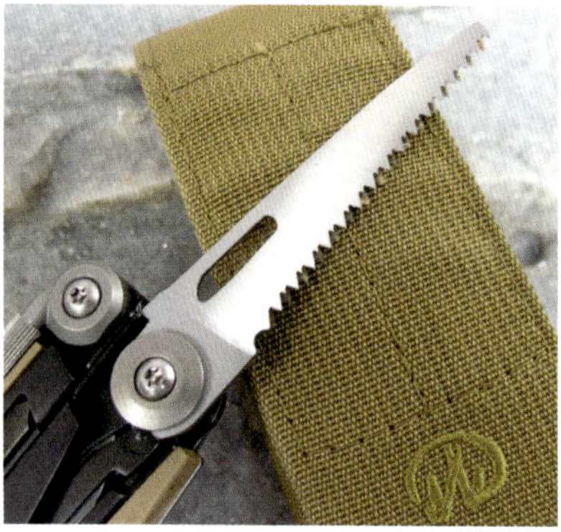

Säge des Leatherman MUT Multitool

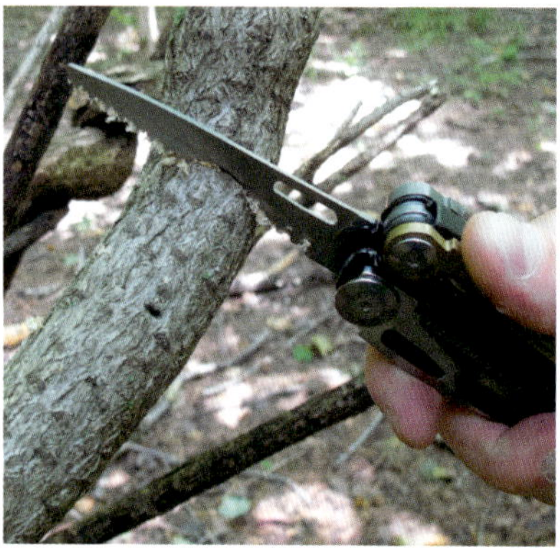

Leatherman MUT beim Sägen eines Astes

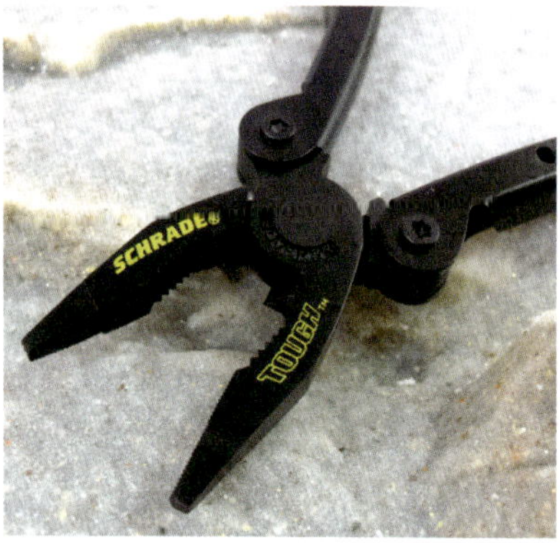

Zange des Schrade Tough Multitool

Kreuzschlitz- und Schlitzschraubenzieher

Beide Schraubenzieherformen sind ein Muss. Sie passen auf 95 % aller Schrauben, die einem begegnen werden. Sie können zur Reparatur der Ausrüstung und zu unzähligen potenziellen Aufgaben auf dem Weg verwendet werden. Ich habe meinen Schlitzschraubenzieher schon mehrmals als Mini-Brecheisen verwendet.

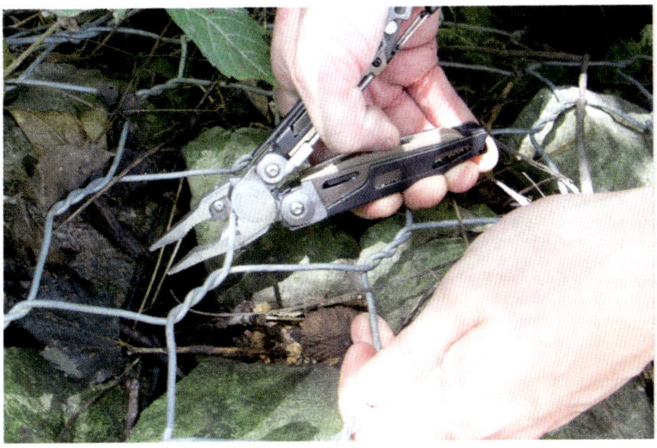

Zaun mit einer Drahtzange durchtrennen

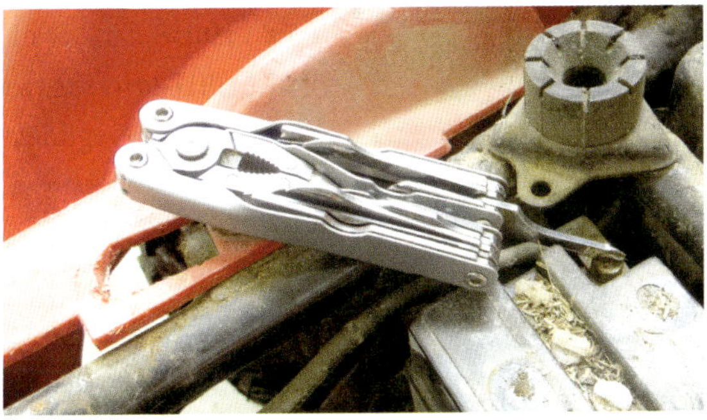

Autoreparatur mit einem Multitool

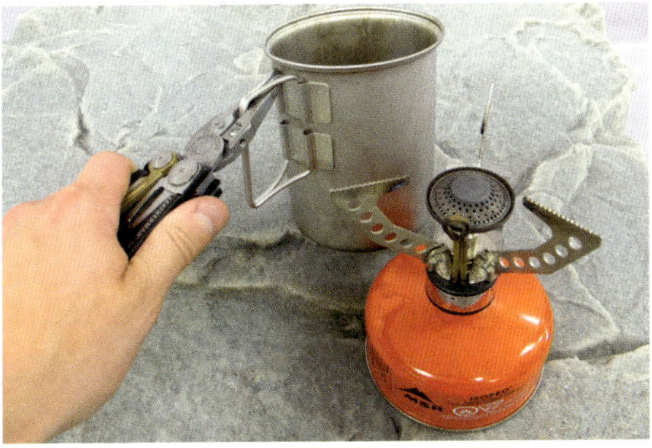

Multitool-Zange, mit der ein heißer Kochtopf gehalten wird

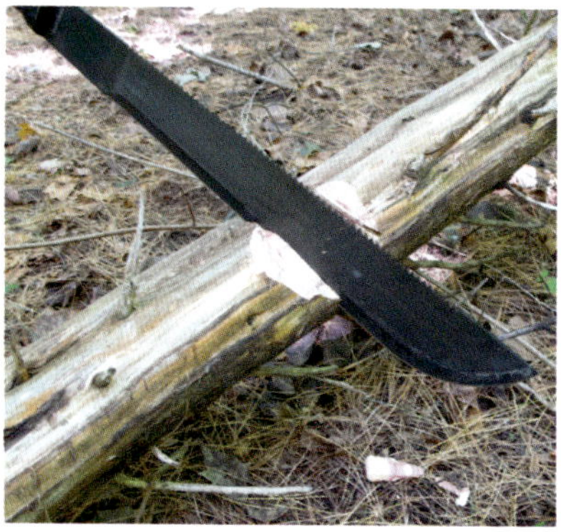

Latin-Machete

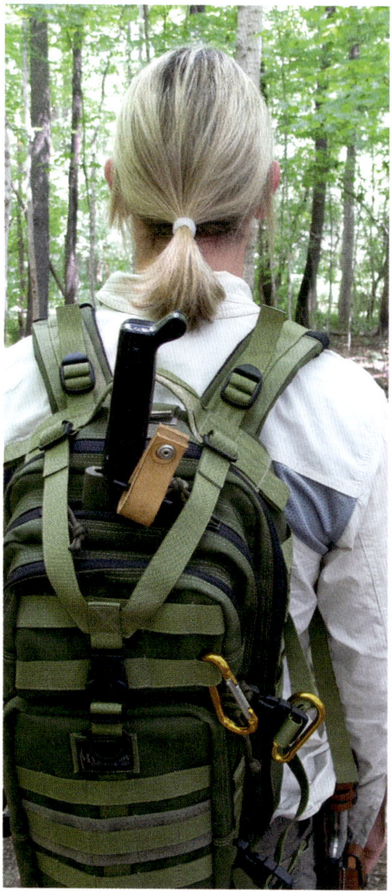

Latin-Machete im BOB

MACHETE (OPTIONAL)

Wenn man erwartet, während eines potenziellen Bug Outs irgendeine Art von Wildnis durchqueren zu müssen, ist eine Machete ein sehr hilfreiches Werkzeug. Mit einer Machete geht das Hacken und Sammeln von Holz unheimlich schnell. Bei Bedarf kann man sich mit einer Machete einen Weg durch dichtes Gestrüpp bahnen. Eine Machete kann auch für das Zurechtschneiden von hartem Schnee zum Errichten eines Windschutzes verwendet werden. Und graben lässt sich damit ebenso. Ich persönlich schätze die zusätzlichen Vorteile, die eine Machete bietet, und packe eine in mein BOB. Viele Aufgaben lassen sich schneller und energiesparender erledigen, wenn man eine Machete statt eines Survival-Messers verwendet. Aber sie ist auch kein zwingendes Stück Bug-Out-Ausrüstung. In diesem Zusammenhang ist sie ein Luxusobjekt.

ZUSAMMENFASSUNG

Während eines Katastrophen-Bug-Outs sieht man sich potenziell mit zahllosen unterschiedlichen Situationen konfrontiert. Eine kleine Auswahl an Werkzeug zur Hand zu haben, spart unter Umständen eine Menge kostbarer Zeit – von körperlichen Anstrengungen ganz zu schweigen. Ich habe immer versucht, nach dem Motto zu leben: „Schlauer arbeiten, nicht härter." Mit Werkzeugen geht das.

ALLGEMEINE KATASTROPHEN-ÜBERLEGUNGEN

Wenn man in einer Gegend wohnt, in der starker Schneefall zu erwarten ist, sollte man während der Wintermonate eine leichte, klappbare Schneeschaufel in das BOB packen. Bei der Sommer-Überprüfung des BOBs kann sie dann entfernt werden. Die Möglichkeit, durch tiefen Schnee zu graben, ist unter Umständen eine unbezahlbare Survival-Option. Verschiedene Hersteller bieten zusammenklappbare Schaufeln an, die extra für Kletterer und Bergsteiger entworfen wurden und überraschend kompakt und leicht sind. Eine gute zusammenklappbare Schaufel ist z. B. die Black Diamond Deploy.

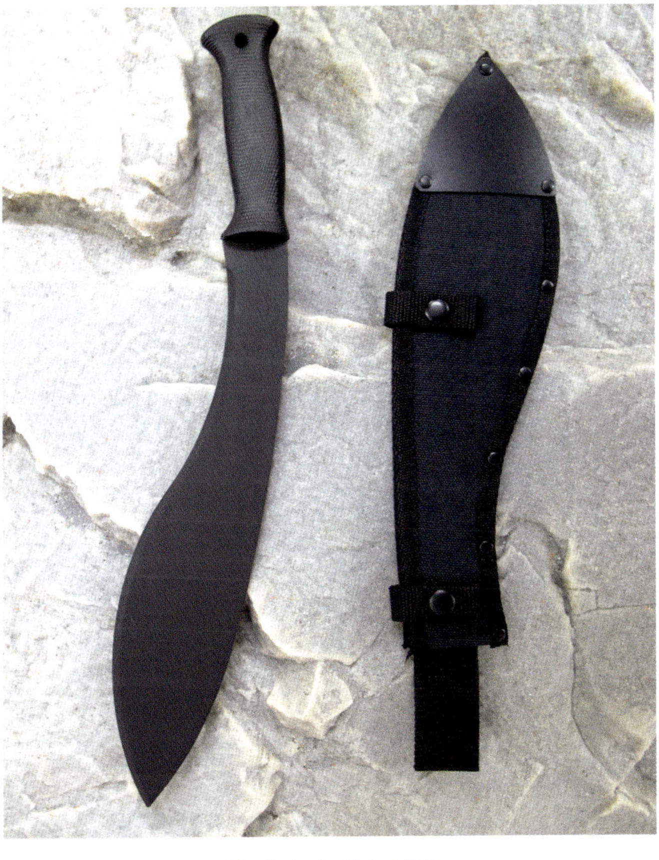

Machete im Kukri-Stil

11 LICHT

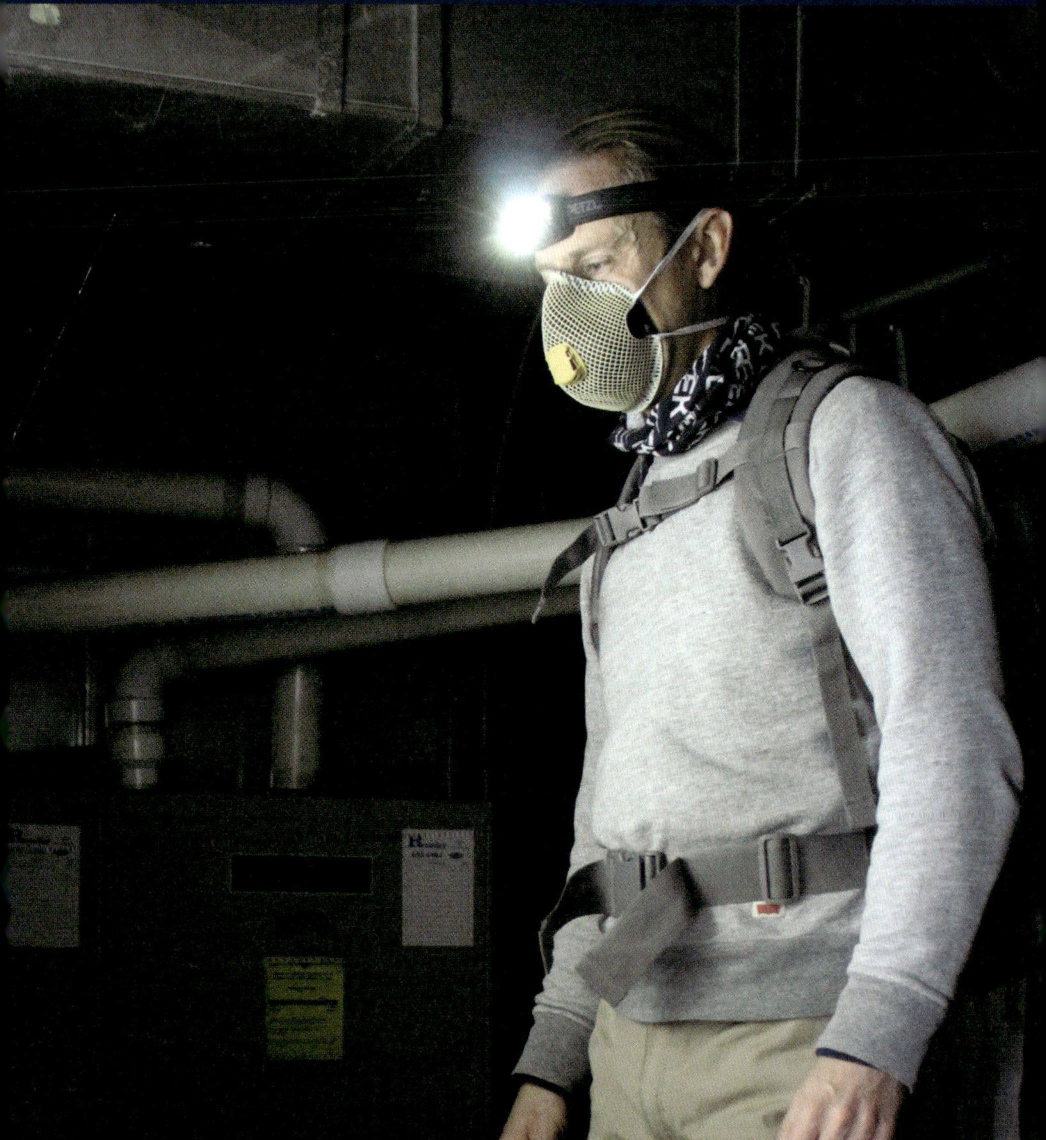

IN EINEM KATASTROPHENSZENARIO, wird die Stromversorgung höchstwahrscheinlich zusammenbrechen. Von Sonne und Mond einmal abgesehen, könnte es sein, dass die einzigen zur Verfügung stehenden Lichtquellen im Bug Out Bag gepackt sind. Ohne Taschenlampe geht es nicht weiter, wenn es dunkel ist. Es gibt zahllose Gründe, eine Lichtquelle mitzunehmen. Die offensichtlichsten sind im Folgenden aufgeführt.

REISEN BEI DÄMMERUNG UND NACHTS

In einigen Fällen kann es von Vorteil sein, im Schutz der Dunkelheit zu reisen. In Wüstenregionen ist es nachts z.B. kühler und man braucht weniger wertvolles Wasser, als wenn man tagsüber in der prallen Sonne unterwegs wäre. Man will vielleicht auch nicht mit anderen Überlebenden zusammentreffen und reist nachts, um unauffällig zu bleiben. Unabhängig davon, ob man nachts oder bei Dämmerung unterwegs ist, kann es sehr gefährlich werden, wenn man keine Taschenlampe hat. Ohne Licht kann man in finsterer Nacht nicht einmal eine kleine Verletzung versorgen.

BEI SCHLECHTEN LICHTVERHÄLTNISSEN DAS LAGER AUFSCHLAGEN

Tagsüber kommt man schneller weiter, wenn man mit den ersten Sonnenstrahlen aufbricht und nach Einbruch der Dämmerung anhält. Das bedeutet, dass man sein Lager bei wenig Licht aufschlägt. Dabei muss man sehen können, was man tut! Eine Lichtquelle dabei zu haben bedeutet, dass man mehr produktive Zeit unterwegs und beim Lageraufbau hat.

SIGNAL GEBEN

Eine Taschenlampe mit hoher Leuchtkraft ist hervorragend geeignet, um Signale abzusetzen. Sie kann für eine Reihe verschiedener Anwendungen genutzt werden.

Signale innerhalb des Bug-Out-Teams

Die Mitglieder meines Bug-Out-Teams und ich haben einen sehr einfachen Signalcode für Taschenlampen entwickelt. Wir verwenden Lichtblitze, um einfache Nachrichten zu übermitteln, sollte sich die Notwendigkeit ergeben, aus der Ferne oder geräuschlos zu kommunizieren. Jeder von uns hat eine kleine laminierte Karte mit dem Signalcode im BOB. Hier ein paar Signale von unserer Liste:

- 1 kurzer Blitz: Sicher
- 2 kurze Blitze: Komm zu unserer Position
- 3 kurze Blitze: Treffen an unserem BOZ (Bug-Out-Ziel)
- 4 kurze Blitze: *Lasst mich zurück oder Bleibt in Bewegung*

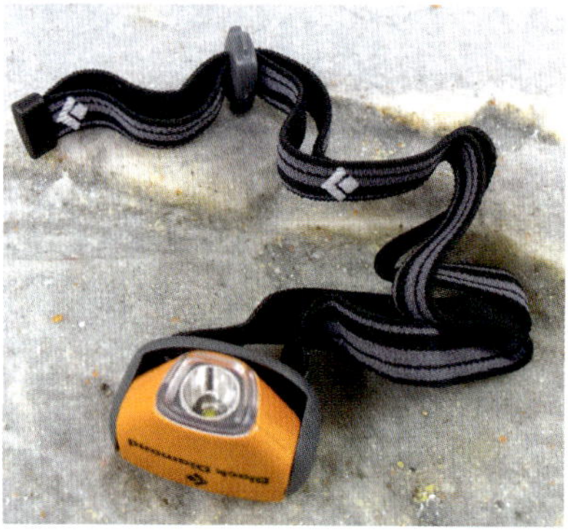

Ultraleichte Stirnlampe: Black Diamond ION

- 1 kurzer, 1 langer Blitz: Gefahr
- 1 kurzer, 1 kurzer, 1 langer Blitz: Bejahung
- 1 langer, 1 kurzer, 1 kurzer Blitz: Negativ

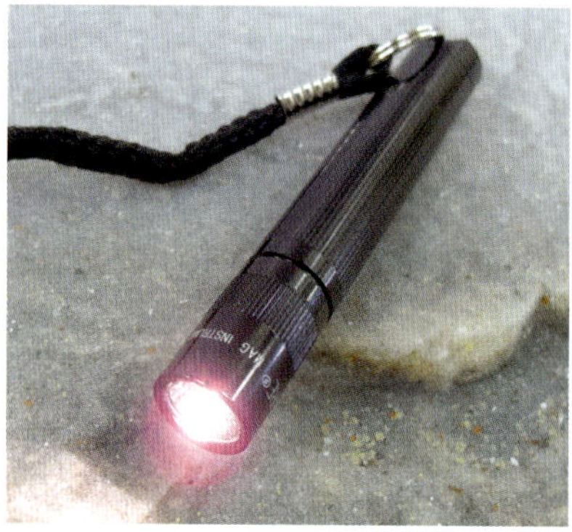

Mini-Maglite

Rettungssignale

Eine Taschenlampe kann auch verwendet werden, um nach Rettung zu rufen. Außer einfach damit herum zu wedeln, um die Aufmerksamkeit einer Rettungsmannschaft zu bekommen, gibt es auch international gültige Signale für Hilferufe. Das bekannteste ist wohl der Morsecode für die Buchstaben SOS. Im Morsecode stehen drei Punkte für den Buchstaben S und drei Striche für den Buchstaben O. Mit einer Taschenlampe sendet man das SOS-Signal also durch drei kurze Lichtblitze, gefolgt von drei längeren und wieder drei kürzeren. Dann wird dieses Muster wiederholt. In der Regel sollten die längeren Lichtblitze jeweils so lang sein wie drei der kurzen Lichtblitze zusammen.

LICHTOPTIONEN

Ich empfehle, eine Haupttaschenlampe, eine sehr kleine Zweitlampe und eine alternative Lichtquelle einzupacken.

Haupttaschenlampe: LED-Stirnlampe

Besorgen Sie sich eine LED-Stirnlampe, damit Sie die Hände frei haben. Eine andere Hauptlichtquelle für Ihr BOB brauchen Sie nicht in Erwägung ziehen. Der größte Vorteil einer Stirnlampe ist, dass man beide Hände frei zum Arbeiten hat. Stirnlampen sind außerdem sehr leicht und die LED-Modelle geben sehr lange Licht, bevor sie neue Batterien benötigen. Einige Modelle wiegen nur etwa 100 g. Auf dem Markt ist eine sehr große Auswahl an Stirnlampen in verschiedenen Preisklassen erhältlich. Ohne etwas über Ihr Budget zu wissen, bin ich sicher, dass es eine gibt, die Ihren Anforderungen entspricht.

Stirnlampen geben ausreichend Licht für normale Aufgaben wie z. B. den Lageraufbau, die Zubereitung von Mahlzeiten und Reisen. Sie sind die perfekte Lichtquelle für das BOB – kompakt, leicht, hell und langlebig.

Zwei großartige Reserve-Lampen

1. Mini-Maglite LED. Die Mini-Maglite LED ist eine perfekte Reserve-Taschenlampe für das BOB. Hier ein paar der Gründe, warum ich so begeistert von ihr bin:

- beständig
- wasserdicht
- gibt für ihre Größe einen beeindruckenden Lichtstrahl
- klein und kompakt
- leicht
- lange Batterielaufzeit
- extra Ersatz-Leuchtmittel im Griff

Auf vielen Trips über eine Nacht habe ich nur meine Mini-Maglite benutzt. Sie ist eine gute, verlässliche Lichtquelle.

2. Mini-LED für Schlüsselanhänger. Diese kleinen LED-Lampen geben für ihre Größe überraschend viel Licht. Sie sind außerdem sehr billig, kosten um die 5 €. Für minimalistische Packer sind diese Lampen eine exzellente Lösung. Sie können am Reißverschluss befestigt oder in fast alle kleinen Lücken gesteckt werden. Meine Mini-LED hängt am Reißverschluss eines meiner kleineren Sets. Mini-LEDs sind außerdem fast unzerstörbar. Die Produkte der Marke Photon (meine Wahl) haben eine bruchfeste LED und ihr Licht ist über 1,5 km sichtbar.

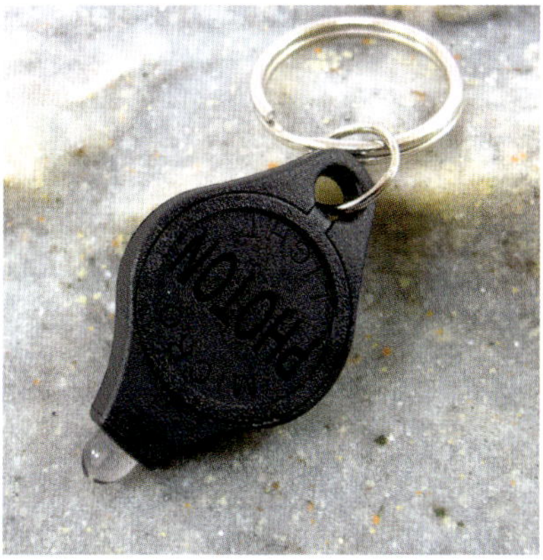

LED Mini-Lampe der Marke Photon

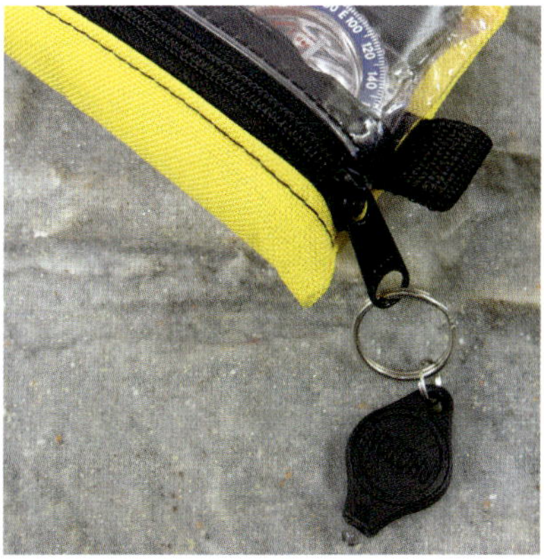

Photon-Mini-Lampe am Reißverschluss

ALTERNATIVE LICHTQUELLEN

Die beiden nächsten Optionen sind zwar nicht unbedingt nötig, sie sind jedoch klein und leicht mit einzigartigen Vorteilen in einem Survival-Szenario. Daher empfehle ich sie einzupacken.

Kerze

Alle möglichen kleinen Kerzen sind hier geeignet. Meine hat 2,5 cm Durchmesser und ist knapp 10 cm lang. Sie ist von der Marke 9-Hour Candle, wurde speziell für Survival-Situationen und Stromausfälle entworfen und hat eine lange, stetige Brennzeit (neun Stunden).

Eine Kerze ist hilfreich als Licht für das Lager oder den Unterschlupf, kann aber auch von Nutzen sein, wenn man bei widrigen Bedingungen ein Feuer machen möchte. Wenn man nur feuchten Zunder zur Hand hat, kann man zunächst die Kerze anmachen und mit ihrer Hilfe dann die Zündhölzer anstecken. So lässt sich ein Feuer viel effektiver starten und man spart sich die Zündquelle auf. In einem kleinen, geschützten Unterschlupf kann die Flamme einer Kerze auch als Hitzequelle verwendet werden, um die Temperatur um ein paar Grad zu erhöhen, wenn nötig. Das funktioniert vor allem in Schneehöhlen.

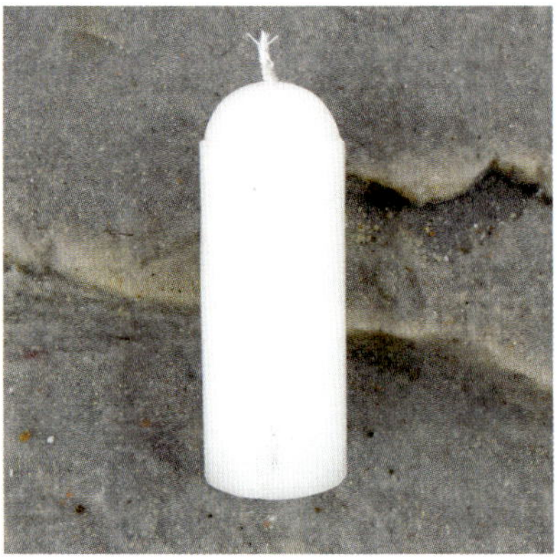

9-Stunden-Kerze

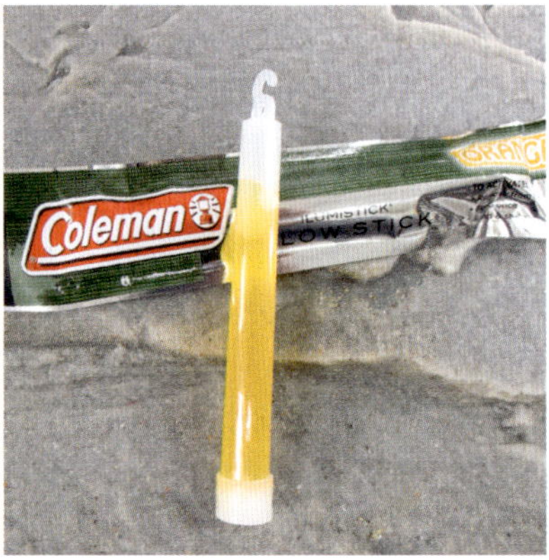

Leuchtstab

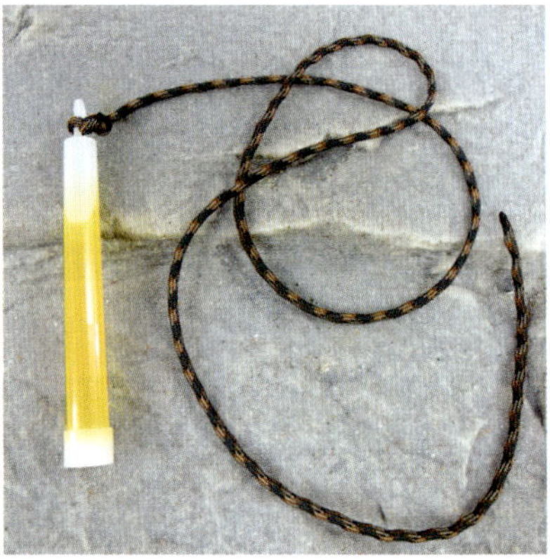

Leuchtstab mit 90 cm Paracord (Nylonseil)

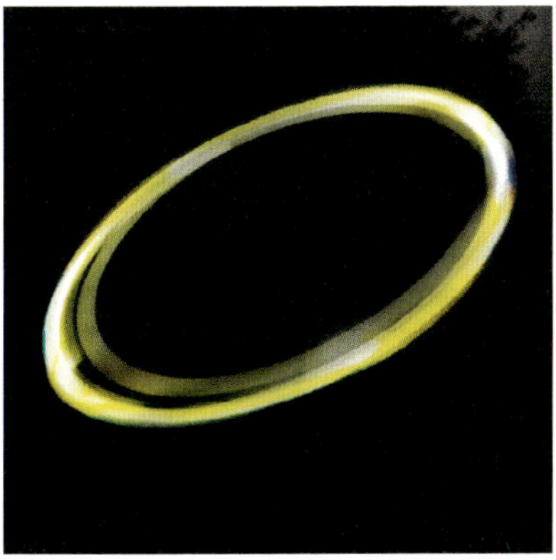

Technik zum Signalisieren mit Leuchtstab

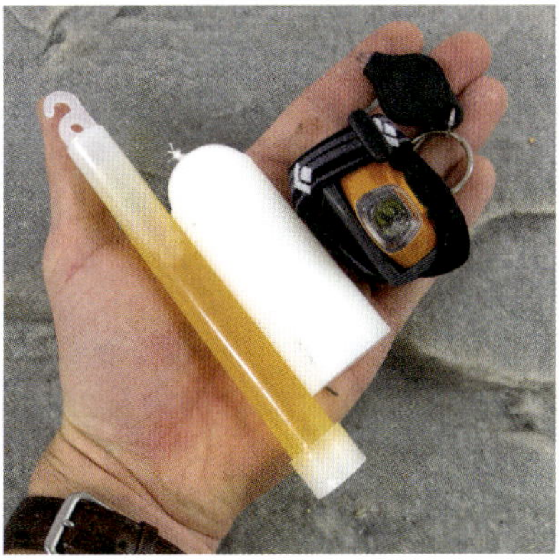

Alle Lichtquellen passen auf eine Handfläche

Leuchtstab

Die auch Knicklicht genannten Leuchtstäbe halten in der Regel zwischen 2 und 4 Stunden und lassen sich gut als Lichtquelle unter die Decke eines Zelts hängen. Nachts sind sie außerdem hervorragend zum Signalisieren geeignet. Ein gutes visuelles Instrument zum Signalisieren muss zwei Attribute aufweisen. Das erste ist Bewegung. Das zweite ist, dass es sich von der Umgebung absetzt. Dies kann durch Form, Farbe oder beides erreicht werden. Um mit einem Leuchtstab auf sich aufmerksam zu machen, befestigt man ihn am besten an einem etwa 90 cm langen Seil und schwingt ihn so schnell wie möglich im Kreis, während man der Richtung zugewandt ist, in die man signalisieren möchte. So entsteht eine einzigartige kreisförmige Lichtbewegung, die meilenweit gesehen werden kann.

ZUSAMMENFASSUNG

Nur zum Spaß habe ich alle meine Lichtquellen gewogen:

- 1 Stirnlampe
- 1 Mini-Lampe von Photon
- 1 9-Stunden-Kerze
- 1 Leuchtstab

Das Gesamtgewicht betrug knapp über 200 g – noch nicht mal ein halbes Pfund! Und alles zusammen passte auf meine Handfläche.
So wenig Gewicht für so viel Nutzen!

12 KOMMUNIKATION

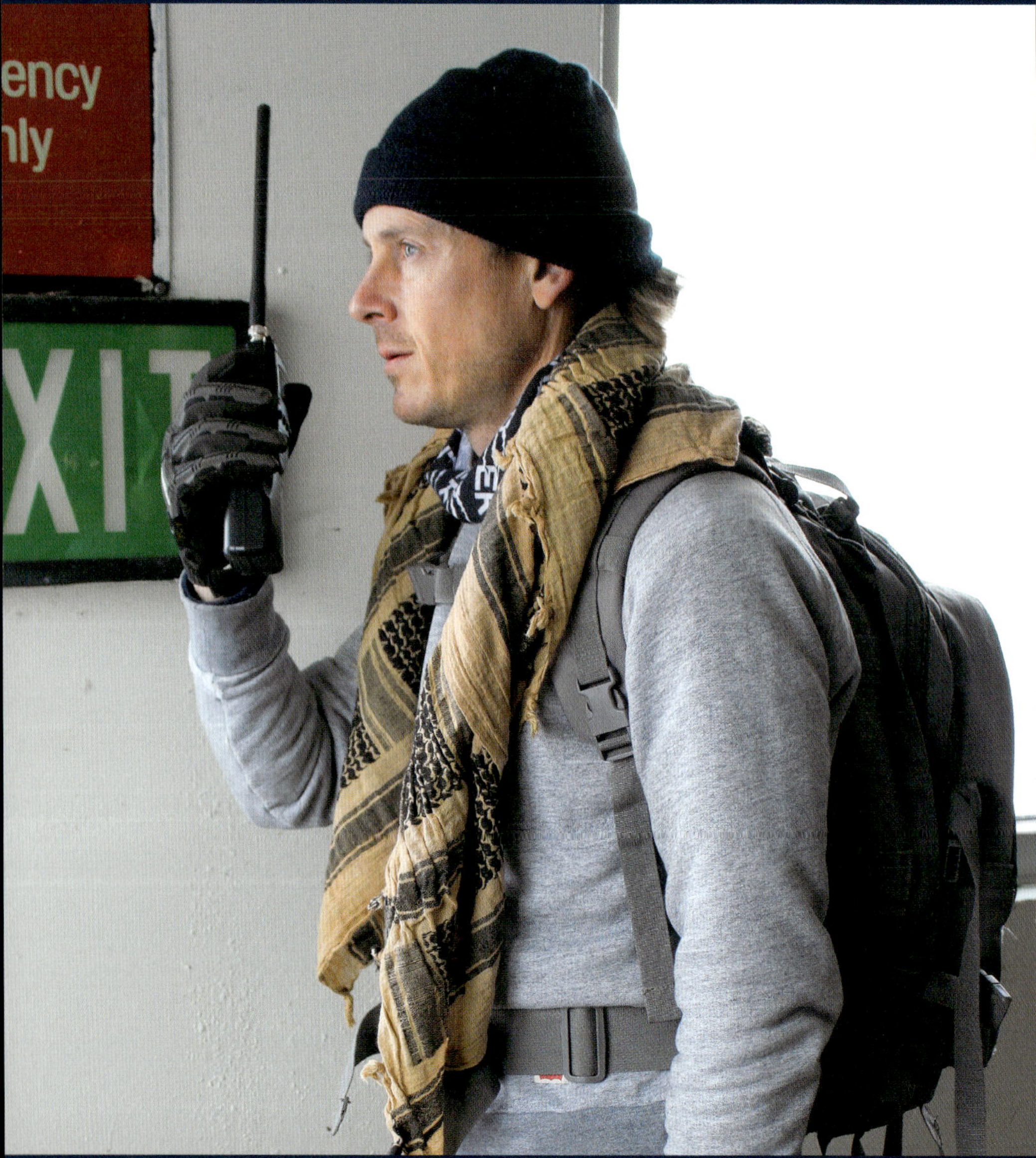

DIE KATEGORIE KOMMUNIKATION umfasst mehrere Themen. Letztendlich ist mit Kommunikation alles gemeint, was mit folgenden Punkten zu tun hat:

- Informationen versenden
- Informationen empfangen
- Informationen festhalten
- Navigieren

Bei einer großflächigen Katastrophe kann man sich nicht länger auf die normalen Kommunikationsdienste verlassen. „Normal" wird es für mehrere Stunden, Tage und vielleicht sogar Wochen nicht mehr geben. Die meisten – wenn nicht sogar alle – Kommunikationsdienste werden ausgefallen sein. Handys und Festnetz werden wahrscheinlich auch nicht funktionieren. Regionale Radio- und Fernsehsender werden vermutlich auch nicht senden. Und digitale GPS-Systeme sind eventuell nicht funktionsfähig. Internetverbindung kann man auch vergessen. Ein großflächiges Desaster bedeutet, dass alle Verbindungen zwischen der betroffenen Region und der Außenwelt für eine unbestimmte Zeit zusammenbrechen. Es wird Chaos herrschen und Panik ausbrechen. Um sich erfolgreich in den Nachwehen einer solchen Katastrophe zurechtzufinden, muss man entsprechende Vorbereitungen treffen. Im Folgenden geht es um mehrere mit der Kommunikation zusammenhängende Themen, an die man bei der Zusammenstellung des BOBs denken sollte.

HANDY

Es ist beinahe eine Garantie, dass Ihr Handy während eines Katastrophen-Bug-Outs nicht funktionieren wird. Entweder sind die lokalen Mobilfunkantennen zerstört oder die Netzwerke werden vom schieren Nachrichtenvolumen überfordert sein. Trotzdem sollte man für den Fall der Fälle das Handy mitnehmen. Es hat sich herausgestellt, dass bei Katastrophen in den letzten Jahren das Versenden und Empfangen von SMS erfolgreicher war als Telefonate. Selbst eine sporadische SMS ist für die Kommunikation mit Freunden und Familie nützlich. Für den unwahrscheinlichen Fall, dass Sie mit Ihrem Handy telefonieren und SMS senden/empfangen können, wird es Ihre Hauptkommunikationsquelle

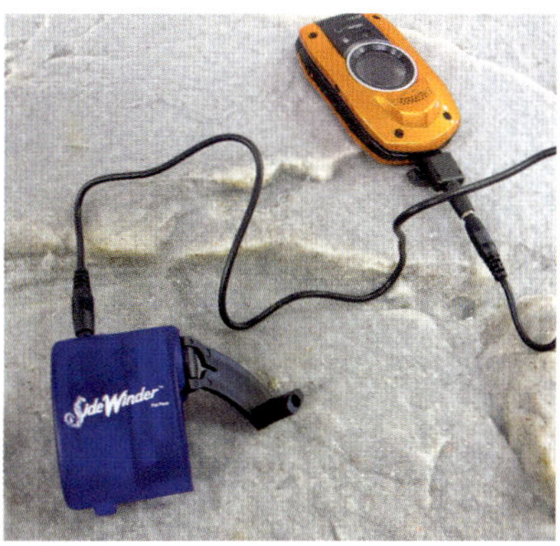

Manuelles Handyladegerät mit Kurbel

und damit ein unglaublich wertvolles Gut sein.

Die Akkus vieler Handys werden 72 Stunden nicht überstehen, ohne geladen zu werden, daher empfehle ich, entweder einen zweiten, vollgeladenen Akku oder ein manuelles Ladegerät (mit Kurbel) einzupacken. Es gibt mehrere per Handkurbel betriebene Ladegeräte auf dem Markt, mit verschiedenen Adaptern, sodass sie für nahezu alle Handymodelle geeignet sind.

Das auf dem Foto abgebildete Ladegerät habe ich für umgerechnet unter 15 € auf Amazon erstanden. Man kann damit das Handy aufladen, außerdem hat es eine eingebaute LED als Notlicht. Mein Etón FR300 Notfall-Radio (mehr dazu im nächsten Abschnitt) verfügt ebenfalls über einen Anschluss zum Aufladen von Handys, betrieben mit Handkurbel. Ein großartiges eingebautes Feature!

Wenn man sich in einem Fahrzeug auf den Bug Out begibt, sollte man auf jeden Fall ein Handy-Ladegerät für das Auto mitnehmen.

Es gibt außerdem solarbetriebene Ladegeräte. Ohne Sonne sind diese allerdings nutzlos, also sollte man sich nicht vollkommen auf sie verlassen. Selbst in einer eigentlich sonnigen Gegend können die Katastrophen-Umstände dazu führen, dass die Sonne verdunkelt ist.

NOTFALL-RADIO

Ein Notfall-Radio ist eine großartige Zugabe für jedes BOB. Möglicherweise ist es die einzige Quelle für Nachrichten, wenn man während eines Bug Outs unterwegs ist. Über die die Katastrophe betreffenden Neuigkeiten Bescheid zu wissen, hilft dabei, die Reise zu koordinieren und die Routen entsprechend zu planen.

Es gibt verschiedene Fabrikate und Modelle von Notfall-Radios auf dem Markt. Bei dem unten abgebildeten handelt es sich um ein Modell der Etón Corporation (etoncorp.com) mit eingebautem, manuellem Handy-Ladegerät und LED-Lampe. Mit der Handkurbel kann auch das Radio aufgeladen werden, falls der eingebaute Akku leer ist. Es gibt auch kleinere Notfall-Radios mit weniger Optionen. Meiner Meinung nach ist eine Handkurbel zum Aufladen jedoch ein Muss.

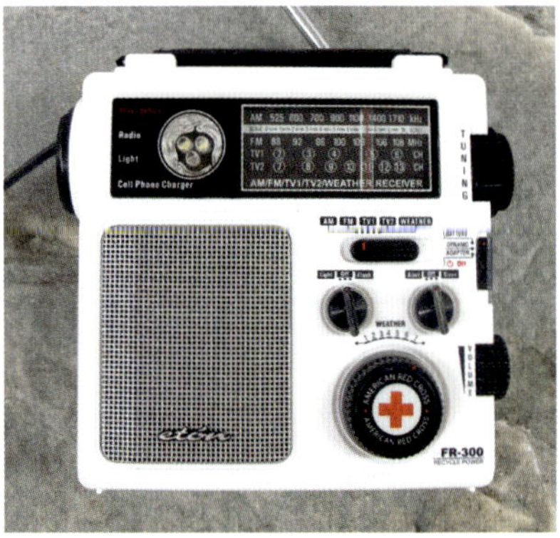

Etón FR300 Mehrzweck-Notfall-Radio

Neben Unwetterwarnungen und weiteren klimatischen Informationen können die Radiostationen verschiedene mit einer Katastrophe zusammenhängende Informationen in Zusammenarbeit mit Regierungseinrichtungen ausstrahlen. Dazu gehören überregionale und regionale Notfälle, Rettungspunkte, Versorgungspläne, Umweltbedrohungen und selbst Meldungen über vermisste Kinder. Machen Sie sich mit dem Alarmsystem Ihrer Region vertraut. Informationen erhalten Sie beim Bundesamt für Bevölkerungsschutz und Katastrophenhilfe (www.bbk.bund.de). Deutschland hat für den Notfall die Informations- und Nachrichten-App des Bundes, kurz Warn-App NINA, bereitgestellt, über die Sie wichtige Warnmeldungen erhalten. Wetterwarnungen des Deutschen Wetterdienstes und Hochwasserinformationen sind ebenfalls in die Warn-App integriert, die jedoch per Handy genutzt werden muss.

WICHTIGE DOKUMENTE

Ich könnte wahrscheinlich ein ganzes Kapitel darüber schreiben, wie und warum man wichtige Dokumente mitnehmen muss. Dieser Papierkram mag langweilig erscheinen, es ist aber lebenswichtig, die entsprechenden Dokumente im Bug Out Bag dabei zu haben, also sollten Sie diesen Abschnitt nicht ignorieren.
Wenn Sie sich zu einem Bug Out entschlossen haben, besteht das Risiko, dass Ihr Haus zerstört und/oder geplündert und ausgeraubt wird. Tut mir leid, dass ich so pessimistisch bin, aber die Realität einer Katastrophe ist, dass *beides* geschieht. Das leere Haus ist nicht nur der Katastrophe, sondern auch den Menschen ausgeliefert, die für sich einen Vorteil aus solchen schrecklichen Situationen ziehen. Über diese Tatsache wird in den Nachrichten selten berichtet. Daher muss man im Voraus eine Mappe mit den wichtigsten persönlichen Dokumenten zusammenstellen.

Diese Dokumente sind entscheidend, wenn es daran geht, das Leben nach der Katastrophe wieder in geregelte Bahnen zu leiten, wenn sich der Staub gelegt hat. Außerdem können

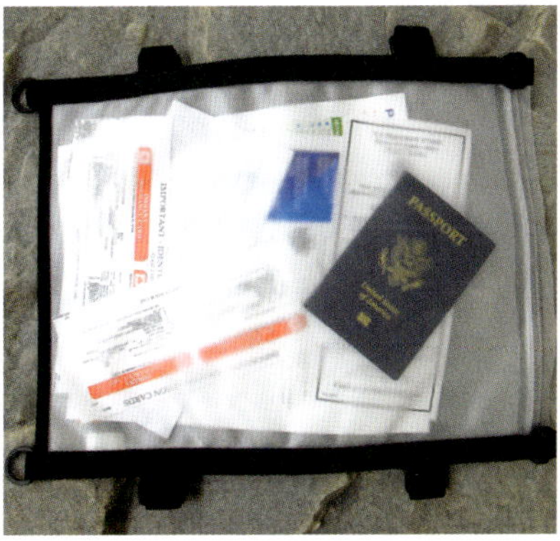

Wichtige Dokumente in wasserdichter Hülle

die Dokumente auch während eines Bug Outs sehr hilfreich sein. Behörden werden eventuell Identitätsnachweise oder andere Dokumente verlangen und man will von *nichts* aufgehalten werden, wenn man einmal entschieden hat, dass man sich auf den Weg machen muss. Lassen Sie sich nicht von etwas Einfachem wie einem Pass oder Führerschein ausbremsen. Im Falle einer Epidemie o. Ä. ist es wahrscheinlich, dass an Checkpoints medizinische Dokumente vorgelegt werden müssen. Es gibt unzählige Gründe, ein Dokumenten-Portfolio für Survival-Situationen in das BOB zu packen. Falls die unten aufgelisteten Dokumente zerstört werden, ist es unter Umständen sehr schwer sowie zeit- und kostenaufwendig, Ersatz zu organisieren. Es kann Wochen oder Monate dauern, an einen Ersatz oder ein Duplikat zu kommen. Das Dokumenten-Portfolio im Voraus zusammenzustellen und dann mitzunehmen, spart eine Menge Sorgen und Geld in der Zukunft.

Ausweisdokumente

Im Folgenden eine Liste von Dokumenten, die zur Identifikation nötig sein könnten:

- Personalausweis
- Führerschein
- Geburtsurkunde
- Sozialversicherungsnummer
- Pass
- Truppenausweis
- Hochzeitsurkunde

Versicherungsdokumente

Es ist wichtig, nach einem Bug Out Beweise über Versicherungen vorlegen zu können. Außerdem sollte man Kundennummern und Kontaktinformationen mitnehmen. Ihre Versicherungsdokumente umfassen wahrscheinlich einige der folgenden Versicherungen:

- Immobilienversicherung
- Autoversicherung
- Lebensversicherung
- Hausratversicherung

Medizinische Dokumente

Im Folgenden einige wichtige Dokumente, die mit der Gesundheit zusammenhängen:

- Krankenversicherungskarte
- Impfpass
- Liste der verschriebenen Medikamente
- Behindertenausweis
- Allergieausweis
- Testament

Finanzdokumente

Kontoinformationen und Kontaktnummern für die folgenden Posten können gebraucht werden, wenn man im Fall einer Katastrophe für einige Zeit von zu Hause vertrieben ist:

- Bankkonto
- Kreditkarten
- Darlehen
- Hypothek

Dokumentensicherheit

Selbst wenn man sich nicht auf einen Bug Out vorbereitet, ist man gut beraten, all die oben genannten Dokumente (oder Duplikate) zusammen zu Hause an einem sicheren Platz aufzubewahren. Ein Schuhkarton hinten im Schrank reicht da nicht aus. Investieren Sie in einen guten, wasserdichten und feuerfesten Safe, der fest an einer Wand oder im Boden verankert werden kann. Ich bewahre meine wichtigen Dokumente in einer wasserdichten Mappe in einem Safe zu Hause auf.

Solche Mappen gibt es im Outdoor-Fachhandel, in der Camping- oder Wassersport-Abteilung. Sie sind in der Regel etwas größer und viel haltbarer als die normale wiederverschließbare Tüte.

Ich bewahre meine Dokumente nicht das ganze Jahr über in meinem BOB auf. Die Mappe gehört zu den Dingen, die ich mir zusätzlich zu meinem BOB schnappen werde, wenn ich zum Bug Out aufbrechen muss. Auf dem Foto wird Ihnen auffallen, dass ich zusammen mit meinen Dokumenten auch Bargeld aufbewahre.

BARGELD

Gehen Sie nicht davon aus, dass Sie noch schnell am Geldautomaten vorbeischauen können, wenn Sie die Stadt auf der Flucht vor einem Hurrikan verlassen müssen. Erstens werden alle Unvorbereiteten genau das machen, es wird also Schlangen geben. Zweitens kann es gut sein, dass der Geldautomat sowieso nicht funktioniert. Und an Ihren Banksafe werden Sie auch nicht mehr kommen. Sie sollten Bargeld im BOB haben.

Packen Sie mindestens 500 € (besser 1000 €) in kleinen Scheinen ein. Fünfer, Zehner und ein paar Zwanziger. Dieses Bargeld zusammen mit den Dokumenten im Safe aufbewahren. In einer Bug-Out-Situation sollte das Bargeld dann, sobald es aus dem Safe genommen wurde, aufgeteilt und an verschiedenen Stellen am Körper aufbewahrt werden.

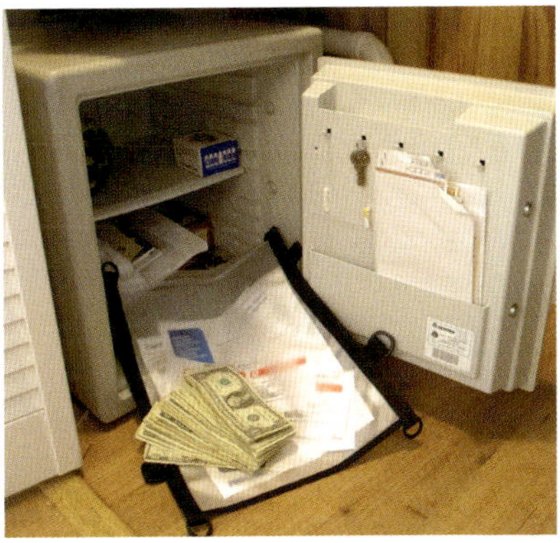

Mappe mit Dokumenten und Bargeld in feuerfestem Safe

Wenn man dann Geld herausnehmen sollte, ist es wichtig, dass man nicht alles zeigt, was man hat. Zu irgendeinem Zeitpunkt wird man sicherlich Bargeld benötigen. Ein paar Handvoll Münzen sind auch eine gute Idee, wenn man z. B. einen Snack-Automaten oder ein Münztelefon nutzen möchte.

UMGEBUNGSKARTE

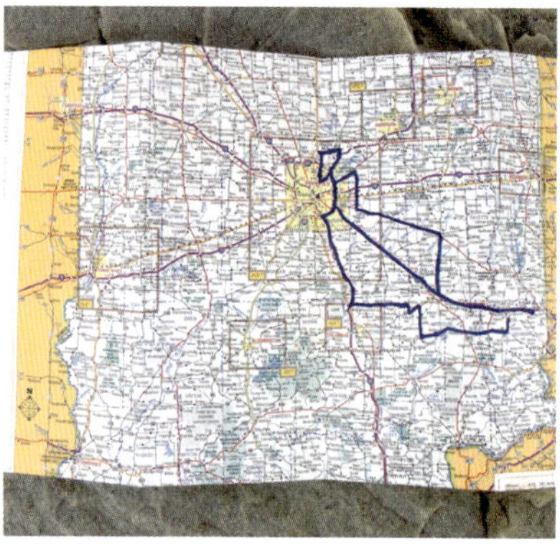

Straßenkarte der Region mit eingezeichneten Fluchtrouten

Zu wissen, wo man hinmöchte, ist die eine Sache. Im Katastrophenfall dort hinzukommen, ist etwas ganz anderes. Katastrophen haben die schlechte Angewohnheit, Straßen vollkommen zu zerstören oder zumindest zu blockieren. Wenn die Straßen nicht zerstört sind, gibt es oft Staus, weil alle raus möchten. Die Navigation aus einer Katastrophenumgebung kann äußerst frustrierend und schwierig sein.

Bitte, bitte, bitte verlassen Sie sich auf der Suche nach alternativen Fluchtrouten nicht auf ihr GPS oder Smartphone, denn wahrscheinlich werden beide nicht funktionieren. Können Sie sich noch an diese uralten Dinge erinnern, die Straßenkarten genannt werden? Kaufen Sie sich eine Karte Ihrer Umgebung und bewahren Sie diese im BOB auf.

Mindestens drei mögliche Fluchtrouten zum BOZ (Bug-Out-Ziel) auf der Karte markieren. Gehen Sie davon aus, dass bestimmte Wege blockiert sein werden, und überlegen Sie sich Alternativen. Wenn Sie im Verlauf des Jahres zu Ihrem BOZ reisen, probieren Sie unterschiedliche Routen aus.

KOMPASS

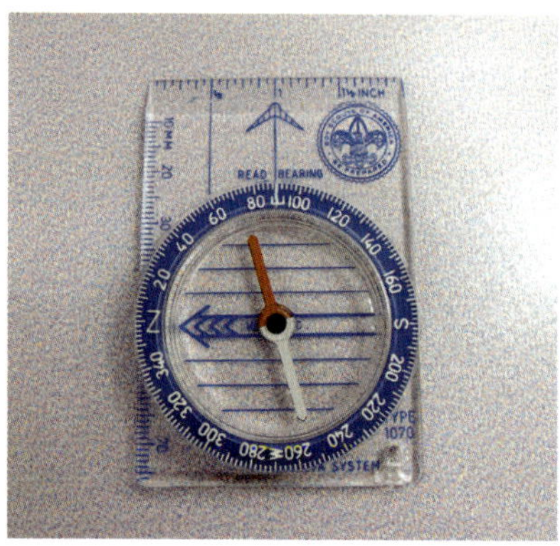

Kompass

Ein verlässlicher Kompass ist für jeden reisenden Survivor absolut notwendig. Packen Sie einen in Ihr BOB.

Mein Kompass ist ein altes Pfadfinder-Modell - ich habe ihn seit über 20 Jahren.

FUNKGERÄT

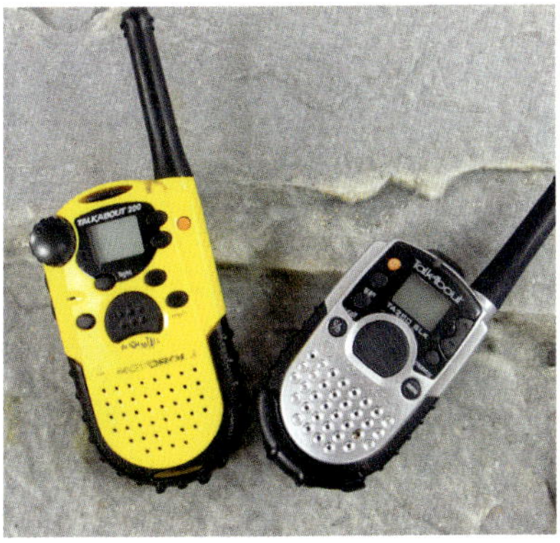

Walkie-Talkies zum Funken

Ich selbst habe kein Funkgerät dabei und es ist auch nicht absolut notwendig. Wenn man sich allerdings mit einer großen Familie oder einem großen Team auf die Bug-Out-Reise macht, lohnt es sich, darüber nachzudenken, eventuell welche mitzunehmen. Falls man sich dann aus irgendeinem Grund trennen muss, sind Funkgeräte/Walkie-Talkies sehr hilfreich.

NOTIZBLOCK UND BLEISTIFT

Wichtige Informationen aufschreiben und Nachrichten hinterlassen zu können, ist ein wichtiger Aspekt dieser Kategorie und in einem Bug-Out-Szenario durchaus von Nutzen. Rite in the Rain stellt einzigartiges Schreibpapier für alle Wetterverhältnisse her, das Wasser abweist und das Geschriebene verdeutlicht. Das Papier wird weltweit verwendet, um wichtige Daten bei jeglichem Wetter festzuhalten. Ich habe einen 10 cm × 15 cm großen Notizblock in meinem BOB und bewahre einen halbierten Bleistift in der Spiralbindung auf. Ich empfehle Ihnen, es mir gleichzutun.

SIGNALSENDER

In einem Bug-Out-Szenario ist es wichtig, Rettungssignale senden zu können. Mittel zum Senden von Signalen sind eine wichtige Komponente des BOB-Kommunikations-Sets. Während des Tohoku Erdbebens 2011 in Japan wurde ein Mann auf seinem Hausdach fast 18 km auf das Meer hinausgetrieben. Irgendwann wurde er entdeckt. Hätte er Hilfe-

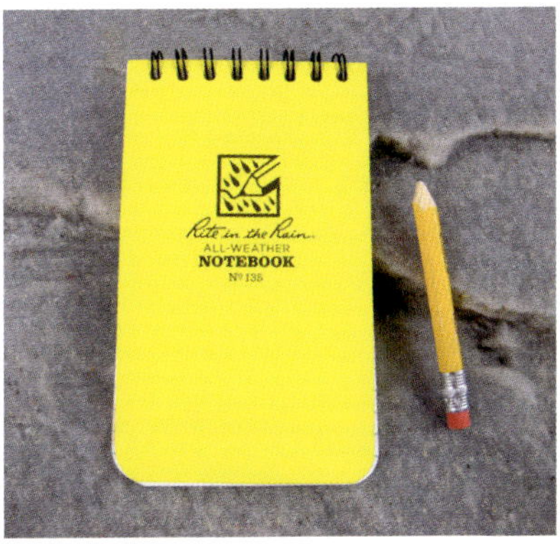

Wasserdichter Notizblock von Rite in the Rain

signale senden können, wäre er nicht so lange verschollen gewesen. In den vorangegangenen Kapiteln habe ich einige Möglichkeiten zum Senden von Signalen vorgestellt. Dazu gehören z. B.:

- Signalspiegel (Kapitel 8)
- Rettungsdecke (Kapitel 8)
- Taschenlampe (Kapitel 11)
- Leuchtstab (Kapitel 11)
- Signalfeuer (Kapitel 7)

Darüber hinaus empfehle ich außerdem, eine kleine Pfeife einzupacken. Ich verwende eine Trillerpfeife der Marke Fox 40, die unter fox40world.com erhältlich ist. Diese Pfeife besteht aus beständigem Polycarbonat, ist wasserdicht und rostfrei. Es gibt keine beweglichen Teile an diese Pfeife, die stecken bleiben oder festfrieren könnten, und man kann sie sogar unter Wasser blasen. Der 120-Dezibel-Pfiff ist über mehrere Kilometer zu hören.

Signalpfeifen sind effektiver, als die eigene Stimme zu nutzen. Ein Pfiff mit einer solchen Pfeife ist deutlich lauter und über größere Entfernungen zu hören als jedes Geräusch, das man mit der eigenen Stimme machen könnte. In eine Trillerpfeife zu blasen verbraucht außerdem weniger Energie als zu schreien.

ZUSAMMENFASSUNG

In diesem Kapitel ging es um das Versenden und Empfangen von *Informationen*. Das schließt das Vorlegen von Identifikation, das Aufschreiben von Notfalldaten und das Hören von Katastrophenmeldungen im Radio ein. Die Möglichkeit zum Informationsaustausch ist überlebenswichtig. Man muss unterschiedliche Mittel zur Hand haben, um Informationen versenden und empfangen zu können.

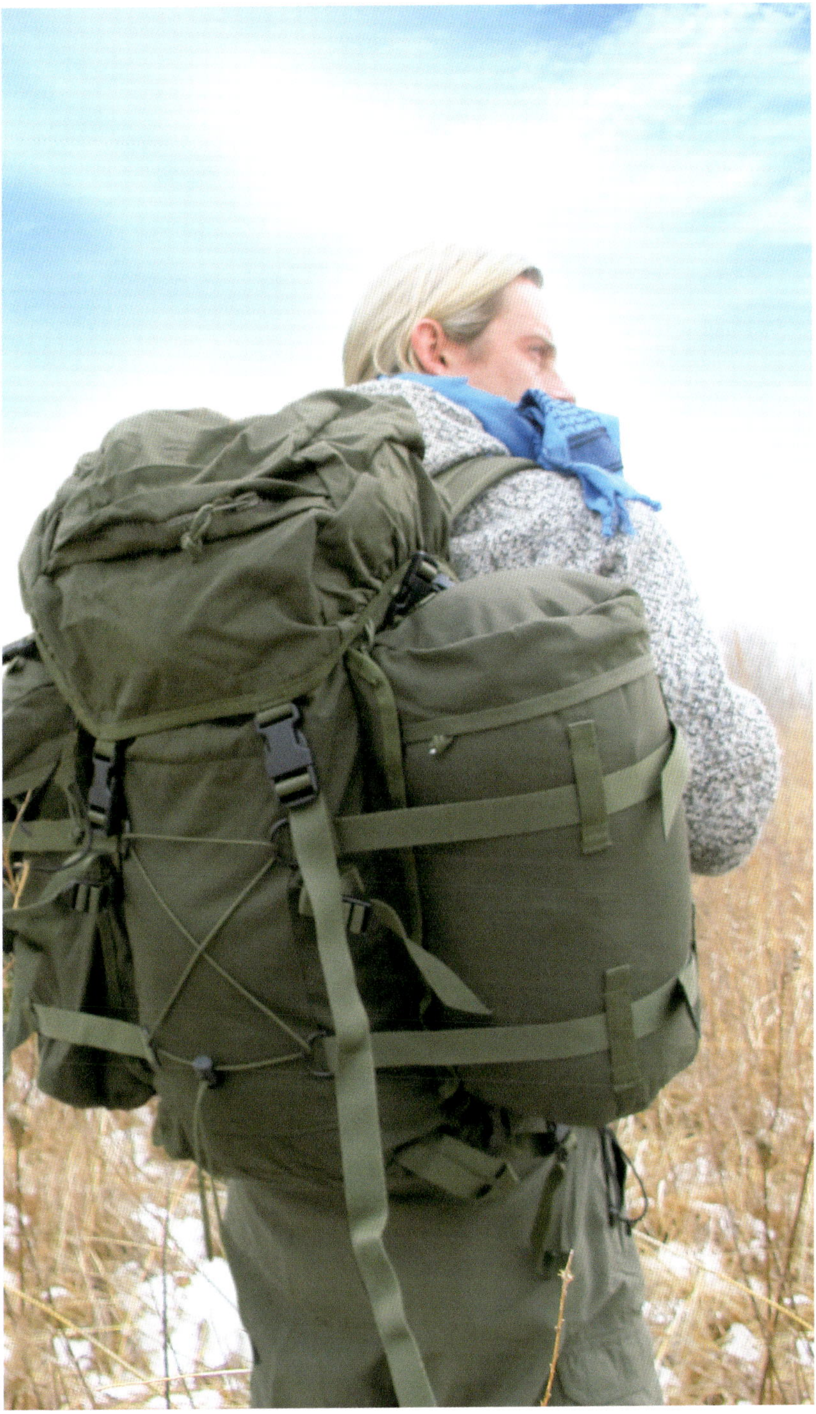

13 SCHUTZ & SELBSTVERTEIDIGUNG

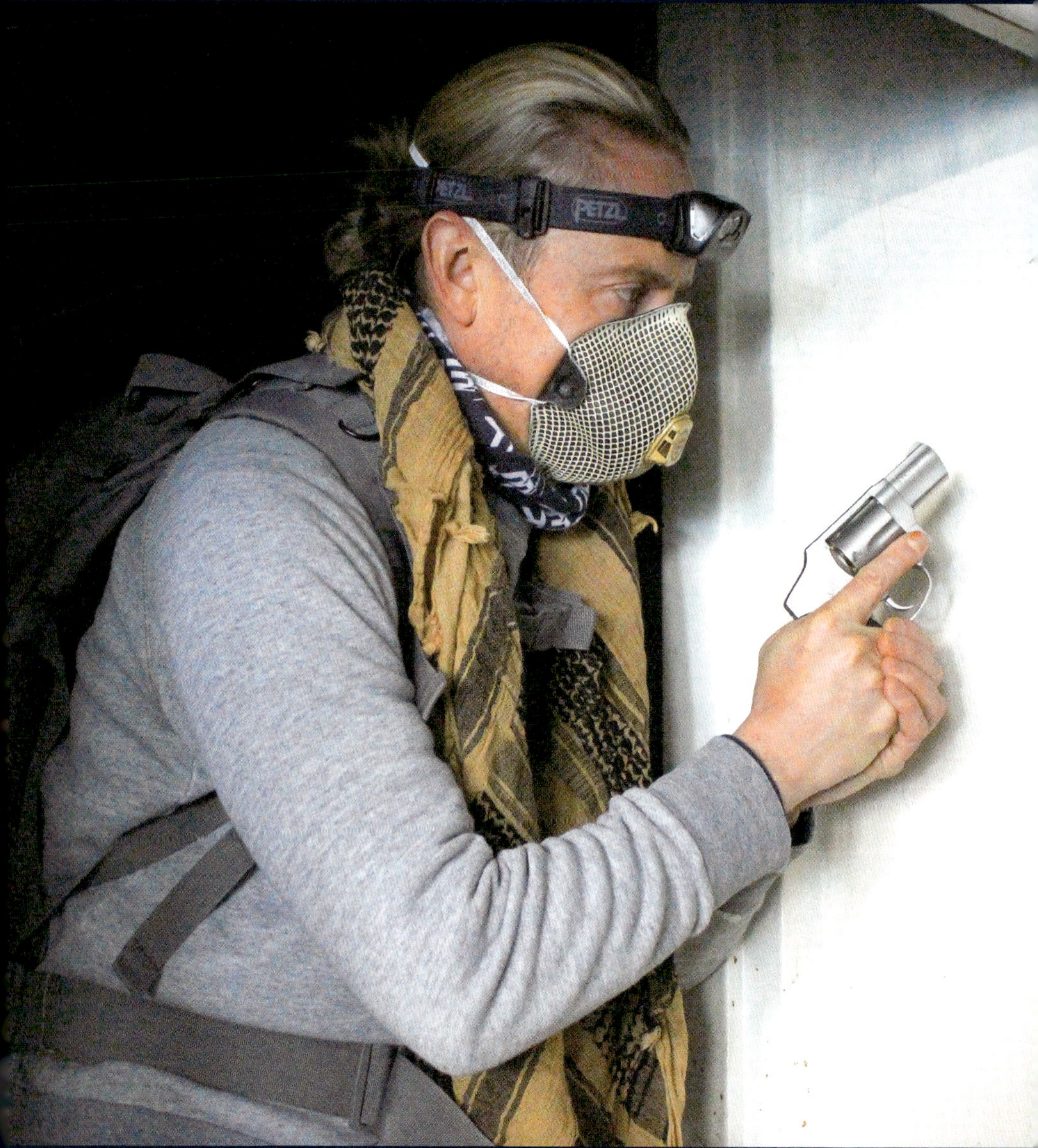

UM DIE INFORMATIONEN in diesem Kapitel wertschätzen zu können, muss man eventuell die persönliche Einstellung ändern. Stellen Sie sich vor, Sie befinden sich in einer tatsächlichen Katastrophe, einer Bug-Out-Situation. Ihre Familie hat Angst und Sie wollen nur eins: einen sicheren Ort erreichen. Der Verkehr ist vollkommen zusammengebrochen und Sie waren gezwungen, das Auto zu verlassen und sich zu Fuß weiter auf den Weg zu machen. Bei Einbruch der Dämmerung sehen Sie, wie drei oder vier Typen sich schnell von hinten Ihrer Familie nähern. Sie haben ein unangenehmes Gefühl in der Magengrube und wissen instinktiv, dass das kein gutes Ende nehmen wird. Vielleicht wollen diese Typen an Ihr Essen und Wasser oder an Ihre Ausrüstung. Das wäre noch der harmloseste Fall. Denn vielleicht möchten sich die Typen für einige Zeit Ihre Tochter leihen. Es könnte sein, dass sie Ihre Familie bewusstlos schlagen wollen, um sich alles zu greifen, was Sie besitzen – und Sie dann Ihrem Schicksal überlassen. Wie auch immer, in einer solchen Situation müssen Sie innerhalb von etwa 30 Sekunden eine Menge ernsthafter Entscheidungen treffen.

Ich bin nicht verrückt und denke mir so was auch nicht aus. Szenarien wie dieses passieren in den Nachwehen *jeder* Katastrophe, in *jedem* Land und in *jeder* Nachbarschaft. Am Anfang dieses Buches habe ich Ihnen gesagt, dass dies ein vollständiger und ausführlicher Ratgeber sein wird, wie man sich ein Bug Out Bag zusammenstellt. Beim Lesen dieses Kapitels werden sich einige Menschen unwohl fühlen. Aber ich hätte kein gutes Gewissen dabei, Ihnen ein unvollständiges Produkt zu bieten. Und ein Bug Out Bag ist ohne Mittel zur Selbstverteidigung *nicht* vollständig.

DIE HÄSSLICHE WAHRHEIT

Katastrophen haben verheerende Konsequenzen und können Menschen, Städte und Regionen in schrecklichen, unvorstellbaren Umständen zurücklassen. Ich bin immer wieder davon beeindruckt, wie großzügig meine amerikanischen Landsleute sind, wenn es darum geht, den Opfern einer Katastrophe zu helfen. Es scheint, als würden Katastrophen manchmal das Beste in den Menschen hervorbringen. Ob als Spenden oder in Form von praktischer Hilfe – es ist sehr bewegend zu sehen, wie Menschen hinter denen stehen, die gerade so viel verloren haben. Über diese Mühen wird von Nachrichtenkanälen noch Wochen und Monate nach der Katastrophe berichtet.

Unglücklicherweise gibt es auch Menschen auf dieser Welt, die nicht die gleiche Hilfsbereitschaft gegenüber ihren betroffenen Brüdern und

Schwestern verspüren. Bei manchen bringen Katastrophen die schlechtesten Seiten zum Vorschein. Diese Räuber nutzen Chaos und Unordnung einer Katastrophe, um die Menschen weiter zu Opfern zu machen – durch Plünderungen, Raub, Gewalt und Vergewaltigung. Diese Vorfälle werden selten (wenn überhaupt) in den Nachrichten erwähnt, sodass sich viele Menschen der potenziellen Gefahren nicht bewusst sind. Diese Realität ist die dunkelste Seite einer jeden Katastrophensituation und wurzelt in Selbstsucht, Gier und manchmal auch Verzweiflung.

Es ist kein Geheimnis, dass große Desaster normale öffentliche Sicherheitseinrichtungen überfordern – zumindest zeitweise. Und in diesem Zeitraum kommt es zu den meisten Gewaltverbrechen. Dann muss man bereit sein, sich und seine Familie verteidigen zu können. Ob es einem gefällt oder nicht, es wäre naiv und dumm, diese Kategorie nicht ernst zu nehmen – vor allem, wenn man mit Frauen und kleinen Kindern unterwegs ist.

DIE INNERE EINSTELLUNG

Selbstverteidigung ist ein sensibles Thema. Ich bin kein Experte, was die Rechtsgrundlagen zum Thema Selbstverteidigung oder den Einsatz zum Tode führender Gewalt betrifft. Aber ich weiß, dass die Grenze zwischen der Selbstverteidigung bzw. der Verteidigung der Familie und versuchtem Mord, Totschlag und Mord durchlässig ist. Rechtlich gesehen müssen die Verteidigungsmaßnahmen verhältnismäßig sein.

Ich weiß, was ich tun würde, um mich und meine Familie zu schützen. Es ist nicht an mir, Ihnen zu sagen, wie Sie zu reagieren haben, wenn Sie bedroht werden. Das ist ganz alleine Ihre Sache. Aber ich kann Ihnen einige Richtlinien zur Selbstverteidigung mitgeben und aufzählen, welche Hilfsmittel zur Selbstverteidigung meiner Meinung nach in das BOB gehören. Was Sie mit diesen Informationen machen, liegt ganz bei Ihnen.

Rechtliches

Der Einsatz von Gewalt sollte die letzte Option sein, wenn man keine andere Wahl hat. Beachten müssen Sie die in dem jeweiligen Land geltenden rechtlichen Vorschriften. Notwehr ist im Strafrecht und Privatrecht Deutschlands diejenige Verteidigung, die erforderlich ist, um einen gegenwärtigen rechtswidrigen Angriff von sich oder einem anderen abzuwenden (§ 227 Abs. 2 Bürgerliches Gesetzbuch und § 32 Abs. 2 Strafgesetzbuch). Eine durch Notwehr gebotene Handlung ist nicht widerrechtlich.

IN DIE OFFENSIVE GEHEN

Angriff ist die beste Verteidigung. Selbst in die Offensive zu gehen bedeutet hier allerdings, jede mögliche Vorsichtsmaßnahme zu treffen, um Konfrontationen möglichst aus dem Weg zu gehen.

Es bringt *überhaupt nichts*, sich selbst oder anderen etwas beweisen zu wollen. Konfrontation ist ein Szenario, in dem alle verlieren. Es gibt keine Gewinner.

Hier ein paar Tipps und Richtlinien zur Eigenoffensive, damit man keine der Selbstverteidigungsoptionen einsetzen muss:

- Ego und Stolz außen vor lassen. Sie haben hier keinen Platz. Der Wunsch, sich selbst beweisen zu müssen, bringt einen bloß in Schwierigkeiten. Hier ist Bescheidenheit gefragt.
- Seien Sie aufmerksam.
- Tragen Sie Ihre Ausrüstung und Vorräte nicht zur Schau. Verhalten Sie sich unauffällig.
- Reisen Sie niemals alleine, außer Sie haben keine andere Wahl. Gemeinsam ist man sicherer.
- Nehmen Sie nichts als gegeben an. Treffen Sie Entscheidungen aufgrund von Tatsachen.
- Verlassen Sie sich auf Ihr Bauchgefühl und handeln Sie danach.
- Stellen Sie jeden infrage.
- Vertrauen Sie niemandem.

Diese Richtlinien scheinen an Paranoia zu grenzen, aber was soll's? Inmitten von Gesetzlosigkeit und Chaos ist es in Ordnung, ein klein wenig paranoid und vorsichtig zu sein. Lassen Sie sich von Ihrem Überlebensinstinkt leiten, wenn Sie Entscheidungen treffen. Hier ein paar Worte, die Ihren geistigen Zustand beschreiben sollten:

- ruhig
- aufmerksam
- überlegt
- der Lage angepasst
- folgerichtig
- bewusst
- vorsichtig
- keine Selbstaufgabe!

Ihr Verhalten ist nur die eine Seite der Medaille. Sie können sich selbst kontrollieren, haben aber keine Kontrolle über andere Menschen. Manchmal ist ein Konflikt unvermeidlich. In einer Konfliktsituation müssen Sie wissen, welche Optionen zur Selbstverteidigung Sie haben. Diese Optionen müssen vorbereitet werden. Sie müssen zugänglich sein. Und wie bei jeder anderen Bug-Out-Survival-Fähigkeit gilt, dass Training, Übung und Erfahrung eine erfolgreiche Anwendung umso wahrscheinlicher machen.

OPTIONEN ZUR SELBSTVERTEIDIGUNG

Der Körper

Bei richtigem Training kann der Körper eine effektive Waffe zur Selbstverteidigung sein. Ich kann Ihnen nur empfehlen, einen Selbstverteidigungsworkshop zu machen oder regelmäßiges Selbstverteidigungstraining. Zu wissen, wie man sich effektiv mit spezifischen und gezielten Schlägen gegen einen Angreifer wehrt, braucht professionelles Training und Erfahrung. Jemanden mit einem Schlag außer Gefecht zu setzen, klappt nicht einfach so. Es geschieht mit Absicht und Vorsatz. Wenn sie richtig ausgeführt werden, können kräftige Schläge gegen Hals, Leistengegend und Knie einen Angreifer sofort neutralisieren. Wenn möglich, ist es am besten, diese Schläge proaktiv und offensiv auszuführen, um den Angreifer zu überraschen. Defensive ist, auf ein Ereignis zu reagieren. Offensive ist, zu handeln, bevor es zu einem Ereignis kommt. Ein Offensivschlag ist deutlich effektiver als ein Defensivschlag. Offensivschläge sind außerdem kontrollierter und präziser.

Nahkampf sollte Ihre absolut letzte Option der Selbstverteidigung sein. Wenn Ihr Angreifer eine Waffe hat oder es mehrere Angreifer gibt, ist die Wahrscheinlichkeit, dass Sie sich mit Ihren nackten Händen erfolgreich verteidigen können, deutlich reduziert. Fähigkeiten der unbewaffneten Selbstverteidigung sind sehr wichtig und sollten Teil Ihres Trainings zur Vorbereitung auf Katastrophen sein. Allerdings wäre es vollkommen fehlgeleitet und naiv, sich ausschließlich auf diese Fähigkeiten zur Selbstverteidigung zu verlassen.

Ich möchte Gewalt nicht gutheißen. Wenn es darum geht, mich und meine Familie vor Schaden zu schüt-

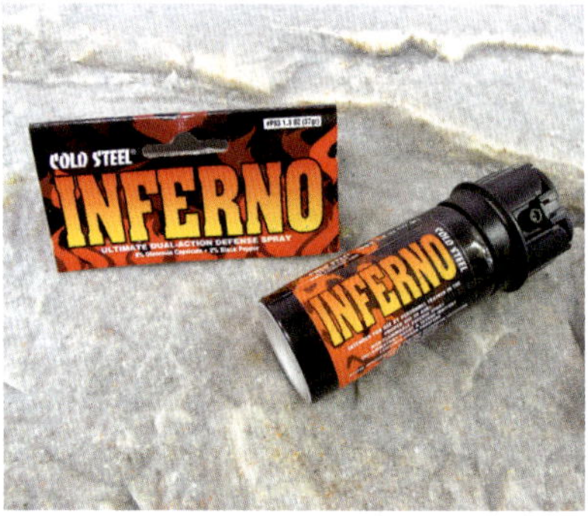

Pfefferspray von Cold Steel Inferno

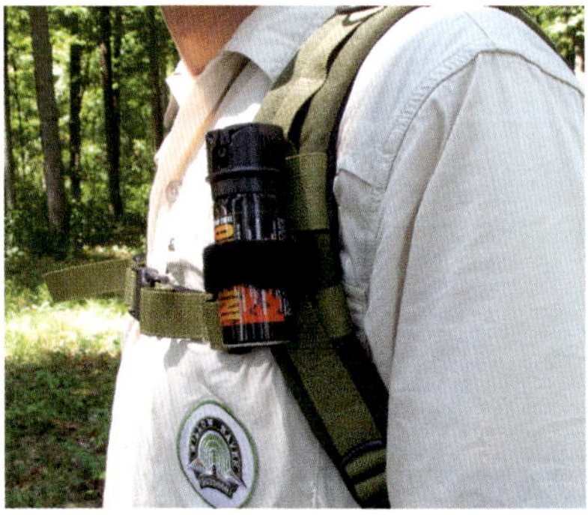
Pfefferspray am Schultergurt

zen, mache ich aber eine Ausnahme. Im BOB *müssen* Waffen zur Selbstverteidigung sein.

Pfefferspray

Es gibt einen Grund dafür, dass Soldaten, Polizisten und Wachpersonal Pfefferspray bei sich haben: es funktioniert! Ich habe mich für eine Dose Pfefferspray der Firma Cold Steel Inferno für mein BOB entschieden. An der Dose habe ich Klettverschluss-Klebeband befestigt, um sie am Schultergurt meines Rucksacks zu befestigen (siehe Foto). So ist das Pfefferspray sicher, aber leicht zugänglich. Ich kann es in weniger als zwei Sekunden abnehmen und benutzen.

Hier meine allgemeinen Richtlinien zum Einkauf und der Verwendung von Pfefferspray:

- Ein Pfefferspray mit dem Wirkstoff Oleoresin Capsicum kaufen. Oleoresin Capsicum wird aus Chilipflanzen gewonnen und ist extrem effektiv, wenn es darum geht, die Augen, Atemwege und Lungen eines Angreifers zu irritieren. Das Spray, das Sie auswählen, sollte 5–8 % Oleoresin Capsicum enthalten. Die Wirkkraft eines Pfeffersprays wird mit der Scoville-Skala gemessen. Mein Pfefferspray hat 2.000.000 Scoville-Grade. Alles in diesem Bereich ist ausreichend.
- Ein Pfefferspray kaufen, das einen Strahl sprüht, keinen Nebel oder Dunst. Ein Strahl sprüht am weitesten und ist im Freien am besten geeignet. Nebel- und Dunstsprays sind zwar hoch effektiv, da der Wirkstoff besser verteilt wird, sie können von der Windstärke und -richtung jedoch stark beeinflusst werden. Daher empfehle ich für einen Katastrophen-Bug-Out ein im Strahl sprühendes Pfefferspray. Was die Effektivität betrifft, gehört Schaum für mich in die Strahlen-Spray-Kategorie, weil er schnell und gerade aus der Dose schießt. Bei meinem Pfefferspray handelt es sich um Schaum, der sich bei Kontakt auflöst.
- Sprühen und zurückziehen! Nicht abwarten, um zu sehen, was passiert. Sinn und Zweck von Pfefferspray ist es, den Angreifer lange genug zu desorientieren und außer Gefecht zu setzen, um fliehen zu können. Den Angreifer einsprühen und, sobald man weiß, dass man getroffen hat, sich sofort zurückziehen. Gutes Pfefferspray sollte einem ausreichend Zeit zur Flucht verschaffen.

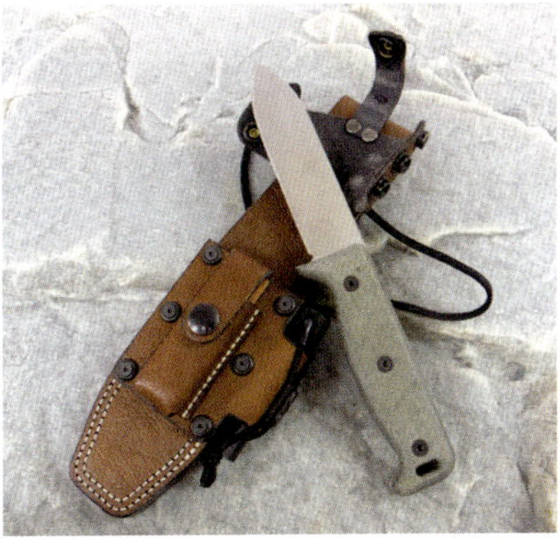

Messer zur Selbstverteidigung

Pfefferspray ist in allen 50 Bundesstaaten der USA legal, einige Staaten haben jedoch Einschränkungen beschlossen. Informieren Sie sich über die regionale und staatliche Gesetzgebung, um zu sehen, ob der Einkauf und die Verwendung von Pfefferspray bei Ihnen erlaubt sind. Cold Steel Inferno informieren auf der Webseite www.coldsteel.com/pepper-spray.html über die rechtliche Situation zu Pfefferspray in allen Bundesstaaten der USA. Für Deutschland sind die Regelungen des Waffengesetzes zu beachten. Wenn *kein* kleiner Waffenschein vorliegt, darf ein Pfefferspray nur zur Abwehr von Tieren mitgeführt werden. Gegen Menschen darf ein Pfefferspray nur im Notfall zur Verteidigung eingesetzt werden. In einer Notwehrsituation ist wiederum die Verhältnismäßigkeit zu beachten. Das Pfefferspray muss das mildeste Mittel sein, welches gegen den Angriff zur Verfügung steht; siehe hierzu: www.kriminalberatung.de/pfefferspray

Survival-Messer

Wissen Sie noch – Ihr Survival-Messer aus Kapitel 10? Dieses Messer ist eine exzellente Selbstverteidigungswaffe. Allerdings wird es zum Nahkampf eingesetzt, d.h. selbst mit Training kann ein zur Selbstverteidigung eingesetztes Messer extrem gefährlich sein. Das offensichtlichste Risiko ist, dass Ihnen der Angreifer das Messer abnimmt. Und Angreifer geben in der Regel keine Vorwarnung. Wie Raubtiere ziehen sie es vor, ihre Opfer zu überraschen, um Gegenschläge zu verhindern. Also ist die Wahrscheinlichkeit relativ gering, dass man dazu kommt, das Survival-Messer aus der Scheide zu ziehen und zur Selbstverteidigung zu verwenden. Trotzdem ist es eine brauchbare Selbstverteidigungsoption und muss in diesem Kapitel erwähnt werden. Wenn Sie sich über Selbstverteidigungskurse bei Ihnen in der Nähe informieren, fragen Sie nach, ob auch Messer-Kurse angeboten werden. Wenn ja, wäre eine Teilnahme zu empfehlen.

Machete oder anderes Werkzeug mit großer Reichweite

Macheten und Co. werden schon seit Jahrhunderten auf der ganzen Welt als Selbstverteidigungswaffen verwendet. Falls Sie sich dazu entschieden haben, eine Machete in Ihr BOB zu packen, ist diese nicht nur ein effektives Abschreckungsmittel, sondern kann auch durchschlagend als Waffe eingesetzt werden, um Angreifer in Schach zu halten. Sie hat Reichweite und Schlagkraft – eine tödliche Kombination. Ich gebe zu, es hört sich ein bisschen nach einem Mad-Max-Film an. Wenn ich allerdings auf der Suche

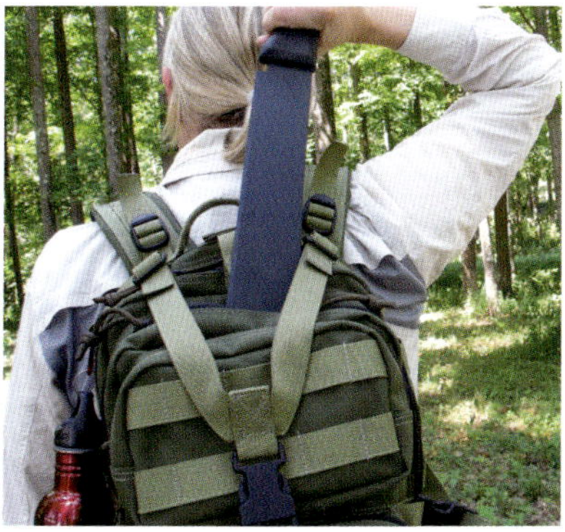

Machete im Bug Out Bag

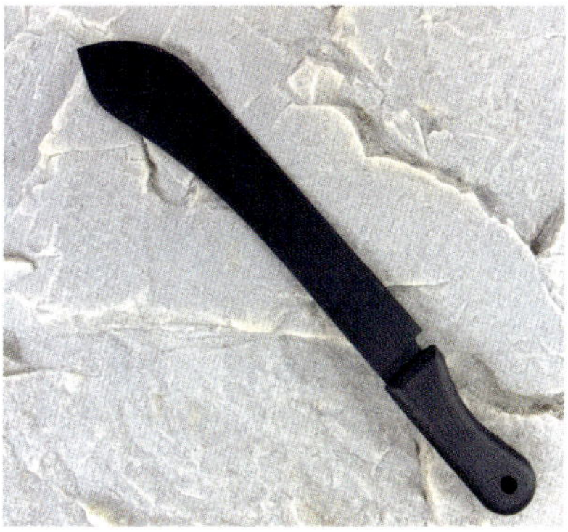

Bolo Machete von Cold Steel

nach Opfern wäre, würde ich einen Bogen um den Typen mit der Machete machen, wenn es auch andere Zielobjekte gäbe. Und Sie?

Darüber hinaus gibt es noch zahlreiche andere Gegenstände, die sich hervorragend als Selbstverteidigungswaffen eignen. Dazu gehören unter anderem:

- Hammer
- Rohr
- Kette
- Schlagstock
- Brechstange
- Axt

Alles, was geschwungen, gestoßen und geworfen werden kann, mit dem man hacken, schlagen, hebeln und schneiden kann, lässt sich zur Selbstverteidigung einsetzen. Dabei darf man aber nicht vergessen, dass einem eine solche Waffe auch gewaltsam entwendet und gegen einen verwendet werden kann.

Wenn es um Leben und Tod geht, wünsche ich mir persönlich eine Schusswaffe zur Selbstverteidigung.

BUG-OUT-SCHUSSWAFFE

Schusswaffen sind nicht für jeden was. In den falschen Händen können sie mehr Schaden anrichten als Nutzen bringen. Der Besitz einer tödlichen Waffe bringt immer auch eine riesige Verantwortung mit sich, die man sehr ernst nehmen sollte. Im Ernstfall werde ich eine Schusswaffe dabeihaben; welche, erkläre ich später. Allerdings kenne ich mehrere Leute, von denen ich hoffe, dass sie keine Schusswaffe mitnehmen werden, da sie nicht das richtige Training haben. Außerdem besitzen sie nicht die nötige Ruhe und Entschlossenheit, um gute, solide Entscheidungen unter beängstigenden und chaotischen Umständen zu treffen. Diese Menschen sollten am besten *mit jemandem unterwegs* sein, der sich mit Schusswaffen auskennt und sie versteht.

Zu welcher Gruppe gehören Sie? Haben Sie Waffentraining oder Erfahrung mit Schusswaffen? Sind Sie Scharfschütze? Die Antworten auf diese Fragen kennen nur Sie. Seien Sie ehrlich und verantwortungsvoll. Nehmen Sie keine Schusswaffe mit, wenn Sie nicht das benötigte Wissen und die Erfahrung haben. Wenn Sie sich noch nicht so weit fühlen, mit einer Schusswaffe zu reisen, deren Sinn und Zweck in einer Survival-Situation aber durchaus anerkennen, dann nehmen Sie an einem entsprechenden Training teil, um Ihre Kompetenz und Ihre Sicherheit im Umgang mit einer Schusswaffe Ihrer Wahl zu erhöhen. In den USA gibt es in jeder größeren Stadt einen Schießstand, wo Unterricht für Waffenbesitzer angeboten wird.

Handfeuerwaffe vs. Schrotflinte vs. Gewehr

Ich liebe Handfeuerwaffen. Ich liebe Schrotflinten. Und ich liebe Gewehre. Von allen habe ich mehrere Exemplare. In einem Katastrophenfall kann man nicht alle mitnehmen, auch nicht zwei – das wäre einfach nicht praktikabel. Was passt am besten in das Bug Out Bag? Der Hauptverwendungszweck ist die Selbstverteidigung. Theoretisch sollte Ihr BOB Lebensmittel für 72 Stunden enthalten, also ist es nicht nötig, eine Jagdwaffe einzupacken. Idealerweise sollte Ihre Schusswaffe versteckt und vor anderen verborgen werden können. Denken Sie dran: Sie werden nicht wollen, dass Ihre Ausrüstung Sie zu einem Ziel für andere macht. Und Sie wollen sich auch nicht zum Ziel der Behörden und der Polizei machen. Die Behörden versuchen, für das Wohl der Gesamtgesellschaft zu sorgen. Also gilt die Grundregel,

SCHNELLER SURVIVAL-TIPP

Informieren Sie sich über die regionalen und staatlichen Waffengesetze, z. B. bei der nächsten Polizeiwache. Der Umgang und Besitz von Waffen wird in Deutschland insbesondere durch folgende Vorschriften geregelt:

- das Waffengesetz (WaffG)
- die Allgemeine Verwaltungsvorschrift zum Waffengesetz (WaffVwV) sowie
- die Allgemeine Waffengesetz-Verordnung (AWaffV).

dass jeder, der inmitten einer Katastrophe mit einer Schusswaffe herumläuft, potenziell gefährlich ist. Wenn Sie Ihre Schusswaffe behalten möchten, müssen Sie diese verbergen.

Zieht man all dies in Betracht, ist die beste Schusswaffenart für das Bug Out Bag eine Pistole. Handschusswaffen lassen sich einfach verbergen. Außerdem sind sie ziemlich leicht – und das ist wichtig. Die Munition ist klein und lässt sich gut packen. Pistolen sind unglaublich effektive Selbstverteidigungswaffen. Abhängig vom Modell fasst eine typische Handschusswaffe fünf bis neun Schuss, bevor nachgeladen werden muss. Bei Magazinen mit besonders hoher Kapazität können bis zu 30 Schüsse abgefeuert werden.

Revolver vs. Automatik

Mit meiner Meinung zur Frage, ob man einen Revolver oder eine halbautomatische Pistole einpacken sollte, werde ich sicher den einen oder anderen verärgern. Lassen Sie mich daher zuerst klarstellen, dass es sowohl exzellente Revolver als auch exzellente halb-automatische Waffen gibt. Ich wäre mit der einen und auch der anderen Option im Bug Out Bag zufrieden. Wie dem auch sei, in mein BOB packe ich einen Revolver. Dafür gibt es zwei Hauptgründe:

Grund 1: Simplizität. Mir gefällt, wie einfach ein Revolver ist. Lauf,

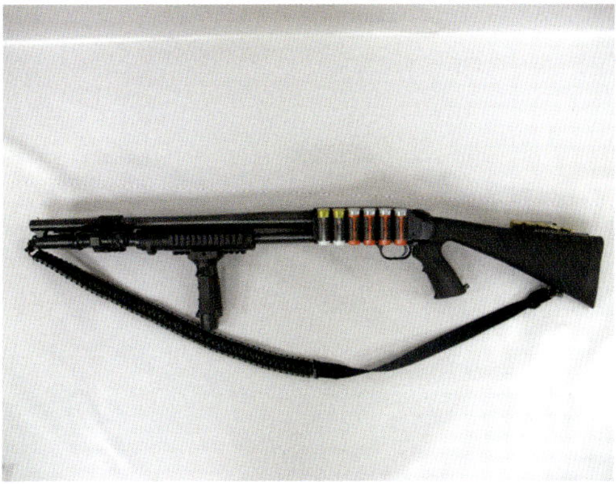

Survival-Flinte

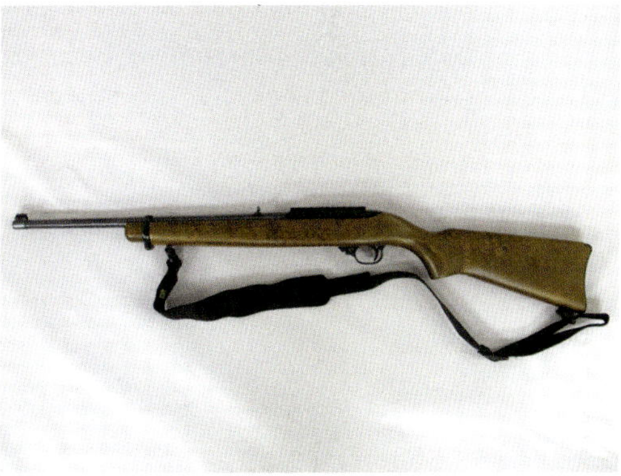

Ruger 10/22 Gewehr

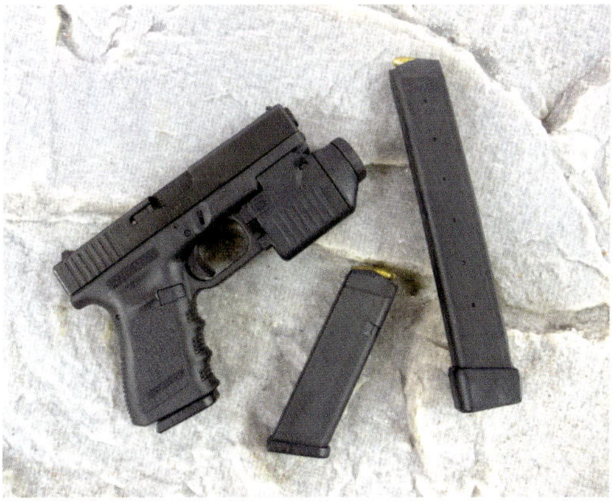

Glock-Pistole

Kugel, Hahn. Dass etwas schiefgeht oder sich etwas verklemmt, ist recht unwahrscheinlich. Außerdem sind Revolver leicht zu laden und zu entladen. Halbautomatische Pistolen haben mehrere bewegliche und gleitende Teile. Und obwohl Hardcore-Fans halb-automatischer Waffen es ungerne zugeben – manchmal verkantet sich was bei diesen Waffen. Ich habe mich sowohl mit Revolvern als auch mit halb-automatischen Handschusswaffen durch Abertausende Runden geschossen und ein Revolver ist mir nie verkantet. Bei halb-automatischen Waffen ist es mir hingegen ein paarmal passiert. An einen dieser Vorfälle erinnere ich mich noch lebhaft.

Grund 2: Kaliber-Flexibilität. Wenn es darum geht, ein Kaliber zu wählen, möchte ich etwas mit einer Kraft, die umhaut. Wenn ich in einer Situation bin, in der ich meine Waffe auf einen Angreifer richten und abdrücken muss, will ich ihn nicht nur verletzen. Ich will ihn stoppen. Punkt. Aus diesem Grund habe ich mich für einen .357 Magnum 5-Schuss-Revolver für mein BOB entschieden. Diese Revolver können auch Patronen mit Kaliber 38 abschießen, sodass man etwas mehr Flexibilität hat, wenn es um das Besorgen von Munition geht. Im Notfall ist es einfacher, einen von zwei populären Kalibern zu finden.

ZUSAMMENFASSUNG

Nutzen Sie Ihren Verstand und verlassen Sie sich auf Ihr Bauchgefühl, um nicht in potenziell gefährliche Situationen zu geraten. Und bloß, weil es sich um eine Katastrophensituation handelt, heißt das noch lange nicht, dass die normalen Gesetze außer Kraft gesetzt sind.

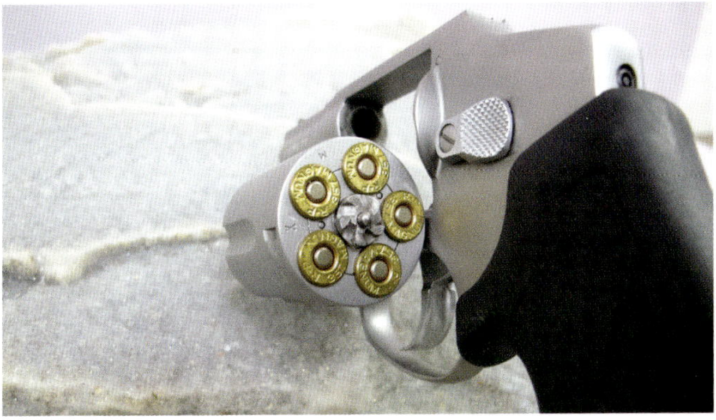

Revolver-Zylinder mit 5 Patronen

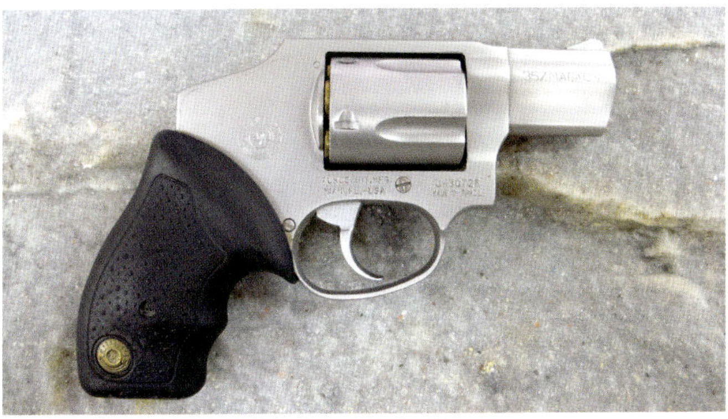

Taurus .357 Magnum

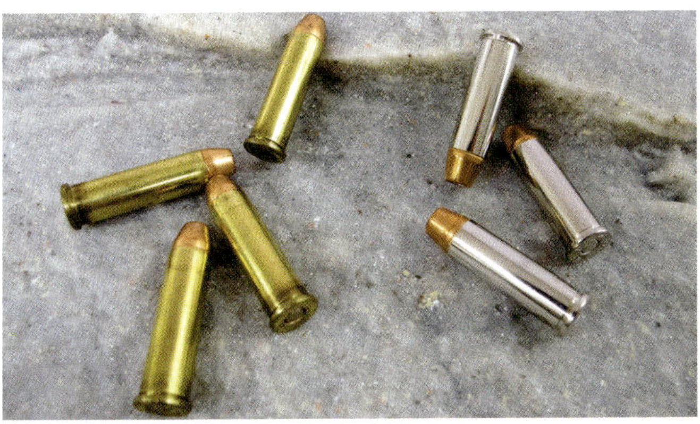

.357-Patronen (links) und .38-Patronen (rechts)

14 VERSCHIEDENES

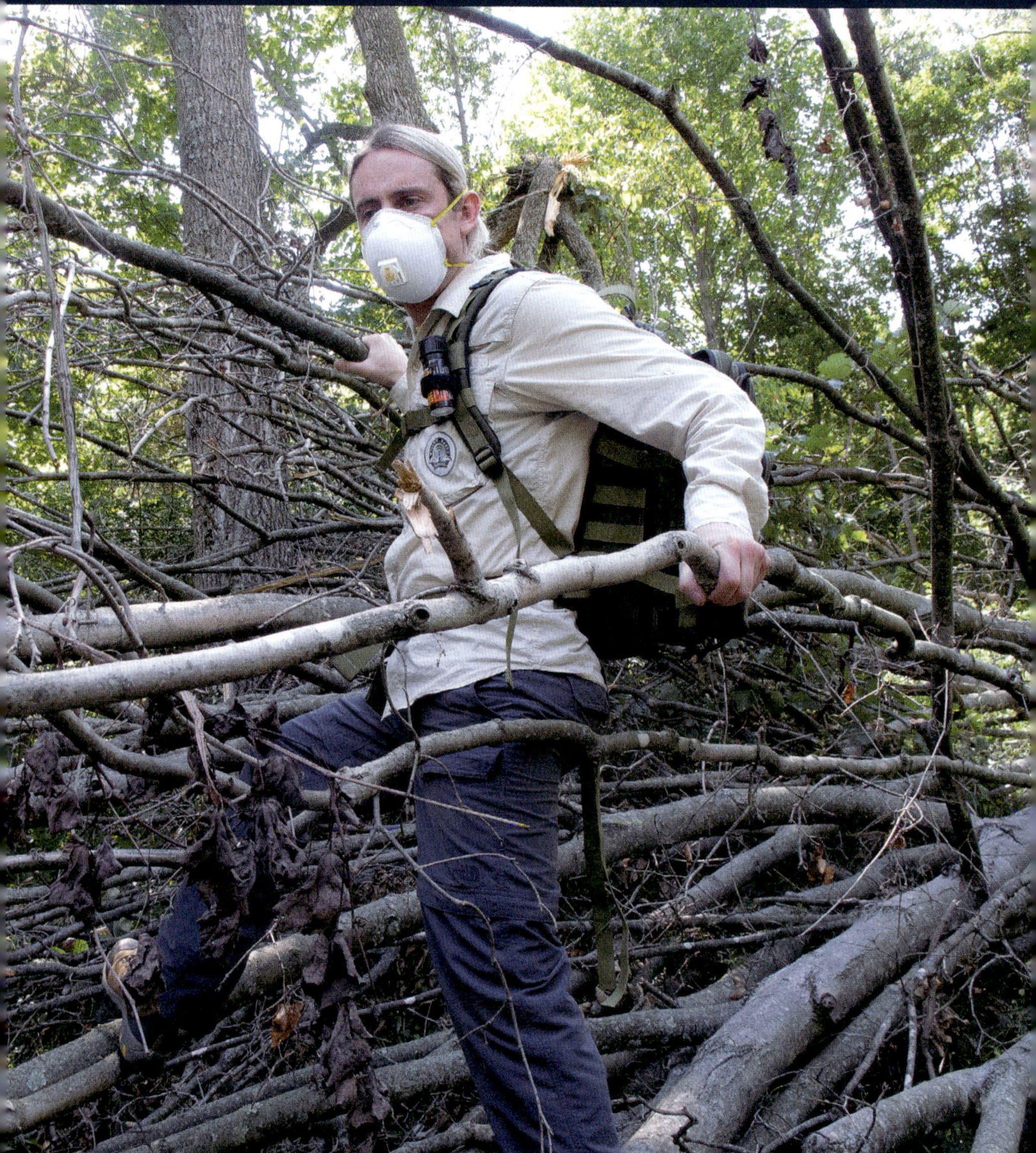

DIESES KAPITEL IST den BOB-Ausrüstungsgegenständen gewidmet, die nicht unbedingt in die ersten elf Kapitel passen. Bei einigen handelt es sich wegen Größe und Gewicht um Luxusgegenstände. Andere betrachte ich als notwendig. Wie wichtig sie sind, erwähne ich in der jeweiligen Beschreibung.

WIEDERVERSCHLIESSBARE BEUTEL

Wiederverschließbare Beutel sind ein exzellentes Survival-Hilfsmittel. Sie haben unzählige Verwendungen in einem Bug-Out-Szenario. Zur Not können sie zur Aufbewahrung oder dem Transport von Wasser verwendet werden. Sie machen sich außerdem hervorragend als wasserdichte Verpackung für Ausrüstungsgegenstände im BOB, die nicht feucht werden dürfen, z. B. das Erste-Hilfe-Set und die Feuerausrüstung. Ich packe alles, was ich schützen will, in zwei wiederverschließbare Beutel für eine extra Lage Schutz. Außerdem packe ich drei bis vier zusätzliche leere Tüten mit 4 Liter Fassungsvermögen in mein BOB.

STABILE MÜLLSÄCKE

Wie in Kapitel 2 erwähnt, können stabile Müllsäcke mit 200 Liter Fassungsvermögen, wie sie auf dem Bau oder im Krankenhaus verwendet werden, für alle möglichen Survival-Aufgaben eingesetzt werden.

Zur Erinnerung hier eine kurze Aufzählung möglicher Einsatzmöglichkeiten. Wenn Sie Platz haben, sollten Sie 2 solcher Müllsäcke einpacken.

- Aufbewahrung und Entsorgung von Abfall
- Wasserdichte Auslage für das BOB
- Bodenabdeckung
- Poncho
- Floß
- Unterschlupf
- Rettungssignal
- Wasser(sammel)behälter

N95-STAUBMASKE

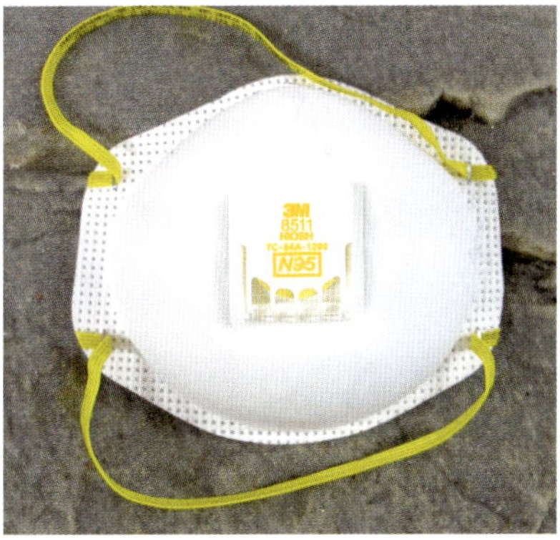

N95-Staubmaske

Bei N95 handelt es sich um eine in den USA anerkannte Angabe zur Leistungsfähigkeit von Staubmasken. Sie besagt, dass eine Maske Partikel aus der Luft filtert, die 0,3 Micron oder größer sind. N95-Masken werden von verschiedenen Herstellern produziert. Bei der Auswahl einer Staubmaske sollte man daran denken, dass die Leistungsfähigkeit wichtig ist, nicht die Marke.

Die Centers for Disease Control (CDC, deutsch: Zentren zur Seuchenkontrolle) empfehlen die Verwendung einer Maske mit N95-Bewertung, um die Verbreitung von in der Luft übertragenen Viren (z. B. H1N1) zu vermeiden. Im Grunde genommen bleiben in der Maske Bakterien und Viren stecken, die ansonsten eingeatmet werden würden. Ich kann mir mehrere Bug-Out-Szenarien vorstellen, bei denen Bedarf für eine N95-Maske besteht:

- Vulkanausbrüche, mit denen Staubwolken, Rauch, Asche- und Schuttregen einhergehen
- Terroranschläge, Atomschläge oder Bombenangriffe, bei denen es zu Explosionen, Rauchentwicklung, Asche, Schutt und Staub kommt
- Epidemien, Krankheiten oder Seuchen
- Asche und Rauchentwicklung bei Waldbränden

Hier ein paar Tipps für die Nutzung einer N95-Maske, um deren Resultate zu verbessern:

- Sie muss eng anliegen: Wenn die Maske schön eng am Gesicht anliegt, ist sie leistungsfähiger. Der Aluminium-Nasenaufsatz muss der Form der Nase angepasst werden. Dichter Bartwuchs verhindert, dass die Maske eng anliegt.
- Sie muss ein Ausatmungsventil haben: Auf dem Foto ist das Ventil als kleines Plastikquadrat in der Mitte der Maske zu erkennen. Es ermöglicht die schnelle Freisetzung von Kohlendioxid und Feuchtigkeit, die man beim Ausatmen abgibt. Das Ventil verhindert so, dass Feuchtigkeit die Fasern der Maske verstopft und dass die Brille beim Atmen anläuft.

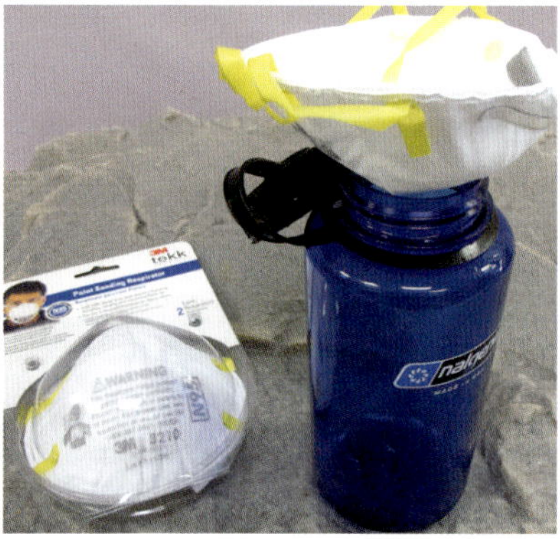

Maske als grober Vorfilter

N95-Masken können außerdem als grobe Wasserfilter verwendet werden zum Herausfiltern schwimmender Partikel.

550ER FALLSCHIRMSCHNUR

Die Zahl 550 weist darauf hin, dass das Seil eine Nennfestigkeit (einen Zugwiderstand) von 550 Pfund hat. Militärischen Standardanforderungen entsprechende Fallschirmschnur

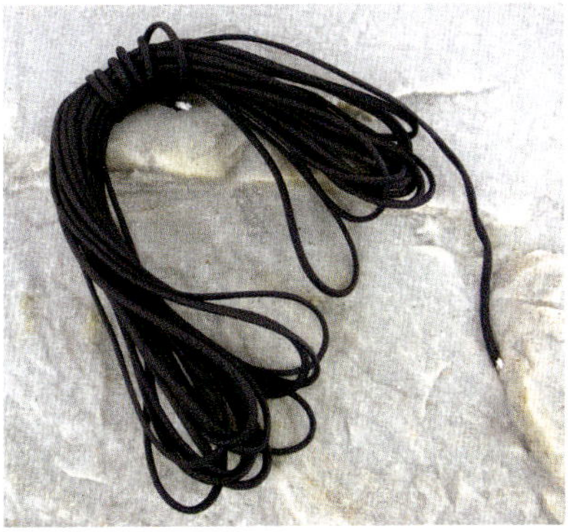

9 Meter 550er Fallschirmschnur

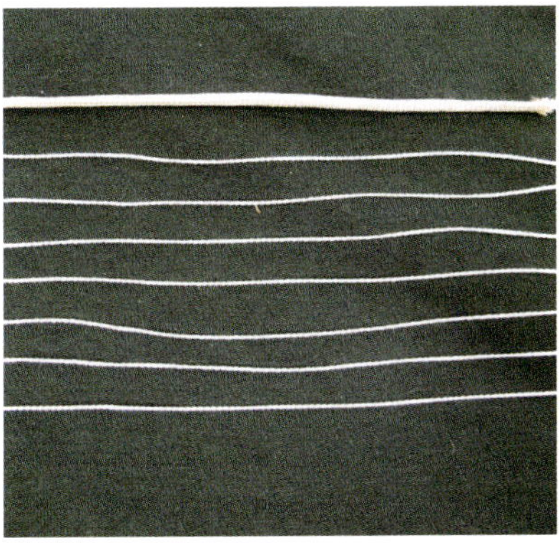

Sieben innere Stränge und Nylon-Ummantelung

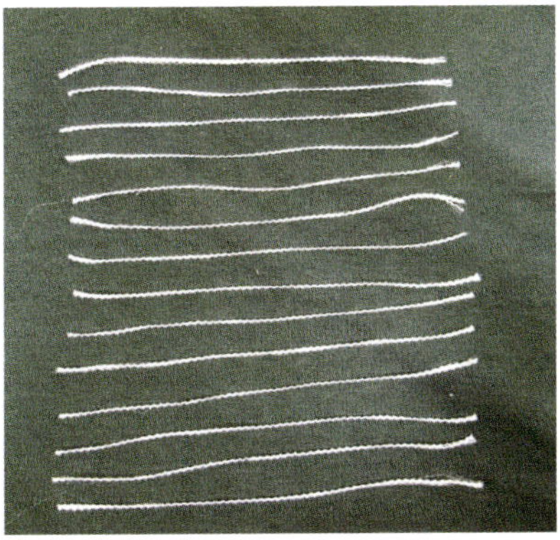

Sieben innere Stränge, aufgedröselt in 14 Stück

besteht aus sieben inneren Strängen, umgeben von gewobenem Nylon. Diese sieben inneren Stränge bestehen jeweils aus zwei ineinander verdrehten Einzelsträngen. Das heißt, ein Stück Fallschirmschnur kann in fünfzehn separate Stränge aufgedröselt werden – die vierzehn inneren Stränge und die gewobene Ummantelung. Aus 3 Metern Fallschirmschnur kann man wenn nötig also 45 Meter Länge gewinnen.

Aufgrund dieser Vielseitigkeit bei gleichzeitiger hoher Bruchlast ist die 550er-Fallschirmschnur in der Survival-Szene sehr populär. Sie kann für alle möglichen Survival-Situationen verwendet werden. Hier nur eine kleine Auswahl der Einsatzmöglichkeiten:

- Lager errichten
- Fallen stellen
- Reparaturen
- Angelleine
- Notfall-Kletterseil
- Gürtel

Ich empfehle, mindestens 15 Meter Fallschirmschnur einzupacken. Ich habe 60 Meter dabei, aus praktischen Gründen aufgeteilt in folgende Längen:

- 2 × 1,5 Meter
- 10 × 3 Meter
- 2 × 6 Meter
- 1 × 15 Meter

FERNGLAS

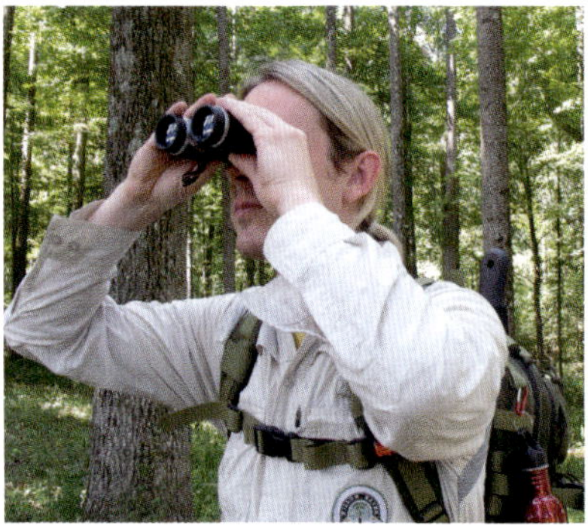

Creek beim Beobachten des Horizonts

Eigentlich handelt es sich um einen Luxusgegenstand, ein Fernglas kann im BOB aber auch sehr nützlich sein. Die Fähigkeit, weit in die Ferne sehen zu können, bringt mehrere Vorteile mit sich. Besonders relevant sind:

- Bedrohungen vermeiden
- Bug-Out-Ziel vor der Annäherung aus der Ferne inspizieren
- nach Rettung oder Hilfe Ausschau halten
- nach den besten Marschrouten suchen
- Menschengruppen aus der Ferne beobachten
- Schilder lesen
- Teammitglieder im Auge behalten

KLEINE ANGELAUSRÜSTUNG

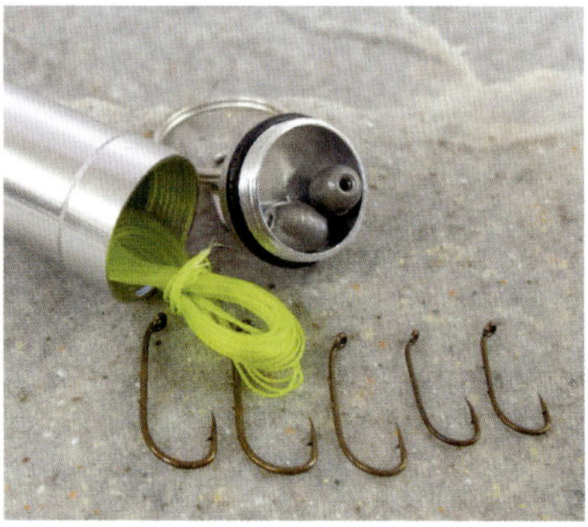

Angel-Ausrüstung

Auch hier gilt, dass Sie für einen 72-Stunden-Bug-Out ausreichend Lebensmittel eingeplant haben sollten. Die Angelausrüstung ist also keine Notwendigkeit für das BOB. Allerdings passt eine kleine Angelausrüstung in einen extrem kleinen Behälter und wiegt nur sehr wenig. Meiner Meinung nach ist sie eine angemessene Zugabe.

Eine Angelausrüstung sollte die folgenden Gegenstände enthalten:

- 80–130 cm Angelleine
- 3–5 Angelhaken in verschiedenen Größen
- 3–5 Bleigewichte

Ich packe meine Angelausrüstung in eine kleine Aluminium-Tablettenschachtel, die ich in der Apotheke vor Ort gekauft habe.

KLEINES NÄH-/REPARATURSET

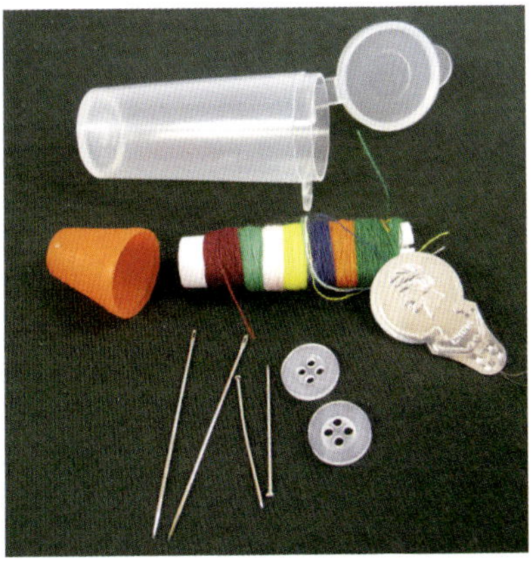

Nähset und Behältnis

Ein kleines Nähset ist federleicht und hilfreich, wenn man unterwegs kleine Reparaturen an der Ausrüstung vornehmen oder Kleider flicken muss. Es kann auch für Notfall-Nähte verwendet werden. Ich habe mein Set von einem Stoffladen in der Nähe gekauft und in der kleinen Kunststoffdose gelassen, in der es angeboten wurde. Es enthält die folgenden Teile:

- eine Auswahl an Fäden
- 2 Nähnadeln
- 2 Reißzwecken
- 1 Knopf
- 1 Einfädler
- 1 Fingerhut

Außerdem habe ich noch etwa 1,5 m gewachste Zahnseide hinzugefügt, die für starke Beanspruchung geeignet ist, z. B. für die Reparatur von Rucksackträgern oder von Rissen im Tarp.

GUMMISCHLÄUCHE

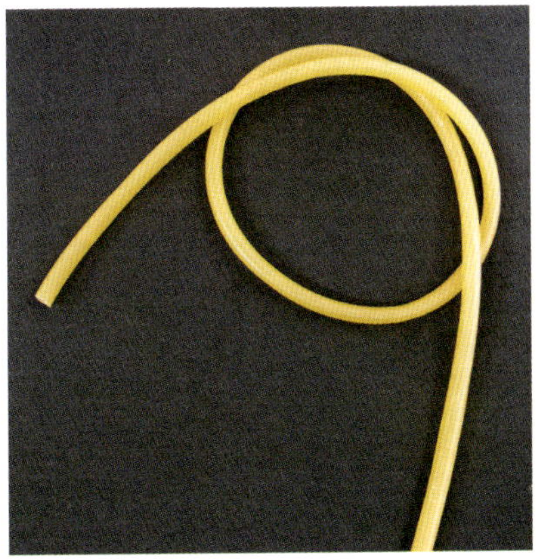

1 Meter Latex-OP-Schlauch

In Kapitel 3 habe ich erwähnt, dass einige Wasserfiltersysteme mit Gummischläuchen geliefert werden, die nach Bedarf auch für andere Zwecke verwendet werden können. Wenn das verwendete System keinen solchen Schlauch enthält, sollte man in Erwägung ziehen, etwa 1 m Latex-OP-Schlauch mitzunehmen, der mehreren Survival-Zwecken dienen kann:

- Druckverband
- Siphon (Absaugschlauch)
- Trinkhalm für schwer erreichbare Wasserquelle
- provisorische Steinschleuder
- provisorische Harpune

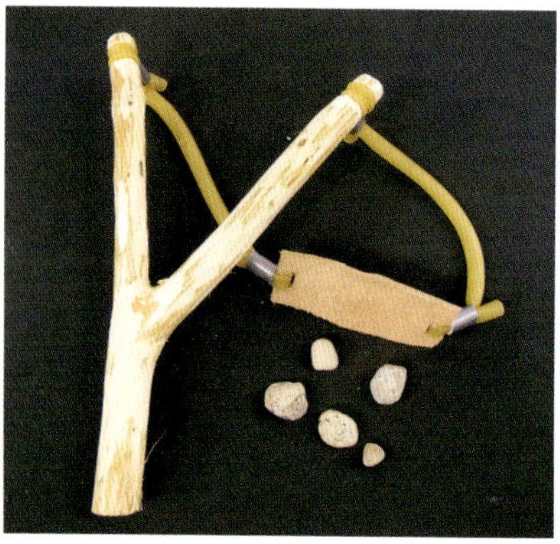

Steinschleuder aus OP-Schlauch

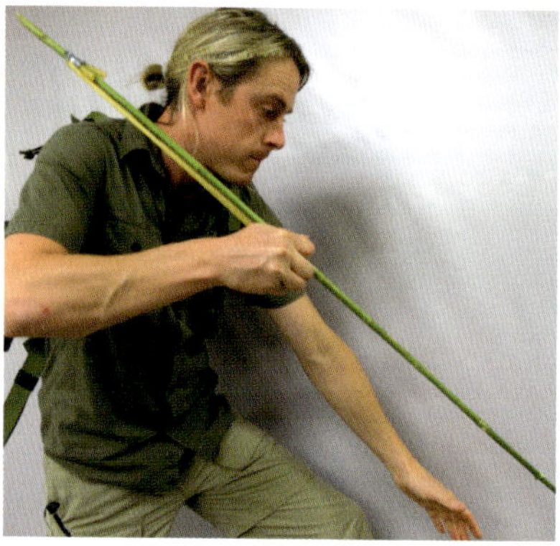

Hawaiischer Fischspieß mit OP-Schlauch

DUCT TAPE

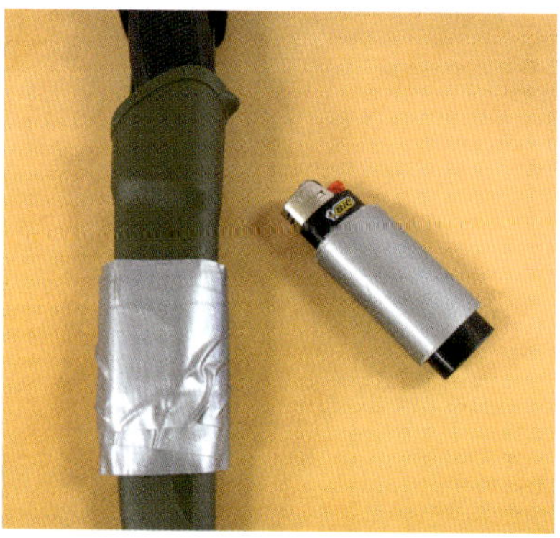

Mit Klebeband umwickelte Messerscheide und Feuerzeug

In Kapitel 3 habe ich das Duct Tape bereits erwähnt. Ich wickle etwa 4–5 Meter des Klebebands um meine Nalgene-Wasserflasche und um mehrere andere Ausrüstungsgegenstände, damit ich es platzsparend transportieren kann. Man kann gar nicht genug Klebeband haben! Ich umwickle z. B. auch meine Feuerzeuge und die Messerscheide meines Zweitmessers Mora 840 mit Klebeband.

So habe ich etwa 8 m Klebeband auf verschiedene Ausrüstungsgegenstände aufgeteilt und kann es je nach Bedarf verwenden. Duct Tape hat unzählige Verwendungsmöglichkeiten, beschränkt nur durch unsere Vorstellungskraft. Ich habe Videos und Bilder von Menschen gesehen, die mithilfe von Klebeband funktionsfähige Boote und Flöße zusammengebaut haben. Weitere erwähnenswerte praktische Verwendungsmöglichkeiten sind:

- Erste-Hilfe-Notfallverband
- Tauwerk
- Reparatur von Ausrüstung, Bekleidung, Schuhen
- provisorischer Notfall-Wasser-behälter

SONNENBRILLE

Vom Schutz vor der Sonne einmal abgesehen kann eine gute Sonnenbrille auch als allgemeine Schutzbrille dienen. Sie sollten jede mögliche Vorsichtsmaßnahme treffen, um Ihre Augen zu schützen – vor allem, wenn

Sie eingeschränkten Zugang zu medizinischer Versorgung haben. Eine Augenverletzung kann Ihren Bug-Out-Plänen einen verheerenden Schlag versetzen. Kaufen Sie sich eine günstige Sonnenbrille und dazu ein Brillenband, damit Sie sie nicht verlieren.

ZWEI BANDANAS

Es ist schon erstaunlich, wie so etwas Einfaches und Günstiges wie ein Bandana so viele Survival-Aufgaben erledigen kann. Bandanas haben buchstäblich Hunderte Verwendungsmöglichkeiten. Sie haben außerdem fast kein Gewicht und lassen sich ganz einfach packen – man kann kleine Lücken im BOB damit füllen. Ich empfehle Ihnen, zwei Bandanas in Ihr BOB zu packen. Im Folgenden ein paar sehr praktische Verwendungsmöglichkeiten:

- Gesichtsmaske
- Topflappen
- Wegmarkierung
- Seil (in Streifen geschnitten und wieder aneinandergeknotet)
- grober Wasserfilter
- Erste-Hilfe-Verband
- Unterlage bei der Essenszubereitung

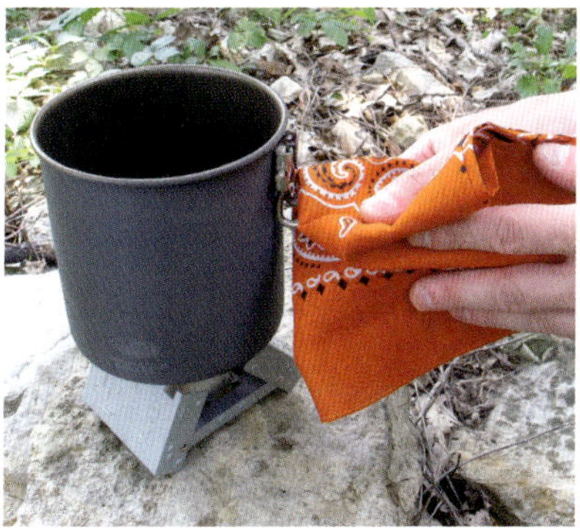

Bandana als Topflappen

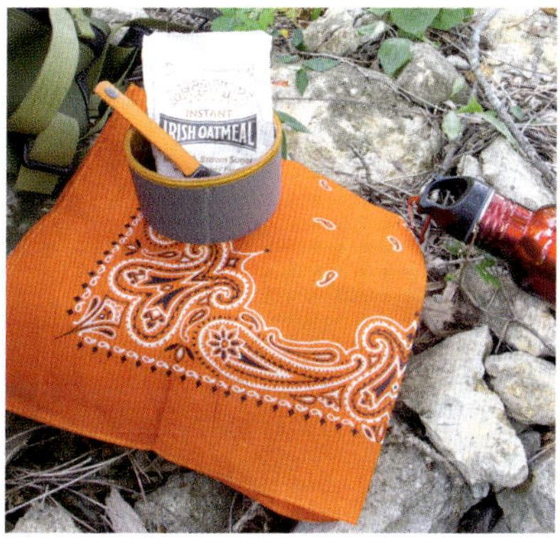

Bandana als Unterlage bei der Essenszubereitung

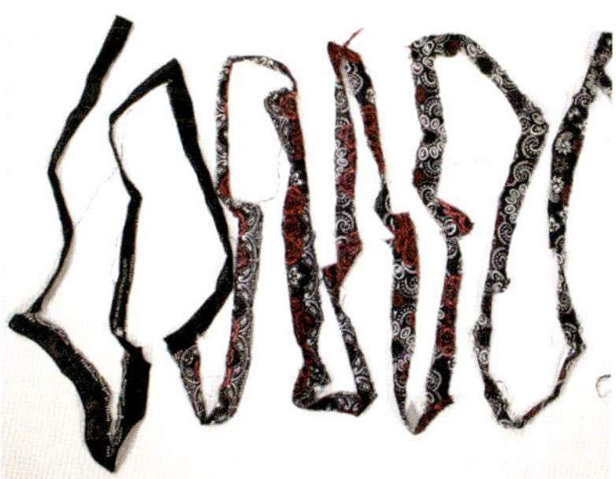

In Streifen geschnittenes Bandana, zu einem 6 m langen Seil zusammengeknotet

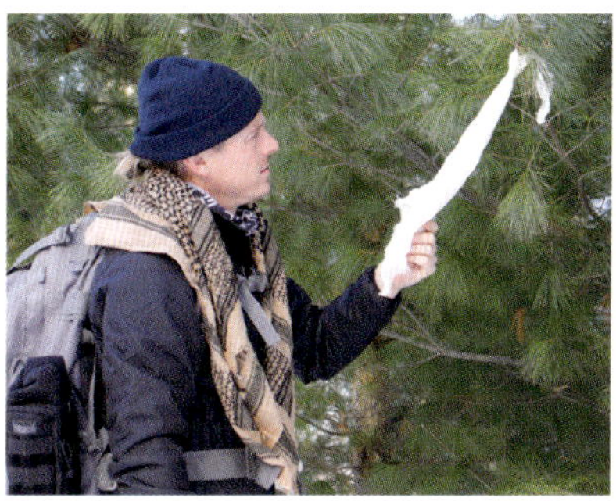

Bandana-Streifen als Wegmarkierung

MOTIVATIONSQUELLE

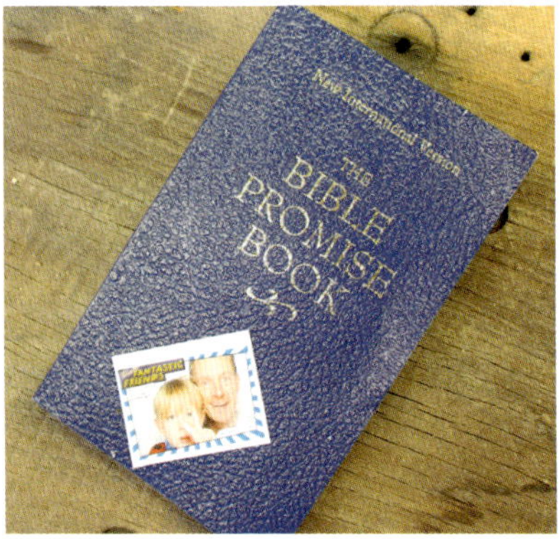

Motivationsquelle

In jedes Survival-Set, das ich zusammenstelle, packe ich auch ein kleines inspirierendes Objekt. Dieses Objekt ist meine Motivationsquelle, wenn die Stimmung am Boden ist. Dabei kann es sich um alles Mögliche mit persönlicher Bedeutung handeln – etwas, das einen weitermachen lässt und daran erinnert, dass es sich lohnt zu kämpfen. Dieses Objekt ist für jeden etwas anderes. Es kann sich um ein Familienfoto handeln, ein Bild von der Freundin oder dem Freund, ein kleines, bedeutungsvolles Schmuckstück oder ein religiöses Objekt. Ich persönlich habe eine kleine King-James-Bibel und ein lustiges Familienfoto in meinem Bug Out Bag. Diese beiden Objekte inspirieren und motivieren mich, nicht aufzugeben.

Für Kinder kann ein Spielzeug, Modeschmuck oder ein Stofftier eine Menge bewirken. Alles, was positiv besetzt ist, kann über die harte Realität hinweghelfen. Vertraute Freuden können für ein Kind Hoffnung, Vergewisserung und Normalität bedeuten. Ein kleiner trostspendender Gegenstand kann auch bei älteren Kindern zur Stressreduktion führen und ein Gefühl von Ruhe und Normalität im um sie herrschenden Chaos vermitteln. Diese Objekte sollten im Voraus in das BOB gepackt werden. Gehen Sie nicht davon aus, dass Sie im letzten Moment noch das Lieblingsspielzeug suchen können. Falls Ihr Kind an einem speziellen Spielzeug besonders hängt, kaufen Sie ein Duplikat und packen Sie es in das BOB des Kindes, damit alles zum Aufbruch bereit ist.

ZUSAMMENFASSUNG

Nutzen Sie Ihren gesunden Menschenverstand, wenn es um den Platz im BOB geht. Pack-Entscheidungen hängen davon ab, wie viel Platz im Rucksack ist und wie schwer Sie tragen können. Es ist unvermeidlich, dass einige Objekte zurückbleiben müssen. Darauf müssen Sie sich einstellen. Die Checkliste im Anhang ist daher danach sortiert, wie wichtig die jeweiligen Objekte sind. Wenn Sie wenig Platz haben oder das maximale Gewicht, das Sie tragen können, fast erreicht ist, lassen Sie zuerst die Objekte am Ende der Liste weg und arbeiten sich dann, wenn nötig, nach oben.

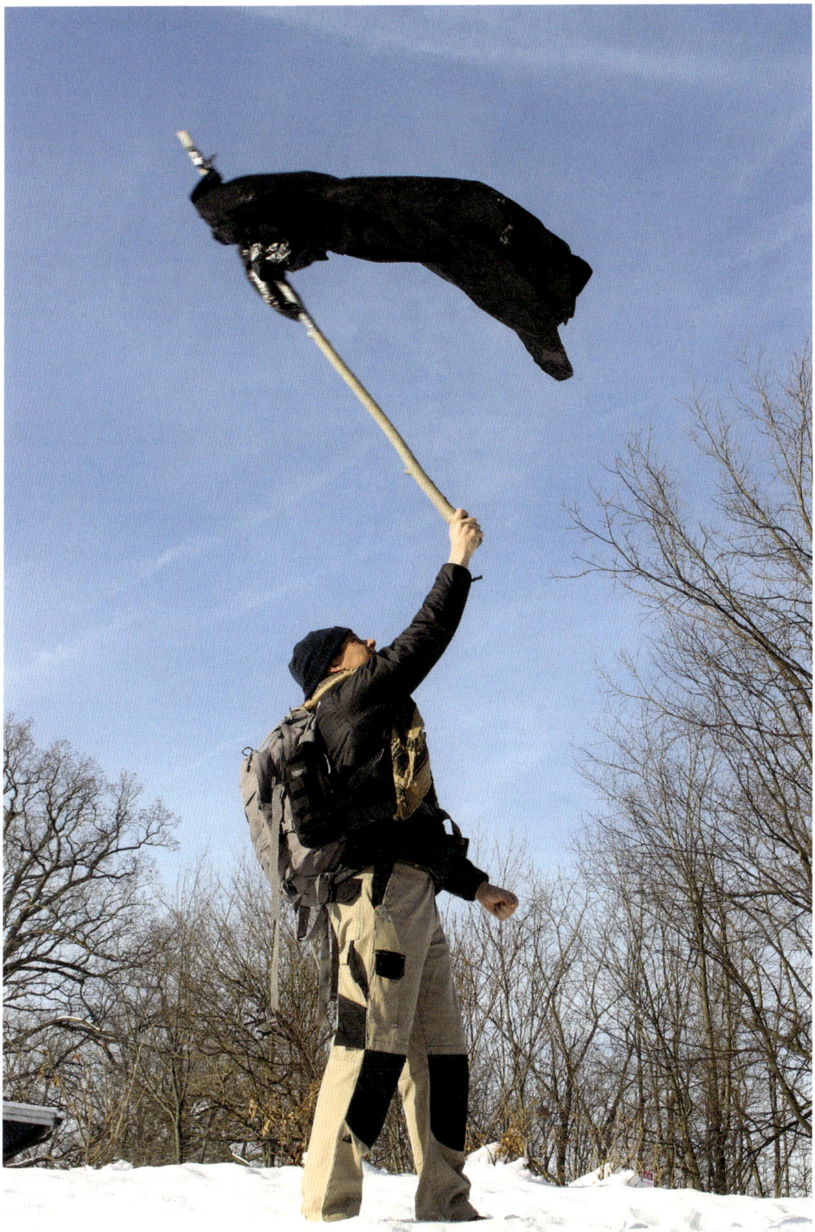

15 BUG OUT MIT HAUSTIEREN

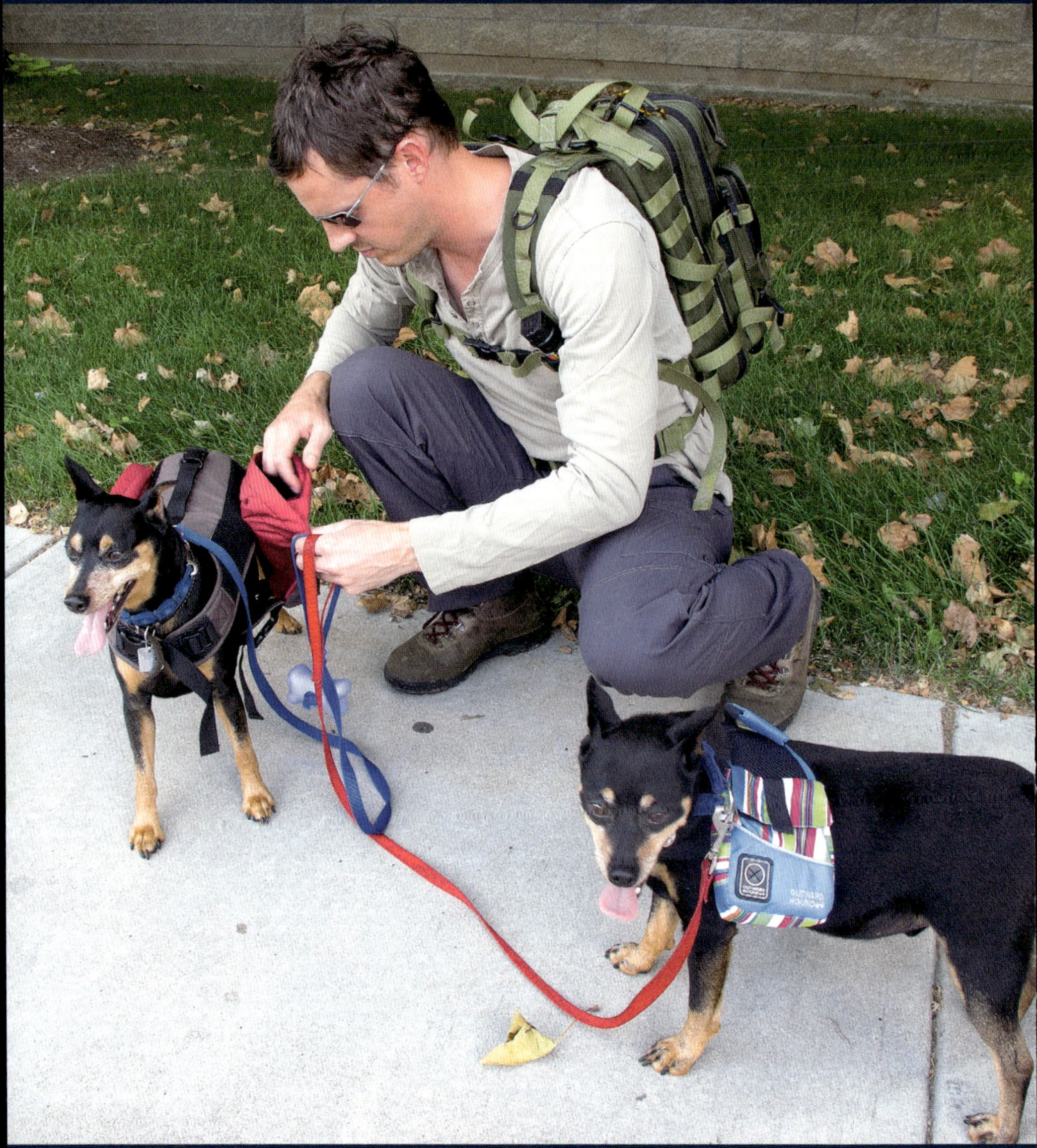

EINE FREUNDIN VON MIR, die in der Veterinärmedizin arbeitet, erzählte mir, dass 30 % der amerikanischen Haushalte entweder einen Hund oder eine Katze besitzen. Sie verriet mir auch, dass es in mehr als 60 % der Haushalte irgendein Haustier gibt. Daher wird dieses Kapitel für viele Leser interessant sein. Ob Haustiere einen Katastrophen-Bug-Out überleben oder nicht, hat viel mit den getroffenen Vorsichtsmaßnahmen zu tun. Wenn man plant, Haustiere mitzunehmen, muss man bei der Zusammenstellung des BOBs an sie denken. Bei einigen Haustieren wird es nicht praktikabel sein, sie auf den Bug Out mitzunehmen. Das ist einfach eine traurige Tatsache. Diese Entscheidung muss im Voraus getroffen werden. Wenn es zu einer Katastrophe kommt und ein Bug Out nötig wird, müssen Sie bereits wissen, welche Haustiere (wenn überhaupt) Sie mitnehmen. Zeit für Diskussionen und wohlüberlegte Entscheidungsfindung wird es mitten in einer Krise nicht geben. Nachdem Sie Ihre Entscheidung getroffen haben und Haustiere mitnehmen möchten, müssen Sie Folgendes beim Packen des BOBs beachten. Die Grundbedürfnisse zum Überleben von Tieren unterscheiden sich nicht groß von den menschlichen – Lebensmittel, Wasser und Unterschlupf sind die wichtigsten Punkte.

WASSER

Ebenso wie beim Menschen variiert der tägliche Wasserbedarf von Tieren abhängig von ihrer Größe, ihrem Gewicht, ihrer Art und ihrer Umgebung. Die beste Faustregel ist, dass, wenn man selbst Durst hat, das Haustier vermutlich auch durstig ist. Es wäre falsch zu glauben, dass sich Hunde und Katzen nicht auch Krankheiten, Erbrechen und Durchfall von Krankheitserregern im Wasser, z. B. Giardia, zuziehen könnten – vor allem die Tiere, die sehr behütet gehalten und nur im Haus gefüttert werden. Unglücklicherweise sind die Tage vorbei, in denen Menschen und Haustiere in den meisten Teilen der Erde ganz sorgenfrei aus natürlichen Wasserquellen trinken könnten. Es stellt ein Risiko dar, selbst für Tiere. Wenn ich ein Haustier hätte, würde ich vermutlich trotzdem davon ausgehen, dass es aus einer natürlichen Wasserquelle trinkt – aber das ist eine persönliche Entscheidung.

Tiere können nicht besonders gut Wasser aus Nalgene-Flaschen trinken. Es ist unmöglich, kein Wasser zu verschwenden, wenn man versucht, das Tier direkt aus der Flasche trinken zu lassen. Für 15 $ habe ich eine zusammenklappbare Wasserschüssel von Granite Gear gekauft, die sich hervorragend als Trinkschüssel eignet.

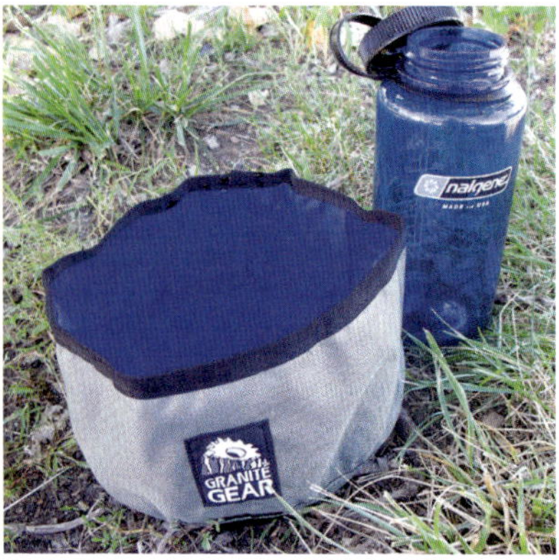

Tiertrinkschüssel von Granite Gear

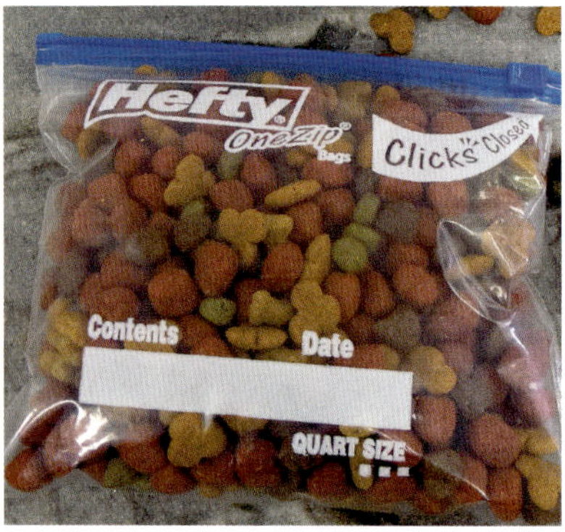

Trockenfutter in wiederverschließbaren Tüten

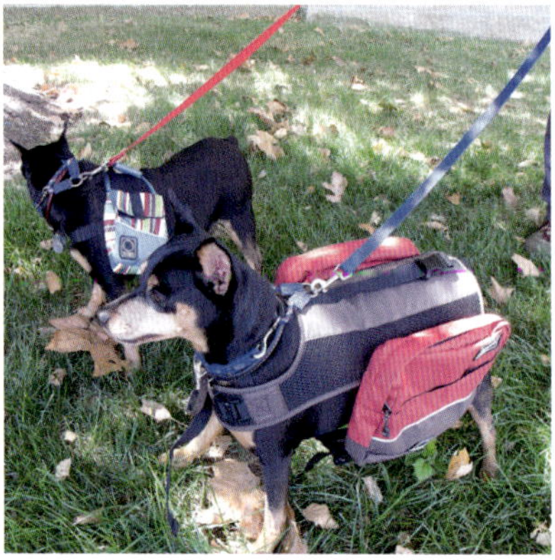

Zwei kleine Hunde an der Leine während eines urbanen Bug Outs

FUTTER

Außer Wasser müssen Sie auch Tierfutter einpacken. Hier gelten die gleichen Richtlinien wie für Ihre eigenen Lebensmittel. Das Tierfutter muss leicht und gut verpackbar sein und in einem wasserdichten Behälter aufbewahrt werden. Ich schlage Trockenfutter vor, das man in drei Lagen wiederverschließbarer Tüten packen sollte. Packen Sie Tierfutter für 72 Stunden ein.

MEDIZIN

Falls ihr Haustier Medikamente einnehmen muss, müssen Sie diese und entsprechende Hilfsmittel einpacken: Tabletten, Pipetten, Spritzen etc. Diese Artikel sollten in ein extra Behältnis gepackt werden, separat vom eigenen Erste-Hilfe-Set.

LEINE & MAULKORB (FALLS NÖTIG)

Ohne Leine ist es schwer, ein neugieriges oder verängstigtes Haustier in der chaotischen Katastrophenumgebung nicht zu verlieren. Eine Leine ist besonders wichtig, wenn man gezwungen ist, zu Fuß unterwegs zu sein. Zur Not kann eine einfache Leine aus dem Fallschirmschnurvorrat (siehe Kapitel 14) gefertigt werden.

Wer einen Hund hat, der zum Schnappen oder Beißen neigt, muss einen Maulkorb im BOB haben. Dass

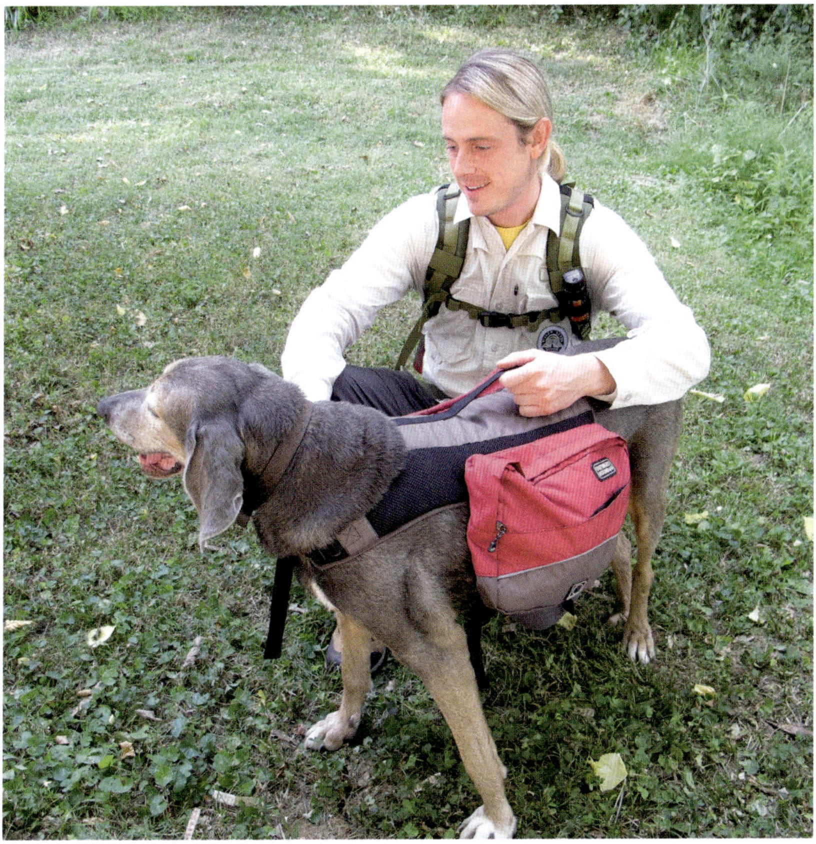

Hund Maggie bereit für ein Bug Out

der Hund jemanden in der Menge beißt, ist das Letzte, was man braucht.

PACKTIERE

Viele Tiere sind in der Lage, ihre eigene Bug-Out-Ausrüstung zu tragen. Es ist gar nicht ungewöhnlich, dass Assistenzhunde in speziellen Satteltaschen kleinere Gegenstände für ihre behinderten Besitzer transportieren. Ich habe das bei unzähligen Gelegenheiten beobachtet. Das gleiche Konzept kann für ein Bug-Out-Szenario übernommen werden, wenn man ein Haustier hat, das in der Lage ist, eine zuvor gepackte Tasche zu tragen. Selbst kleinere Hunde können mit kleinen Taschen ausgestattet werden.

Am besten ist diese Strategie jedoch für mittelgroße bis große Hunde und Nutztiere geeignet. Ziegen machen sich z. B. hervorragend als Packtiere, können bis zu einem Drittel ihres Eigengewichts tragen. Viele „Packziegen"-Fans machen sogar regelmäßig mehrtägige Touren durchs Hinterland und lassen ihre Vorräte von Ziegen schleppen. Rechts ein Foto von Charlie Jennings mit Ziegen aus der Herde von Carolyn Eddy, die er bei Eagle Creek Packgoats erstanden hat.

PAPIERE/IDENTIFIKATION

Sie müssen außerdem wichtige Dokumente und die Identifikation für Ihr Haustier einpacken. Ihr Haustier sollte ein ID-Halsband mit Ihren Kontaktinformationen und dem Nachweis über die Tollwutimpfung tragen. Außerdem sollte der Impfpass des Tieres eingepackt werden, damit man nachweisen kann, dass es

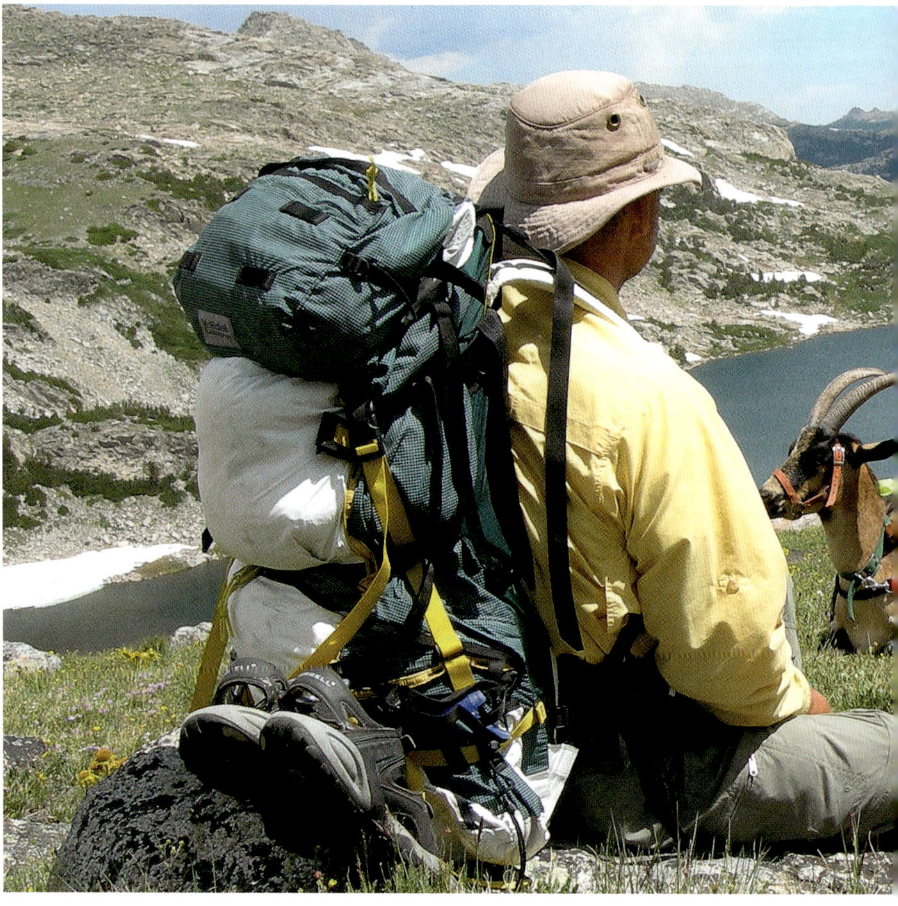

Packziegen, ausgerüstet mit Taschen; Foto der North American Packgoat Association (www.NAPgA.org)

innerhalb der letzten zwölf Monate die nötigen Impfungen bekommen hat. Diese Dokumente machen eine reibungslose Reise wahrscheinlicher, falls man von den Behörden angehalten wird.

ZUSAMMENFASSUNG

Ich ziehe meinen Bruder, der zwei Zwergpinscher besitzt, gerne im Spaß damit auf, dass er die Tiere so gerne hat, als wären sie seine eigenen Kinder. Eine Aussage wie diese bewahrheitet sich besonders während eines Katastrophen-Bug-Outs. Wenn man Haustiere mitnimmt, muss man sich darauf vorbereiten. Tun Sie Ihr Bestes, um Ihre Haustiere so selbstständig wie möglich zu erziehen.

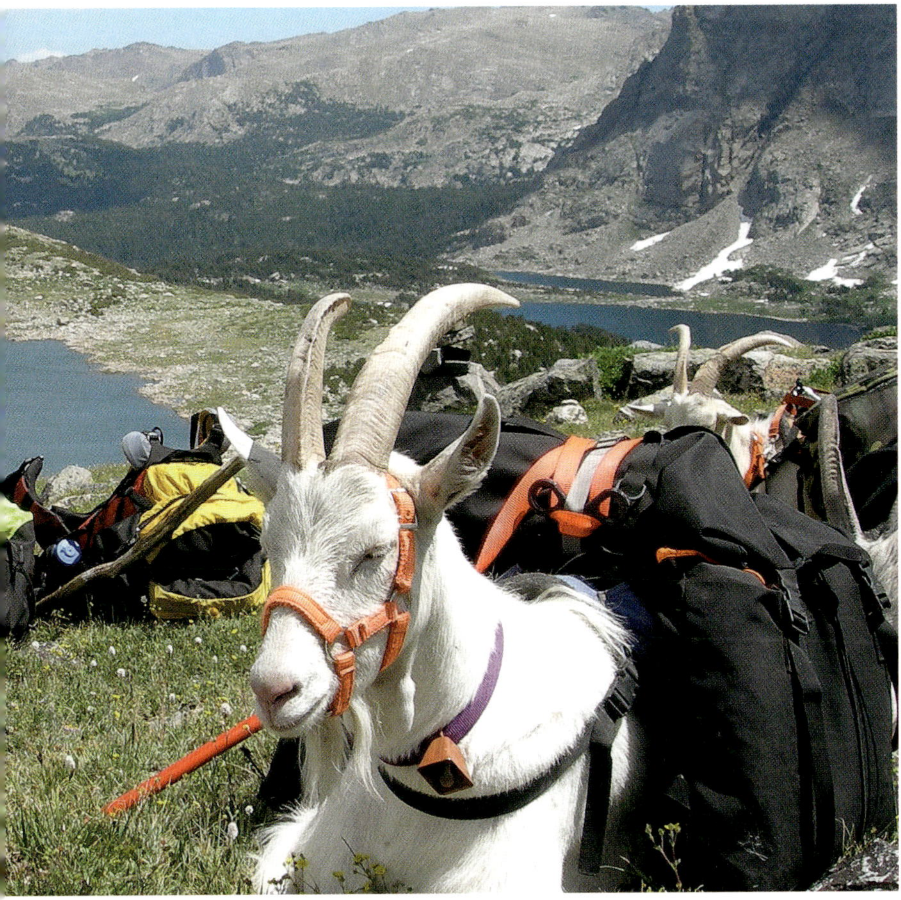

16 BOB-ORGANISATION & -INSTANDHALTUNG

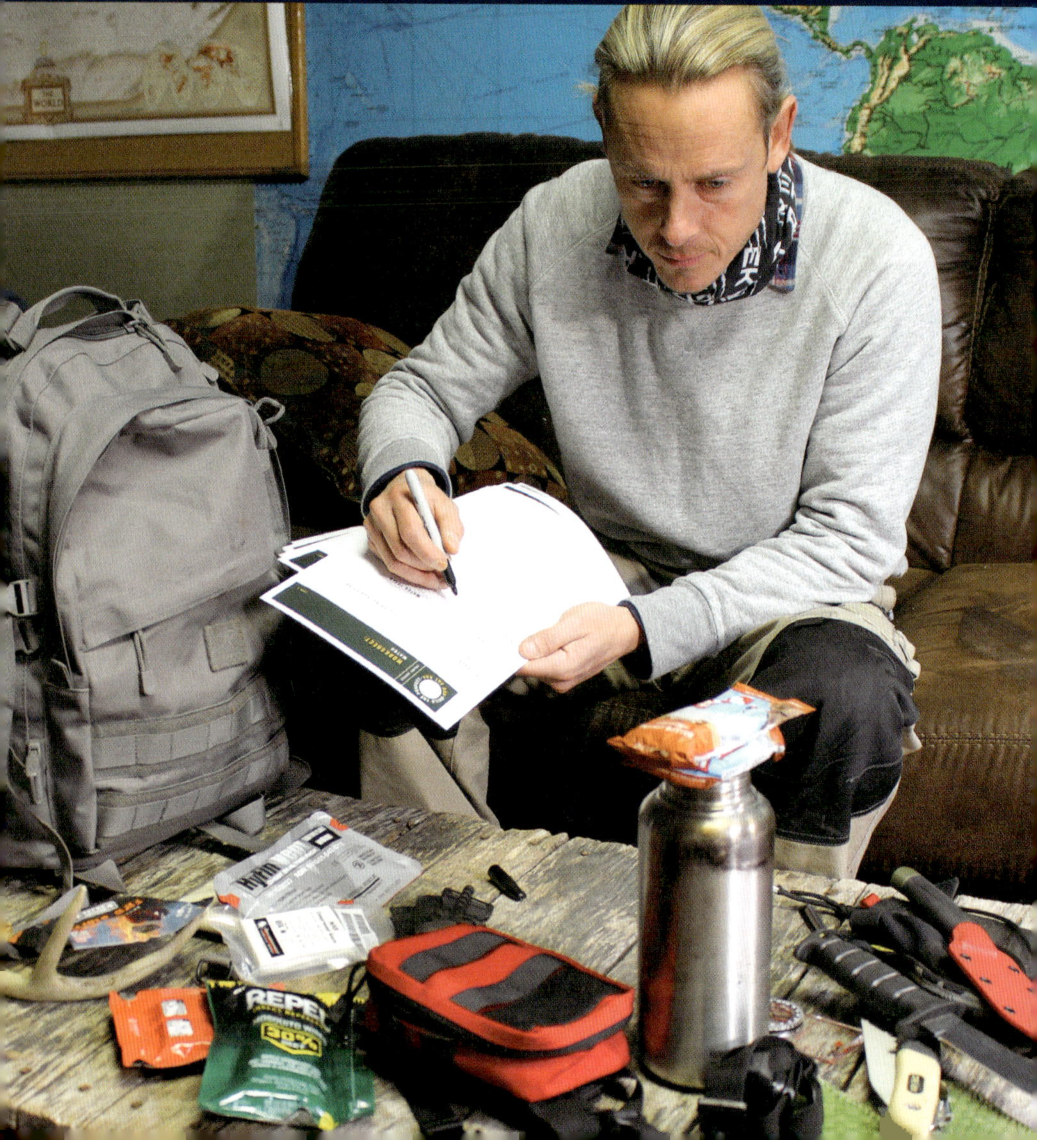

NACHDEM ICH AUSGEFÜHRT HABE, was in das BOB gehört, ist es an der Zeit, sich an das Packen zu machen. Von innen nach außen, jeder Schritt der BOB-Zusammenstellung sollte methodisch und strategisch organisiert sein. Am Inhalt darf nichts wahllos oder zufällig sein. Alles sollte bewusst ausgewählt und mit Überlegung organisiert werden.

Wenn man in einer Katastrophensituation unterwegs ist, wird man nicht die Zeit haben, den kompletten Inhalt des Rucksacks nach etwas Bestimmtem zu durchsuchen. Man muss in der Lage sein, sofort auf das Benötigte zugreifen zu können. Außerdem ist die Wahrscheinlichkeit größer, dass etwas verloren geht, wenn der Rucksack unorganisiert ist. Dinge werden verstreut, fallen gelassen oder zurückgelassen.

Der Inhalt des BOBs muss außerdem auf aktuellem Stand sein. Im Falle einer Bug-Out-Situation will man nicht mit einem Rucksack dastehen, der voll von Lebensmitteln und Medikamenten mit abgelaufenem Haltbarkeitsdatum ist und von Kleidern, die der Jahreszeit nicht angemessen sind. Ein regelmäßiger Wartungsplan sorgt dafür, dass man das ganze Jahr über gut vorbereitet ist.

Im Folgenden die Richtlinien, die ich zur Organisation meines BOBs verwende:

WASSERDICHT MACHEN

Wie ich am Anfang des Buches erwähnt habe, ist der erste Ausrüstungsgegenstand in meinem BOB ein stabiler Müllsack mit 200 l Fassungsvermögen. Obwohl mein Ruck-

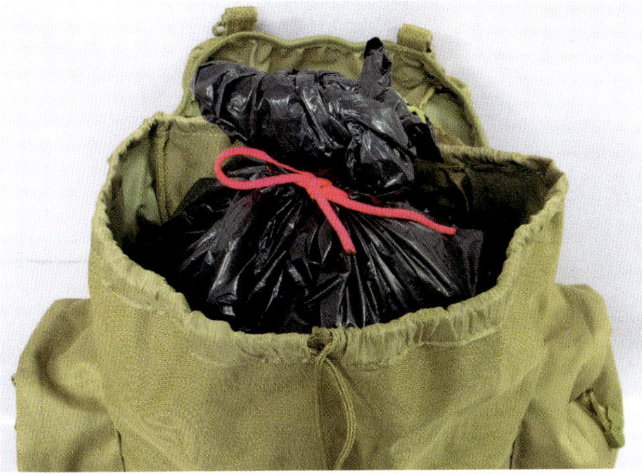

Rucksack, ausgelegt mit Müllsack, der oben zusammengefaltet und dann mit Fallschirmschnur zugebunden wurde

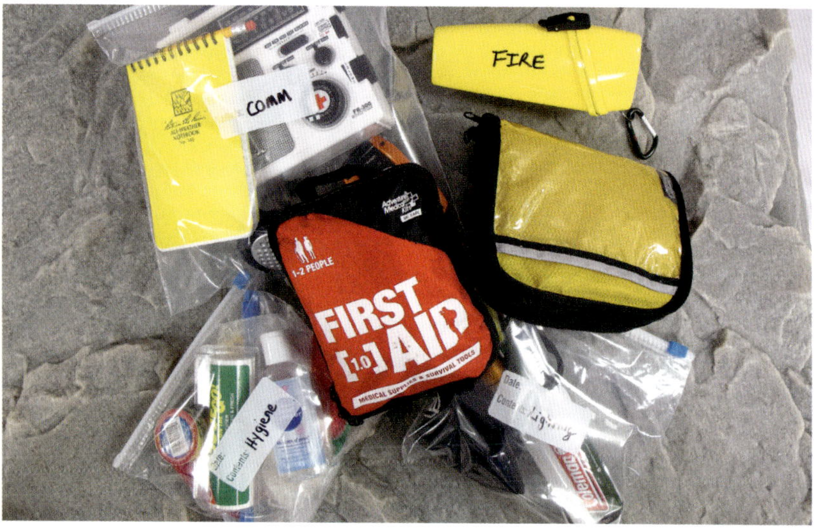

Auswahl mehrerer separater Sets

sack bereits wasserabweisend ist, möchte ich absolut kein Risiko eingehen, wenn es darum geht, dass meine potenziell lebensrettende Ausrüstung nass werden könnte. Wenn dann alles in den mit Müllsack ausgelegten Rucksack gepackt ist, falte ich den Müllsack über dem Inhalt zusammen und binde das Ganze dann mit einem Stück 550er-Fallschirmschnur zu.

AUFTEILUNG

Dass es wichtig ist, Ausrüstungsgegenstände, die bestimmten Bereichen angehören, in separate Behältnisse zu packen, habe ich bereits in vorausgegangenen Kapiteln erwähnt. Ich habe für jede Kategorie meiner Ausrüstung ein separates „Set“ (mit wenigen Ausnahmen). Die Aufteilung in unterschiedliche Kategorien erleichtert es, bestimmte Gegenstände schneller zu finden, wenn man sie braucht. Außerdem hilft es dabei, Sets durch Betasten identifizieren zu können, wenn man wenig Licht hat. Ich arbeite bei meinen Sets außerdem mit einem Farbschlüssel und beschrifte sie.

BOB-ORGANISATION

Ob Sie es glauben oder nicht – die Reihenfolge, in der Sie Ihr BOB packen, spielt tatsächlich eine Rolle. Da sind die Gegenstände, die schnell und einfach zugänglich sein müssen, andere Teile der Ausstattung haben nicht die gleiche Dringlichkeit. Diese beiden Gruppen klassifiziere ich als „dringend“ und „nicht dringend“. Nicht dringende Ausrüstung kommt zuerst in den Rucksack, es dauert also länger, bis man wieder dran ist. Dringende Gegenstände werden zuletzt gepackt, sodass sie oben aufliegen und leicht zugänglich sind.

Als Erstes packen:

- Zusätzliche Bekleidung
- Bettzeug
- Körperpflegeartikel
- Erste-Hilfe-Set
- Verschiedenes

Zuletzt einpacken:

- Lagerausrüstung
- Wasser
- Essen (und Futter)
- Feuerausrüstung
- Kleider für kaltes Wetter

Dann ist da noch eine kleine Kategorie, die ich als „Notfall-Gegenstände" beschreiben würde. Diese Gegenstände sollten entweder am Körper getragen oder in eine leicht und schnell zugängliche Rucksack-Außentasche gepackt werden. Dass man diese Gegenstände schnell griffbereit haben muss, ist sehr wahrscheinlich.

Notfall-Gegenstände:

- Kommunikation (mit Ausnahme des Radios)
- Selbstverteidigung
- Lichtquelle
- Werkzeuge – vor allem das Survival-Messer
- Poncho

Mit diesem dreistufigen Packsystem können Sie Ihr BOB so effizient wie möglich nutzen.

HALBJÄHRLICHE BOB-INVENTUR

Das Konzept einer halbjährlich stattfindenden Inventur des Bug Out Bags habe ich in vorangegangenen Kapiteln bereits mehrmals erwähnt. Es gibt zwei Hauptgründe dafür, dass man das BOB zweimal im Jahr überprüfen sollte:

1. Lebensmittel / Wasser: Lebensmittel und Wasser im BOB sollten mindestens alle sechs

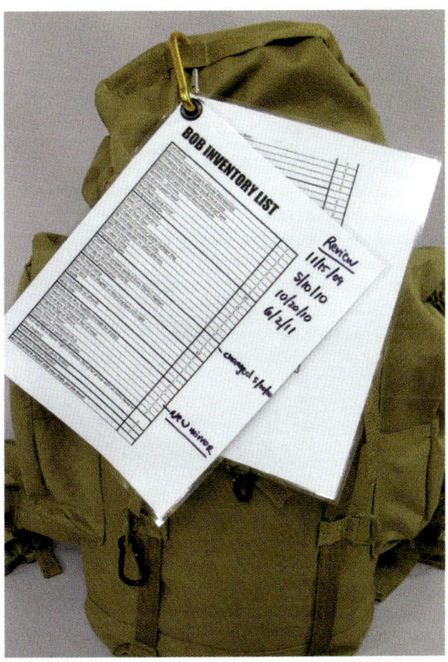

Laminierte Inventurliste mit vermerkten Inventurdaten

Monate ersetzt werden. Das trifft sowohl auf den Proviant für Menschen als auch auf den für Tiere zu.

2. Bekleidung: Wenn man wie ich in einer Gegend wohnt, in der die Jahreszeiten ausgeprägt sind, wird es nötig sein, vor Beginn und nach Ende des Winters Bekleidung für kaltes Wetter einzupacken/zu entfernen.

Lebensmittel, Wasser und Winterbekleidung zähle ich zur „Als Letztes packen"-Kategorie, damit sie während der zweimal jährlich stattfindenden Inventur leicht zugänglich sind. Planen Sie Ihre Inventuren für Feiertage oder jährlich stattfindende Veranstaltungen, damit Sie sich gut daran erinnern können. Wenn der Winter bei Ihnen lang ist, könnten z. B. der Tag der Arbeit und Allerheiligen Ihre Feiertagsmarken sein. Wenn die kalte Jahreszeit bei Ihnen nicht so lange anhält, könnten Sie z. B. die Zeitumstellung von Winter- auf Sommerzeit (und umgekehrt) für Ihre Inventur wählen. Was auch immer Ihr Zeitplan ist, denken Sie daran, ihn im Kalender zu vermerken.

Und wenn Sie nicht oft rauskommen, um Ihre Survival-Fähigkeiten zu trainieren, könnten Sie die Inventur auch als Anlass nutzen, um Ihre Kenntnisse aufzufrischen. Sie könnten z. B. einen Nachmittag dafür nutzen, wichtige BOB-Fähigkeiten zu trainieren, etwa das Anzünden eines Lagerfeuers, Aufbauen des Lagers und die Lebensmittelzubereitung. Es reicht nicht, die Werkzeuge zu besitzen – man muss sie auch verwenden können. Und Übung macht den Meister.

BOB-Inventurliste

Ich habe eine BOB-Inventurliste zusammengestellt, die Sie kostenlos auf betterwaybooks.com/bobinventory herunterladen können (auf Englisch). Bewahren Sie diese Liste bei Ihrem BOB auf – das erleichtert die Inventur. Schreiben Sie das Datum jeder Inventur auf diese Checkliste, damit Sie auf einen Blick sehen können, wann Sie Lebensmittel und Erste-Hilfe-Ausrüstung ersetzen müssen.

Lifestyle-Inventur

Bei einer BOB-Inventur ist immer auch Zeit, größere Veränderungen des Lebenswandels in Betracht zu ziehen, die sich auf den Inhalt des BOBs auswirken könnten. Das nenne ich die *Lifestyle-Inventur*. Einige Veränderungen, die beeinflussen, was in das BOB gepackt werden muss, sind z. B.:

- Kinder (Neuzuwachs oder Verlust)
- Hochzeit oder Scheidung
- Standort/Umgebung

- Gewicht / Gesundheit / Medikamente
- Zusätzliche Familienmitglieder (Eltern / Großeltern, die eingezogen sind)
- Haustiere (Verlust oder Neuanschaffung)

Man vergisst leicht die Zusammensetzung des BOBs, wenn es sechs Monate oder länger herumstand. Eine Lifestyle-Inventur ist potenziell recht zeitaufwendig, wenn man den ganzen Rucksack von oben bis unten durchgehen muss. Aus diesem Grund habe ich eine laminierte Inventurliste außen an meinem BOB befestigt. Sie hilft mir, den Inhalt schnell zu überprüfen, ohne alles auspacken zu müssen. Ich notiere einfach alle Veränderungen direkt auf der Inventurliste. Außerdem datiere ich die Liste bei jeder Überprüfung neu.

AUFBEWAHRUNG UND PFLEGE

In meinen Bug-Out-Seminaren werde ich häufig gefragt, wo man das BOB zu Hause am besten aufbewahrt. Das hängt von der Wohnsituation ab. Als ich noch eine kleine Wohnung hatte, bewahrte ich mein BOB z. B. auf einem Polsterhocker neben der Couch auf. Ich habe es auch mal in einem alten, nicht am Strom angeschlossenen Gefrierschrank aufbewahrt und unter einem Mantel im Schrank. Im Augenblick steht mein BOB bei der Hintertür, versteckt zwischen verschiedenen Putzmitteln. Es gibt also keine endgültige Antwort. Grundsätzlich sollte das BOB nicht zu sehen, aber gut zu erreichen sein. Besuchern sollte man davon nichts erzählen.

Vor einigen Jahren wohnte ich in einer kleinen Einzimmerwohnung mit sehr wenig Lagerraum. Ich bewahrte mein BOB in einem Wäschekorb auf, abgedeckt mit scheinbar dreckigen Klamotten. Eines Tages kam ich spät von der Arbeit zurück und parkte vor meiner Wohnungstür, wie schon so oft zuvor. Aber irgendwas war anders. Die Scheinwerfer meines Trucks leuchteten direkt durch die offene Wohnungstür. Irgendjemand war eingebrochen und hatte mich ausgeraubt. Die Einbrecher hatten viel mitgenommen: Geld, Messer, Gegenstände mit persönlicher Bedeutung. Es war ein schreckliches Gefühl. An meiner dreckigen Wäsche hatten sie aber *zum Glück* kein Interesse gehabt. Ich habe keinen Zweifel daran, dass sie mein BOB auch gestohlen hätten, wenn ich es nicht mit normalen Haushaltsgegenständen (in diesem Fall dreckiger Wäsche) abgedeckt hätte. Ich will damit sagen, dass man das BOB verstecken oder verbergen sollte. Wenn das BOB fertig gepackt ist, hat man viel Zeit und Geld investiert. Schützen Sie diese Investition.

17 MENTALE UND KÖRPERLICHE VORBEREITUNG

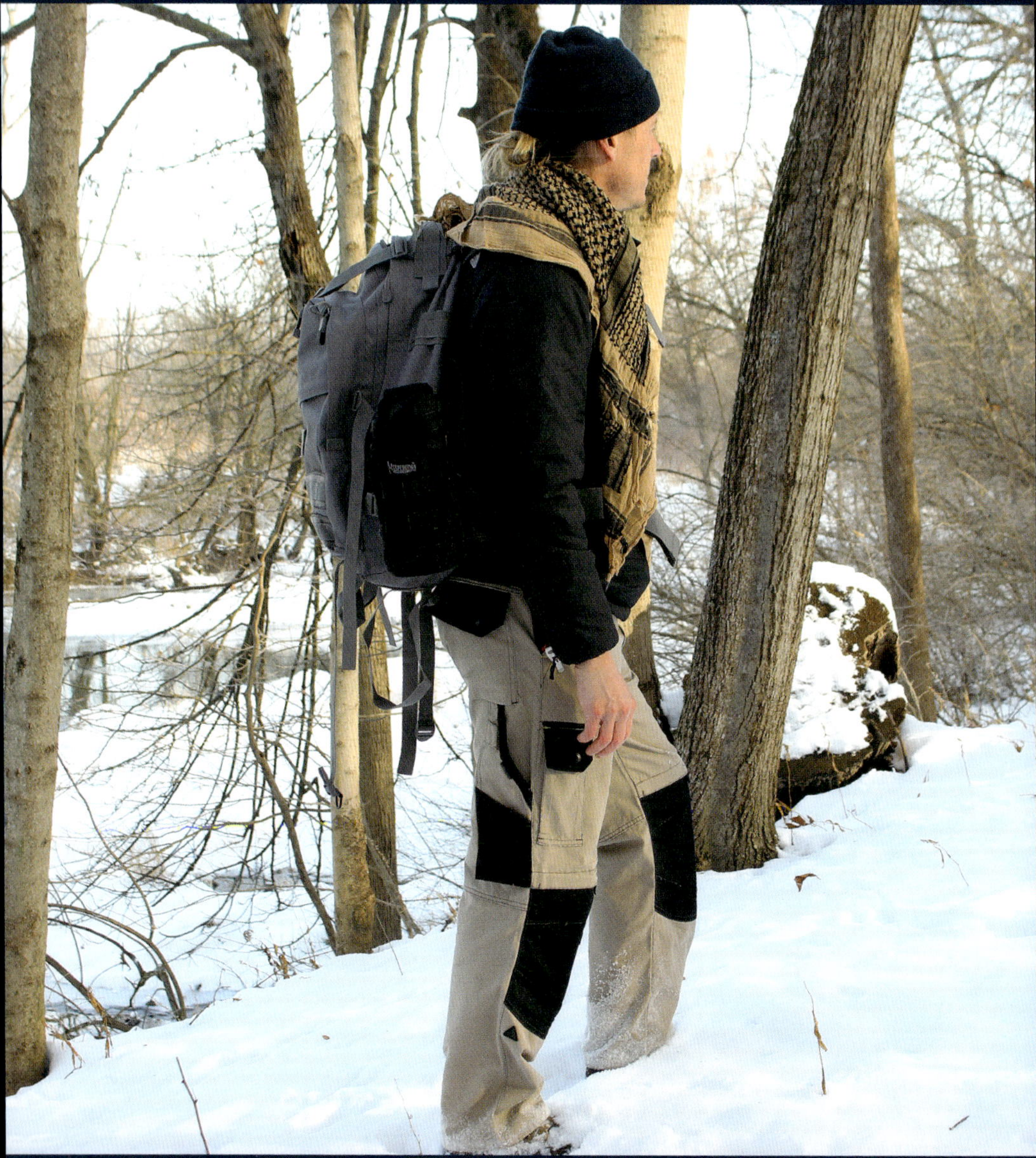

MAN KANN AUSRÜSTUNG KAUFEN. Man kann Survival-Bücher wie dieses hier kaufen. Mit der mentalen und körperlichen Vorbereitung ist das nicht so leicht. Auch Survival-Fähigkeiten, die mit Übung, Wiederholung und Erfahrung kommen, kann man nicht kaufen. Diese Stufe des Vorbereitetseins ist für diejenigen reserviert, die sich dazu entschlossen haben, ihren Geist und Körper zu trainieren.

Ja, Survival-Ausrüstung ist wichtig. Sehr wichtig. Aber die Ausrüstung alleine reicht nicht aus und kann einem ein falsches Gefühl der Sicherheit vermitteln. Außerdem muss man mental und körperlich bereit sein, den Bug-Out-Plan durchzuziehen.

MENTALE VORBEREITUNG

Man kann niemals zu 100 % mental auf eine Katastrophe vorbereitet sein. Es gibt jedoch zwei Voraussetzungen, um eine Krisensituation bestmöglich zu überstehen:

1. Man darf niemals in Panik geraten.
2. Man muss das nötige Know-how haben, um die vorhandenen Mittel richtig zu verwenden.

Was den ersten Punkt betrifft, ist man entweder die Art von Persönlichkeit, die sich zusammenreißen kann, wenn es hart wird, oder eben nicht. Seien Sie ehrlich mit sich selbst. Wenn Sie dieser Art von mentalem Stress nicht gewachsen sind, schlage ich vor, dass Sie sich gut mit jemandem anfreunden, der es ist.

Den zweiten Punkt haben Sie hingegen vollkommen selbst in der Hand. Zu wissen, wie Sie die Ressourcen in Ihrem BOB nutzen können, hängt letztendlich von einer Sache ab: Übung.

Survival-Wissen ist kein angeborenes Talent oder Geschenk. Es ist das direkte Ergebnis von Erfahrung, Wiederholung, Versuch und Irrtum. Einige der besten Survival-Experten der Welt haben sich ihre Fähigkeiten selbst beigebracht. Auch ich ziehe praktische Erfahrung allem vor, was man in einem Klassenzimmer lernen kann. Man kann Bücher lesen und sich die besten Vorträge anhören, aber das nützt nicht viel, solange man das Gelernte nicht praktisch übt.

Nehmen Sie Ihr Schicksal in die Hand und sehen Sie Ihr BOB als eine lebensrettende Ressource. Eine Fähigkeit wird man nur dadurch wirklich erwerben, indem man immer wieder übt. Darum geht es:

- Feuer anzünden
- Navigation
- Umgang mit Seilen, Knoten binden
- Lebensmittelzubereitung mit wenig Kochgeschirr
- Lageraufbau
- Signale effektiv senden

Sie haben Ihr BOB sorgfältig zusammengestellt. Jetzt geht es an die Vorbereitung.

Aufgabe + Wiederholung = Fähigkeit. Ihr Geist ist Ihre wertvollste Ressource. Trainieren Sie ihn!

KÖRPERLICHE VORBEREITUNG

Wenn unser Geist unsere wertvollste Ressource ist, dann ist unser Körper unser wertvollstes Werkzeug. Alles, was sich bewegt, muss regelmäßig gewartet werden, ob Maschine oder Körper. Haben Sie jemals einen Motor längere Zeit einfach so in der Garage stehen lassen – von einem Auto, einem Rasenmäher, einer Kettensäge oder einer Motorsense? Nach so langer Zeit im Stillstand ist der Motor eventuell schwer anzulassen. Und wenn er läuft, läuft er nicht so, wie er laufen sollte. Das Gleiche gilt auch für den Körper. Wenn man zu lange inaktiv ist, ohne sich richtig zu ernähren oder sich ausreichend zu bewegen, wird der Körper keine guten Leistungen bringen, wenn es plötzlich an der Zeit für den Bug Out ist.

Wissen und Werkzeuge bringen einem nichts, wenn man kein Durchhaltevermögen und keine Kraft hat. Unglücklicherweise realisieren die meisten Menschen erst dann, wie wichtig die Gesundheit ist, wenn sie krank werden oder es sehr wichtig wäre, gesund zu sein. Es wäre eine Schande, sich all die Mühe zu machen, ein BOB zusammenzustellen und vorzubereiten, dann aber körperlich nicht in der Lage zu sein, das Bug Out durchzustehen. Hieran sollten Sie sich halten:

Regelmäßiges Training

Während eines Bug Outs kann es sein, dass man mit dem gepackten Rucksack kilometerweit zu Fuß unterwegs ist. Wenn man sich nicht regelmäßig bewegt, wird das ein einziger Kampf. Nicht in Form zu sein kann eine richtige Gefahr darstellen, denn es dauert länger, das Ziel zu erreichen und potenziellen Gefahren zu entkommen. Seien Sie keine Belastung für Ihre Gruppe. Treiben Sie regelmäßig Sport, um die Muskeln zu stärken und die Ausdauer zu trainieren. Gehen Sie ins Fitnessstudio oder setzen Sie sich mit einem Personaltrainer in Verbindung, wenn Sie Starthilfe brauchen.

Ernährung

Hier fasse ich mich kurz. Wir sind, was wir essen. Bemühen Sie sich, sich gesund und ausgewogen zu ernähren. Ihr Körper wird es Ihnen danken.

Regelmäßige medizinische Vorsorge

Haben Sie irgendwelche körperliche Beschwerden, die bei einem Bug Out im Weg stehen könnten? Gibt es belastende körperliche Probleme, die behandelt werden müssen? Während ich dieses Buch schreibe, leide ich z. B. unter einem Leistenbruch. Den habe ich schon seit ein paar Monaten. Wenn ich mich körperlich besonders anstrenge, stört er mich. Ich glaube, er würde meine Leistungsfähigkeit stark einschränken, wenn ich mich auf einen extremen Bug Out machen müsste. Er ist nicht lebensbedrohlich, muss aber behandelt werden. Wie sieht es mit Ihnen aus? Vielleicht müssen auch Sie einen Arzttermin machen, um ein Problem zu beseitigen. Machen Sie es einfach!

WICHTIGE ÜBUNGEN

Für alle Wettkampf-Aktivitäten und -Sportarten müssen mental und körperlich spezielle Dinge trainiert werden. Jockeys müssen anders trainieren als Langstreckenläufer und Tennisspieler. Turnier-Schachspieler haben ein ganz anderes Trainingsprogramm als Bogenschützen. Sich mental und körperlich auf einen Bug Out vorzubereiten ist da nichts anderes. In Kapitel 19 stelle ich mehr als 30 praktische Übungen vor, sechs Themenbereiche sind dabei aber besonders wichtig. Training in diesen sechs Bereichen verbessert nicht nur die Überlebenschancen, sondern stärkt auch das Vertrauen in die eigenen Fähigkeiten und in die Ausrüstung.

Übung 1: Feuer

Üben Sie das Feuermachen mit dem Feuer-Set in Ihrem BOB. Machen Sie sich mit den verschiedenen Zündquellen und Zundern vertraut.

Der Test eines guten Feuers besteht darin, zu probieren, ob man darauf Wasser zum Kochen bringen kann. Stellen Sie einen Metallbehälter mit Wasser über oder neben das Feuer und bringen Sie das Wasser so zum Kochen. Hier eine Liste von Feuer-Übungen, die man trainieren sollte:

- Nachts ein Lagerfeuer anzünden, dabei im Licht der Stirnlampe die Materialien vorbereiten und das Feuerholz suchen.
- Nach einem starken Regenguss ein Lagerfeuer machen, wenn der Boden feucht und nass ist. Das Errichten einer Feuerplattform und Suchen von trockenem Brennholz üben.
- Ein Feuer anzünden, wenn es draußen kalt ist. Sie werden schnell verstehen, wie kaltes Wetter die Beweglichkeit von Fingern und Händen einschränken kann.

Übung 2: Lebensmittel zubereiten

Wenn Sie beschlossen haben, Lebensmittel einzupacken, die auf irgendeine Art und Weise noch zubereitet werden müssen, ist es sinnvoll, die Zubereitung einige Male auszuprobieren, um mögliche Probleme zu erkennen. Machen Sie sich mit folgenden Aufgaben vertraut:

- Eine Mahlzeit für Sie und Ihre Familie nur mit der Ausrüstung des Bug Out Bags zubereiten. Für diese Mahlzeit die Hitzequelle verwenden, die Sie eingepackt haben, also Kocher mit Brennstofftabletten oder Gasbrenner. Machen Sie einfach mal ein Bug-Out-Abendessen im Garten. Üben Sie auch, die Ausrüstung mit dem zu säubern, was in Ihrem BOB vorhanden ist, und das Ganze dann wieder einzupacken. Achten Sie darauf, wie viel Wasser Sie verwenden, und denken Sie darüber nach, wie Sie den ganzen Zubereitungsprozess einfacher und schlauer gestalten können.
- Machen Sie genau das, was oben beschrieben wurde, mit dem Unterschied, dass Sie die Mahlzeit auf einem Lagerfeuer zubereiten.
- Wenn Sie so richtig ambitioniert sind, machen Sie ein Camping-Wochenende, auf das Sie nur das Essen mitnehmen, das Sie auch in Ihr BOB gepackt haben, um zu sehen, wie realistisch Ihre Lebensmittelauswahl ist. Haben die Lebensmittel ausgereicht?

Übung 3: Lager

Die Fähigkeit, schnell und sicher ein verlässliches Lager aufzubauen, ist äußerst wichtig. Wenn man hier während eines realen Bug Outs einen Fehler macht, ist es ganz schnell vorbei. Die folgenden Übungen sind hilfreich:

- Die eingepackte Lager-Option aufbauen. Sind ausreichend Seile, Heringe etc. vorhanden? Machen Sie sich eine mentale Notiz, wie viel Platz Sie benötigen, um das Lager aufzubauen.
- Das gleich noch mal nachts machen, nur im Licht der Stirnlampe.
- Stellen Sie sich vor, Ihre Lagerausrüstung ist verloren gegangen, beschädigt oder wurde gestohlen. Üben Sie, mit einem Poncho, einer Plane oder Rettungsdecke einen alternativen Unterschlupf aufzubauen. Haben Sie das richtige Material dafür? Keine Sorge, das braucht etwas Übung. Ich habe über die Jahre eine Menge Tarp-/Poncho-Lager aufgebaut und bin immer noch dabei, den Prozess zu perfektionieren. Es gibt viele Variablen, die sich auf den Aufbau auswirken, z. B. das Wetter, Bäume – oder der Mangel an Bäumen und die Bodenbeschaffenheit (Steine oder Sand).

Übung 4: Gehen Sie wandern

Ich kann mich noch an mein erstes Bug Out Bag erinnern. Ich war ein übereifriger Survivor und hatte es mit dem Packen etwas übertrieben. Bis ich beschloss, eine 16 km lange Wanderung mit dem BOB zu machen. Schon nach den ersten Kilometern war mir klar, dass ich einige ernsthafte Veränderungen würde vornehmen müssen. Erstens passte mir der Rucksack nicht richtig. Als er leer war, schien alles gut, aber in vollem Zustand passte er eben nicht mehr. Zweitens war er *viel* zu schwer. Ich begann sofort, meine Inventurliste zu überarbeiten, um Gewicht und Umfang zu vermindern.

- Wandern Sie 8 km mit Ihrem BOB. Wenn Sie Familie haben, nehmen Sie sie mit. Nehmen Sie das Bug-Out-Transportmittel und den Hund. Vergessen Sie nicht, Ihre Bug-Out-Schuhe zu tragen. Was nicht passt, wird geändert.
- Machen Sie das mindestens alle zwei Monate einmal.

Übung 5: Wasser und Hydration

In jeder Survival-Situation steht Trinkwasser ganz oben auf der Prioritätenliste. Es ist sehr wichtig, dass Sie sich im Umgang mit den Wasseraufbereitungsmitteln, die Ihnen im BOB zur Verfügung stehen, auskennen: Wasserkochen, Filter-Systeme oder chemische Wasseraufbereitung. Im Folgenden ein paar wichtige Übungen, um die Wasseraufbereitungssysteme kennenzulernen und zu verstehen:

KOCHEN: Bringen Sie in Ihrem Metallwasserbehälter oder Kochtopf Wasser zum Kochen. Machen Sie das sowohl mit der eingepackten Hitzequelle als auch über einem offenen Feuer. Verwenden Sie Ihr Multitool oder Lederhandschuhe, um das heiße Behältnis zu halten und in der Nähe der Hitzequelle zu bewegen. Achten Sie auf Folgendes:

- Wie lange dauert es, bis das Wasser kocht?
- Wie nahe muss das Behältnis am Feuer sein?
- Wie groß muss das Feuer sein?
- Wie viel Brennstoff wurde verwendet?
- Wie gut ist das Behältnis geeignet? Brauche ich ein anderes Behältnis?

FILTERN: Üben Sie als Erstes, das Wasser aus einem Teich oder Bach in der Nähe durch ein Bandana in einen Ihrer Wasserbehälter zu filtern. Denken Sie daran, dass immer mindestens ein Behältnis hygienisch bleiben muss und nicht mit dem kontaminierten Wasser in Kontakt geraten darf. Verwenden Sie dann Ihr Filtersystem, um ihr vorgefiltertes Wasser aus dem kontaminierten Behälter in den hygienischen Behälter zu filtern. Vergewissern Sie sich, dass Sie wissen, wie Sie Ihr Filtersystem auf- und wieder auseinanderbauen können, und wie es gelagert wird (ohne es nachlesen zu müssen).

Chemische Wasseraufbereitung: Prägen Sie sich die Anleitung und Dosierung der Wasseraufbereitungstabletten ein. Mit der Zeit bleichen diese Informationen auf der Packung eventuell aus und daher müssen Sie sie auswendig können.

Übungsbereich 6: Selbstverteidigung

Otto Normalverbraucher haben keinerlei Training in Sachen Selbstverteidigung. Wenn Sie nicht gerade eine berufliche Einzelkämpfer-Ausbildung als Soldat haben, kennen Sie sich damit wahrscheinlich auch nicht aus. Sie sollten wirklich darüber nachdenken, an einem Selbstverteidigungskurs teilzunehmen, um zu lernen, wie Sie einen Angreifer mit ein paar Schlägen außer Gefecht setzen können, sodass Sie bei einem Angriff entkommen können.

Ich meine damit nicht, dass Sie den schwarzen Karate-Gürtel haben müssen. Vielmehr rate ich Ihnen, sich mit den Schwächen des menschlichen Körpers vertraut zu machen und damit, wie man diese eventuell zum eigenen Vorteil nutzen kann.

ZUSAMMENFASSUNG

Körper und Geist sind die beiden wichtigsten Bug-Out-Ressourcen. Beides muss angemessen und gezielt trainiert werden, um den Anforderungen im Falle eines Katastrophen-Bug-Outs gerecht werden zu können

Es gibt Hunderte Arten, auf die man sterben kann, und für keine braucht man Übung und Wiederholung. Erhöhen Sie Ihre Chancen aufs Überleben, indem Sie die mentalen und körperlichen Übungen aus diesem Buch in Ihren Alltag integrieren.

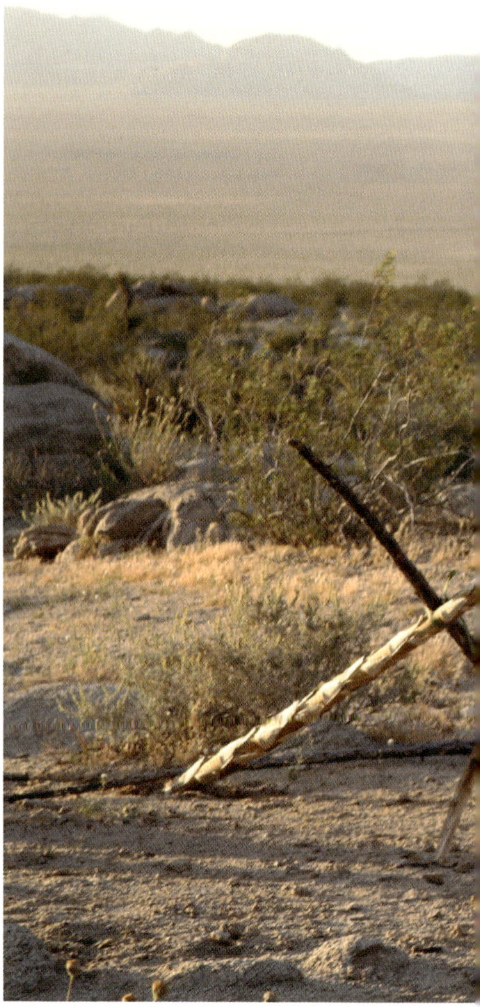

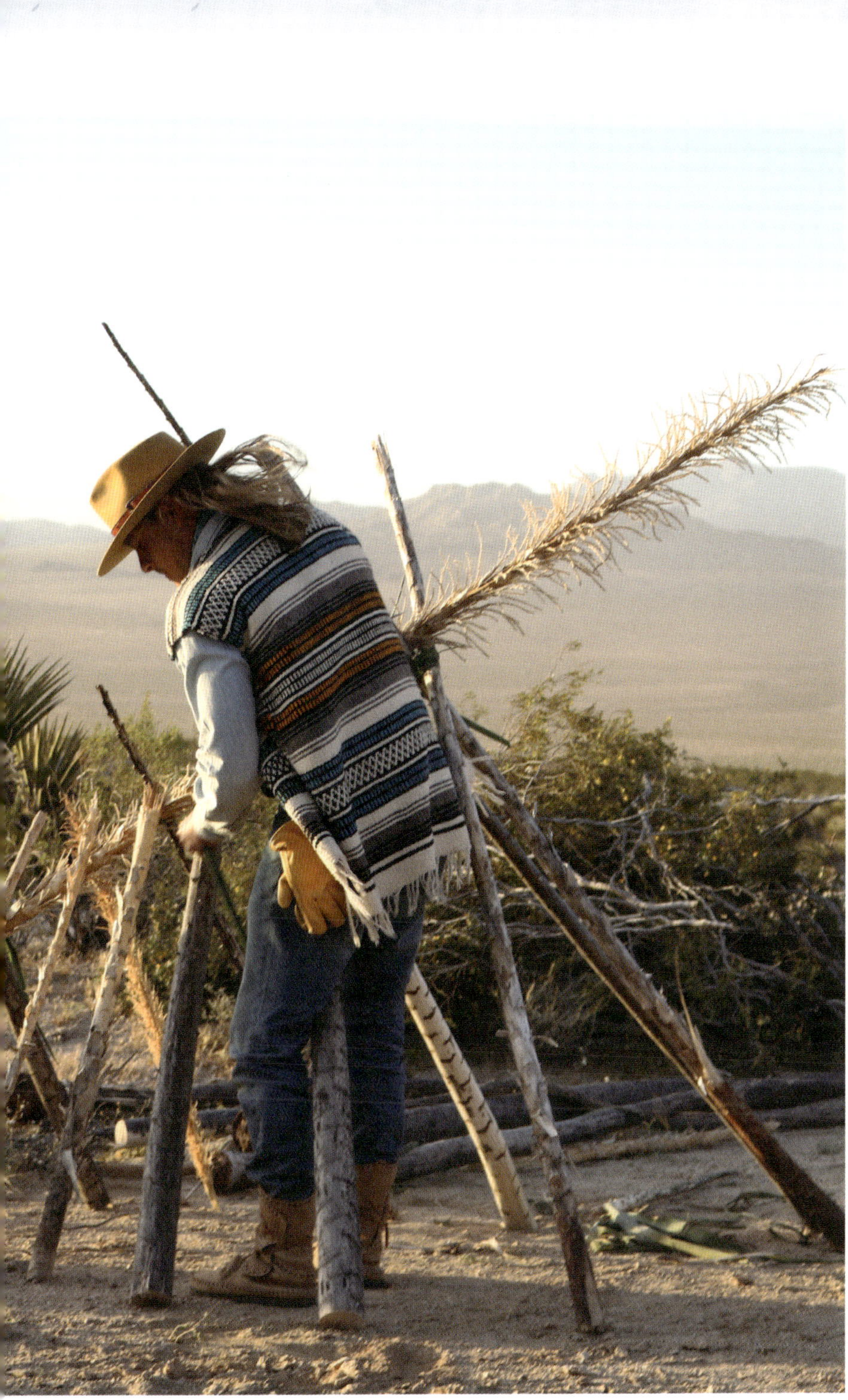

18 DER BUG-OUT-PLAN

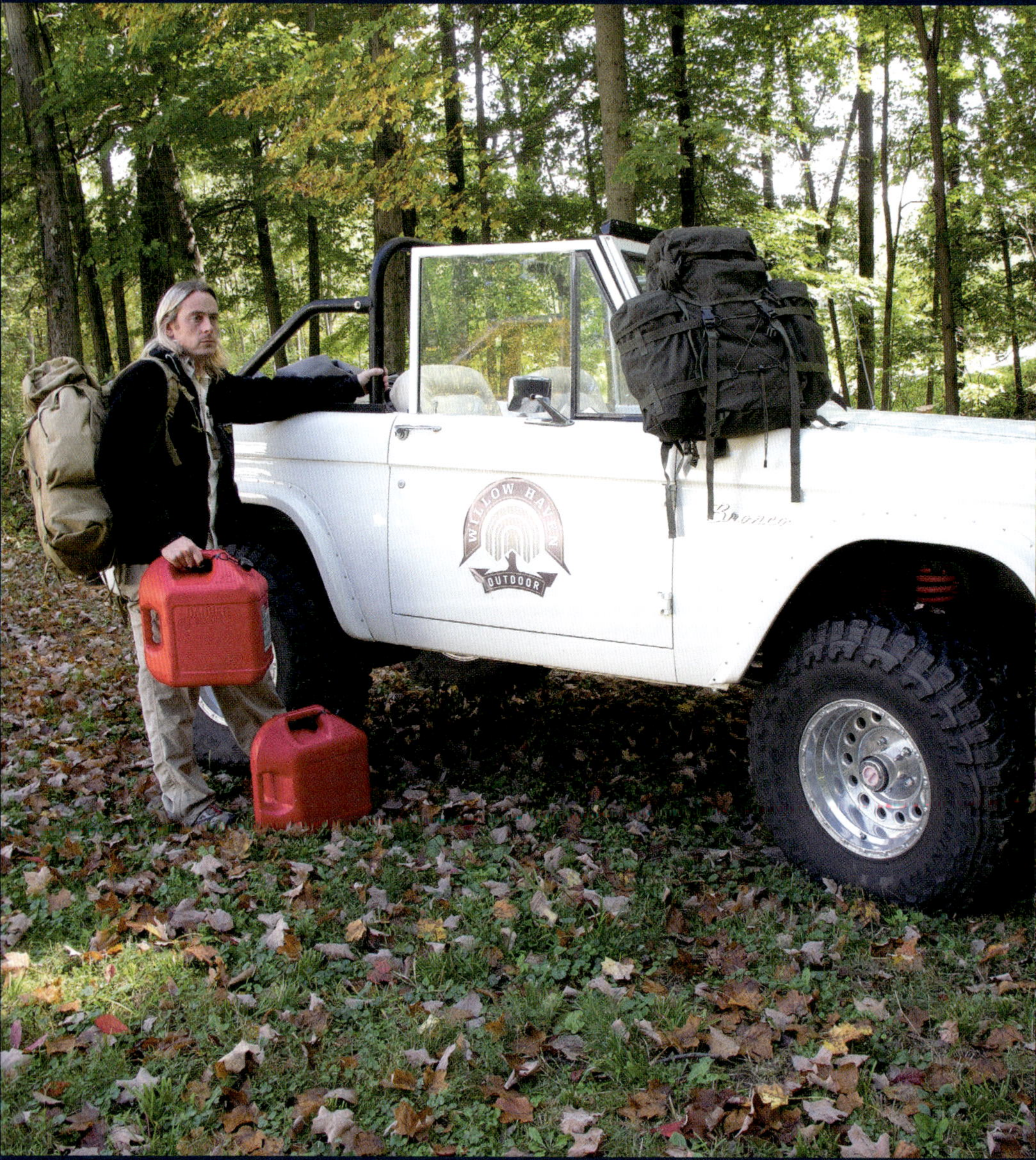

ICH WÜNSCHTE, ICH KÖNNTE IHNEN SAGEN, dass das Zusammenstellen eines Bug Out Bags und der geübte Umgang mit dem Inhalt alles ist, was man braucht, um für einen Bug Out vorbereitet zu sein. Man hat damit zwar schon einen sehr großen Schritt in die richtige Richtung gemacht, aber das BOB ist nur eines von vier Elementen der Bug-Out-Vorbereitung. Eigentlich hätte jedes Element ein eigenes Buch wie dieses verdient. Fürs Erste reicht aber ein Grundverständnis der einzelnen Elemente. Falls Sie Interesse haben – ich biete bei der Willow Haven Outdoor Training Facility ein dreitägiges Bug-Out-Training an.

DER BUG-OUT-PLAN (BOP)

Der BOP ist der grundsätzliche Aktionsplan, sollte ein echtes Bug Out tatsächlich nötig sein. Er ist ein im Voraus gut durchdachtes Handbuch mit den einzelnen nötigen Schritten, um aus der Gefahrenzone zu kommen. Dabei kann es sich um eine einfache Checkliste oder Checklisten (für Familien) handeln. Das Zusammenstellen und Lagern des BOBs ist Teil des BOPs. Vorher, während eines Bug Outs und danach gibt es vieles zu bedenken. Hier einige wichtige Fragen, die der BOP abdecken muss.

1. Wo trifft sich die Familie / das Team?
2. Welches Transportmittel wird genommen?
3. Was muss mit dem Haus geschehen, um es für eine Evakuierung vorzubereiten?

- Einen wasserdichten und feuerfesten Safe installieren
- Wertsachen wegschließen
- Wasser und Strom abschalten
- Abflüsse verschließen

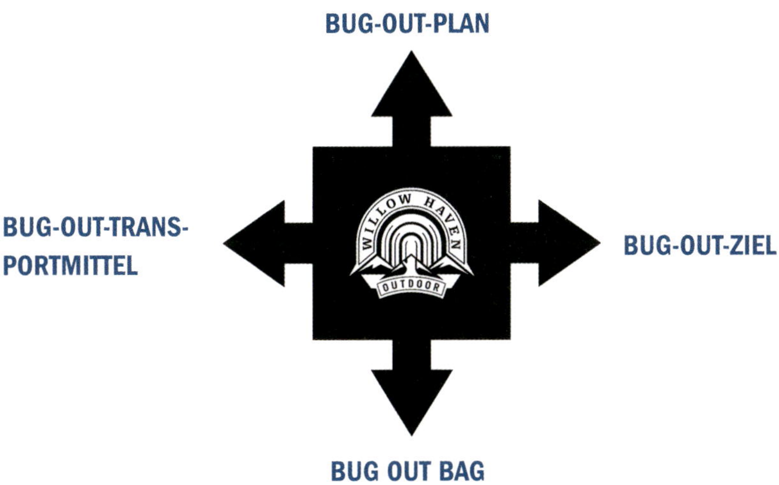

- Gasleitungen abschalten
- Türen verschließen
- Notizen hinterlassen
- Zusätzliche Benzinkanister besorgen

4. Wer ist für welche Aufgabe verantwortlich?
5. Hat jede Person eine Checkliste mit ihren Verantwortlichkeiten?
6. Werden Haustiere mitgenommen?
7. Was ist unser Ziel im Fall eines Bug Outs?
8. Wie werden wir es erreichen?

Ein Bug Out im Katastrophenfall wird ein Massenchaos geben. Ein Aktionsplan beschleunigt nicht nur den Bug Out, sondern hilft auch, teure Fehler zu vermeiden. Wenn man keine klare und übersichtliche Checkliste und keinen Aktionsplan hat, wird man unweigerlich etwas vergessen. Dieser Plan ist der Bug-Out-Plan.

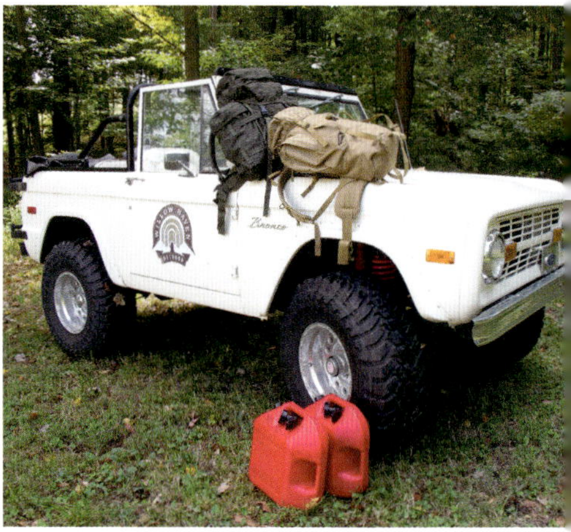

Creeks 1972er Ford Bronco

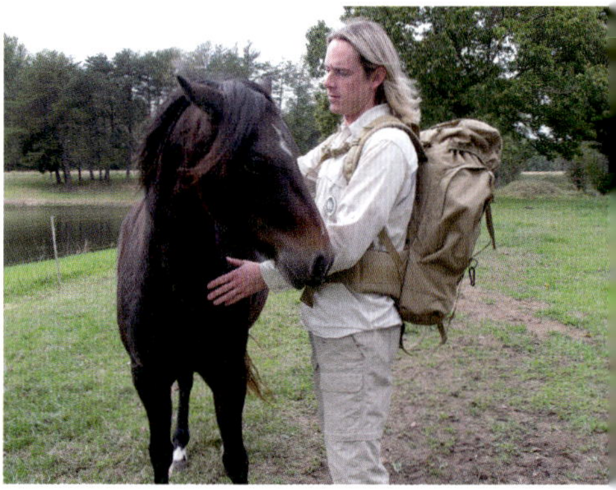

Bug-Out-Pferd

BUG-OUT-TRANSPORTMITTEL (BOT)

Das Bug-Out-Transportmittel ist das bevorzugte Vehikel zum Bug-Out-Ziel (nächster Abschnitt). Vielleicht bringt es einen bis zum Ziel, vielleicht nur einen Teil des Weges. Idealerweise braucht man ein solides, tüchtiges und verlässliches BOT. Einer meiner Freunde schwört darauf, dass das beste Bug-Out-Transportmittel ein Pferd ist. Sein Argument ist, dass das Pferd keinen Kraftstoff benötigt, relativ autark ist, eine Menge Ausrüstung transportieren kann und durch unterschiedlichstes Terrain kommt – auch abseits vom Weg. Das sind ziemlich gute Argumente, allerdings ist ein Pferd wirklich nicht für jedermann ein praktikables BOT.

Ich bin der Meinung, dass kleine Familien beim Autokauf an die Möglich-

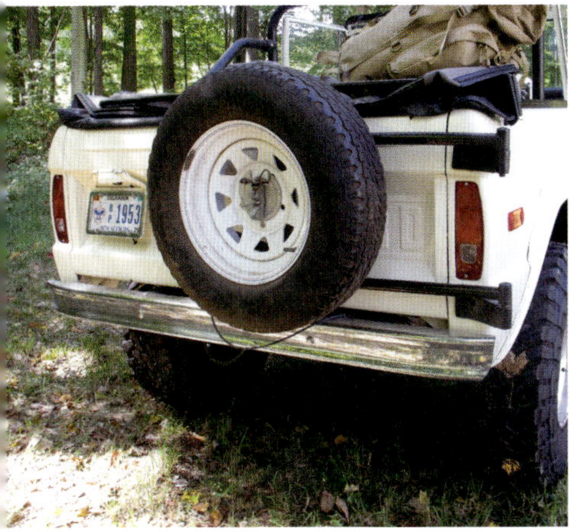

Ein Ersatzrad ist ein Muss

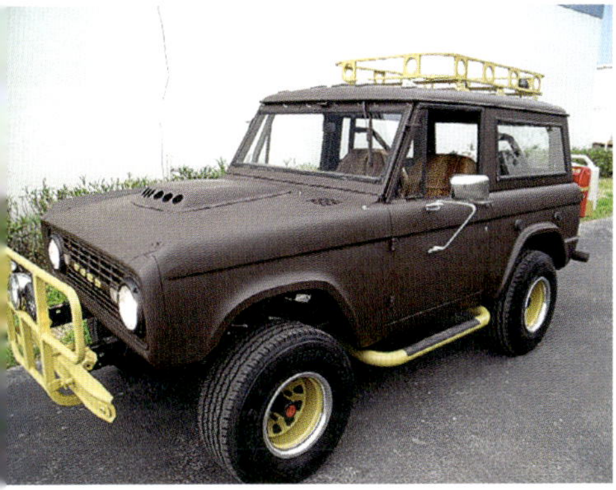

Dachträger und Rammschutz

keit eines Bug Outs denken sollten. Hier ein paar Richtlinien, die ich selbst bei der Auswahl eines BOTs beachte.

Richtlinie 1: In gutem Funktionszustand/pflegeleicht

Das sagt schon der gesunde Menschenverstand. Das BOT muss verlässlich und mit den richtigen Werkzeugen und Ersatzteilen für Notfallreparaturen ausgestattet sein. Hier eine einfache Checkliste, was man im BOT haben muss:

- Ersatzreifen (oder 2)
- Solider Wagenheber und Kreuzschlüssel
- Extra Flüssigkeiten (Öl, Getriebeöl, Hydrauliköl, Bremsflüssigkeit, Kühlflüssigkeit etc.)
- Ölfilter
- Ersatz Keilriemen (neu)
- Ersatzschläuche
- Neue Batterie
- Entsprechendes Werkzeug, um die oben genannten Ersatzteile austauschen zu können
- Erhaltungsladegerät
- Arbeitshandschuhe

Sie sollten wissen, wie man entsprechende Teile am BOT austauscht. Und damit meine ich auch, dass Sie es üben sollten. Mein persönliches BOT ist ein 1972er Bronco. Ein Hauptgrund dafür ist, dass ich fast alles reparieren kann, was mit dem Motor schiefgehen könnte. Moderne Autos mit Bordcomputern und Tausenden Teilen sind sehr schwer zu reparieren. Daran sollten Sie auf jeden Fall denken.

Richtlinie 2: Geländeeignung – Allradantrieb

Das BOT muss auch abseits von befestigten Straßen fahrtüchtig sein. Allradantrieb ist ein Muss. Die meisten SUV reichen vermutlich aus. Wenn man jemals in der Situation ist, das

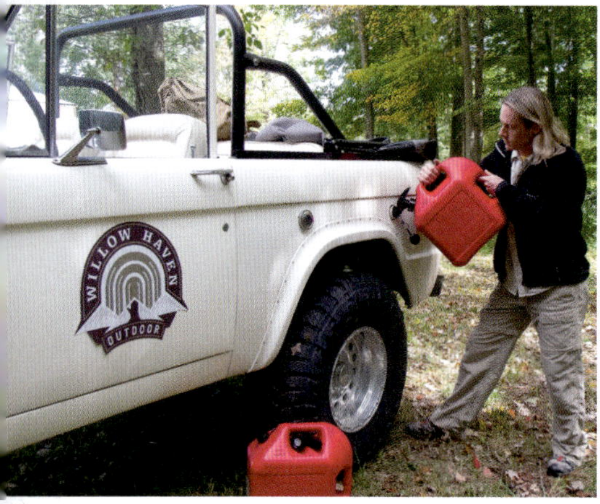

20 l Benzinkanister

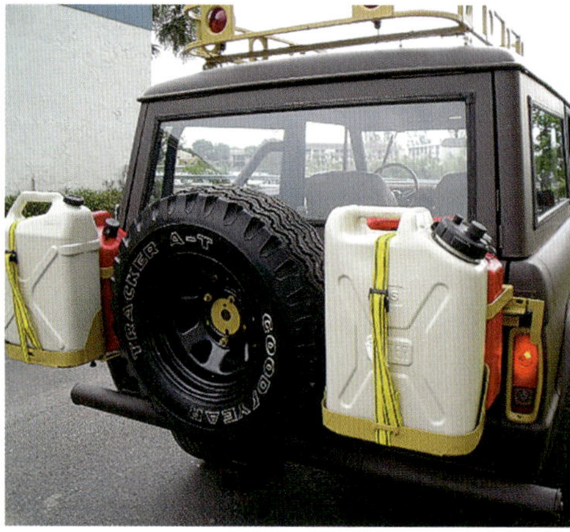

Benzin-Lager-Gestell

BOT wirklich für einen Bug Out nutzen zu müssen, ist es gar nicht so unwahrscheinlich, dass man damit auch durch unbefestigtes Gelände fahren muss. Eine Seilwinde wäre nicht schlecht, diese ist aber recht teuer. Vielleicht finden Sie online eine gebrauchte. Einen Mehrzweckzug und 15 Meter Kette sollte man mindestens dabei haben. Ein ordentliches Reifenprofil ist bei Schnee und Eis sehr wichtig. Ein paar Hilfsmittel für gute Bodenhaftung sind auch eine gute Idee. Von einem Freund weiß ich, dass zwei Stücke alter Teppich (Unterseite nach oben) hilfreich sein können, wenn man aus einem Graben, Schneegestöber oder Schlammloch entkommen möchte.

Richtlinie 3: Reichweite/Effizienz

Das beste BOT bringt nichts ohne ausreichend Kraftstoff, um das Ziel zu erreichen. Das BOT sollte immer vollgetankt sein. Höchstwahrscheinlich wird der Bug-Out-Trip kein einfacher, ununterbrochener Weg zum Ziel sein. Wahrscheinlich muss man Umwege machen, wird im Stau stecken und auch durchs Gelände fahren müssen. Daher sollte man wissen, wie viel Kraftstoff man benötigt, um das BOZ zu erreichen. Dann packt man die vierfache Menge ins (oder ans) BOT – entweder in einem großen Benzinkanister oder mehreren separaten 20-l-Kanistern. Kein Kraftstoff bedeutet kein Weiterfahren. Es wäre naiv zu glauben, dass man irgendwo anhalten und auftanken kann.

Richtlinie 4: Laderaum

Man braucht im BOT nicht nur ausreichend Platz für sich und seine Lieben,

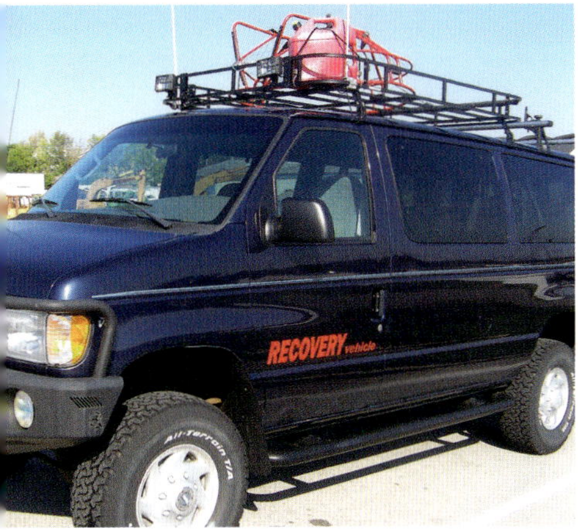

Creeks alter Allrad-Ford mit Dachträger für Zusatzausrüstung

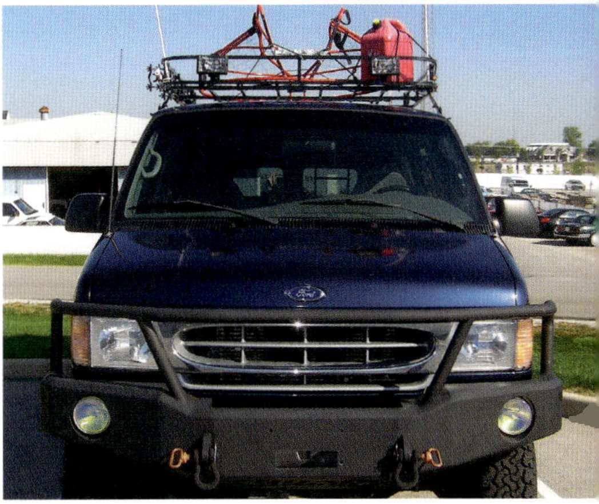

Frontschutz

sondern auch für die Bug Out Bags und andere essenzielle Ausrüstungsgegenstände. Darunter die Lagerausrüstung, Werkzeug, Lebensmittel, Waffen, Wasser und Gas. Ein Dachträger und Frachtgestelle sind gute Lösungen für Packprobleme. Ich bin kein großer Freund von der Idee, einen Anhänger am BOT zu haben; wenn es aber nicht anders geht, muss man sichergehen, dass der Anhänger eine strapazierfähige Anhängerkupplung hat, die auch im Gelände standhält. Ein maßgefertigtes Dachgestell bietet viel Lagerraum.

Richtlinie 5: Vorräte

Das Bug Out Bag sollte alles enthalten, was nötig ist, um 72 Stunden zu überleben. Die Positionen dieser Kategorie umfassen zusätzliche Ausrüstungsgegenstände Ihres BOTs. Es handelt sich dabei nicht unbedingt um eine komplette Liste. Ich verändere meine diversen Sets ständig und passe sie an – daher nenne ich diese Liste meine „lebendige Liste". Das BOT-Set sollte folgende Gegenstände enthalten (die Reihenfolge hat hier keine Bedeutung):

- Große Axt oder Säge zum Beseitigen von Gestrüpp/Zerkleinern von Holz
- Leuchtsignale/andere Geräte zum Senden von Signalen
- Schaufel
- Feuerlöscher
- Straßenkarten der Gegend/Region (aus Papier)
- Extra Batterien für batteriebetriebene Geräte und Werkzeuge
- Zwei Taschenlampen
- Ein umfassenderes Erste-Hilfe-Set als das Set, das im BOB ist
- Bolzenschneider

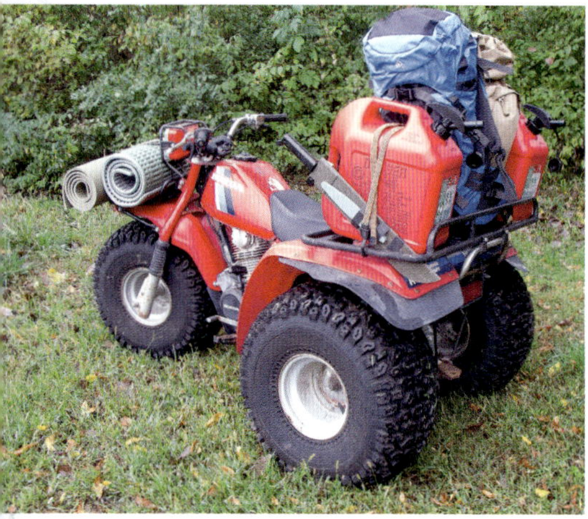

Bug-Out-Quad

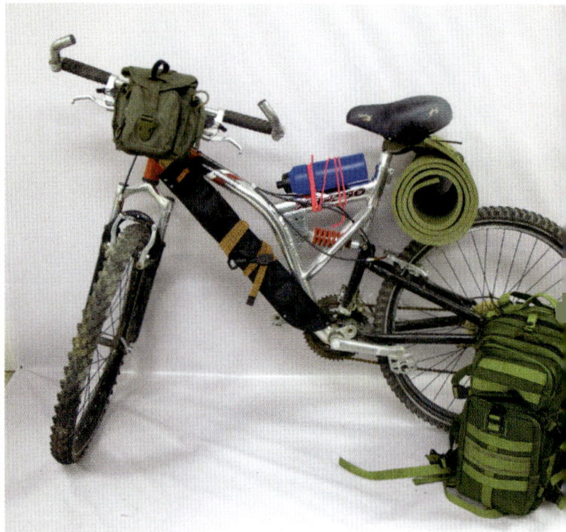

Bug-Out-Fahrrad

- Große Brechstange
- Funktionsfähiges CB-Funkgerät
- Einfacher Werkzeugkasten
- Bedienungsanleitung Auto
- Sauberes Trinkwasser (so viel, wie man lagern kann)
- GPS
- Fernglas
- Angelausrüstung (nimmt nicht viel Platz weg und wiegt fast nichts)
- Decken
- extra Kraftstoff
- 4,5 l Bleichmittel (Desinfektionsmittel)

Alternative Bug-Out-Transportmittel

Jeder steckt in einer anderen Lage. Ein Auto ist nicht immer das beste BOT. Wer in einer Großstadt wohnt, z. B. New York City, besitzt unter Umständen nicht mal ein Auto oder SUV. Bei der Auswahl eines Bug-Out-Transportmittels kann man der Kreativität freien Lauf lassen. Fast jede Transportform ist besser, als zu Fuß unterwegs zu sein. Kleinere BOTs, z. B. Fahrrad, Scooter, Motorrad oder Quad, haben alle ihre speziellen Vorteile.

Fahrräder können z. B. so ausgestattet werden, dass man damit eine überraschende Menge Ausrüstung transportieren kann – zusätzlich zum BOB auf dem Rücken. Sie sind nicht von Kraftstoff abhängig, der während jeder groß angelegten Evakuierung nur begrenzt erhältlich sein wird. Fahrräder, Scooter, Geländefahrräder und Motorräder lassen sich außerdem hervorragend durch Staus und stockenden Verkehr manövrieren.

Dreiräder, Vierräder, Dünen-Buggys und UTVs sind als BOT

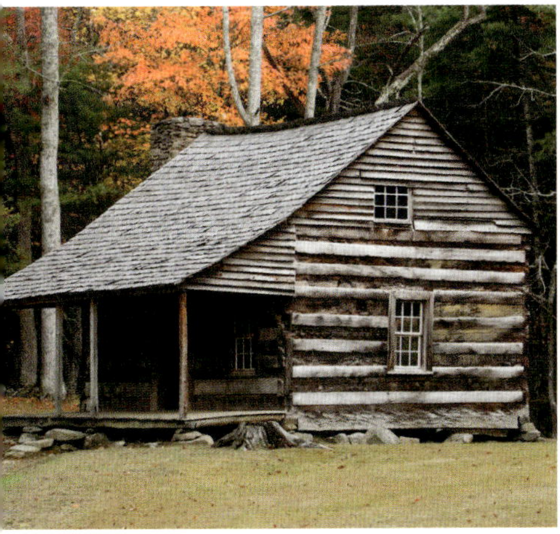

Abgelegene Hütte

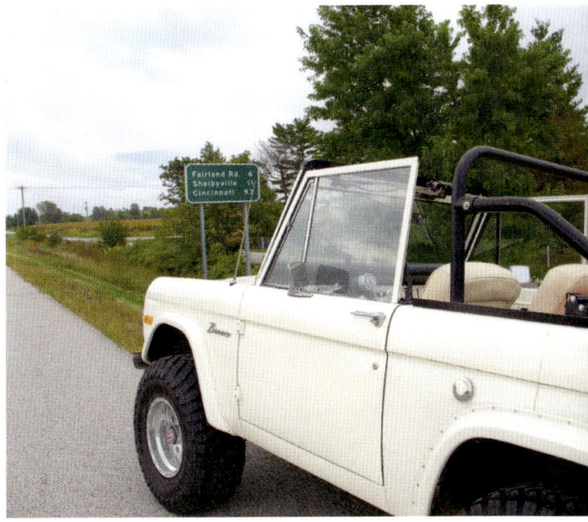

Muss eventuell zum BOZ laufen

alle hervorragend geeignet, wenn man ins Gelände muss. Man kann damit tonnenweise Ausrüstung transportieren und kommt fast überall hin. Ihr großer Nachteil ist, dass sie nicht zugelassen sind. Allerdings glaube ich nicht, dass ich mir nach einer großen Katastrophe große Gedanken darüber machen werde – aber man sollte dieses Problem trotzdem im Hinterkopf behalten.

BUG-OUT-ZIEL (BOZ)

Man kann nicht erwarten, irgendwo anzukommen, wenn man nicht genau weiß, wo es hingeht.

Das BOZ ist der Zielort. Es kann sein, dass man längere Zeit dort verbringen muss, also muss es gut ausgewählt sein. Hier meine Richtlinien zum BOZ:

Realistische Entfernung

Ich bin der Meinung, dass das BOZ mindestens eine Tankfüllung von allen Großstädten entfernt sein sollte. Wenn es zu einem großflächigen Zusammenbruch der Wirtschaft, Infrastruktur und Versorgungskette kommt, werden die Menschen die Städte verlassen und sich auf der Suche nach Ressourcen wie Lebensmitteln, Kraftstoff, Medizin usw. auf den Weg ins Umland machen. In einem solchen Fall wird der Kraftstoff knapp und sehr teuer sein. Ist man mindestens eine Tankfüllung von größeren Städten entfernt, verringert dies die Wahrscheinlichkeit ungemein, dass man auf Diebe trifft oder von Massen überrannt wird.

Allerdings muss das BOZ auch in 72 Stunden zu Fuß von zu Hause erreichbar sein. Wenn man aus irgendeinem verrückten Grund ge-

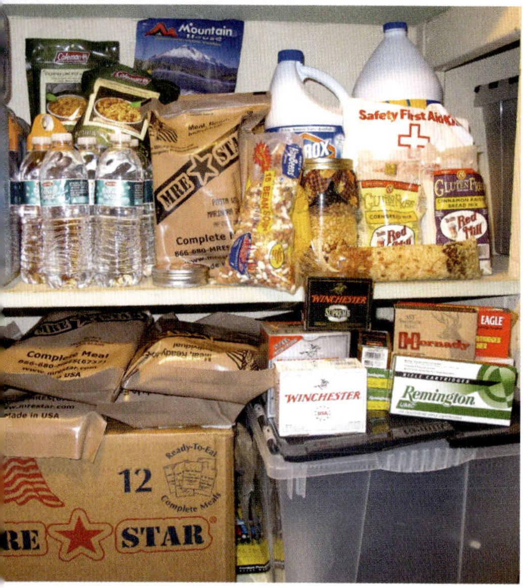

Zwei der sechs Vorratsregale in Creeks BOZ

zwungen ist, das Transportmittel zurückzulassen, sollte man in der Lage sein, das BOZ im Survival-Zeitrahmen des BOBs zu erreichen, also in 72 Stunden. Mein BOZ liegt knapp 130 km von meinem Zuhause entfernt. Ich hoffe wirklich, dass ich nie 130 km mit meinem BOB laufen muss. Meiner Meinung nach darf das BOZ nicht weiter als acht Stunden Fahrt vom Zuhause entfernt sein (weniger ist besser). Normalerweise sollte die Fahrt dorthin zwei bis drei Stunden dauern.

Haus, Hotel, Wald – wohin?

Ich bin der Meinung, das BOZ sollte das Zuhause von Freunden oder einem Familienmitglied sein, die zugestimmt haben, Sie und Ihre Familie im Falle eines Bug Outs aufzunehmen. Im Gegenzug können Sie ihnen das Gleiche anbieten. Ich bin kein großer Fan davon, ein Hotel oder Ähnliches als BOZ zu wählen, weil es keine garantierte Verfügbarkeit gibt. Von Freunden aus der Survival-Community habe ich sehr oft gehört, dass sie sich im Fall eines Bug Outs in die Wildnis aufmachen wollen. In der Regel haben die Leute, die so etwas sagen, noch nie längere Zeit im Wald verbracht. Über einen längeren Zeitraum in der Wildnis zu überleben, ist *extrem* schwierig – vor allem, wenn man die Bug-Out-Vorräte aufgebraucht hat. Ein Bug Out in die primitive Wildnis ist weder praktisch noch realistisch. Es hört sich nach Spaß und Abenteuer an, die Realität ist aber das Gegenteil – selbst für erfahrene Survivors. Mein BOZ ist mein altes Zuhause – die Farm meiner Eltern im Süden Indianas. Es ist wichtig, das BOZ im Voraus zu organisieren.

Hier ein paar BOZ-Optionen, die für eine kurze Zeitspanne infrage kommen:

- Bei Freunden oder Familie unterkommen (bevorzugte Option)
- Ein kleines abgelegenes Stück Land kaufen und als Vorbereitung einen Wohnmobilanhänger dort abstellen oder eine Hütte errichten

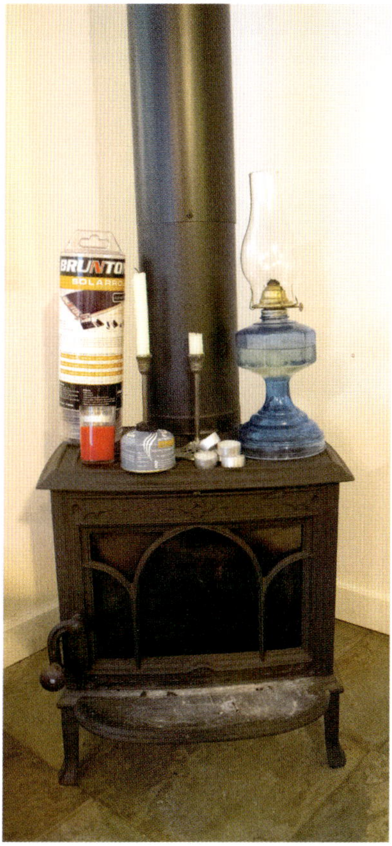

Kamin, Solarenergie-Set, Kerzen und Öllampe

- In einem Wohnmobil in Bewegung bleiben
- Campingplätze/Parks/Retreat-Anlagen
- Beziehungen mit anderen Menschen aus der Region pflegen, die sich auf einen Bug Out vorbereiten, durch Clubs und Treffen
- Mit Kollegen, Freunden und Gemeindemitgliedern vernetzen
- Einen Zweitwohnsitz haben (muss nicht unbedingt kurzfristig sein)

Muss ich Vorräte an meinem BOZ haben?

Ja, das sollten Sie. Ich bewahre Lebensmittelvorräte für drei Monate an meinem BOZ auf, sowie ein umfangreiches Erste-Hilfe-Set. Außerdem lagere ich dort Jagdausrüstung, Munition und weitere Survival-Ausrüstung. Ohne allzu apokalyptisch klingen zu wollen: Das BOZ zu erreichen, ist eventuell nur die erste Phase des Überlebens. Das BOB deckt die ersten 72 Stunden ab, am BOZ sollten Sie langfristig versorgt sein, bis Sie wieder in der Lage sind, nach Hause zurückzukehren.

ZUSAMMENFASSUNG

Natürlich muss man an mehr denken als nur an das Bug Out Bag. Wirbelstürme, Überflutungen, Terrorattacken, Waldbrände, Epidemien und Invasoren aus dem Ausland werden keine Gnade zeigen. Keine dieser Katastrophen wird eine Kaffeepause machen, während Sie darüber nachdenken, wo es hingehen soll und ob Sie Ihr Frettchen Freckles mitnehmen oder nicht. Es gibt keine Garantien beim Survival – es ist immer auch ein Glücksspiel und die Katastrophe hat in der Regel den Heimvorteil. Die einzige Möglichkeit, die Überlebenschancen zu erhöhen, ist es, vorausschauend zu planen und zu handeln.

19 BUG-OUT-BEZUGSQUELLEN & ÜBUNGEN FÜR ZU HAUSE

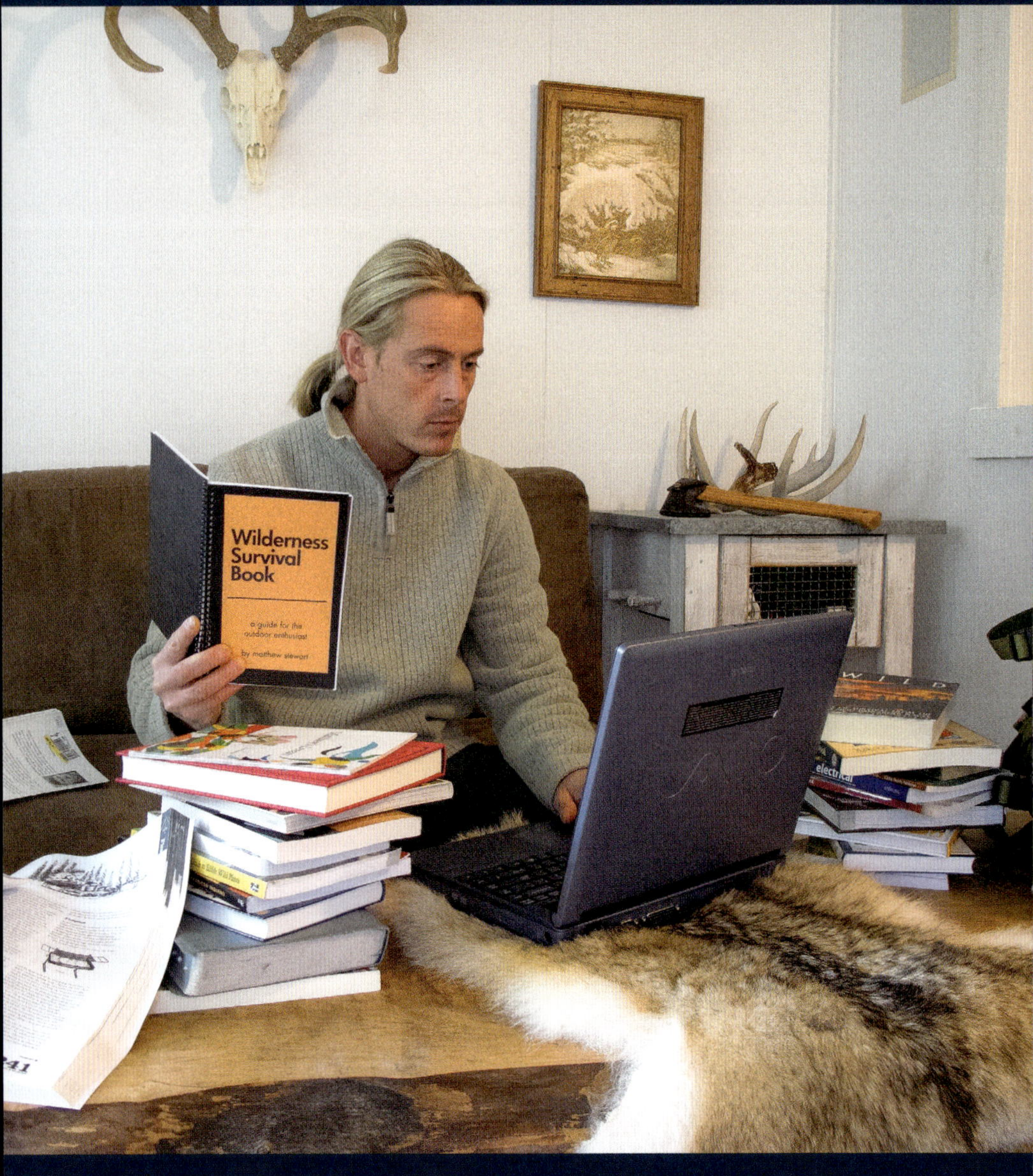

FÜR DIE ZUSAMMENSTELLUNG eines Bug Out Bags müssen drei Hauptbereiche beachtet werden: Die Bug-Out-Ausrüstung, Informationen/Wissen und praktische Erfahrung. Ich habe dieses Kapitel in die zwölf Kategorien der Bug-Out-Ausrüstung unterteilt (plus Haustiere). Jede Kategorie ist dann in diese drei Unterbereiche geordnet:

1. **Bezugsquellen:** Unter dieser Überschrift liste ich viele Teile der Bug-Out-Ausrüstung auf, die in diesem Buch besprochen werden, und teile Ihnen mit, wo man sie kaufen kann.
2. **Weitere Informationen:** Hier stelle ich Quellen vor, mit deren Hilfe man tiefer in das Thema der jeweiligen Kategorie eintauchen kann. Dabei kann es sich um Bücher, Websites, Organisationen, Schulen usw. handeln.
3. **Übungen für zu Hause:** Übung macht den Meister. Es ist wichtig zu wissen, wie man die Ausrüstung und Werkzeuge im BOB verwendet. Unter dieser Überschrift nenne ich wichtige Übungen für zu Hause, mit denen man sich (und seine Familie) mit den Bug-Out-Werkzeugen und -Fertigkeiten vertraut machen kann.

WASSER & VERSORGUNG MIT FLÜSSIGKEIT

Bezugsquellen

Nalgene-Wasserflaschen

- nalgene.com
- globetrotter.de
- bergfreunde.de
- bergzeit.de
- viele weitere Outdoor-Fachhändler und Websites

Nalgene-Feldflasche, die in eine Militär-Metalltasse passt

- www.canteenshop.com

Faltbare Wasserflaschen von Platypus

- cascadedesigns.com/platypus

Metallwasserflaschen

- globetrotter.de

Tabletten zur Wasseraufbereitung

- aquamira.com
- katadyn.com
- willowhavenoutdoor.com
- globetrotter.de

Wasserfiltersysteme

- aquamira.com
- globetrotter.de

Weitere Informationen

- aquamira.com
- katadyn.com
- youtube.com (Suchbegriff: Survival Wasseraufbereitung)

Übungen für zu Hause

- Das Vorfiltern von Trinkwasser mit verschiedenen Ausrüstungsgegenständen aus dem BOB üben, darunter

Bandana, Damenbinde und N95-Staubmaske.

- Falls Sie ein Wasserfiltersystem einpacken, stellen Sie sicher, dass Sie genau wissen, wie es funktioniert. Üben Sie das Filtern von Wasser mit diesem System und achten Sie besonders darauf, verschmutzte und saubere Behälter getrennt zu halten.
- Üben Sie, Wasser in verschiedenen Metallbehältern zum Kochen zu bringen. Verwenden Sie dafür Ihre verschiedenen Hitzequellen und auch ein Feuer. Merken Sie sich, wie viel Brennstoff benötigt wird und wie lange es dauert.

ESSEN & LEBENSMITTELZUBEREITUNG

Bezugsquellen

Fertigmahlzeiten (MRE/EPA)

- mredepot.com
- mrestar.com
- Armee-Restpostenläden vor Ort

Dehydrierte Campingmahlzeiten

- globetrotter.de
- bergfreunde.de
- bergzeit.de
- viele weitere Outdoor-Fachhändler und Websites

Leichte Kochausrüstung für Backpacker

- gsioutdoors.com
- globetrotter.de
- viele weitere Outdoor-Fachhändler und Websites

Metallbecher

- gsioutdoors.com (Suchbegriff: glacier cup)

Göffel

- globetrotter.de

P-38 Dosenöffner

- willowhavenoutdoor.com
- amazon.de
- Armee-Restpostenläden vor Ort

Esbit-Campingkocher und Brennstofftabletten

- globetrotter.de
- amazon.de

WetFire-Brennstofftabletten

- amazon.de

Gaskocher

- cascadedesigns.com/msr
- snowpeak.com
- globetrotter.de

Weitere Informationen

- mreinfo.com
- youtube.com (Suchbegriff: Survival-Kochen/Essenszubereitung)

Übungen für zu Hause

- Für die Zubereitung von Mahlzeiten nur die Ausrüstung im BOB verwenden. Essen sowohl auf dem Campingkocher als auch über einem Feuer zubereiten. Ausrüstung nur mit den Hilfsmitteln reinigen, die im BOB vorhanden sind. Darauf achten, wie man das Ganze effizienter gestalten kann. Einmal im Monat ein Bug-Out-Abendessen zubereiten. So übt man nicht nur die

Zubereitung, man sorgt auch dafür, dass die eingepackten Mahlzeiten frisch bleiben.

- Den Aufbau eines Dreibeins üben, von dem man einen Topf über offenes Feuer hängen kann, um Essen aufzuwärmen oder Wasser zu kochen.

BEKLEIDUNG

Bezugsquellen

Bekleidung (Shirts, Hosen, Fleece-pullis, Unterwäsche, Wollsocken, Handschuhe, Mützen)

- globetrotter.de
- bergfreunde.de
- bergzeit.de
- viele weitere Outdoor-Fachhändler und Websites (Bekleidung am besten erst anprobieren)

Weitere Informationen

- keine

Übungen für zu Hause

- Wenn Sie in einer Gegend mit kalten Jahreszeiten wohnen, sollten Sie ein dem Wetter entsprechendes „Zwiebelsystem" vorbereiten. Kleiden Sie sich nach diesem System, wenn Sie draußen arbeiten, um die persönlichen Bedürfnisse kennenzulernen.
- Machen Sie ein Feuer und trocknen Sie damit nasse Bekleidung und Schuhe. Merken Sie sich, wie lange das dauert und wie viel Brennstoff dafür benötigt wird. Das ist eine sehr realistische Bug-Out-Aufgabe.

LAGER & BETTZEUG

Bezugsquellen

Militärponcho

- uscav.com (Suchbegriff: poncho)
- Armee-Restpostenläden vor Ort

Leichte Tarps und Backpacker-Zelte

- globetrotter.de
- bergfreunde.de
- bergzeit.de
- viele weitere Outdoor-Fachhändler und Websites

Schlafsack und Isomatte

- globetrotter.de
- bergfreunde.de
- bergzeit.de
- cascadedesigns.com/thermarest
- viele weitere Outdoor-Fachhändler und Websites (am besten vor Ort kaufen)

Wolldecke

- willowhavenoutdoor.com

Weitere Informationen

- youtube.com (Suchbegriffe: Survival Tarp, Survival Poncho, Survival Rettungsdecke, Knoten für Tarp)
- realitysurvival.com
- animatedknots.com

Übungen für zu Hause

- Üben Sie den Aufbau Ihres Lagers so lange, bis es Ihnen ins Blut übergegangen ist. Übernachten Sie mindestens ein oder zwei Nächte pro Jahreszeit in diesem Lager. Nur so können Sie Probleme identifizieren und den Prozess verbessern.

- Üben Sie außerdem, einen provisorischen Unterschlupf mithilfe von Poncho, Tarp, Müllsack oder Rettungsdecke aufzubauen.
- Lernen Sie die folgenden Knoten zu binden: Topsegelschotstek, Rundtörn mit zwei halben Schlägen, Ewenkenknoten. Ich verwende diese Knoten immer, wenn ich mein Lager aufbaue. Eine Videoanleitung finden Sie zum Beispiel bei youtube.com
- Testen Sie Ihren Schlafsack und Ihre Isomatte zu jeder Jahreszeit.
- Haben Sie den richtigen Temperaturgrenzwert gewählt?

FEUER

Bezugsquellen

Wetterfeste Sturmstreichhölzer

- globetrotter.de

Feuerstahl

- amazon.de
- kodiakfirestarters.com

WetFire-Zunder

- amazon.de
- willowhavenoutdoor.com

Weitere Informationen

- youtube.com (Suchbegriff: Survival-Zunder, Wetfire, Feuer machen)

Übungen für zu Hause

- Mit den verschiedenen Zündquellen (Feuerzeug, Streichhölzer, Feuerstahl) das Feuer des Campingkochers anzünden. Verstehen, was zum Entzünden nötig ist.
- Gekauften Zunder (Vaseline-Bäusche und Wetfire) mit den verschiedenen Zündvorrichtungen anzünden.
- Das Sammeln und Anzünden natürlichen Zunders üben, z. B. getrocknetes Gras, Rohrkolben-Flaum, Birkenrinde. Mischen Sie Carmex-Lippenbalsam unter natürlichen Zunder und beobachten Sie, wie sich das auf die Brennfähigkeit auswirkt.
- Üben Sie, ein Feuer zu machen, das groß genug ist, um darüber eine Mahlzeit zu kochen oder Wasser zum Kochen zu bringen. Machen Sie das in jeder Jahreszeit und nachdem es geregnet hat. Üben Sie, eine Feuerplattform aufzubauen, um das Feuer vor nassem Untergrund oder Schnee zu schützen.

ERSTE HILFE

Bezugsquellen

Adventure Sports First Aid Kit

- adventuremedicalkits.com
- viele Outdoor-Fachhändler und Websites

Rettungsdecke

- adventuremedicalkits.com
- viele weitere Outdoor- und Camping-Fachhändler und Webseiten

Kalium-Jod-Tabletten zum Schutz vor atomarer Strahlung

- ki4u.com
- nukepills.com
- rezeptfrei in jeder Apotheke

Weitere Informationen

Websites

- jodblockade.de (Infos des Bundesministeriums für Umwelt, Naturschutz und nukleare Sicherheit (BMU))
- Wilderness Medicine Institute: nols.edu/wmi
- ki4u.com (gute Informationen über nukleare Bedrohungen und radioaktives Jod)
- nukepills.com (gute Informationen über nukleare Bedrohungen und radioaktives Jod)

Bücher (auf Englisch)

- *Field Guide to Wilderness Medicine* von Paul S. Auerbach
- *Where there is no Doctor* von David Werner, Jane Maxwell und Carol Thuman
- *Medicine for the Outdoors: The Essential Guide to Emergency Medical Procedures and First Aid* von Paul S. Auerbach
- *Outdoor Medical Emergency Handbook* von Dr. Spike Briggs und Dr. Campbell Mackenzie

Übungen für zu Hause

- Machen Sie einen Erste-Hilfe-Kurs, um die Grundlagen der Ersten Hilfe zu lernen. Die Volkshochschule, Johanniter und das Rote Kreuz bieten solche Kurse an. Siehe z. B.: www.drk.de/hilfe-in-deutschland/kurse-im-ueberblick/rotkreuzkurs-erste-hilfe
- Auf der Website des Bundesamts für Bevölkerungsschutz und Katastrophenhilfe findet man eine Menge Informationen zur Vorsorge und Selbsthilfe im Katastrophenfall sowie nützliche Links. www.bbk.bund.de/DE/Home/home_node.html

HYGIENE

Bezugsquellen

Lightload-Handtücher

- ultralighttowels.com

Körperpflegeprodukte

- Supermärkte und Drogerien vor Ort

Weitere Informationen

Auf der Website des Bundesamts für Bevölkerungsschutz und Katastrophenhilfe findet man auch Informationen zu Sauberkeit und Hygiene im Katastrophenfall: www.bbk.bund.de/-DE/Ratgeber/VorsorgefuerdenKatfall/PersNotfallvorsorge/Hygiene/Hygiene_einstieg.html

Übungen für zu Hause

- keine

WERKZEUGE & MESSER

Bezugsquellen

Survival-Messer

- Blackbird SK-5: hedgehogleatherworks.com
- Becker BK2: willowhavenoutdoor.com und hedgehogleatherworks.com

- Gerber Big Rock: gerbergear.com und amazon.de
- Mora 840 MGKnife: willowhavenoutdoor.com und ragweedforge.com

Multitools

- leatherman.com
- globetrotter.de

Machete

- willowhavenoutdoor.com
- globetrotter.de

Faltbare Schneeschaufel (für starken Schneefall im Winter)

- bergfreunde.de (Suchbegriff: Lawinenschaufel)

Weitere Informationen

- youtube.com; Suchbegriffe: Messer batoning, Leatherman Survival, Survival Messer.

Übungen für zu Hause

- Das „Batoning“ mit dem Survival-Messer üben. Man batoniert, wenn man mit einem schweren Stock oder Stein auf den Messerrücken schlägt, um die Messerklinge in oder durch ein größeres Stück Holz zu treiben. Es ist eine hervorragende Methode zum Spalten von Feuerholz oder zum Fällen von Bäumchen.
- Ein Set Zelt-Heringe schnitzen und zum Lageraufbau verwenden. Notieren, wie groß / lang diese sein müssen, um richtig zu funktionieren.
- Sich angewöhnen, ein Taschenmesser dabeizuhaben und es häufig zu benutzen.

LICHTQUELLEN

Bezugsquellen

Stirnlampen

- globetrotter.de
- bergfreunde.de
- bergzeit.de
- viele weitere Outdoor-Fachhändler und Websites

Mini-Taschenlampe für den Schlüsselbund

- Baumarkt / Haushaltswarenladen vor Ort

LED-Lampe für den Schlüsselbund

- willowhavenoutdoor.com

9-Stunden-Kerzen

- willowhavenoutdoor.com

Weitere Informationen

- keine

Übungen für zu Hause

- Das Aufbauen des Hauptlagers und des provisorischen Lagers nachts im Licht der Stirnlampe üben.
- Nachts ein Feuer vorbereiten und anzünden, nur im Licht der Stirnlampe.
- Eine Bug-Out-Mahlzeit im Licht der Stirnlampe vorbereiten.

KOMMUNIKATION

Bezugsquellen

Multifunktions-Notfallradio und-Handy-Ladegerät mit Handkurbel

- etoncorp.com

Belastbare, wasserdichte Dokumentenmappe

- viele Outdoor-Fachhändler und Websites, Wassersportabteilung

Funkgerät / Walkie-Talkie

- viele Outdoor-Fachhändler und Websites

Kompass

- viele Outdoor-Fachhändler und Websites

Rite in the Rain – Notizbuch für alle Wetterlagen

- riteintherain.com

Weitere Informationen

- Informationen zum National Weather Service und NOAA Weather Radio (für die USA) gibt es unter: www.nws.noaa.gov.nwr; Informationen für Deutschland finden Sie unter: www.dwd.de (Deutscher Wetterdienst).
- youtube.com (Suchbegriff: Verwendung Kompass)

Übungen für zu Hause

- Auf einer Straßenkarte drei verschiedene Routen zum Bug-Out-Ziel (BOZ) einzeichnen. Mindestens einmal auf jeder dieser Routen zum BOZ reisen. Es empfiehlt sich, diese Strecken genau zu kennen und auf der Karte auch Tankstellen, Wasserquellen, Parkplätze, Campingplätze und mögliche Alternativstrecken einzuzeichnen.
- Die meisten Menschen wissen nicht, wie man einen Kompass benutzt. Üben Sie mit Ihrem Kompass und der Landkarte, den Weg zu Ihrem Ziel zu finden. In einem einfachen Pfadfinderhandbuch finden Sie alle Informationen, die Sie zur Verwendung eines Kompasses brauchen.
- Verwenden Sie Ihr Notfallradio, um sich zu informieren. Finden Sie heraus, welche Stationen in Ihrer Gegend empfangen werden können. Versuchen Sie bei schlechtem Wetter Informationen über Wetterwarnungen zu sammeln, um Vorhersagen machen zu können. Das Radio ist nicht mehr als ein Briefbeschwerer, wenn man nicht versteht, wie man an die wertvollen Informationen kommen kann.

SCHUTZ & SELBSTVERTEIDIGUNG

Bezugsquellen

Pfefferspray

- viele Outdoor-Fachhändler und Websites

Weitere Informationen

- Selbstverteidigungskurs vor Ort

Übungen für zu Hause

- Machen Sie einen Selbstverteidigungskurs. Informieren Sie sich über die Körperstellen, an denen man durch einen gezielten Schlag jemanden außer Gefecht setzen kann.

- Bevor das Haltbarkeitsdatum meiner ersten Dose Pfefferspray abgelaufen war, übte ich damit, weil ich vorher noch nie Pfefferspray verwendet hatte. Ich wollte ganz genau wissen, wie das mit dem Sprühen funktioniert und wie weit ich sprühen kann. Ich empfehle Ihnen, das auch zu machen.
- Falls Sie sich dazu entschließen, eine Schusswaffe mitzunehmen, sollten Sie sich sehr gut mit dieser auskennen. Sie müssen wissen, wie Sie eventuelle Probleme beseitigen können und was Sie bei einer Ladehemmung tun müssen. Dieses Wissen wird mit regelmäßigem Training im Schießstand ganz natürlich kommen. Sie sollten auch in der Lage sein, die Schusswaffe mit geschlossenen Augen auseinanderzunehmen und wieder zusammenzusetzen. Sie sollten regelmäßig mit dieser Schusswaffe auf Ziele schießen. Säubern Sie die Schusswaffe nach jeder Verwendung, damit sie jederzeit in bestem Betriebszustand ist.

VERSCHIEDENES

Bezugsquellen

Angelausrüstung

- Im Angelgeschäft vor Ort selbst zusammenstellen.

550er Fallschirmschnur

- willowhavenoutdoor.com
- amazon.de (Suchbegriff: Paracord)

Kleines Nähset

- Im Kurzwarenladen

Die folgenden Ausrüstungsgegenstände gibt es in fast jedem Haushaltswarenladen und/oder Baumarkt:

- N95 Staubmaske
- strapazierfähige Müllsäcke mit 200 l Fassungsvermögen
- wiederverschließbare Plastiktüten
- 90 cm Latexschlauch
- Duct Tape oder vergleichbaresKlebeband
- Bandanas

Weitere Informationen

- youtube.com (Suchbegriffe: Survival-Anglerset, Verwendung Fallschirmschnur, Survival-Müllsack)
- animatedknots.com

Übungen für zu Hause

- Bauen Sie im Garten eine provisorische Anlage zum Sammeln von Regenwasser aus einem Müllsack.
- Üben Sie mit 550er-Fallschirmschnur die folgenden Knoten: Topsegelschotstek, Rundtörn mit zwei halben Schlägen, Ewenkenknoten.
- Schneiden Sie 15 cm Fallschirmschnur ab und dröseln Sie die einzelnen Stränge auseinander, damit Sie wissen, wie es geht.
- Bauen Sie einen provisorischen Poncho aus einem Müllsack mit 200 l Fassungsvermögen. Perfektionieren Sie die Positionierung der Löcher für Kopf und Arme.

BUG-OUT-AUSRÜSTUNG FÜR HAUSTIERE

Bezugsquellen

Hundetaschen/Ausrüstung

- fressnapf.de
- zooplus.de

Wasserschalen von Granite Gear

- granitegear.com

Ausrüstung für Packziegen

- NAPgA.org (North American Packgoat Association)
- northwestpackgoats.com
- buttheadpackgoats.com
- ziegen-sind-toll.com (Bundesverband Deutscher Ziegenzüchter)

Weitere Informationen

- NAPgA
- ziegen-sind-toll.com

Übungen für zu Hause

- Wenn Sie möchten, dass Ihr Haustier eine eigene Tasche trägt, muss es das genauso trainieren wie Sie. Zuerst sollte das Tier sich an die leere Tasche gewöhnen. Dann kann man über mehrere Wochen hinweg bei jedem Spaziergang etwas mehr Gewicht in die Tasche packen.

DER BOB-QUICKIE

Mir macht das Zusammenstellen eines Bug Out Bags einen Riesenspaß. Mit Begeisterung suche ich die unterschiedlichen Ausrüstungsgegenstände zusammen, die in mein BOB gehören. Qualität ist mir super wichtig, das heißt, die meisten meiner Werkzeuge sind die Besten der Besten. Ich kann aber auch verstehen, dass nicht jeder am Prozess des Zusammenstellens interessiert ist, aber trotzdem ein Bug Out Bag haben möchten. Viele Menschen sind einfach keine „Ausrüstungs-Nerds" und bloß auf der Suche nach einer schnellen, einfachen und günstigen Lösung für ein angemessenes BOB.

Wenn Sie zu dieser Gruppe gehören, wird Ihnen die folgende Liste gefallen. Diese lässt sich in der Regel bei einem Besuch in einem Einkaufszentrum abarbeiten – und das schon für 303,80 $ (274 €).

Und wenn Sie bereits ein paar der wichtigsten Gegenstände haben (z. B. einen Rucksack, Schlafsack oder ein Survival-Messer), ist es noch günstiger. Bitte beachten Sie, dass einige der Gegenstände auf dieser Liste gerade eben „ausreichend" sind. Große Einkaufszentren sind eben keine Outdoor-Fachgeschäfte, in denen es Camping-, Backpacking- und Survival-Marken gibt, aber ich habe über die Jahre beobachten können, dass sich deren Campingabteilungen weiterentwickelt haben und man dort inzwischen ordentliche Ausrüstung und Werkzeuge bekommt. Wenn Sie Ihre Bug-Out-Ausrüstung in nur einem Einkauf zusammenstellen möchten, dann ist das Ihre beste Option. Wegen der vielen unterschiedlichen Möglichkeiten enthält diese Einkaufsliste keine Bekleidung, Ausrüstung für Babys/ Kleinkinder oder Haustiere.

Checkliste für das Einkaufszentrum

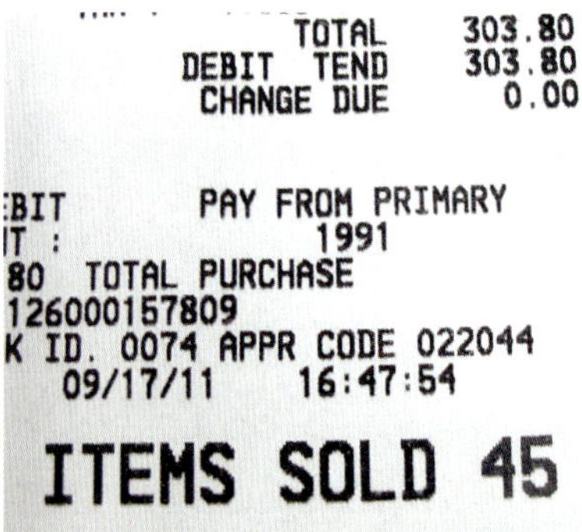
TOTAL 303.80
DEBIT TEND 303.80
CHANGE DUE 0.00

:BIT PAY FROM PRIMARY
IT : 1991
80 TOTAL PURCHASE
126000157809
K ID. 0074 APPR CODE 022044
09/17/11 16:47:54

ITEMS SOLD 45

Kassenzettel für den Großteil der Bug-Out-Ausrüstung

RUCKSACK

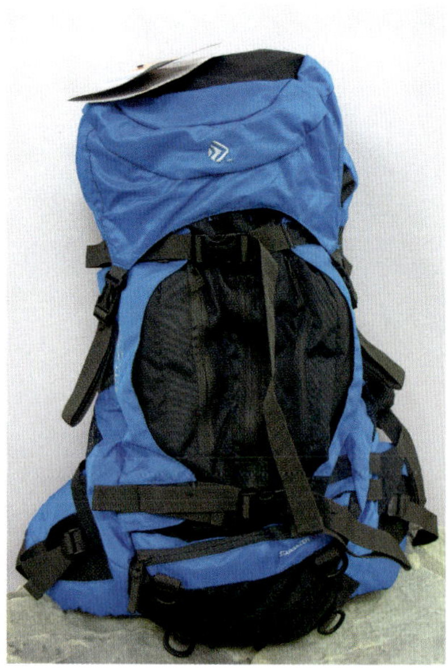

Bug-Out-Rucksack

Bei den Outdoor-Produkten, 55 l Fassungsvermögen, interner Rahmen, 59 $ (53,15 €)

Ausstattung

- trinksystemkompatibel
- sechs gut zugängliche Außentaschen
- gepolsterte Schultergurte und Hüftgurt
- Riemen am Boden zum Befestigen der Isomatte

WASSER UND FLÜSSIGKEITSVERSORGUNG

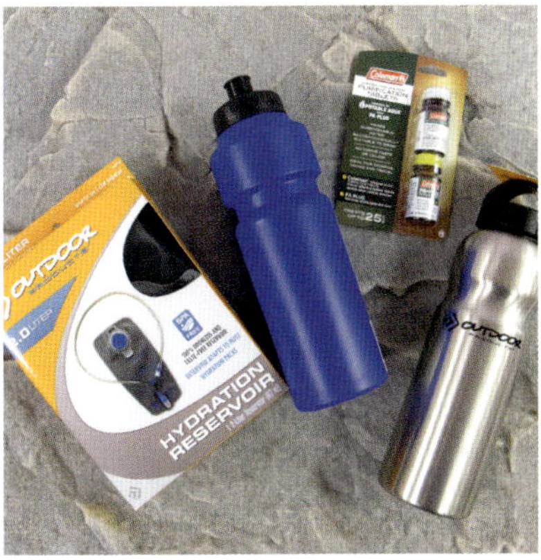

Wasserflasche und Wasseraufbereitungstabletten

- Outdoor-Produkte, Aluminium-Wasserflasche: 5 $ (4,50 €)
- Eigenmarke, 0,75 l PET-Flasche Wasser: 1,50 $ (1,36 €)
- Outdoor-Produkte, 2 l Trinkblase: 9,88 $ (8,90 €)
- Coleman Wasseraufbereitungstabletten: 5,88 $ (5,30 €)

Hinweis: Wasser ist nicht inklusive.

LEBENSMITTEL UND LEBENSMITTELZUBEREITUNG

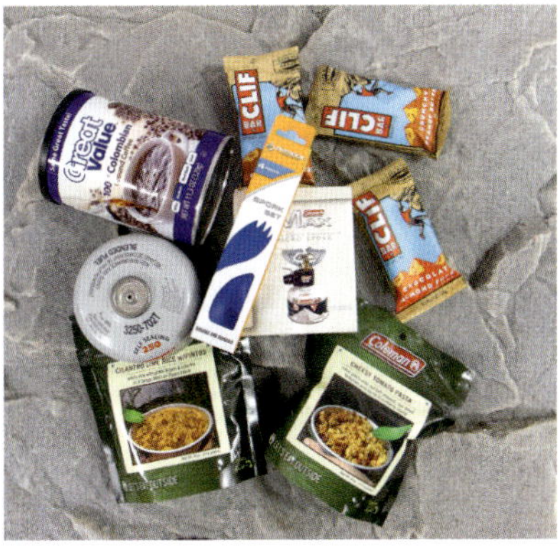

Bug-Out-Lebensmittel

- 2 Coleman Campingmahlzeiten (dehydriert): je 4,88 $ (pro Stück 4,40 €)
- 3 CLIF Bar Energieriegel: je 0,98 $ (pro Stück 0,88 €)
- Coleman Max Micro Stove (Kocher): 25,88 $ (23,32 €)
- Coleman Butan/Propan-Kartusche für den Kocher: 4,88 $ (4,40 €)
- Outdoor-Produkte, 4er Spork-Set: 3,88 $ (3,50 €)
- Great Value Coffee (Kaffee in Metalldose- zur Verwendung als Kochtopf): 2,98 $ (2,68 €)

Hinweis: Metallbecher, Topfschrubber und P38-Dosenöffner sind nicht enthalten.

BEKLEIDUNG

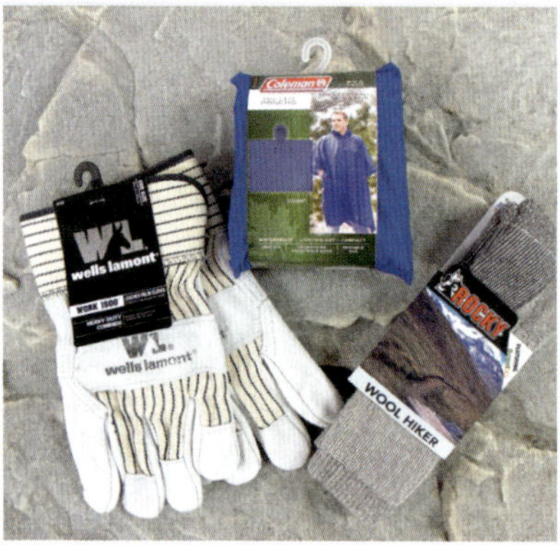

Bekleidung

- Rocky Wool Wandersocken: 7,97 $ (7,18 €)
- Coleman Poncho für Erwachsene: 6,44 $ (5,80 €)
- Wells Lamont Rindsleder-Arbeitshandschuhe: 2,50 $ (2,25 €)

Hinweis: Schuhe, Bekleidung, Unterwäsche, Kopfbedeckung und Kleidung für kaltes Wetter sind nicht enthalten.

LAGER UND BETTZEUG

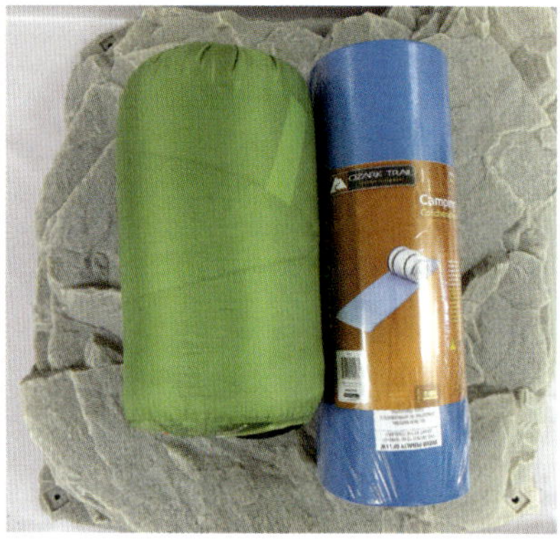

Schlafsack und Isomatte

- Ozark Trail Tarp, 2,50 m × 3,00 m: 6,88 $ (6,20 €)
- Coleman 40 Degree Schlafsack: 22,88 $ (20,62 €)
- Ozark Trail Isomatte: 6,44 $ (5,80 €)

Hinweis: Zelt und Fallschirmschnur sind nicht enthalten.

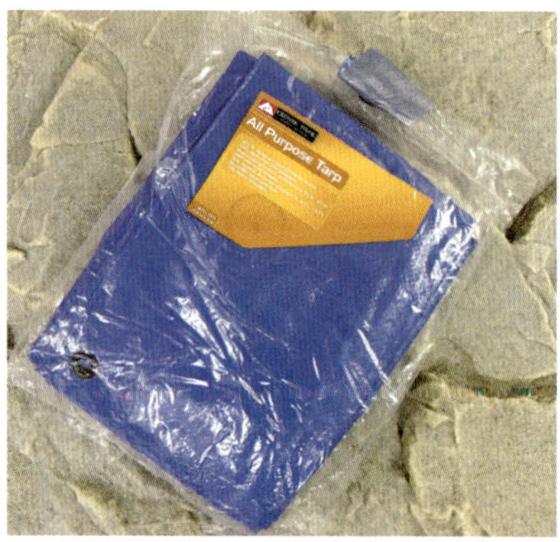

Tarp

FEUER

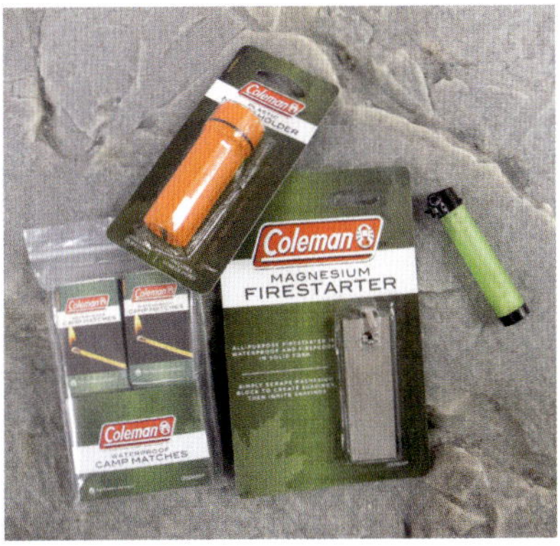

Ausrüstung zum Feuermachen

- Feuerzeug: 0,97 $ (0,87 €)
- Coleman Magnesium Bar & Fire Striker/Feuerstahl, Magnesium als Zunder: 7,44 $ (6,70 €)
- Coleman Streichholzschachtel: 1 $ (0,91 €)

ERSTE HILFE

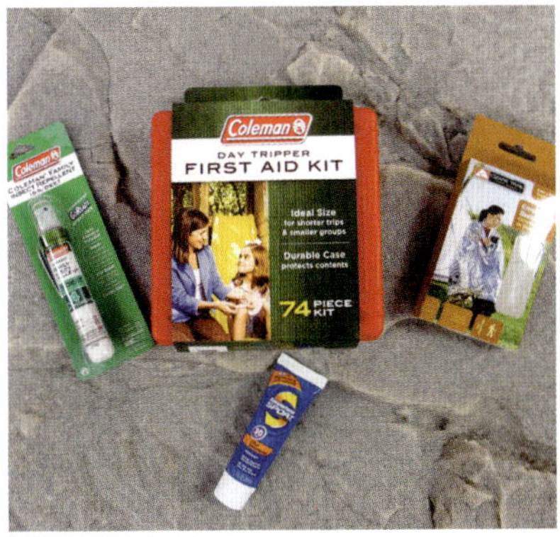

Erste-Hilfe-Grundausstattung

- Ozark Trail Rettungsdecke: 2,88 $ (2,60 €)
- Coleman 15 % DEET Insektenspray: 2,88 $ (2,60 €)
- Coppertone SPF 30 Sonnenschutz: 0,97 $ (0,87 €)
- Coleman Day Tripper Erste-Hilfe-Set: 7,88 $ (7,10 €)

Hinweise: Keine extra Ausrüstung für das Erste-Hilfe-Set enthalten.

KÖRPERPFLEGE

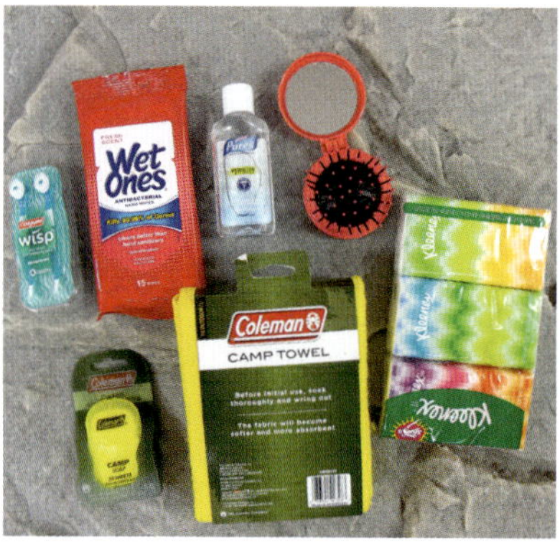

Körperpflege

- Coleman Camp Seife: 3,88 $ (3,50 €)
- Coleman Camp Handtuch: 3,88 $ (3,50 €)
- Taschenspiegel mit Bürste: 0,97 $ (0,87 €)
- Purell Handdesinfektionsmittel: 1,52 $ (1,37 €)
- Wet Ones antibakterielle Feuchttücher: 0,97 $ (0,87 €)
- 3er-Pack Kleenex: 0,97 $ (0,87 €)
- Wisp 4er-Pack Einmal-Zahnbürsten: 1,50 $ (1,35 €)

Hinweis: Damenhygieneartikel sind nicht enthalten.

LICHT

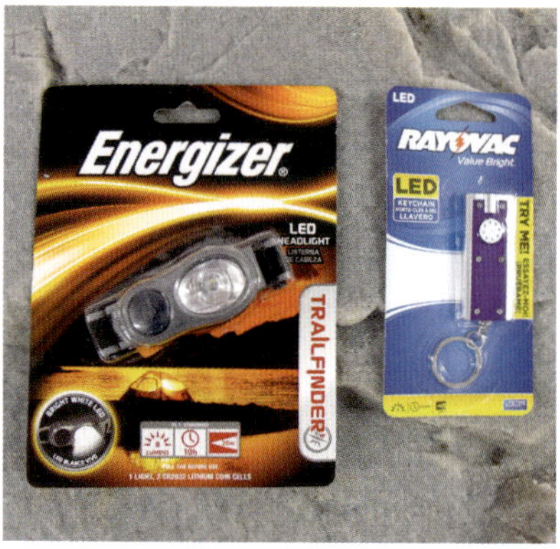

Licht-Ausrüstung

- LED-Stirnlampe von Energizer: 4,88 $ (4,40 €)
- LED-Lampe für Schlüsselanhänger von Rayovac: 2,00 $ (1,80 €)

Hinweis: Kerze und Knicklicht (Leuchtstab) sind nicht enthalten.

WERKZEUG

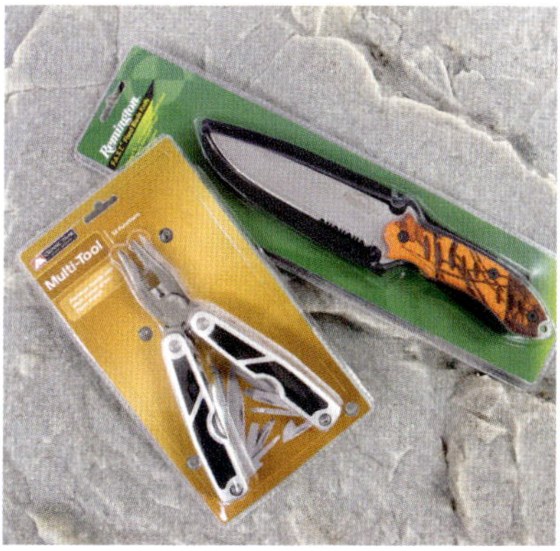

Werkzeuge

- Remington Flacherl-Messer, 14,5 cm Klinge, mit Messerscheide: 24,97 $ (22,50 €)
- Ozark Trail Multifunktionswerkzeug: 9,88 $ (8,90 €) – hier empfehle ich dringend ein Upgrade.

KOMMUNIKATION

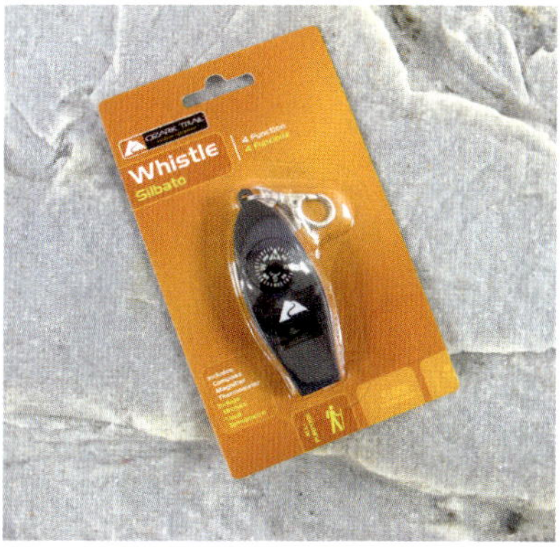

Notfall-Trillerpfeife

- Ozark Trail Kompass / Pfeife / Thermometer / Lupe: 3,88 $ (3,50 €)

Hinweis: Enthält kein Notfall-Radio oder Funkgerät und keine Landkarten.

SCHUTZ UND SELBSTVERTEIDIGUNG

- Remington Flacherl-Messer, (siehe Werkzeuge)

Hinweis: Pfefferspray, Schusswaffe und Munition sind nicht enthalten.

VERSCHIEDENES

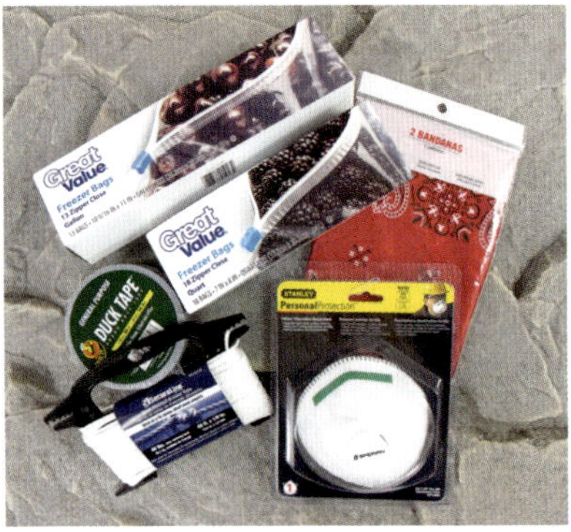

Sonstige Ausrüstung

- 15 m geflochtenes Nylonseil: 2,57 $ (2,32 €)
- Stanley N95 Staubmaske: 4,97 $ (4,48 €)
- Great Value Gefrierbeutel, 1 l und 4 l Fassungsvermögen: 1,76 $ (1,59 €)
- 2er-Pack Bandana, 100 % Baumwolle: 2,00 $ (1,80 €)
- Duct Tape: 2,97 $ (2,68 €)

Hinweis: Müllbeutel, Sonnenbrille, Nähset, Latex-Schlauch, Anglerset und Fernglas nicht enthalten.

SURVIVAL BLOGS: GEBALLTE INFORMATIONEN

Es kommt mir so vor, als würde jeden Tag online ein neuer Survival-Blog wie aus dem Nichts erscheinen. Fast alle sind auf ihre Art einzigartig. Einige sind informativ, andere eher unterhaltsam, gemeinsam haben sie alle, dass die Autoren Survival-Freaks sind. Viele dieser Blogger konzentrieren sich auf spezifische Survival-Themen – das reicht vom Sammeln von Samen bis zur Vorbereitung eines Bug Outs für Apartmentbewohner. Dabei ist jede Perspektive einzigartig, basierend auf den persönlichen Erfahrungen und der Lebenssituation der Blogger. Da ist für jeden etwas dabei. Im Folgenden eine Liste von (englischsprachigen) Blogs mit Survival-Themen, die sie interessant finden könnten. Manche lese ich regelmäßig, andere gar nicht. Sagen Sie ruhig, dass Creek Sie geschickt hat:

- 1800prepare.com/blog
- all-things-emergency-preparedness-blog.html
- amatterofpreparedness.blogspot.com
- americanpreppersnetwork.com
- apartmentprepper.com
- backdoorsurvival.com
- backwoodssurvivalblog.com
- beasurvivor.blogspot.com
- blog.iprepare.com
- bugoutsurvival.com
- canadianpreppersnetwork.com
- cardcanhelp.org/blog
- destinysurvival.com
- disasterpreparednessblog.com

- foodstorageandsurvival.com
- gsiep.blogspot.com
- heirloomseedswap.com
- ice-qube.com/blog
- justincasebook.wordpress.com
- modernsurvivalblog.com
- offgridsurvival.com
- pioneerliving.net
- preparednessandresponse.blogspot.com
- preparednesspantry.blogspot.com
- preparednesspro.com/blog
- prepperwebsite.com
- realitysurvival.com
- saveourskills.com
- shtfamerica.blogspot.com
- shtfblog.com
- shtfplan.com
- stealthsurvival.blogspot.com
- survivalblog.com
- survivalcache.com
- survivalcommonsense.com
- survivaltopics.com
- survival-spot.com
- teotwawkiblog.blogspot.com
- texaspreppersnetwork.blogspot.com
- thereadystore.com/blog
- thesurvivalistblog.net
- thesurvivalmom.com
- thesurvivalpodcast.com
- tslrf.blogspot.com
- vikingpreparedness.blogspot.com
- wilderness-survival-skills.com

Im deutschen Sprachraum sind beispielsweise folgende Seiten interessant:

- bushcraft-deutschland.de
- derbholz.de
- fluchtrucksack.de
- outdoorseiten.net
- ruediger-nehberg.de
- survivaldeutschland.de
- survivalrucksack.com
- survivalwissen.de
- vivalranger.com
- ueberlebenskunst.at

CHECKLISTE: WASSER & FLÜSSIGKEITSVERSORGUNG

	Primäres Bug Out Bag Stärkster Erwachsener		
Ausrüstungsgegenstände	**P1**	**P2**	**P3**
Frisches Trinkwasser	2 Liter	3 Liter	3 Liter
Faltbare Trinkflasche	1	1	1
Nalgene-Wasserflasche	1	1	1
Metallbehälter (zum Wasserkochen)		1	1
Tabletten zur Wasseraufbereitung	3	3	3
Wasser-Filtersystem		1	1

CHECKLISTE: LEBENSMITTEL UND ESSENSZUBEREITUNG

	Primäres Bug Out Bag Stärkster Erwachsener		
Ausrüstungsgegenstände	**P1**	**P2**	**P3**
Riegel (Energie-, Schoko-, Müsliriegel)	6	6	6
MREs/EPAs oder dehydrierte Mahlzeiten		2	3
Säuglingsmilch oder Babynahrung (nur wenn Kleinkinder dabei sind)			
Metallkochtopf	1	1	1
Metallbecher	1	1	1
Spork (Göffel)	1	1	1
P38 Dosenöffner	1	1	1
Topfschwamm		1	1
Kochsystem (über das Lagerfeuer hinaus)			
Trockenbrennstoff-Kocher	1	1	1
Trockenbrennstoff (für je 2 Erwachsene)	6	6	8
Gaskartuschen (für je 2 Erwachsene)	1	1	1

	Zusätzliche BOBs für Personen über 10 Jahre			BOBs für Kinder im Alter von 6 bis 10			Kinder unter 6 Jahren		
	P1	P2	P3	P1	P2	P3	P1	P2	P3
	2 Liter	3 Liter	3 Liter	1 Liter	2 Liter	2 Liter	½ Liter	1 Liter	1 Liter
	1	1	1		1	1	1	1	1
	1	1	1	1	1	1			
		1	1						

	Zusätzliche BOBs für Personen über 10 Jahre			BOBs für Kinder im Alter von 6 bis 10			Kinder unter 6 Jahren		
	P1	P2	P3	P1	P2	P3	P1	P2	P3
	6	6	6	6	6	6	geteilt	geteilt	geteilt
		2	3		1	2	geteilt	geteilt	geteilt
							4 Tage	4 Tage	4 Tage
	1	1	1	geteilt	geteilt	geteilt	geteilt	geteilt	geteilt
	1	1	1	geteilt	geteilt	geteilt	geteilt	geteilt	geteilt

P1: Minimalpacker; P2: Durchschnittlicher Packer; P3: Extrempacker

CHECKLISTE: BEKLEIDUNG

	Primäres Bug Out Bag Stärkster Erwachsener		
Ausrüstungsgegenstände	**P1**	**P2**	**P3**
Allwetter-Bekleidung (beim Aufbruch zu tragen)			
Leichtes langärmeliges Shirt	1	1	1
Hosen	1	1	1
Unterwäsche	1	1	1
Ganzkörper-Strampler (falls Kleinkinder dabei)			
Wander-Wollstrümpfe	1	1	1
Wanderschuhe (am Mann)	1	1	1
Allwetter-Bekleidung (im BOB)			
Leichtes langärmeliges Shirt	1	1	1
Hosen		1	1
Unterwäsche	1	1	1
Ganzkörper-Strampler (falls Kleinkinder dabei)			
Woll-Wandersocken	2	2	2
Mittelschweres Fleece	1	1	1
Hut mit Krempe	1	1	1
Arbeitshandschuhe aus Leder	1	1	1
Kufiya	1	1	1
Militärponcho mit Ösen	1	1	1
Einfacher Regenponcho			
Kaltwetter-Bekleidung			
Wind- und wasserabweisende äußere Lage	1	1	1
300er Fleece oder Wollpulli (bei Minusgraden)	1	1	1
Lange Unterwäsche Oberkörper	1	1	1
Lange Unterwäsche untere Körperhälfte	1	1	1
Woll-/Fleece-Mütze oder Balaclava	1	1	1
Gefütterte Handschuhe/Wollhandschuhe	1	1	1

	Zusätzliche BOBs für Personen über 10 Jahre			BOBs für Kinder im Alter von 6 bis 10			Kinder unter 6 Jahren		
	P1	P2	P3	P1	P2	P3	P1	P2	P3
	1	1	1	1	1	1	1	1	1
	1	1	1	1	1	1	1	1	1
	1	1	1	1	1	1	1	1	1
							1	1	1
	1	1	1	1	1	1	1	1	1
	1	1	1	1	1	1	1	1	1
	1	1	1	1	1	1	1	1	1
		1	1		1	1	1	1	1
	1	1	1	1	1	1	1	1	1
							1	1	1
	2	2	3	2	2	3	2	2	3
	1	1	1	1	1	1	1	1	1
	1	1	1	1	1	1	1	1	1
	1	1	1						
	1	1	1						
	1	1	1						
				1	1	1	1	1	1
	1	1	1	1	1	1	1	1	1
	1	1	1	1	1	1	1	1	1
	1	1	1	1	1	1	1	1	1
	1	1	1	1	1	1	1	1	1
	1	1	1	1	1	1	1	1	1
	1	1	1	1	1	1	1	1	1

P1: Minimalpacker; P2: Durchschnittlicher Packer; P3: Extrempacker

CHECKLISTE: LAGER & BETTZEUG

	Primäres Bug Out Bag Stärkster Erwachsener		
Ausrüstungsgegenstände	**P1**	**P2**	**P3**
Tarp (in der für die Gruppe angemessenen Größe)	1	1	1
Zelt (in der für die Gruppe angemessenen Größe)		1	1
Schlafsack	1	1	1
Isomatte	1	1	1
Fallschirmschnur (auch in der Kategorie Vermischtes erwähnt)	15 m	20 m	30 m

CHECKLISTE: FEUER MACHEN

	Primäres Bug Out Bag Stärkster Erwachsener		
Ausrüstungsgegenstände	**P1**	**P2**	**P3**
Zündquelle (Feuerzeug, Streichhölzer, Feuerstahl)	2	2	3
Zunder (WetFire, Stahlwolle, Magnesiumriegel, Vaseline-Bäusche)	2	2	3
Wasserdichtes Behältnis für die Ausrüstung	1	1	1

CHECKLISTE: ERSTE-HILFE-AUSRÜSTUNG

	Primäres Bug Out Bag Stärkster Erwachsener		
Ausrüstungsgegenstände	**P1**	**P2**	**P3**
Erste-Hilfe-Set in wasserdichtem Behältnis (Ausstattung sh. Kapitel 8, Mengen der einzelnen Posten der Gruppe entsprechend anpassen)	1	1	1
Insektenschutzmittel (kleine Sprühflasche)	1	1	1
Mylar-Rettungsdecke	1	1	1

	Zusätzliche BOBs für Personen über 10 Jahre			BOBs für Kinder im Alter von 6 bis 10			Kinder unter 6 Jahren		
	P1	P2	P3	P1	P2	P3	P1	P2	P3
	1	1	1	1	1	1	geteilt	geteilt	geteilt
	1	1	1	½	½	½	geteilt	geteilt	geteilt

	Zusätzliche BOBs für Personen über 10 Jahre			BOBs für Kinder im Alter von 6 bis 10			Kinder unter 6 Jahren		
	P1	P2	P3	P1	P2	P3	P1	P2	P3

	Zusätzliche BOBs für Personen über 10 Jahre			BOBs für Kinder im Alter von 6 bis 10			Kinder unter 6 Jahren		
	P1	P2	P3	P1	P2	P3	P1	P2	P3
	1	1	1	geteilt	geteilt	geteilt	geteilt	geteilt	geteilt

P1: Minimalpacker; P2: Durchschnittlicher Packer; P3: Extrempacker

CHECKLISTE: KÖRPERPFLEGE & HYGIENE

	Primäres Bug Out Bag Stärkster Erwachsener		
Ausrüstungsgegenstände	**P1**	**P2**	**P3**
Antibakterielle Feuchttücher (genug für die Gruppe)	1	1	1
Hand-Desinfektionsmittel (Reisegröße)		1	1
Allzweckseife (Reisegröße)	1	1	1
Tampons/Damenbinden	6	6	6
Spiegel (für Körperpflege und zum Senden von Signalen)	1	1	1
Handtuch		1	1
Mini-Reisezahnbürste mit Zahnseide		1	1
Toilettenpapier (2 m pro Person)	2	2	2
Windeln (nur für Kleinkinder, pro Kind)	18	20	20
Feuchttücher (nur für Kleinkinder, pro Kind 20er-Packung)	2	2	2
Windelcreme (nur für Kleinkinder)	1	1	1

CHECKLISTE: WERKZEUG

	Primäres Bug Out Bag Stärkster Erwachsener		
Ausrüstungsgegenstände	**P1**	**P2**	**P3**
Survival-Messer mit Scheide	1	1	1
Multitool	1	1	1

CHECKLISTE: LICHT

	Primäres Bug Out Bag Stärkster Erwachsener		
Ausrüstungsgegenstände	**P1**	**P2**	**P3**
LED-Stirnlampe	1	1	1
Mini-Maglite oder Mini-LED für Schlüsselkette	1	1	1
Knicklicht/Leuchtstab		1	1
Kerze		1	1

	Zusätzliche BOBs für Personen über 10 Jahre			BOBs für Kinder im Alter von 6 bis 10			Kinder unter 6 Jahren		
	P1	P2	P3	P1	P2	P3	P1	P2	P3
	1	1	1	geteilt	geteilt	geteilt	geteilt	geteilt	geteilt
		1	1	geteilt	geteilt	geteilt	geteilt	geteilt	geteilt
				geteilt	geteilt	geteilt	geteilt	geteilt	geteilt
	6	6	6						
		1	1	geteilt	geteilt	geteilt	geteilt	geteilt	geteilt
		1	1		1	1			
	2	2	2	2	2	2			

	Zusätzliche BOBs für Personen über 10 Jahre			BOBs für Kinder im Alter von 6 bis 10			Kinder unter 6 Jahren		
	P1	P2	P3	P1	P2	P3	P1	P2	P3
	1	1	1						

	Zusätzliche BOBs für Personen über 10 Jahre			BOBs für Kinder im Alter von 6 bis 10			Kinder unter 6 Jahren		
	P1	P2	P3	P1	P2	P3	P1	P2	P3
	1	1	1						
	1	1	1						

P1: Minimalpacker; P2: Durchschnittlicher Packer; P3: Extrempacker

CHECKLISTE: KOMMUNIKATION

	Primäres Bug Out Bag Stärkster Erwachsener		
Ausrüstungsgegenstände	**P1**	**P2**	**P3**
Handy	1	1	1
Alternatives Ladegerät (am besten mit Handkurbel)	1	1	1
Notfall-Radio mit Batterien und Handkurbel	1	1	1
Survival-Dokumentenset in wasserdichter Hülle	1	1	1
500–1000 € in kleinen Scheinen	1	1	1
50-Cent-Stücke	5	5	5
Landkarte der Region (aus Papier)	1	1	1
Kompass	1	1	1
Kleiner Notizblock und Bleistift	1	1	1
Notfall-Pfeife	1	1	1
Walkie-Talkie		1	1

CHECKLISTE: SELBSTVERTEIDIGUNG

	Primäres Bug Out Bag Stärkster Erwachsener		
Ausrüstungsgegenstände	**P1**	**P2**	**P3**
Pfefferspray	1	1	1
Survival-Messer (siehe Werkzeuge)	1	1	1
Schusswaffe (bei angemessenem Training)	1	1	1
Munition	15	20	25

	Zusätzliche BOBs für Personen über 10 Jahre			BOBs für Kinder im Alter von 6 bis 10			Kinder unter 6 Jahren		
	P1	P2	P3	P1	P2	P3	P1	P2	P3
	1	1	1						
	1	1	1	1	1	1	1	1	1

	Zusätzliche BOBs für Personen über 10 Jahre			BOBs für Kinder im Alter von 6 bis 10			Kinder unter 6 Jahren		
	P1	P2	P3	P1	P2	P3	P1	P2	P3
	1	1	1						
	1	1	1						

P1: Minimalpacker; P2: Durchschnittlicher Packer; P3: Extrempacker

CHECKLISTE: VERSCHIEDENES

	Primäres Bug Out Bag Stärkster Erwachsener		
Ausrüstungsgegenstände	**P1**	**P2**	**P3**
550er Fallschirmschnur	15 m	45 m	60 m
Bandana aus 100 % Baumwolle	1	1	1
Duct Tape, Klebeband	4,50 m	7,50 m	7,50 m
200 l Müllsack	1	1	2
Wiederverschließbare Tüten in verschiedenen Größen	3	4	5
Sonnenbrillen (dienen auch als Schutzbrillen)	1	1	1
N95 Staubmaske	1	1	1
Nähset		1	1
90 cm Latex-Schlauch	1	1	1
Angelausrüstung		1	1
Fernglas		1	1
Motivationsquelle	1	1	1

CHECKLISTE: HAUSTIERE

	Primäres Bug Out Bag Stärkster Erwachsener		
Ausrüstungsgegenstände	**P1**	**P2**	**P3**
Faltbare Wasserschale		1	1
Wasser für 72 Stunden	1	1	1
Trockenfutter für 72 Stunden	1	1	1
Impfpass	1	1	1
Leine (für jedes Tier)	1	1	1
Maulkorb (wenn nötig)	1	1	1

	Zusätzliche BOBs für Personen über 10 Jahre			BOBs für Kinder im Alter von 6 bis 10			Kinder unter 6 Jahren		
	P1	P2	P3	P1	P2	P3	P1	P2	P3
	1	1	1	1	1	1			
	1	1	1	1	1	1			
	1	1	1	1	1	1	1	1	1
	1	1	1	1	1	1	1	1	1

	Zusätzliche BOBs für Personen über 10 Jahre			BOBs für Kinder im Alter von 6 bis 10			Kinder unter 6 Jahren		
	P1	P2	P3	P1	P2	P3	P1	P2	P3

P1: Minimalpacker; P2: Durchschnittlicher Packer; P3: Extrempacker

INDEX

I

J

K

L

M

N

P

R

S

T

U

V

W

Z

ÜBER DEN AUTOR

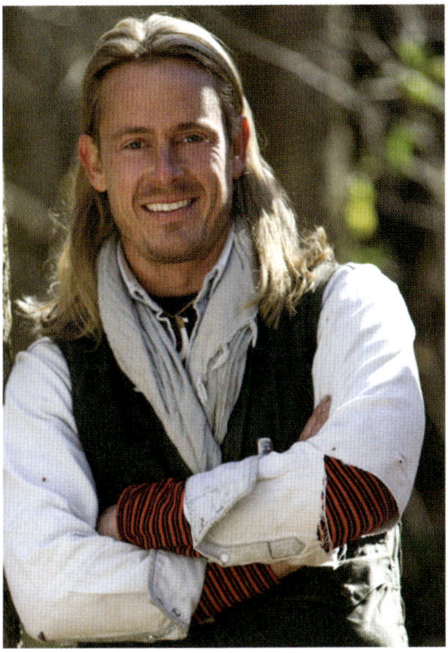

Creek Stewart ist ein für die Vorbereitung auf Katastrophenfälle spezialisierter Prepper und Survivor. Einzelpersonen, Gruppen, Firmen, Non-Profit-Organisationen und Regierungsbehörden in den USA gibt er Workshops und Weiterbildungen zu unzähligen mit Preparedness und Survival zusammenhängenden Themen.

Schon sein ganzes Leben beschäftigt sich Creek Stewart mit Survival, Preparedness und Autarkie und schrieb sein erstes Survival-Handbuch mit 21 Jahren. Kurz darauf begann Creek auf der Farm seiner Familie in Southern Indiana Survival-Workshops anzubieten.

Heute gehört ihm Willow Haven Outdoor, eine führende Einrichtung für Survivaltrainings, mit fast 1.000 m^2 Räumlichkeiten, wunderschön gelegen auf 85.000 Quadratmetern mitten im Bundesstaat Indiana. Weitere Informationen zu den Workshops und Trainings gibt es unter www.willowhavenoutdoor.com.

Creek ist Eagle Scout und hat einen Abschluss der Butler University in Indianapolis.

DANK

Ich bin ein Sünder, gerettet durch göttliche Gnade, und ich danke meinem himmlischen Vater für seine Güte und seine Barmherzigkeit, die ich nicht verdient habe.

Ich danke meinen wunderbaren Eltern Leslie und Margaret Stewart und meinem Bruder Mike Stewart für ihre dauernde Unterstützung bei meinen Bemühungen und Unternehmungen rund um das Thema Preparedness. Großer Dank gilt auch meinen Lesern, Freunden und Workshop-Teilnehmern bei Willow Haven Outdoor und willowhavenoutdoor.com. Vielen Dank für eure Unterstützung!

Schließlich möchte ich mich noch bei Brett McKay von ArtOfManliness.com dafür bedanken, dass er mich meine Gastbeiträge auf seinem fantastischen Blog veröffentlichen lässt. Bei Jackie Musser von F+W Media / Betterway Home Books bedanke ich mich dafür, dass sie die beste Lektorin der Welt ist, bei Marika Flatt und Tolly Moseley von PR by the Book dafür, dass sie an dieses Projekt geglaubt haben und bei Dick Fetter für die vielen grundfesten Ratschläge all die Jahre.

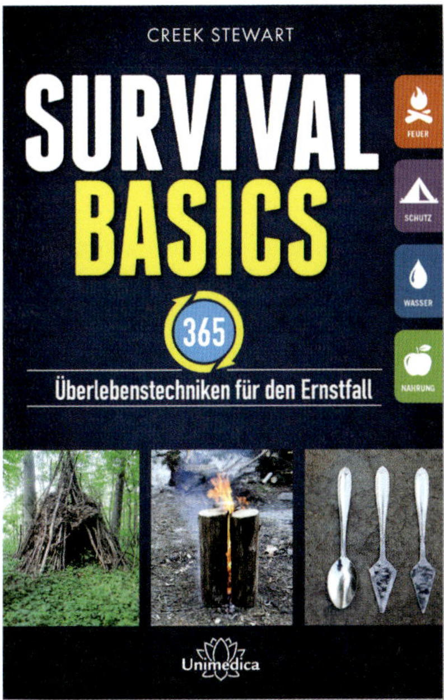

Creek Stewart

survival Basics

365 ÜBERLEBENSTECHNIKEN FÜR DEN ERNSTFALL

304 Seiten, geb., **€ 19,80**

„Schnelles Denken ist gefragt: Sie haben sich allein im Wald verirrt. Die Nacht bricht herein und es ist keine Hilfe in Sicht. Können Sie sich in Sicherheit bringen, bevor die ungezähmte Natur (einschließlich wilder Tiere) Ihnen zu Leibe rückt?
Hier tritt Survival-Guru Creek Stewart auf den Plan, um Ihre Überlebensfähigkeiten in freier Wildbahn ordentlich aufzupolieren." – Men's Fitness

Wissen Sie, wie man mit Eis Feuer machen kann? Wie man mit Walnüssen Würmer fängt oder in einem Pappbecher Wasser kocht? Nein? Dann zeigt Ihnen Survival-Experte Creek Stewart, wie es geht – mit einem Tipp für jeden Tag.

Stewart hat bereits unzählige Stunden in freier Wildbahn verbracht und sein umfangreiches Wissen aus eigener Erfahrung mit Tausenden Menschen geteilt: In Magazinen, in TV-Shows und in seiner mehrfach ausgezeichneten Survival-Akademie. In seinem Buch SURVIVAL BASICS – 365 ÜBERLEBENSTECHNIKEN FÜR DEN ERNSTFALL bietet er Survival-Training für das ganze Jahr und zeigt, wie Sie Alltagsgegenstände in geniale Survival-Hacks verwandeln.

Er schreibt über:

- lebenswichtige Fähigkeiten für alle Jahreszeiten und jedes Terrain – von Wüste und Wald bis hin zu Gebirge und Stadt
- die vier zentralen Überlebensbedürfnisse Unterschlupf, Feuer, Wasser und Nahrung
- Erste Hilfe, Orientierung, Werkzeuge und Knotentechniken

Creek Stewart zeigt Ihnen in 365 praktischen und leicht nachzumachenden Übungen, was alles möglich ist. Viele anschauliche Fotos sowie Links zu Videoanleitungen laden zum täglichen Üben ein – egal ob Anfänger oder Profi, Camper, Jäger, Angler, Wanderer, Kletterer oder Skifahrer. Mit Creek Stewarts Survival Skills meistern Sie jeden Notfall!